뇌짱으로 삽시다

21세기 자아혁신의 길

뇌짱으로 삽시다

초판 1쇄 인쇄 2018년 9월 20일
초판 1쇄 발행 2018년 9월 30일

지은이 | 김 상 목
펴낸이 | 윤 관 백
펴낸곳 | 도서출판 선인

편집주간 | 김명기
편 집 | 박애리, 이경남, 김지현, 임현지, 정서영, 김진영
영 업 | 김현주
등 록 | 제5-77호(1998.11.4)
주 소 | 서울시 마포구 마포대로 4다길 4 곶마루 B/D 1층
전 화 | 02)718-6252/6257 팩스 | 02)718-6253
E-mail | sunin72@chol.com
홈페이지 | suninbook.com

ISBN 979-11-6068-212-0 03180

정가 19,500원

뇌짱으로 삽시다

21세기 자아혁신의 길

김상목

책을 펴내며

동네 내과의사가 무슨 연유로 좀 색다른 제목의『뇌짱으로 삽시다』를 집필하게 되었는지 좀 의아스런 느낌이 들 것이다. '뇌짱'은 '배짱보다 한 차원 높은 자아와 자부심을 가진 개인'을 상징하는 신조어이다. 우리의 의식구조 이해와 의식개혁의 도구로 사용할 수 있다고 생각해서 필자가 만든 개념이다. 우리 사회가 당면한 문제 해결의 실마리를 자아심리학이 말하는 자부심에서 찾자는 취지다.

이런 착상은 오래전에 읽은 한 책에서 비롯되었다. 1981년 필자는 미국 동부에서 내과와 신장내과 수련의를 수료한 후 LA에서 개업했다. 원래 일반내과 의사는 스트레스 관련 질환에 익숙하다. 좀 더 흥미가 있는 의사라면 기초 신경정신과와 임상심리학에도 관심을 가져 환자 진료에 도움을 줄 수 있다. 필자는 1984년 LA코리아타운 이민자들을 위해 자원봉사 활동을 하면서 비영리 복지재단인 한인건강정보센터를 선도적으로 창립했다. 이 센터는 지금도 활발하게 활동하고 있다.

이곳에서의 활동을 통해서 내과와 가까운 스트레스와 정신적 자아방어기전(ego defense mechanism)을 연구하다가 우연히 너새니얼 브랜든 박사(Nathaniel Branden, 1930-2014)가 1969년에 저술한『자부심의 심리학, The psychology of self-esteem』을 만났다. 이 책은 당시 인간은 무엇이며 어떻게 건강한 정신으로 살아야 하는지를 일깨워 주었고, 자부심과 자유의지, 책임이 그 길로 가는 핵심 열쇠임을 알려주었다. 그의 후기작 4,5권은 이미 국내에도 번역되어 소개돼 있다.

사실 정신의학의 대부 프로이트가 활동했던 시기가 대략 1900년도부터이니, 자아와 자부심에 대한 심리학은 아주 젊은 학문인 셈이다. 미국에서도 본격적으로 논의된 시기가 브랜든 박사가 초기에 활동했던 1960-1970년대부터이고, 그가 관여한 미국 국립자존감협회는 훨씬 뒤인 1986년에야 창립되었다.

필자는 1995-2000년 한양대 내과교수로 재직하는 동안 전국 9개 종합대학이 컨소시엄을 구성한 사이버 교양강좌 〈자기혁신의 대안-뇌짱으로 삽시다〉를 운영한 적이 있다. 인기도 있었지만 많은 피드백으로 강의록 내용이 더 풍요해졌고 신세대의 다른 생각들을 알 수 있게 된 기회였다.

2001년 대학교수직을 접고 마포에 한울내과의원을 개업한 후, 부전공과목이 되어버린 자아심리학과 뇌짱이론을 틈틈이 한국과 주위 동북아 국가들의 개인과 사회의 병리현상에 적용해 비교해 보곤 했다. 자아와 자부심의 관점에서 근대적 의식 변혁이 일본보다 우리가 늦은 이유가 무엇일까 들여다보고자 했다.

그러나 내과를 개업하면서 열심히 진료에 임할 수밖에 없었고, 글쓰기에 재주가 없어 이 주제는 뇌리에서 점점 멀어져 갔다. 그러던 차에 2014년 세월호사건과 최근 초유의 국정농단과 이어진 부정부패를 목도하면서 개인의 자아혁신만이 건강한 나라의 살길이란 결론을 내리고 다시 펜을 들게 되었다.

과거 삼풍백화점과 성수대교 붕괴는 물리적 붕괴 사고였다. 그러나 박근혜 정부의 국정농단과 세월호사건은 선장과 지도자의 민낯이 그대로 노출되고 정신적 가치가 무너진 사건이어서 온 국민을 허탈감과 멘붕 상태에 빠지게 했다. 그동안의 물질적 성공과 정치적인 민주화에도 최근의 부정부패를 보면 정신과 의식수준은 지체되었음을 자인한 셈이다.

이제 국민 모두가 개인과 국가의 자아평가를 통해 우리의 자아 수준을 제대로 돌아봐야 할 때가 왔다. 이 책의 목적은 이번의 위기를 기회로 삼아 우리의 자아능력 평가를 제대로 실시하고, 이를 기초로 참된 자아와 자부심을 증진하는 일을 돕는 데에 있다. 특히 지난 연구와 경험을 바탕으로 몇 가지 점을 부각하는 데에 주안점을 두었다.

첫째, 과거와 마찬가지로 오늘날에도 참되고 강한 자아와 자부심을 회복하는 것이 중요함을 깨닫고 이를 강조했다. 최근 국가적 참사와 삶의 질 저하에 비추어 볼 때, 25년 전 필자가 저술한 『한국병』에서 밝힌 6가지 부정적인 국민성과 의식구조가 급속하고 다양한 사회변화에도 지금까지 그대로 정체되어 온 사실을 발견하고 놀라웠기 때문이다.

둘째, 한국인의 의식구조를 성찰하고, 그 긍정적 요소들을 5-6가지로 정리했다. 자부심 회복을 위해 먼저 우리의 국민성을 균형 있게 진단하는데 그동안 저평가된 우리의 좋은 의식구조와 장점도 부각시켜야겠다고 생각했다.

셋째, 자아와 자부심의 원리를 기초로 시야를 넓혀 우리 주위의 동북아, 한중일의 근대화에 어떻게 발현되었고 또한 공통된 문화 의식에서 앞으로 공통된 연구가 가능하다고 생각된다는 사실이다. 과거와 같이 서양의 물질문명만 취하고 서양 정신문화를 저평가하기를 지양해야 하고, 이젠 자아심리학 도입에 대해서도 배타적인 태도를 보일 필요가 없다. 서양도 동양의 정신문화와 종교를 도입하는 지구촌시대에는 더욱 그렇다. 그래서 다양하고 다이내믹한 한국인의 의식구조상 자아혁신의 압축성장도 주위 국가보다 유리하다고 보았다.

넷째, 결국 인체와 대뇌는 가장 민주적이고 합리적으로 운용된다. 따라서 각 개인의 자아와 자부심 증진과 실현이라는 한 가지 원칙을 이치대로 운용하면, 부차적으로 우리가 직면하고 있는 의식수준 혁신, 보육과 인성 교육, 저출산과 고령화 대책, 4차 산업혁명을 위한 영재육성과 창의력, 왜곡된 자아의 개선과 도덕적 쇄신, 책임감 향상 등 여러 가지를 동시에 달성할 수 있다고 확신한다. 모든 연령대를 막론하고 똑같은 내용으로 응용하여 인생을 어떻게 살아갈 것인가에 대한 답도 얻을 것이다.

다섯째, 서양의 경우 특히 르네상스 이후 정치와 사회사상사에서 줄기찬 투쟁을 통해 자유의지에 입각한 강한 자본주의와 적극적인 생활태도를 중시해왔다. 자유와 권리 주장을 위한 책임과 의무를 강조하는 서양 선진국에서는 지금도 학교교육, 언론, 정치에서 끊임없이 이를 이야기하고 서로 다짐하면서 배운다. 우리도 이런 서양 정치와 사회사상을 수용하여 개인이나 국가의 자아혁신은 물론, 강한 욕구와 책임감(일종의 강한 자아와 자부심)이 있는 양심적인 기업가 정신으로 무장할 수 있다고 생각한다. 진보세력은 재분배와 공정을 더 강조하겠지만 자아혁신의 발전은 여야가 따로 없는 과제다. 어떻게 개인적 책임감 없이 사회의 불신과 남의 탓을 비난할 수 있을까.

여섯째, 의식혁신은 지도자의 확고한 철학과 의지가 필요하고, 그렇지 않을 경우 이는 불가능하거나 더뎌질 것이다. 새로운 지도자가 많은 정책에서 의식개혁과 자아혁신의 당위성을 강조하고 사회가 이를 공감하면, 우리의 저력이 작동하여 사회 전체의 힘을 모아갈 수 있다고 본다. 과거에 필자는 비정치적인 이 분야에서도 정치적인 정쟁이 개입하여 한국병의 치료를 무력화시키는 것을 체험한 바가 있다. 조선 말기는 물론 현재에도 정치인의 정쟁이 국가적 과제에 해를 끼쳤다는 점을 상기해야 한다.

일곱째, 정신심리학과 자아심리학은 서양에서 시작되었는데 동양 특히 동북아 3국은 아직도 개인적 자아보다 집단적 자아가 엄연히 존재하고 있는 점을 감안하여 이를 구분하여 살펴보았다. 같은 이치로 비교문화의식의 차이를 감안하면서 자부심을 내다보았다. 동시에 다른 관점과 차원에서 다른 종류의 자아, 즉 참자아와 왜곡된 자아, 자아의 이상과 현실, 직관적 경험자아와 기억자아, 그리고 감정과 이성 반응의 차이 등을 구분하여 설명하려고 노력했다. 이 책은 다른 번역물과 달리 저자의 창작물이기 때문에 자아와 자부심에 관련된 국내외 서적을 참고했고 주로 본인과 브랜든 박사의 저작물을 인용하였으며 우리나라와 동북아, 그리고 선진 서구의 문화의식을 구분하여 비교하면서 썼다.

필자는 강한 자부심의 원천을 '뇌짱'이라는 신조어를 사용해 구체화하고, '뇌짱운동'을 우리의 의식개혁의 대안으로 제시하고자 했다. 뇌짱은 높은 수준의 지능지수(IQ)+감성지수(EQ)+사회성 지수(SQ)+도덕지수(MQ)+삶의 열정 지수(PLQ)+창조력을 조화롭게 포함하는 능력을 말한다. '배짱' 대신 '뇌짱'을 기르자는 것이 이 책의 궁극적인 목표이고, 이것을 개인을 넘어서 전국가적인 운동으로 추진하자는 제안이다.

제1-3부에서는 개념정리로 알차지만 좀 무거운 감이 있으므로 더 가벼운 나머지 제4-7부를 먼저 읽어 뇌짱에 관한 흥미진진한 이야기를 맛볼 수 있겠다. 이 부분은 필자가 당시 내과 교수이면서도 일종의 융합 학문으로서의 사이버 교양강좌를 커다란 호응 속에서 강의했던 강의록을 새로이 엮은 것이다.

용어의 혼동을 피하기 위하여 이 책에 사용된 용어에 대해서 미리 밝혀 둔다. '자아(Self)'란 일반적으로 심리학에서 자신의 주관적 장단점을 되도록 객관적인 평가를 감안하여 파악하는 주체를 말하며, 여기서는 이런 뜻으로 사용했다. 이는 정신과 전문용어로 사용되는 프로이트가 개발한 자아(Ego, 즉 Id와 Superego의 중간)와 뜻은 비슷하지만 좀 더 광범위한 의미를 지닌다.

자아는 대부분의 서적에서 서양에서 말하는 개인자아를 기준으로 논한다. 먼저 자신의 자아에 대한 평가 결과를 기초로 하여, 자아는 자아존중(또는 자존감)과 자신감 등 두 가지 의미로 파생된다. 자존감은 자신이 사랑받을 가치가 있는 소중한 존재이고 어떤 성과를 이루어낼 만한 유능한 사람이라고 믿는 마음이며, 이는 자존심과는 약간 의미가 다르다. 두 가지 용어 모두 자신에 대한 긍정이라는 공통점이 있지만, 자존감은 '있는 그대로의 모습에 대한 긍정'을 뜻하고 자존심은 '경쟁 속에서의 긍정'을 뜻한다.

필자는 여기서 자존감을 자부심(같은 Self-esteem)이란 용어로 대체해 사용하고자 한다. 그 이유는 자부심(自負心, 또는 자긍심)이 더 복합적인 의미를 나타내기 때문이다. 자부심은 한자 부(負)에 '등에 매어 부담을 질 자신이 있다'는 의미가 있어, 자신감과 책임감이 동시에 내포된 말인 반면, 자존감은 자신이 가치가 있다는 것만 나타낸다. 따라서 자부심은 자아의 능력에 대한 스스로의 믿음과 그 믿음을 지키기 위한 노력의 뉘앙스가 풍기는데 비해 자존감은 노력 없이 쉽게 주어진 권리란 인상을 준다.

이 책에는 필자의 독창적 생각이 담겨있지만, 이를 구체화하는 데에는 많은 선행연구의 도움이 있었다. 브랜든 박사의 저작물을 비롯해 참고한 문헌들을 책 뒤에 적음으로써 감사의 뜻을 표하고자 한다. 역사가 정창현 교수님, 선인 출판사 윤관백사장님 그리고 박애리 실장님께 감사의 글을 남긴다.

2018년 8월 김상목

차례

제1장

뇌짱이란 무엇인가?

CQ=

IQ+EQ+SQ+MQ+PLQ

뇌짱이란 무엇인가?

1. 뇌짱 개념을 창안한 배경

뇌짱이란 간단히 말해 우리 모두를 냉철한 머리와 따뜻한 가슴에 창조적인 능력을 겸비한 멋진 사람으로 만드는 잠재적 힘을 개념화한 것으로 정의할 수 있다. 따라서 '뇌짱운동'은 많은 국민들이 그런 선진의식을 지니고 그것을 행동으로 실천하자는 운동이다.

독자들은 '뇌짱'이라는 단어에 호기심이 갈 뿐 아니라 자연스럽게 자신의 의견을 반추해보고 즐길 수 있어서 답답한 가슴과 마음이 열리면서 의식의 확장을 맛 볼 것이다. 의식은 쉽게 변하지 않는다고 하지만 이 말은 시대가 느리게 갔던 때의 옛말이다. 지금은 시대가 빠르게 진행되므로 의식의 변화가 쉽게 일어난다.

뇌짱이라는 개념을 통해 살펴보면 각자가 부지불식간에 의식의 변화가 이루어졌다는 것을 깨닫게 된다. 예컨대 TV 뉴스를 마치는 앵커가 '좋은 밤 바랍니다(Good night)'라고 미국식으로 말하거나 '좋은 아침입니다(Good morning)'라고 말해도 이젠 어색하게 느끼지 않는다. 이는 그만큼 우리의 의식이 변했다는 증거일 것이다.

우리는 잠재력이 있음에도 불구하고 머리는 놀고 있고 방황하는 것 같다. 특히 지도층의 머리는 달리지도 않으면서 계속 켜놓은 엔진 상태와 같다고 느껴질 때가 많다. 뇌짱이 되면 제대로 달리게 할 것이며 도약하게 만들 것이다. 따라서 뇌짱운동은 양심적이고 진정하게 살아가려는 자긍심의 조용한 외침과 실천으로서 탈 뒤에 숨겨진 진정한 것을 그려보는 훈련일 것이다.

인간은 태어나면서 이미 인간으로서의 됨됨이에 필요한 무한한 능력과 잠재력을 지니는데, 이를 관장하고 발휘시키는 곳이 대뇌이다. '뇌짱 되기'는 새로운 대안으로서 바로 대뇌에서의 이러한 잠재력을 한국적이지만 세계적인 방식으로 개발하고 훈련하고자 하는 것이다. 우리는 지금까지 배짱으로 살아오면서 어느 정도 경제적으로 성공했다고 하지만 이젠 뇌짱으로 지식 기반의 기초를 다지고 삶의 질을 고양시켜야 한다.

다시 말하면 뇌짱은 우리의 마음과 의식에 연구와 개발(R&D)비를 할애하여 투자하는 노력이며 그 과정과 결과이다. 뇌짱을 가진 사람들은 냉철한 이성과 따스한 가슴을 가졌을 뿐 아니라 선도하는 창의력을 가지고 있다. 그들은 배짱이나 몽니를 부리지 않으면서도 이에 못지않은 효과를 발휘할 뿐만 아니라 그 부작용도 적다.

이들은 깊고 넓게 생각할 수 있는 능력을 가지고 갈등과 고민에 찬 복잡한 일도 머리 아픔 없이 감정에 흔들리지 않고 척척 해내는 담금질이 된 사람이다. 끼리끼리만 통하는 것이 아니라 인류애적 인정(人情)을 가지고 있고 삶에 대한 정열을 가지고 있다. 그들을 보면 부럽기도 하고 아름답게 보이기도 한다.

필자가 '뇌짱'이란 새로운 단어를 생각해 낸 것도 벌써 25년쯤 된다. 미국에 살고 있을 때 일부 유식한 문화인들이 가끔 "s(he) is cerebral(그/그녀는 대뇌적이다)"이라는 말을 일상생활에서 표현하곤 했다. 공교롭게도 이와 비슷한 시기에 나는 대뇌피질의 기억 현상과 뉴런(신경세포)의 기억 기능에 흥미를 느끼기 시작했다.

기억현상에 관여하는 기억유전자를 틈틈이 공부하는 취미가 생겼고 귀국 후 동서양의 문화와 의식구조의 차이점과 우리 의식구조의 뿌리를 탐구했다. 동시에 '배짱'이라는 단어에 대해서도 의학적으로 흥미를 가지고 있었다. 이러한 일련의 관찰과 탐구를 거치면서 자연스럽게 '뇌짱'이라는 새로운 단어를 고안해낸 것이다.

서양학자들이 IQ(지능지수), EQ(감성지수), SQ(사회 지능지수) 그리고 MQ(도덕지수)라는 과학적인 단어를 생각해냈지만 이것은 그들의 의식구조에 어울리게 개발했기 때문에 그들과 다른 우리 의식구조에 그대로 적용시키기에는 무리가 따른다. 뇌짱이라는 개념은 순수한 우리의 것을 기초로 그들의 지수들을 우리에 맞게 아우른 것이다.

그러므로 뇌짱 이론은 우선 우리 시대에 맞고 세계적 기준(global standard)에도 어울리며, 우리의 가슴에 더 와 닿는 효과적이고 유용한 것이라고 단언하고 싶다. 가령, 우리에게 어떤 독특한 저력을 보이는 의식이 있다면 이러한 의식에 관여하는 기억회로와 뉴런의 신경돌기(가지)의 신경다발 수가 우리의 대뇌에는 백만 개나 존재하는 반면 서양인의 대뇌에는 겨우 만 개만 존재한다고 생각할 수 있다.

의식의 속성이라는 것이 머리를 쓰는 방향과 내용에 따라 수적으로나 기능적으로 발달한다는 점을 안다면 더욱 이해하기 쉬울 것이다. 그러니 뇌짱의 내용이 우리가 이룩하려는 목표라고 할 때 이를 향한 학습과 언행을 계속 반복한다면 우리 모두 뇌짱이 될 수 있다.

이는 마치 우리가 행복하다는 대뇌의 스위치를 의지적으로 누르고 있는 동안만은 행복하게 느끼는 것과 마찬가지일 것이다.

뇌짱 개념은 그 용어나 내용이 확정된 것도 아니고 얼마든지 변하고 진화될 수 있다. 앞에서 말한 바와 같이 이질적인 두 문화를 접하면서 당시 마음과 가치의 혼란 속에서도 '어떻게 인생을 살아야 하는가?'라는 문제는 내게 항상 어떤 대답을 요구했다. 1991년 무렵, 나는 이런 어려운 문제를 풀 수 있는 두 개의 실마리와 화두를 잡을 수 있었다. 바로 '배짱'과 '한국병'이었다. 당시 하나의 유행어가 되었던 한국병은 한국적 행동양식의 대명사라 할 배짱의 문화에서 비롯된 것이라는 게 내 생각이었다.

그런데 한국병을 고쳐야 한다는 당위성을 역설하는 사람은 많았지만 그 실체와 방법을 구체적이고 총체적으로 제시하는 전문가는 없었다. 이국땅에서 생존의 문제로 고민하던 나로서는 앞으로의 삶은 접어두고서라도 현재의 내 정체성을 확인하기 위해서라도 절실히 해결해야 할 문제였다. 결국 나는 이 두 가지 화두를 안고 씨름한 끝에 스스로 두 권의 책을 썼다. 그 때 만들어낸 개념들이 바탕이 되어 이 책의 핵심인 '뇌짱'이 구체화 된 것이다.

무엇보다 우리의 의식구조를 설명하는 데 있어 스트레스 의식구조론과 우리의 약한 자아 및 자부심 부족이란 개념을 도입했다. 스트레스 의식구조란 쉬운 말로 하면 다혈질 비슷한 것으로 보면 이해하기 쉬울 것이다. 즉, 부정적 스트레스에 쉽게 반응하는 의식구조를 말한다. 한국병은 이러한 의식구조에서 파생된 부정적 양상에 다름 아니다. 곧 우리의 머릿속에 쌓인 한(恨)과 질곡의 고통이 누적된 스트레스에서 파생된 6가지의 부정적 의식구조가 바로 한국병이라고 본 것이다. 이를 타파하는 데 필요한 것이 바로 강한 자아와 자부심

훈련과 운동 그리고 '배짱'이 아닌 '뇌짱'이라는 것이다.

초유의 국정농단과 새 정부 출범을 맞이하여 우리 사회가 심각하게 직면해 있는 문제들은 그동안 내가 계속 의아하게 느껴왔던 문제들에서 쉽게 찾아볼 수 있었다. 이제야 내가 나의 인생관을 세우는 데 있어서 '뇌짱(CQ=IQ+EQ+SQ+MQ+PLQ)' 개념과 강한 자아와 자부심 운동, 2가지가 역시 옳았다는 확신을 주었다.

2. 전통의학에서 본 인간의 대뇌

우리의 전통의학인 한의학에서는 복부와 흉부 안에 위치한 오장육부의 기능만을 중시했고, 그보다 중요한 뇌와 신경에 대한 연구는 소홀히 한 감이 없지 않다. 인체의 배는 뼈로 둘러싸여 있는 게 아니기 때문에 관찰하거나 만져 보기가 쉽고 문제가 생겼을 때도 배에서 비롯되었다고 바로 짐작이 가는 특징을 가지고 있다.

인체의 중요한 생리 기능 중에서 호흡, 소화, 배설, 성기능 등을 쉽게 배와 연관시켜 이해할 수 있었기 때문에, 동서양 모두 먼 옛날부터 인간 생명의 원천은 뇌가 아니라 배 부분에서 나온다고 믿고 있었다. 특히 가슴 부위의 심장과 폐는 갈비뼈로 보호되는 중요한 기관으로서, 심장 박동 정지와 호흡 정지는 삶과 죽음을 나누는 증거로 생각되었다. 게다가 정서와 감정이 발생하고 통제되는 실질적인 기관은 뇌의 변연계(limbic system: 대뇌피질에 존재하는 기관으로 편도체와 해마 부위가 포함되며 주로 감성과 기억에 관여함)지만, 격한 감정에 따라 심장 박동을 쉽게 느낄 수 있어 일반인과 과거의 한의학자들까지 가슴, 특히 심장을 정서와 감정의 근원이자 생명의 근원이라고 생각했다.

반면 인체의 뇌와 척수는 두꺼운 두개골과 척추뼈로 완전히 둘러 싸여 있어서 과거 우리의 선조들이 해부학적으로 관찰하기가 어렵고 밖에서 느낄 수도 없었기 때문에, 그 기능을 정확히 알 수 없었을 것이다. 더구나 한의사들은 미지의 신비스런 뇌를 함부로 상처를 입히지 못하게 하는 정서와 문화가 있어 이 부위에 대한 과학적 발전이 없었다고 추정할 뿐이다.

오장육부의 실제 기능은 자율신경에 연결되어 통제받는 바가 크며 자율신경(교감과 부교감신경)은 결국 의식적, 무의식적으로 뇌의 명령에 따라 척추신경을 통해 통제를 받는 것이다. 뇌와 그 신경망은 각종 호르몬을 분비하고 조절하며, 면역계와도 밀접한 관계가 있고 인체의 모든 기관과 사고를 제어하는 핵심기관이다. 급성 스트레스 상태에서는 인체가 위험신호로 받아들여 자율적으로 얼굴이나 타 부위의 혈관이 확장되고 땀이 나는 것은 교감신강이 흥분하고 부신에서 스트레스 호르몬이 방출되기 때문이다.

현대의학으로 접어들면서 뇌의 신비가 차차 벗겨지게 되면서, 비로소 인간 생명의 근원은 뇌임이 밝혀졌다. 아울러 죽음의 정의는 심장 박동의 정지(심장사)가 아니라 뇌기능의 정지, 즉 뇌사(腦死, brain death)로 인식되었고, 선진국들은 이를 법으로 규정하기 시작했다. 따라서 동양에서는 인간의 생각과 고급 감정중추인 대뇌에 대한 중요한 인식이 늦어져 대뇌에서 나오는 긍정적 뇌력인 뇌짱에 대한 이해도 적었다고 볼 수 있다.

한의학과는 갈래가 다르지만 도가(道家) 계열의 단전호흡에서는 일부 뇌의 기능을 활용하기도 했다. 단전호흡은 서양의학에서 일종의 에너지라고 간주하는, 인체의 신비스러운 기를 흐름의 중심지인 단전에 모아서 활용하는 전통적인 수련 방법이다. 단전(丹田)이라고 하면 일반적으로는 배꼽 아래 한 치 다섯 푼 되는 아랫배에 위치한 하단전(下丹田)을 가리키는데, 여기에 기를 축적하면(경험에 의한 어떤 동작으로 아랫배에 피가 몰리게 하면) 건강과 힘을 얻을 수 있다고 생각하였다. 더욱 세밀하게는 삼단전(三丹田)이라고 해서 상(뇌), 중(심장), 하(아랫배)의 세 군데에 단전이 있다고 보기도 했다.

현대의학식으로 단전호흡을 설명하자면, 복강과 흉강을 나누는 횡격막 근육과 배 근육을 수축과 이완이라는 호흡 조절을 통해 자의적으로 조절함으로써 복압과 복부 혈류량을 변화시키는 것이다. 굳이 단전호흡의 이론까지 가지 않더라도 생활 속에 여러 가지 예들이 얼마든지 있다. 심지어 화장실에 가서 대변을 볼 때도 의학적으로 말하면 힘 줄 때마다 단전호흡처럼 복압(腹壓)이 올라가는 것이며, 역도선수가 힘을 주어 역기를 들어 올릴 때도 허리를 조이고 복압을 올려야만 힘을 더 낼 수 있는 것이다. 또, 테너나 소프라노 가수가 고음의 노래를 부를 때나 부부가 성행위를 할 때도 비슷한 생리적 현상이 나타난다.

물론 이때 호흡을 조절하는 것이 중요하다. 이래서 우리의 조상들은 상단전(上丹田) 즉 뇌의 수련법과 생리적 변화, 뇌짱보다는 아랫배의 힘이 강한 것을 중요하게 생각했고, 쉽게 굽히지 않고 버티는 힘을 가리키는 '배짱'이라는 단어도 먼저 이런 의식구조에서 나왔다고 생각된다.

3. 언어 표현으로 본 배와 뇌의 의식구조

언어는 그 사용자들 사이의 공통된 약속이고, 의사소통의 가장 중요한 수단이다. 그러므로 같은 말을 사용한다는 것은 긴밀한 상호 관계 속에 결합되어 있다는 것과 같다. 이처럼 언어에는 의식적이든 무의식적이든 한 사회의 사고방식과 문화적 특징이 분명하게 새겨져 있다.

그런 점에서 '배'와 '뇌'에 대한 우리말의 표현을 살펴본다면 그 밑바탕에 깔린 우리 문화의 의식구조의 밑그림을 볼 수 있을 것이다. 영어로 굳이 표현하면 'brain power'(뇌력)라는 단어가 있고, 일본어에도 뇌력(腦力)이라는 단어가 있다. 그러나 우리의 국어사전을 찾아보면 순수한 우리말인 '배'로 시작되는 단어는 많은데 '뇌(腦)'로 시작되는 단어는 드물다.

더군다나 '뇌'는 순수한 고유어가 아니고 한자 단어이다. 우리말의 단어들은 일반 서민 대중의 정서가 고스란히 담겨있는 고유어와 양반 지식인층에서 주로 사용했던 한자어로 나뉘어 있는 경우가 많다. 특히 추상적이고 개념을 나타내는 어려운 단어들은 한자어가 더 많은 편이다. '배'와 '뇌'의 경우도 예외는 아니다.

먼저 '배'로 시작되는 단어의 쓰임새부터 알아보자. "배알(동물의 창자, 배짱의 낮은말)을 부린다", "뱃심(속마음의 낮은 말, 거리낌 없이 제 생각대로 버티어 내는 힘)이 좋다", "배를 퉁기다", "배짱을 부리다", "배짱을 튕기다", "배를 내밀다(남의 요구를 듣지 아니하고 버티다)" 등 여러 가지가 있다. '배'라는 명사와 함께 여러 동사가 사용되어 이루어진 이 관용 표현들은 그 의미를 따져볼 때 사실은 배 자체와는 무관하다. 모두가 뇌에서 비롯된 어떤 사람의 태도나 강력한 의지 표명 등을 가리킬 때 쓰는 말이기 때문이다.

이번에는 '뇌'에 해당하는 관용표현들을 찾아보자. 물론 현대적인 의학용어들은 아주 많다. 뇌신경, 뇌척수액, 뇌종양, 뇌수술 등 해부학적인 용어가 주류이고, 일반인들이라면 일상생활에서 이런 단어를 많이 쓰는 일은 별로 없는데 '골'자가 들어가는 단어를 가끔 쓴다. "골이 비었다", "골머리가 아프다", "골머리를 썩이다" 등에서 사용하는 "골"은 해부학적인 의미에서 일종의 "뇌"이다.

해부학적인 용어로서의 '골'보다 더 보편적으로 많이 쓰이는 것은 '머리'이다. 일반적으로 '머리'는 한국어에서 두뇌, 사고력, 사상, 심리, 정신, 태도나 심지어는 한 개인의 존재 전부를 나타내는 상징적 개념으로까지 확대해 쓰일 때가 있다. "머리가 좋다/나쁘다", "돌머리"는 너무나 상식적이라 더 말할 필요도 없다. 또 "머리를 식히다", "머리를 쓰다, 쥐어짜다, 짜다" 등의 표현도 사고력의 의미로 쓰는 것이다. "머리가 가볍다/무겁다"는 심리상태의 표현이며, "머리가 돌다"라고 했을 때는 정신 그 자체이다. "머리가 수그러지다, 머리를 숙이다, 머리를 굽히다"는 지적으로 생각한 끝에 판단 내린 존경심의 표현이다.

또 한 사람의 태도를 나타내는 표현으로는 "소갈머리", "싹수머리", "버르장머리"라는 해학적인 표현이 있다. 그리고 "어떤 자리에 머리를 내밀다, 여러 사람의 머리를 모으다, 머리를 들다(생각이 나다), 머리가 굵어지다(성인이 되다)" 등의 표현에서 쓰이는 '머리'는 바로 한 사람의 존재 그 자체를 신체의 일부인 '머리'로 축소시켜 대표한 일종의 상징물이다. 아마 우리는 우리도 의식하지 못하는 사이에 사고와 감정의 발원지가 배가 아니라 뇌라는 사실을 알고 있었고, 이렇게 뇌와 머리의 중요성을 언어에 담아 계속 사용해 왔던 것일지도 모른다.

과거 우리 사회의 지도층이자 학문을 담당했던 양반들이나 한의사들이 좀 더 일찍 이런 민중언어의 우수성을 알아챘거나 비하시키지 않았더라면, 그리고 이걸 토대로 학문적 업적을 쌓았더라면, 호기심에 따라 의학과 과학기술이 더 발전했을 것이고, 구한말에 외세에 밀리거나 일본의 식민지가 되는 비극도 피할 수 있었을지 모른다.

한편 배짱이라는 단어 외에도 겁이 없고 용감한 태도나 의지의 표현은 흔히 '간'이나 '쓸개'로도 비유해 표현해 왔다. 예를 들자면 "담력", "간이 콩알만 해지다", "간이 붓다", "간이 크다" 등이 그런 것이다. 간 큰 남자 시리즈 덕분에 더욱 유명세를 타기는 했지만, 간과 담낭(쓸개)은 오장육부 중에서 배짱의 근원으로 간주되었던 것 같다. "쓸개 빠지다"라는 표현은 반대로 주체성이나 줏대의 상실을 의미했으니, 정신적인 의지력이 간이나 쓸개에 달려 있다고 생각해서 전통 한의학에서는 담력과 힘을 주는 한약재로 우황청심환을 권하기도 했다. 그러나 우리의 고유 언어 의식이 가르쳐 준 것처럼 정신적인 의지력은 오직 대뇌의 기능일 뿐이다.

연장과 도구를 사용하는 손은 혼자 알아서 움직이는 게 아니고 결국은 대뇌의 지시를 받아 움직이는 것에 불과하다. 인간 대뇌의 고급스러운 능력은 생각을 담당한 대뇌피질이 진화론적으로 발달되었기 때문에 가능했다. 대뇌에서 언어와 문자를 사용하면서 수많은 문화유산이 생겼고, 현재와 같은 고도의 산업화, 정보화된 사회를 영위할 수 있는 것이다. 인간의 대뇌야말로 막강한 능력을 갖춘 보물중의 보물이 아닐 수 없다. 역시 뇌짱의 힘이다.

4. 현대의학에서 본 인간의 대뇌

TV를 보면 잘 훈련된 원숭이나 침팬지들이 인간의 명령에 따라 움직이고 혹은 자율적으로 행동하여 사람들을 깜짝 놀라게 하는 경우도 있다. 과학적으로 원숭이나 침팬지는 인간의 5-6세 정도의 지능을 갖고 있다고 한다.

그러나 인간의 지능이 다른 이유는 대뇌 때문이다. 현대의학은 뇌의 기능과 구조 연구를 통해 인간의 신비를 서서히 밝혀내고 있지만 뇌의 모든 것을 샅샅이 알아내는 것은 쉬운 일이 아니다. 하지만 뇌의 기능에 문제가 생겼을 때 따라 나오는 인체의 증상을 연구한다면 뇌의 비밀에 대한 단서를 찾을 수 있다. 오른손잡이가 왼쪽 대뇌에 중풍에 빠지면 실어증(失語症)에 더 잘 걸리고 긴요한 오른손에 마비가 더 심하게 된다.

우리는 주위에서 가끔 중풍이라 불리는 뇌졸중 환자들을 보는데, 대개 뇌동맥이 막히거나 터져서 뇌가 손상돼 사지 일부에 감각 마비나 운동 마비가 온 경우이다. 보통 왼쪽 뇌에 손상이 온 경우에는 오른쪽 손발에 마비가 오고, 반대로 오른쪽 뇌에 손상이 왔다면 왼쪽 손발에 마비가 온다. 또 이런 환자들은 실어증을 동반하여 언어장애가 같이 올 수도 있다. 언어장애는 대부분 왼쪽 대뇌에 손상이 왔을 때 발생하는데, 오른쪽 대뇌에 손상이 왔을 경우에는 언어장애가 드물다. 오른손잡이 환자의 90%가 실어증에 걸린 반면, 왼손잡이 환자는 실어증에 걸린 사람이 60%에 머문다는 것을 보면 더욱 확실히 알 수 있다. 언어장애 중에도 다른 사람의 말은 듣고 이해할 수 있는데 정작 본인은 말을 할 수 없는 경우와, 듣고 이해하지는 못해도 아무 말이나 할 수 있는 경우가 있다.

이렇게 뇌손상은 인체에 사지 마비와 언어 장애뿐만이 아니라 사고력과 기억력의 감소, 감정과 정서 장애, 그리고 고급 행동 습성과 태도의 변화까지도 초래한다. 특히 대뇌 중에서 뇌 표면을 차지하고 있는 대뇌피질이 침범 당했을 때 이런 증상들이 더욱 현저하다. 원숭이에 뇌졸중이 오면 대뇌가 왜소해 마비만 생길 가능성이 높다.

뇌졸중의 증상으로 알 수 있는 것처럼 인간의 대뇌는 왼쪽과 오른쪽이 서로 관장하는 영역이 다르며, 해부학적으로도 다른 동물들과 차이가 있다. 현대의학이 그동안 축적해온 연구에 따르면 모든 인간은 왼쪽 대뇌와 오른쪽 대뇌의 기능에 차이가 있을 뿐만 아니라 남녀에 따른 성 차이, 그리고 동양과 서양 등 문화권에 따라서도 약간의 차이가 있다고 한다. 즉 분석적이고 논리적이거나 이성적이고 과학적인 사고력은 대개 왼쪽 대뇌의 기능에 달려 있는데, 서양문화의 의식구조에서 이런 성향이 강하다. 이와 반면에 총체적 사고와 직관적 사고, 종교적이거나 신비적인 사고력은 대개 우측 대뇌의 기능에 따라 좌우되고, 동양문화권의 의식구조에서 더 우세하다.

또 성차이로 말하자면 남자는 왼쪽 대뇌, 여자는 오른쪽 대뇌의 기능이 더 발달되었다고 한다. 이런 경향은 동양인과 여성에게 예술적, 종교적, 감성적 성향이 더 강하다는 기존의 지적과도 맥을 같이하는 것이다. 요사이 뇌과학은 기능성 자기공명영상(MRI)을 이용하여 생각과 감정 그리고 신경정신학적 뇌 이상을 연구하는 데 많이 이용하고 있다.

EQ가 좋아야 IQ가 높은 것이 사실이다. 최근의 현대의학은 인간의 대뇌를 연구하면서 좌우의 해부학적인 기능 차이뿐만 아니라 대뇌피질의 일부인 변연계(邊緣系, 주로 편도체와 해마)와 전전두엽(前前頭葉)에 대한 연구를 활발하게 진행시키고 있다. 왜냐하면 바로 여기가 인간의 기억과 감정이 작동되는 장소라고 지목되고 있기 때문이다. 임상적으로도 이곳을 침범당하는 뇌졸중, 각종 뇌손상, 알츠하이머병, 에이즈, 뇌염, 뇌종양 등의 환자에게서 치매증을 비롯하여 각종 정서장애가 동반된다고 알려져 있다. 인간의 뇌에 대한 연구는 유전자와 분자생물학 차원에서 왕성히 증가하고 있으며 국가 전략 산업으로 막대한 국가예산을 투입하고 있는 실정이다.

전전두엽에 뇌종양이 생겼거나 손상되면 단기기억과 정서의 장애를 일으키며, 편도체(amygdala)가 손상되면 장기기억장애를 일으키고, 해마(hippocampus)가 손상되면 기억장애 외에 다른 정서장애를 일으키게 된다. 우측 전전두엽의 신경회로가 발달된 사람은 부정적인 감정과 스트레스가 높고 좌측 전전두엽이 활성화되면 긍정적으로 기분이 좋은 상태가 된다. 이러한 뇌 조직 사이의 연결이 끊어지면 자신의 감정(정서)을 알아차리지 못하는 정신질환이 생기는 것으로 알려지고 있다.

이렇게 감정지수(EQ)과 기억지수(IQ)은 동전의 양면과 같다. 여기에서 말하는 EQ는 감정의 자각능력, 감정의 관리능력, 상대방의 감정을 알아차리는 감정이입 능력, 동기부여로 목적달성을 위한 추진능력, 대인관계 능력 등 5가지가 주가 된다.

현재까지의 연구로는 어렸을 때일수록 긍정적인 감정과 정서가 깊게 뇌신경회로에 심어져 풍부해질수록 IQ가 높아진다는 것이 정설이다. 그러므로 EQ의 긍정적 뇌 회로가 성장하는 3~4세 이전에 부모의 사랑을 받지 못하면 EQ뿐 아니라 IQ도 저하된다. 다시 말하면 EQ가 좋으면 IQ도 좋아진다는 의미이며, IQ가 높다고 해서 EQ가 좋다고는 말할 수 없는 것이다. 동시에 어릴수록 높은 EQ의 공급이 없는 상태에서는 선천적인 IQ가 높더라도 IQ의 발현이 장애를 받게 된다. IQ와 EQ가 높은 사람은 이것에 포함되는 요소들의 기능에 관여하는 뉴런의 신경회로와 신경다발의 수가 크게 발달되었고 EQ가 IQ에 크게 영향을 주는 신경다발이 크게 연결되었다고 이해할 수 있다. 앞으로 이와 비슷한 더 많은 사실들이 보고

될 것이다.

5. 버르장머리와 소갈머리

순수한 우리말에 "버르장머리 없다/있다"라는 표현이 있다. 이는 버릇과 머리(대뇌) 사이에 불가분의 관계가 있음을 나타낸다. 모든 버릇과 습관은 머리(대뇌)에 기억되어 굳어진 대로 나타난다. 다른 동물과는 달리 인간만이 예절을 지키는 버릇이나 이성적으로 생각하는 습관 능력을 가진 버르장머리 있는 존재일 것이다.

또한 우리 속어에는 "소갈머리 없다/있다"라는 표현도 있다. 소갈머리의 사전적 의미는 심지(心志)이다. 소갈머리가 없는 사람은 대뇌에서 나오는 마음과 의지가 약하고, 주체성도 없는 상태가 된다. 이는 마치 초에 심지가 없으면 촛불이 제구실을 못하는 것과 같다.

버르장머리와 소갈머리는 현대의학적 견지에서도 참 과학적인 용어가 아닐 수 없다. 이런 용어는 우리 선조들이 오랜 체험에 의해서 터득한 것일 것임에 분명하다. 지금도 이런 용어들이 쓰인다는 것은 참 다행스런 일이다. "내 정신 좀 봐", "신경질 머리 난다", "속알챙이 없다", 그리고 "싹수머리(장래성) 없다"라는 표현도 드물게 사용된다.

버르장머리는 뇌의 행동 습성과 행동의 버릇을 주로 나타내지만 소갈머리는 대뇌의 마음과 정신(의지력과 주체성을 포함한)의 버릇을 주로 표현한다. 그래서 소갈머리가 더 고급스런 단어로 생각되는데 어째서 속어로 비하되어 인식되었는지 모르겠다. 나는 여기서 부정적 뉘앙스가 풍기는 "소갈머리"나 "버르장머리"라는 표현보다 합해서 "뇌짱머리 있다/없다"라는 표현이 현대에 더 잘 어울리는 순수한 우리말의 발전이라고 제안하고 싶다.

버르장머리와 소갈머리로 웃기는 사람들

흔히들 우리 의식구조에는 과정보다 결과를 중시하는 경향이 있다. 우리가 버릇과 습관을 생각할 때 행동의 결과에 치중했고 행동 전단계(前段階)인 대뇌의 인식 활동의 과정을 등한시했다. 사실 동서양의 문화를 비교해 봐도 비슷한 예가 많다. 일례로 우리의 코미디언들은 푼수 같은 행동이나 감성을 유발시키는 것으로 청중을 웃긴다. 풍자적인 표현에서도 마찬가지다. 그러나 미국의 코미디언들은 몸과 감정보다 이성과 정신의 유희, 즉 유머와 재치에 치중한다. 양쪽 다 청중의 보편적인 마음의 흐름 속에서 예상치 못한 새롭고 신선한 생각과 마음의 파장 그리고 바보스런 엉뚱한 행동을 충격적으로 제시함으로써 뜻밖의 익살과 해학을 선사한다.

하지만 굳이 따져보자면 우리 코미디언들은 버르장머리로, 미국의 코미디언들은 소갈머리로 웃기는 것이다. 앞으로 우리 코미디언들이 미국 코미디언들보다 더 고차원적인 뇌짱머리로 웃기는 방법들을 계속 개발하길 기대해 본다.

문약(文弱) 체질을 좌측 뇌짱머리로

우리 선조들은 남다른 예술적 재능을 발휘했다. 아마 우리 문화유산 중에서 이 부분이 제일 발달했다고 할 수 있다. 특히, 한국적 아름다움으로 일컬어지는 '곡선의 미'가 그렇다. 살짝 치켜 올라간 버선코와 치마저고리의 소매선, 당장이라도 날아갈 듯한 한옥의 처마 그리고 우아한 곡선으로 이루어진 청자나 백자 등 각종 예술품에서 남

다른 예술적 재능이 아주 뚜렷이 나타나 있다. 여기에다가 종교, 감성, 가무와 종합예술이 발전했다. 고대 중국의 역사서에 이미 동이족(東夷族)은 음주와 가무를 즐긴다고 기록되어 있을 정도다. 그렇게 우리 선조들은 생활의 어려움을 예술로써 달래고 승화시키는 소갈머리를 가지고 있었다.

심지어 해외교포 1세 노인들은 아직도 잔치 때마다 우리 민요를 부르면서 '얼쑤' 어깨춤을 추는 습관을 유지하는 분들이 많다. 우리 선조들의 이런 예술적 재능은 그들이 강한 오른쪽 뇌짱머리를 가졌다는 증거이다.

반면에 상공인들은 소위 사농공상이라는 계급제도에 눌려 천대받았고, 스스로 장인 정신은 강했어도 장인에 대한 일반적 인식은 아주 좋지 않았다. 장인과 중인, 일부 양반들 중에서 약간의 과학기술력을 발휘한 경우가 있긴 했지만 역부족이었다. 한마디로 문약(文弱) 체질이었다. 상대적으로 과학적, 심층적, 합리적, 이성적, 분석적 사고력이 약하고 자아의식에 대한 힘도 약해 서민층이 양반층의 지배에 쉽게 길들여지는 의식구조를 낳았다. 따라서 왼쪽 뇌짱머리는 약할 수밖에 없었다.

이렇게 전통적으로 왼쪽 뇌짱머리가 약했던 데에는 물론 정치적 문화적인 이유가 크겠지만 여기에는 부수적으로 의학적이고 심리학적인 측면도 있다. 대체로 동양은 밖으로 나타나는 행동과 행실에 대한 연구는 활발했어도 이런 단계 이전에 뇌에서 일어나는 사고와 의식구조의 속성 그리고 작동 메커니즘에 대한 연구는 소홀히 취급해 왔다. 쉽게 말하면 뇌 생리와 해부, 그리고 심리학의 중요성을 간과했다. 동양국가 중에서는 일본만이 그 낙후성을 일찍 인정하고 선진의학과 의식을 배웠던 것이다. 반면 우리의 전통의학은 이 분야를 등한시했다.

대뇌에는 변연계에서 일어나는 부정적 감정을 통제하고, 바로 아래 부위에 위치한 뇌간에서 일어나는 본능적 욕구를 이성적으로 통제하는 기능이 있다. 특히 가치관과 도덕심도 여기에 큰 역할을 한다. 우리는 어떤 일을 행동으로 옮기기 전에 먼저 종합적으로 판단한 후 자신과 사회에 이로울 때 행동하게 된다. 때로는 말 따로 행동 따로 하는 언행불일치(言行不一致)가 있을 수 있고, 행동하는 추진력과 의지력에 차이가 있을 수도 있지만, 과거 유교적 규범이 잘 통했던 시대에서는 이런 버르장머리와 소갈머리가 어느 정도 제 역할을 다 했었다.

그러나 지금은 이 분야에서 혼란을 일으켜 극단적 이기주의, 언행의 무책임성 그리고 도덕불감증 등으로 싹수머리가 노랗게 되고 말았다.

대뇌에는 행동으로 옮기는 기능을 담당하는 운동(행동) 중추도 있다. 거짓말을 한다거나 약속과 책임을 지키지 않거나 개인의 본능적 욕망과 이기주의를 통제하지 못하면 버르장머리와 소갈머리 없는 행동이 나타나게 된다. 이런 행동이 극단적으로 치닫게 되면 가치관이 전도되게 되고, 뇌짱머리가 없어져 불신시대가 초래하게 된다. 법을 지키면 손해라는 사회적 통계는 무엇을 시사하는 것일까?

차분한 마음을 지키지 못하고 격한 감정으로 쉽게 발전하는 사람은 필경 부정적 정서를 통제, 조절하지 못하는 뇌짱머리가 없는 사람일 게다. 이웃 사랑과 자비심은 통제할 필요 없는 긍정적 정서와 가치관으로 소갈머리가 있다 하겠다. 특히 일부 기득권층은 잘난 체하여 상대에 대한 배려 없이 오만하기까지 한데 본인들은 이를 깨닫지 못하는 경우가 흔하다.

대뇌가 정서와 감정의 조절과 통제, 본능적 욕구의 통제, 행동과 폭력의 통제, 가치관과 도덕심 그리고 의지력을 관장하고 하부 조직인 변연계, 뇌간, 말초신경과 근육, 자율신경계와 다른 대뇌 부위를 지휘하고 있다. 대뇌의 기능은 컴퓨터의 기능과 비슷해서 자료입력→연산처리(processing)→행동으로 나타나는 출력과정을 거친다.

우리는 대뇌의 입력 능력은 월등하나 연산 처리와 행동 출력에는 아직도 발전의 여지가 있다고 생각한다. 필자의 의견으로는 미국을 이끄는 지도층은 막강한 데이터베이스 정보가 입력되어 있고, 좋은 아이디어와 창의적 이론, 즉 프로세싱이 좋고 일본은 월등한 응용력과 출력 능력이 있다고 생각한다. 따라서 우리는 미국과 일본을 따라잡기도 하고 우리의 잠재력(나중에 설명할 것임)을 고양시켜 이와 관련된 소갈머리와 뇌짱머리 문화를 발전시켜야만 한다. 특히 지도층과 기득권자의 분발이 요구되는 대목이다.

6. 배짱이냐? 뇌짱이냐?

뱀이 마시면 독이 되고, 소가 마시면 우유가 된다

지금까지의 이야기는 모두 정신적인 의지력이 과연 배(배짱)에서 나오는 것이냐, 아니면 뇌(뇌짱)에서 나오는 것이냐를 따져보기 위해 대략을 살펴 본 것이었다. 그렇지만 벌써 그 답은 이미 내려진 것이나 다름없다. 과거엔 배짱의 의미를 대개 사전적인 좁은 의미로 '버티고 밀어붙이는 강인함'으로 해석했지만, 요즘은 더 확대시켜 '마음속으로 다져 먹은 생각'으로 해석하는 경향이 있다.

이와 비슷한 의미의 단어로 뱃심과 뚝심이 있다. 하지만 다시 생각해 보면, 사실 이러한 힘들은 모두 배에서 나오는 게 아니라 대뇌에서 나오는 힘이란 것을 알 수 있다.

같은 물이라도 뱀이 마시면 독이 되고, 소가 마시면 우유가 된다. 마찬가지로 배짱도 상황에 따라 다르게 효과를 나타내게 된다. 우리는 가난에 대한 반동 형성과 배짱(Baetjang)으로 경제성장을 달성했고 '하면 된다'는 배짱으로 성공적인 올림픽 개최와 한강의 기적을 단시일 내에 이룩했다.

그러나 이런 배짱으로 버티기만으로는 발전에 한계가 있을 수밖에 없다. 배짱 다음으로는 잡아챈 성공을 현명하게 관리해 줄 뇌짱(Nuetjang)을 가지고 살아야 더 이상의 발전을 바라볼 수 있다. 결국 대뇌를 효과적으로 쓰지 못하게 하는 배짱 때문에 제2의 국치라고까지 불렸던 IMF의 고통과 수치 그리고 세월호, 국정농단, 지도층의 비리 등이 뒤따라오게 된 것이다.

뇌짱이란 둘 다 이기는 게임 법칙이다

나는 대뇌의 정신적 힘을 기반으로 한 '뇌'와 순수한 우리말의 '짱'을 합쳐서 '뇌짱'이라는 새 합성어를 만들었다. '짱'이라는 말은 '짱짱한 노인', '짱짱한 살림', '짱짱한 목소리' 등에서 느껴지는 것처럼 단단하고도 넉넉하다는 의미를 가지고 있다. 그래서 뇌짱이라는 단어는 배짱과 달리 뇌의 강한 힘이나 효과적인 사용을 가리키는 말이며, 그 말 안에는 이미 뇌짱지수가 높다는 의미가 들어있다고 볼 수 있다.

정신과에서는 가끔 소심한 사람은 배짱으로 사는 게 좋다고 자기주장 훈련을 시킨다. 그러나 보통사람들 사이에서 배짱을 부리는 사람들끼리 서로 부딪히면 대립과 싸움으로 서로 손해만 보는 상황이 생긴다. 또 배짱이 좋은 사람과 소심한 사람이 마주치면 한쪽은 오만하게 우쭐대고 다른 쪽은 속상하고 소외감만 느끼기 때문에, 배짱부리는 사람만 항상 이기고 소심한 사람은 항상 지기 마련이다. 배짱부리는 사람들은 대개 상대방에게 피해 의식과 부정적 감정을 갖게 하고 자존심을 상하게 만든다. 하지만 뇌짱이 있는 사람들끼리 대결하면 상호간에 서로 지혜롭게 이기는 결과를 낳을 수 있고, 이런 사람들은 소심한 사람이나 배짱부리는 사람들 중 어떤 유형과 마주쳐도 모두 서로 이기는 결과(win/win game)를 유도할 수 있다.

이렇게 서로 좋은 결과를 낳을 수 있는 뇌짱이란 도대체 구체적으로 무엇일까? 이제 우리는 뇌짱의 개념을 본격적으로 알아봐야 할 시점에 도달했다.

한국식 뇌짱이란?

우선 뇌짱은 간단히 머리는 냉정하고 예리하지만 가슴은 따뜻한 태도와 사람 즉 대뇌피질의 능력을 최대한 긍정적인 방향으로 발현시킨 상태라고 정의할 수 있다. 다시 말하면 대뇌피질에서 나오는 과학적이고 이성적인 수리-언어-추리능력을 표시하는 지능지수(IQ: Intelligence Quotient), 고급 감정과 정서를 표시하는 감성지능지수(EQ: Emotional Intelligence Quotient), 높은 도덕적 가치관을 표시하는 도덕지능지수(MQ: Moral Intelligence Quotient), 그리고 열심히 살려는 노력, 끈기와 인내, 의지력과 결단력, 참고 공부하는 교육열 등등 인생에 대한 열정(PLQ: Passion of Life Intelligence Quotient)이 다 같이 높은 상태를 말한다. 그러므로 IQ+EQ+SQ+MQ+PLQ = CQ(Cerebral Intelligence Quotient, 즉 뇌짱)의 공식이 성립될 수 있는 것이다.

사실 마지막 PLQ는 우리나라와 동북아 3국의 장점을 염두에 둔 지수이다. 그렇다면 내 뇌짱지수(CQ) 또는 뇌의 수준은 얼마나 될까? 우선, 성급하게 이 문제를 풀기 전에 뇌짱을 이루는 요소들부터 확인해 볼 필요가 있다.

첫째는 과학적이고 이성적인 사고력과 개인적 자아의식, 정체성을 확립할 수 있는 능력이다. 이런 능력은 서양의 의식구조에 강하게 나타나며, 서양적이고 남성적인 IQ인 셈이다. 또한, 왼쪽 대뇌피질에서 발현되는 왼쪽 뇌짱이다. 우리 의식구조에서는 특히 약한 부분이다.

둘째는 종교적 예술적 상상력과 직관력 그리고 집단적인 자아의식 능력이다. 이 능력은 동양의 의식구조에 강하게 나타나는 것으로 동양적이고 여성적인 IQ이다. 이것은 오른쪽 대뇌피질에서 나오는 오른쪽 뇌짱이다. 참고로 말하자면 서양에서는 보통 자아와 자부심에 대한 인식능력뿐만 아니라 추진력과 대인관계 능력까지도 EQ에 포함시키지만 우리의 의식구조에서는 개인적인 자아의식과 자부심이 약하고 왜곡되어 왔다고 판단되어 EQ이외나 도덕적 수양 등으로 분류할 수도 있겠다.

셋째는 사랑과 자비를 포함한 감정과 정서, 그리고 고급 가치관과 도덕성이다. 대뇌피질의 변연계와 전전두엽으로부터 나오는 긍정적인 힘이다. 인류의 보편적인 긍정적 EQ와 MQ가 여기에 속한다. 우리의 의식구조에서는 대인관계 능력을 MQ에 소속시킬 수 있다.

넷째는 동물적인 저급한 본능과 욕구를 통제하고 부정적인 감정을 조절하는 능력이다. 역시 변연계와 전전두엽에서 나오는 능력으로 대뇌 하부에 위치한 뇌간에서 나오는 부정적이고 동물적인 감정을 조절할 수 있는 힘이다. 이것은 동양의 MQ에 해당하는 분야다.

다섯째는 부지런함, 끈기와 인내력, 의지력과 결단력, 잘 살아보겠다는 열정, 교육에 대한 노력 등등의 긍정적 생활태도들인데, 위에서 언급한 PLQ가 여기에 속한다. 우리의 의식구조에 강한 부분이며 우리의 저력이라 할 수 있겠다.

이상 뇌짱의 요소들에서 서양인의 EQ, MQ, PLQ에 대한 생각이 우리와 동양의 의식구조에 그대로 적용시킬 수 없음을 알 수 있다. 그러므로 서양의 것을 우리가 충분히 소화시켜 수용할 필요가 있는 것이다. 동시에 동서양의 생각과 행위 그리고 문화의 차이가 다른 만큼 이와 관련된 신경회로에 차이가 있다고 볼 수 있다.

뇌짱지수 1등은 유태인

이렇게 뇌짱을 이루는 다섯 가지 요소를 살펴보았는데, 일반적으로 전 세계에서 유태인들의 뇌짱지수(CQ)가 가장 높다고 할 수 있다. 그들은 평생 책을 놓지 않고 조용하게 문화생활을 즐기는 사람들이 많다. 그럼 우리나라 사람들의 뇌짱지수는 어느 정도일까? 현 상황을 말하면 둘째와 다섯째 요소 일부를 제외하고는 모두 다른 선진국 수준보다 낮게 보인다. 더구나 근래에는 경제적 빈부격차 확대에 따라 우리나라 사람들의 마음과 정신은 더욱 황폐해지고 있는 현상마저 보인다. 특히 우리에게 왼쪽 뇌짱에 해당되는 서양적 IQ인 냉철한 머리가 조급증에 의해 부족하고 변연계와 전전두엽의 뇌짱인 EQ+MQ로서의 따뜻한 가슴이 점점 사라지고 있다는 점이다.

서양의 EQ와 MQ는 우리의 의식구조에 어울리지 않는다

우리와 서양과는 앞에서 지적한 대로 EQ와 MQ의 요소들이 상당한 차이가 있다. 현재 동양과 서양의 도덕지능지수(MQ)의 우열을 단순히 논하기는 어렵겠지만 그 깊이와 넓이에 있어서는 동양이 월등하다고 볼 수 있다. 그래서 우리가 긍정적 유교정신을 포함시켜서 말하는 MQ라고 생각하는 많은 요소들이 서양에서는 감성 지능지수(EQ)에 포함시키는 일이 흔하다. 사실 서양의 EQ는 순수한 감정뿐만 아니라 인내와 의지력, 낙관성과 긍정성, 자의식 분석과 조절, 남의 입장과 감정의 이해력 등도 포함되기 때문이다. 이것의 일부는 앞에서 지적했듯이 PLQ에 해당된다. 우리에게 강한 PLQ는 최고이지만 긍정적보다 부정적인 다혈질을 개선해야 한다고 생각된다.

한편 MQ의 저자 로버트 콜스(Robert Coles) 교수는 도덕지능은 넓은 마음으로 다른 사람을 올바르고 정직하게 이해하고 배려할 줄 알고 실천하는 능력이라고 했다. 역시 오늘날 우리의 위기 상황은 지도층들이 MQ가 모자라서 국민을 배려하기보다 자신들의 욕심만 챙기는 데 급급해서 초래한 된 듯하다. 다시 말하면 그들은 지도층이 아니었고 지배층에 불과했다.

서양에 없는 음양오행설을 의식구조 저변에 깔고 있는 우리나라 부모님들은 자녀를 키울 때 기를 죽이지 않도록 키우는 것만을 중요하게 생각한다. 하지만 그건 혼자 튀는 양기(陽氣)만 강조할 뿐, 양기를 자제하거나 음기(陰氣)를 높이는 데는 관심이 없는 듯하다. 사실 자제하고 참는 인내력이 성공과 행복을 주는 소중한 미덕인데 말이다.

우리는 아직 뇌짱의 수준이 낮은데도 문화 민족인척 포장하면서 왜곡된 자아와 자부심을 가지고 살아가려고 하는 성향이 높다. 정신적인 '뇌짱'에 앞서 물질적인 '배짱'만 내세우며 왜곡된 자아와 자부심에 안주한다. 우리는 경제적 식민지라는 미증유의 곤경에 빠졌다. 국제적인 망신도 당했다. 지금의 현실은 환자에 비유하면 만성질환 환자인 상태나 마찬가지다. 그러나 프로의사는 아무리 극한 상황이라도 아무리 위급한 상태라도 다음 단계의 치료를 위해 진단을 망설이지 않는다.

이제 나는 이 희망과 비전이 사그라지는 시대를 맞아 우리의 현실에 대하여 구체적인 한국식 뇌짱 개념을 생각해내고 구체적인 처방법으로 뇌짱운동을 제시한다.

제2장

한국식 뇌짱의 핵심은 자아의식

CQ=

IQ+EQ+SQ+MQ+PLQ

한국식 뇌짱의 핵심은 자아의식

1. 한국인의 국민성

1) 부정적 스트레스 의식구조와 한국병

스트레스(stress)란 인체 내부나 외부로부터 자극을 받아 불편을 느끼는 것을 가리킨다. 일상생활에 자주 일어나는 약간의 스트레스는 청량제이지만 너무 스트레스가 적어도 무기력감과 권태감이 생겨 생기가 없어진다. 급하게 큰 스트레스가 생기면 급성 스트레스로 얼굴이 화끈거리고, 식은 땀, 심장박동 상승, 혈압의 변동, 어지러움과 의식 판단 저하 등의 증상이 나타난다. 이것은 교감신경 흥분, 부교감신경 억제, 급성 스트레스 호르몬(아드레날린 또는 에피네프린)의 혈중 대량 방출 등의 과정을 통해서 일어난다.

이 급성 스트레스가 그때그때 해소, 조절되지 못하면 만성 스트레스 상태로 이행되어 만성 분노와 피로감 등 수 많은 증상들을 일으키고 주로 신경계에 신경증과 심신증 그리고 그에 따른 신체 질환을 초래한다. 이때 콜티졸 분비의 상승, 자율신경(교감신경과 부교감신경)의 부조화 그리고 면역체계 저하(암 유발) 등이 일어난다.

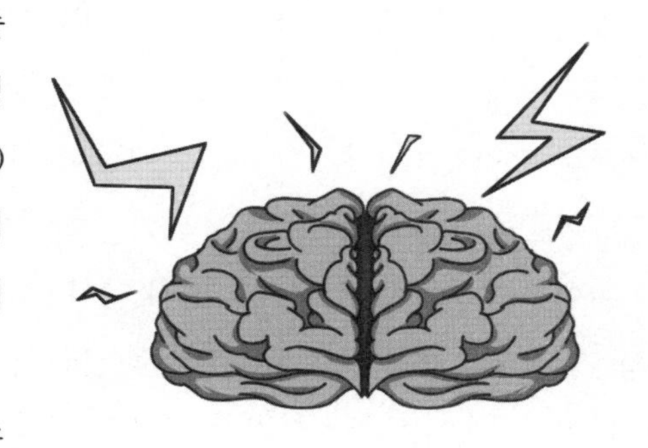

이런 급성 및 만성 스트레스에 대해 이를 무시, 회피하거나 그대로 참는 수동적 대처를 하거나, 반대로 너무 강하게 대결과 공격으로 나서면 문제가 해소되지 못하고 정신적, 신체적 부작용이 생긴다. 그러므로 바람직한 대응은 적당한 대결과 수용을 조절하는 것이다. 스트레스의 예방과 치료는 운동, 기도와 명상, 음악과 휴식. 자연과 예술 요법 등이 있다.

만성 스트레스, 특히 정신적 스트레스가 해소되지 못하면 우리의 대뇌에 누적된 스트레스의 흔적이 내면화 내지 의식화 되어 스트레스 의식구조에 빠진다. 이런 상태가 개인뿐 아니라 집단적, 국가적으로도 구조화되면 고질병이 된다.

예를 들어 우리의 경우, 한(恨)과 피해의식에 의한 스트레스 의식구조가 응어리져서 각종 병리현상을 나타낸 바 있다. 우리가 인생을 살아가노라면 희로애락(喜怒哀樂)을 자주 느낀다. 기쁘고 즐거울 때는 좋은 감정이지만, 노여워하고 슬플 때는 스트레스와 불쾌감을 느낀다. 어떤 때는 불안, 초조, 조급함, 짜증, 권태, 무력감, 우울 등의 심리적 스트레스 증상, 즉 노이로제(신경증)로 고생하기도 하고, 어떤 때는 스트레스에 의해 위장장애, 성인병, 두통, 만성 피로, 알레르기 질환, 피부병, 암 질환 등의 심신증(心身症)으로 건강을 해치기도 한다. 결국 인생 자체가 슬퍼지고 인생의 막다른 골목길에 왔다는 느낌이

들 때면 무의식적으로 “아이고, 어머니”라고 읊조릴 수도 있다.

절망 상태에서 어머니가 저절로 생각나는 이유는 우리가 어린 시절에 모성애(母性愛)가 부족한 상태에서 어머니를 생각하면서 우는 심정과 같은 의식(구조)에 사로잡혔기 때문이다. 모성애는 인격형성과 의식구조의 틀을 만들어주는 바탕이 되며 인간이 성숙해가는 데 필요한 절대적 존재다. 그래서 생후부터 첫 2~3년간은 조건 없는 모성애가 필요하다. 만약 이러한 민감한 시기에 충분한 모성애를 받지 못하면 나중에 정서불안과 스트레스를 쉽게 느끼는 스트레스 체질(의식구조)이 형성된다.

일본의 도이다(會田) 박사는 45년 전에 그의 저서 『일본인의 의식구조』에서 일본 의식구조의 근본은 ‘아마에 (甘元)’라고 했다. 아마에는 의식 저변에 제멋대로 하고 싶어 하고 응석부리고 싶은 감정으로, 모성애가 충족된 상태에서 이루어질 수 있는 것이다. 그는 아마에가 없으면 약한 자아의식과 자부심, 인정과 의리의 부족, 낮은 일체감과 공동체의식, 이기주의 등의 폐단이 생긴다고 주장했다. 물론 정상적 자아는 민감한 결정적 시기가 지나면 성장함에 따라 자기중심적인 상태에서 차차 독립된 자아로 발달되어 가는데, 이런 현상은 중국이나 한국 그리고 다른 나라 어린아이들도 비슷한 과정을 거친다.

2016년 12월에 중국의 심리학자 우즈홍(武志紅)이 낸 베스트셀러 『거영국(巨嬰國)』의 주제 역시 같은 맥락이다. ‘거영국’이란 ‘덩치는 거구(성인)인데 머리(대뇌)는 영아 수준인 철부지 어른으로 구성된 나라’란 뜻으로, 우즈홍은 중국인의 의식구조를 설명하고자 이 말을 만들었다. 어찌 보면 이런 풍자, 다시 말해 자기의 창피한 결점을 공개시키는 힘은 역설적으로 경제적 발전으로 자존심과 자부심이 생겨난 중국인의 정신적인 자신감을 보여주는 것일 수도 있다. 어쨌든 성인이 되어서도 자아가 성숙되지 못하여 항상 안겨있고 싶은 의식수준을 '거영국'이라고 표현하는 것은 재미있다.

모성애가 절대적으로 필요한 시기인 생후 2-3년이 지나서까지 계속되면 과잉보호 현상이 나타나 의존적이고 인내심이 약한 자녀가 되기 쉽다. 인간의 자아(自我, self)의식과 자부심(자신감+자존심)은 유치원 시기까지 거의 완성된다. 그 후엔 타율적이고 자율적인 훈육과 스스로 하는 교육이 필요하다. 성장하면서 강하고 참된 자아와 자부심을 기른 어린이는 독립적이고 인내심이 강한 의식구조를 가진 성인이 된다. 반면, 그렇지 못한 나약한 어린이는 참을성이 부족해져서, 스트레스를 극복하는 힘과 자기 일을 스스로 처리하는 능력이 약해진다.

오래 전부터 의학계에는 B형-개성보다 A형-개성을 가진 사람에게서 심장병, 고혈압, 기타 성인병 그리고 스트레스 관련 질환이 높다는 사실이 알려져 있다. A형-개성의 특징으로는 빨리빨리의 성급한 성미, 차분치 못함, 조급증, 완고한 선입관, 시간에 쫓기고 조용히 쉬는 데 대한 불안감, 경쟁과 우열에의 민감, 근육의 긴장, 자기만 옳다는 주장, 같은 A형과 상종하기 어려움 등을 들 수 있다.

이런 특성이 고착화되면 역시 스트레스 의식구조가 된다. 반면에 B형-개성을 가진 이들은 이와 반대로 더 느긋하고 여유가 있어서 저녁이 있는 삶을 살 수 있을 것이다. 물론 이 두 가지 기질은 혈액형과는 무관하다.

이러한 스트레스 의식구조는 위에서 말한 어린애의 모성애 부족과 A형-개성 외에도 약하고 왜곡된 자아와 자부심, 불안 반응성과 자기 주장형 기질, 피해의식과 한 맺힌 서러움, 스트레스에 취약한 다혈질 성격 등과도 밀접한 관계가 있다. 한국인의 의식구조는 스트레스를 쉽게 느끼는 다혈질 비슷한 스트레스 의식구조이다. 우리 선조들은 이 스트레스 의식구조에서 파생된 장점인 끈기와 삶에 대한 강한 의지력으로 독립국가를 이어왔지만 그 단점으로 심각한 한국병 또한 앓았다.

필자는 1992년에 발간된 졸저 『한국병』에서 우리가 앓고 있는 200여 종의 한국병 요소를 자세히 진단, 대표적인 6가지로 분류한 다음, 그에 대한 극복방안으로 의식의 전환과 개혁을 제시한 바 있다. 이제 이 6가지 한국병을 다시 한 가지씩 차례로 살펴보면서 구체적 치료방향을 강구해보기로 하자.

첫째, 피해의식(역사적 한과 내부갈등)에서 오는 누적된 스트레스 의식구조의 형성이다. 외적의 침입과 지배계급의 횡포에서 오는 스트레스와 피해의식으로 인해 우리의 국가적 의식구조(국민성)는 스트레스 의식구조라는 병적 구조로 변모했고, 이것은 부정적 자아방어기제(ego defense mechanism)로 더욱 악화되었다. 열등감, 연약한 자아와 자부심, 사대주의, 아부와 불편한 고부관계와 노사분규, 당파싸움, 남의 탓과 정서불안, 체면, 과시와 허세, 무기력과 의욕상실 등등 대략 20여 가지의 요소가 이에 포함된다.

원래 자아방어기제는 자신을 제대로 보호하기 위해 단점을 직시하고, 반성하고 극복하려는 노력을 함으로써 진정하고 참된 자아를 재정립하는 좋은 방어기제이다. 그러나 현실을 피하거나 적당히 넘어가서 왜곡된 자아로 습관적으로 때우면 매사의 잘못을 변명, 남 탓과 사회 탓으로, 조상 탓으로 돌리고, 현실에 쉽사리 안주하게 된다. 안주하면 발전의 기회가 소실되어 또 다른 피해가 생겨도 잘 대처하지 못하게 된다.

이런 병적 요소들에 대한 예방과 치료로는, 당장 심한 사회갈등을 중지시켜야 한다. 또한 양보와 배려, 소통과 대화 기술 증진, 스트레스 해소와 감정조절, 긍정적이고 강한 자아와 자부심 함양, 상부상조, 안정된 외교와 안보 등에 신경을 써야 한다.

둘째, 감정조절 부족과 조급증이다. 이것 역시 역사적 피해의식과 현 사회 갈등 요소가 누적되어 생긴 스트레스 의식구조에서 파생된다. 유발된 정서불안과 조급증은 노이로제(신경증)와 심신증을 불러와 건강을 해치게 만들며, 만성이 되면 자아와 자부심이 약해지는 원인이 된다. 그리고 이 약해진 자아와 자부심은 다시 더욱 심한 정서불안과 조급증을 낳는 등 악순환에 빠지게 할 우려가 있다.

여기에 속하는 한국병의 종류는 무려 30여 가지가 있는데 대표적인 것이 한탕주의, 졸속주의, 자꾸 변하는 마음과 정책, 부정적으로 보기, 공격적이고 거친 언행, 극단주의, 쉽게 포기하고 피로감, 부모의 극성, 흥청망청, 성인병 증가, 각종 안전사고, 사고력과 집중력 감퇴 등이다. 이에 대한 대책으로, 국가적으로는 지도자의 감정대립과 심한 당파싸움 그리고 각종 사고를 줄여 국민과 사회를 안정시켜야 하고 개인적으로는 즉석 스트레스 조절, 직접 감정조절법 그리고 각종 긴장 이완법을 익혀야 할 것이다.

셋째, 인도주의와 고급 가치관의 결여다. 스트레스 의식구조에서는 자신의 입장, 이익, 의견에만 급급하므로 남(타 집단, 사회, 국가)의 입장, 이익, 의견을 고려하는 능력이 소실되는 경향이 농후하다. 진정한 인정이나 인도주의는 돈과 거리가 멀지만 스트레스 의식구조와 약한 자아의 소유자는 돈이 많아야 자선과 인정을 베풀려 한다. 고급 가치란 믿음, 사랑, 희망, 용기, 절제, 성실, 인내, 배려, 동정, 행복감, 열정, 인도주의와 자비, 인간의 존엄성과 생명존중, 솔직, 용서, 긍정적 태도, 봉사, 관용, 자연과 예술 감각, 정의감 등을 말한다.

관련 한국병 요소는 20여 가지가 있는데 대략 위에 열거한 고급 가치관과 반대되는 태도일 것이다. 그 외 여성과 계층 비하, 관존민비(官尊民卑), 자기제일과 개인 이기주의 등이 있다.

한편, 우리보다 개인 자아의 경험과 시민으로서의 역사가 오래된 서양 선진국에서는 강한 개인 자아와 자부심, 양심, 수치심과 죄의식, 책임감, 긍정적 태도, 자유와 노동에 대한 고마움 등이 사회를 지탱하는 중요 가치이다. 이에 필적하는 우리의 고급 가치체계로는 개인의 수행과 인본을 중시하는 유교적 도덕관을 들 수 있겠다. 그러나 근대화와 자본주의의 도입, 전개 과정에서 우리의 오랜 가치관인 인본주의적 유교적 도덕관이 차차 흑백 획일주의로 잘못 변질하거나 매도되어 버렸다.

그렇다고 그 빈자리에 공공과 사욕을 엄격히 구분하고 민주적 합리의식과 책임감을 중시하는 서양의 고급 가치관을 대체한 것도 아닌 가치체계의 과도기적 혼란기가 지속되었다. 서구 자본주의의 물질적 껍데기만 받아들이고, 그것의 정신이 지닌 엄격한 책임 의식은 도외시한 탓이다. 이번의 국정농단과 지도층의 부정부패 같은 국가적 불행도 여기에 큰 원인이 있었다고 생각된다.

넷째, 참되고 진정한 자아와 자부심의 부족이다. 이것은 필자가 가장 중시하는 핵심 해결 과제다. 나는 우리의 누적된 스트레스 의식구조로 인해 약화된 자아와 자부심을 키우면 긍정적인 국민성과 의식구조를 구축할 수 있고, 종국에는 우리나라가 정신적인 선진국이 되리라 믿는다. 안타깝게도 우리의 경우 이에 대한 인식과 교육 및 역사적 경험이 부족하여, 자아의 부정, 거짓 포장, 왜곡 등과 관련한 한국병이 무려 35가지나 발생했다.

자기비하, 눈치 보기, 무력감, 소심증, 거짓된 자신감(과욕), 선입관과 편견, 고정된 사고와 권위의식 및 편협한 융통성, 낮은 주체성, 소문과 타아(他我)에 약함, 남에게 잘 보이려는 아부 · 아첨 · 허세 · 체면 · 자기과시 · 헛된 기대감에 사로잡힘, 의존심 상승, 운명과 숙명에 맡김, 과소평가와 과대평가, 소극적이고 비관적인 의식구조, 보약 중시, 서열 병, 권위 · 명문 · 지위에 약함, 불신, 당파싸움, 양보정신 결여, 큰 것과 최고만 좋아함, 외제 선호, 경조사와 형식을 중시, 지나친 오만과 우쭐, 피해의식의 강함 등이 바로 그 예다.

소크라테스가 '너 자신(자아)을 알라'를 역설한 것이 서양철학의 시발이 되었듯이 서양 선진국은 이 자아 연구 분야에서 가장 강력한 정신적 기초를 다져왔다. 우리는 서구의 장점을 배울 필요가 있다고 생각한다.

다섯째, 과학적 직선(直線)문화와 의식의 부족이다. 실로 서양의식은 직선으로 확실히 구분되는 문화이기 때문에 매사에 분석적, 단계적, 직선적이며 계획, 관찰, 실험, 이성적 사고 등이 강하게 작용한다. 반면에 동양의식은 여백, 곡선과 원(圓)의 의식구조를 좋아하여 비선형, 신비, 직관의식, 종합적 · 포용적인 문화가 발전했다. 특히 극단도 수용하는 도교의 태극사상에서는 음과 양 그리고 음양의 조화를 강조했다.

이 두 사상은 각자 장점도 지니지만 서로 상호 보완해야 할 요소들이 많다. 동양의식의 부족한 점을 들면, 우선 공(公)과 사(私)의 구분이 애매해서 남의 이익과 입장에 피해를 주는 것이다. 적당한 타협과 애매한 절충은 불확실에 대한 둔감함과 용인, 무사안일적 이기주의, 무책임, 지역과 계층갈등, 법과 질서의식 경시, 졸속주의, 단계와 과정의 경시, 용두사미, 기술과 장인정신 부족, 당파싸움, 사대주의, 타인과 사회에 끼친 피해에 대한 기득권자의 죄의식과 책임감 결여 등 약 20가지의 한국병을 우리 사회에 초래했다.

이런 병이 들면 조용히 관조하고 관찰 · 실험 · 궁리를 하는 이성적 사고력이 약화된다. 아무래도 서양의 과학적 직선문화와 동양의 직관적 곡선문화가 서로 융합하여 조화를 이루어야 할 것이다.

여섯째, 민주주의와 합리주의의 부족이다. 개인의 성격과 의식구조는 어린 나이에 그 기본 틀이 형성되어, 점점 교육 · 학습 · 경험에 의해 굳어진다. 이때 강한 자아와 자부심이 형성되면 독립적 긍정적 개체로 성장한다. 인간은 자유와 자율을 좋아하고 속박을 싫어한다. 자유와 평등, 자율, 독립 등 주체적이고 자주적 상태에서 인간의 대뇌는 능력을 최대로 발휘하는 속성이 있다.

우리는 현재 서구가 200여 년에 걸쳐 피나는 투쟁과 강한 책임의식으로 이룬 민주주의와 합리주의를 단기간에 괄목할 정도로 발전시켰다. 그러나 짧은 기간의 급속한 변화로 인해 그 발전은 정치적이고 표면적인 데에 그쳤고 우리 사회와 정신문화 전반에 깊이 접목되지는 못했다.

이와 관련한 한국병은 15가지 정도로, 토의와 대화 문화 부족, 인사병, 고발정신 부족, 금전과 뇌물 공여, 이기주의로 인한 인정과 의리 훼손, 혈연 · 지연 · 학연에 약함, 권위의식, 불확실한 기대에의 집착, 주체성 부족, 정치와 경제에 민감하고 사회와 의식수준 그리고 삶의 질에 등한시, 책임과 의무보다 비난과 권리 주장에 치중, 공리주의와 애국심 부족, 정치적 냉소주의와 무력감 등이 그것이다. 우리가 이 병적 요소를 잘 치유하면, 민주주의와 합리성은 앞으로 동북아 3국에서 가장 먼저 이룩할 긍정적인 국민성의 요소가 될 것으로 믿는다.

그런데 상술한 6가지 한국병의 치료가 쉬운 일은 아니다. 인간의 대뇌와 육신은 단점을 일부러 들추어내어 에너지를 쓰고 싶지 않으려는 속성이 있기 때문에 개인적으로나 국가사회적으로나 부정적인 면을 인정하고 개선하려는 의욕이 쉽게 생기지 않는다. 그럼에도 이를 극복하려는 의지와 머리를 써도 피곤하지 않은 능력, 즉 '뇌짱'의 소유자는 이를 계기로 발전할 수 있다.

어떻게 하겠는가. 필자도 환자를 진찰하고 진단을 내리려면 직업적으로 정신을 집중하고 따지고 심혈을 기울인다. 그렇지 않으면 오진이 생겨 잘못된 처방이 나오고 이것이 습관이 되면 돌팔이가 된다. 마찬가지로 자기의 결점을 샅샅이 들추어내고, 이를 극복하려는 방안을 머리로 궁리한 다음, 그 결과를 실천한다면 우리도 선진 의식구조를 만들 수 있다. 다음 장에서는 우리 국민성의 긍정적인 면을 제시할 것이니 미리 낙담부터 할 필요는 없다.

2) 한국인의 긍정적 의식구조

대부분의 사람들은 단점을 장점보다 더 내세우고 더 심각하게 인식한다. 왜냐하면 인류는 어려운 수렵생활로 위험스런 고통에 더 민감해졌고, 갈수록 더 치열한 지구촌 경쟁에서 살아남기 위해 정신적으로 더 예민하게 진화해왔기 때문이다. 우리 또한 우리의 부정적인 국민성을 남의 탓으로 돌리고 정신없이 등한시 내지 시무룩한 얼굴을 보여 왔다. 그러나 이제 국제적으로 우리의 급속한 경제 성장과 정치적 민주화, 우수한 문화가 인정받으며, 원조 수혜국에서 시혜국이 된 것에 대해 자랑과 긍지를 느껴야 할 것이다.

사실 자기 비하나 반성보다 자신을 옹호하며 자신의 장점을 인정하고 평가하는 것이 더 어렵다. 게다가 이런 긍정적 평가는 조심스러울 수밖에 없기 때문에, 어느 정도 객관적인 비교 가능한 평가기준이 있어야 한국인의 긍정적인 국민성을 설득력 있게 제시할 수 있을 것이다. 그래서 먼저 국제적으로 기댈 수 있는 몇 가지 기준을 제시하면서 이 문제를 논하고자 한다.

지금도 널리 알려지고 사용되는 것으로, 1991년에 네덜란드의 문화심리학자 게르트 호프스테드 박사(Geert Hofstede, 1928-)가 「다국적 기업경영에서의 문화 차이」에서 주창한 문화모형이 있다. 그는 유럽IBM에 근무하면서 70여 개국 약 10만 명에게 실시한 설문조사를 토대로 각 국가별 문화의 차이를 규명할 수 있는 일반화된 여섯 가지 모형을 제시했다. 즉, 권력의 격차, 개인주의 대(對) 집단주의, 남성성 대(對) 여성성, 불확실성의 회피, 장기적 적응 대(對) 단기적 적응, 자율과 통제 등이 그것이다.

또 같은 네덜란드의 폰스 트롬페나르스(Fons Trompenaars)는 세계문화를 보편적 원칙을 중시하는 문화와 특수한 인정을 중시하는 문화로 나누었고, 미국의 커뮤니케이션 학자 에드워드 홀(Edward T. Hall)은 이를 개인주의 저(低)맥락 문화와 집단주의의 고(高)맥락 문화로 나누었다. 우리가 어느 쪽에 속하는지는 금방 알 것이다.

호프스테드 박사가 제시한 '다섯 가지 문화 발달 지수'를 기준으로 세계 문화의 경향을 설명해 보자.

첫째, 세계를 개인주의를 중시하는 나라와 집단주의를 중시하는 나라로 나눌 경우, 세계적으로 집단주의에서 개인주의로 가는 추세다. 둘째, 권위와 평등의 정도(power distance=PD)를 따지면, 봉건적이고 가부장주의가 차차 사라지고 있는 추세다. 셋째, 남성성의 강도를 놓고 보면, 동양은 여성성이 강하다. 넷째, 모호함에 대한 수용성 정도(uncertainty avoidance=UA)에 비추면, 우리는 대강 대강, 적당히, 이심전심, 공사가 불분명한 상황을 거부감 없이 받아주고 포용하는 문화의식이 있는데 반하여, 서구와 북미에서는 의사와 감정의 표현이 분명하다. 다섯째, 한 나라의 문화가 장기적 지향(long term orientation=LTO)을 하는가 아니면 단기적인 성과와 당근을 더 좋아하는가를 따지는 것이다.

다섯 번째 지수에 해당되는 연구로 스탠포드 대학의 마시멜로 연구가 유명하다. 어린애들이 좋아하는 마시멜로 과자를 주면서 지금 당장 먹기를 원하면 1개, 한참 후에 참았다가 먹으면 2개를 주겠다고 하여 실험하고, 그 결과에 따라 참여자를 두 그룹으로 나누어 15년 후에 성공 여부를 조사했다. 그랬더니 전 그룹보다 후 그룹에서 성공한 사례가 월등히 높은 결과가 나왔다.

이는 조급하게 일과 욕구를 당장 만족시키는 것보다 절제와 인내를 하는 것이 장기적 행복과 성공에 더 영향을 미친다는 것을 보여준다. 이 연구 결과를 미국의 대기업 주식거래에 적용하여, 단기 이익을 너무 치중하는 것보다 장기적 투자와 노력이 더 유리하다는 주장을 펼치는 근거로 삼기도 한다.

호프스테드의 이런 연구는 초기에 충분하게 설명되지 않는 것이 보통이어서 그런지 학계로부터 비판도 받았다. 그래서 그는 여섯 번째 문화지수인 자율 대(對) 통제(indulgence vs restraint=IND)를 추가로 제시했다. 이는 관용적이고 자유스럽고 쉽게 만족하는가, 자연적 즐거움과 행복감을 느끼는가, 자신만의 취미와 세계에 빠져 열중하는가, 제멋대로의 응석을 부리는가, 삶에서 부딪치는 규제, 통제, 제한에 힘들고 어려워하는가 등의 정도를 재는 지수를 포함시켜 경제적으로나 정신적으로 부족해도 즐겁게 사는 사람과 국가를 대변하려 한 것으로 보인다.

이제 이런 문화적 차이에 대한 구분을 바탕으로 우리의 긍정적인 국민성과 의식구조의 긍정적인 면을 살펴보기로 하자.

첫째, 우리는 억척같은 끈기와 인내로 무장된 삶의 의지력을 가지고 있다. 서민과 중간 백성들은 기득권층과 달리 역사적으로 어려울 때마다 생기는 누적되는 한(恨)과 피해의식을 끊임없이 극복해내는 과정에서 일상에서의 적극성, 부지런함, 끈기와 인내력, 근면과 노력, 성실, 잘 살아보겠다는 의지와 희망 등 긍정적 자산을 경험하고 축적해 왔다.

이런 힘이 한 가정을 일으키고 국가를 지탱하며, 나아가 경제 성장을 이룬 원동력이 되었다고 생각한다. 우리의 이웃에서 흔히 만날 수 있는 아줌마를 그 모델로 떠올려 보자. 그녀는 가정의 기둥이 되어주고 자녀의 교육에도 앞장선다. 좀 이기주의적인 면은 있어도 속이 친절하여 구수하고 놀기도 잘하고 낙천적이어서 호감을 준다. 그녀는 주위와 사회에 여유도 있어 위험이 생길 때는 아마 금 모으기 운동에도 동참하였을 것이다.

말콤 글래드웰(Malcolm Gladwell)이 쓴 『아웃라이어(Outliers)』라는 유명한 책을 접한 독자들도 꽤 있을 것이다. 그는 자메이카의 소수민족 출신으로 서구 선진국에서 교육자와 작가로서 활동하는 작가다. 책 제목은 한 주류사회의 밖에서 저자처럼 예리한 비판과 견해를 가진 이가 외부자의 시선으로 그 사회의 내부를 따지고 관찰하면 진실을 더 잘 파헤칠 수 있다는 것을 시사한다.

저자는 제도권 안에서 평가하면 익숙한 것만 보이고 밖에서 평가하면 새롭고 생소한, 즉 창조적인 판단이 나온다고 주장하며 이를 뒷받침하는 많은 사례를 소개했다. 그 중 우리에게 흥미로운 사례를 소개하면, 성공한 사람은 1만 시간 이상 자신의 분야에 열심히 열정을 받쳐 투자한 사람이라는 사실이다. 또 가난한 부모보다 중산층 부모가 자녀에게 집중양육으로 더 성공시키며, 노벨상 수상자 수에는 명문대 출신과 비명문대 출신에 차이가 없었다는 것이다. 또 아시아계 학생들이 수학에 두각을 나타내는 이유는 쌀농사를 하는 부모 밑에서 열심히 일하고 노력하는 인내력을 배워 어려운 수학을 붙들고 늘어지는 끈기와 지구력 때문이라고 하였다. 더구나 집단적인 동양사회에서 유교적인 교육열 때문일 수도 있을 것이다. 이런 사실들을 감안해도 저평가 되고 인기가 사그라진 아줌마 정신을 재평가하고 연구해야 할 것이다. 그녀가 뛰는 목표치는 성공하는 자녀의 밝은 미래가 힘일 수도 있다.

위에서 소개한 마시멜로 과자 이야기에서 당장의 1개의 달콤함이 아니라 더 큰 2개의 보상을 위해 욕구를 견딘 어린이의 의지력을 강조했지만, 그보다 더 높이 사야 할 것은 2개라는 당근(목표)의 효과를 어린 나이에도 잘 판단한 성공 소질이다. 이런 어린이의 육성은 성공 소질이 있는 어린이를 알아보는 부모와 이웃 아줌마의 지혜가 따라주어야 빛이 난다. 이를 위해선 하향식 국가 주도 운동도 좋지만, 상향식 '건강한 아줌마 운동'이나 후에 제안할 '참된 자아와 자부심 운동'이 더 의미가 있을 것이다.

서구의 학자들도 그들의 정신문화의 한계를 의식하고, 어린이의 훈육 덕목에 자신들의 주특기인 강한 자아와 자부심뿐만 아니라 동양의 주특기인 집단적 관계문화와 노력과 인내심 등을 추가하여, 자기 훈련과 수양을 중시하는 강한 어린이를 기를 것을 주창하고 있다. 『의지력의 재발견』의 저자 사회심리학자 바우마이스터와 저술가 티어니에 따르면, 사고 행위와 감정, 충동 및 행동 조절 등 네 가지 영역에 의지력의 발휘가 필요하다고 한다. 강한 정신적 능력과 의지력의 소유자는 문제에 대해 깊이 신중하게 따져도 두통과 스트레스가 생기지 않기 때문에 사고를 요하는 일에 화를 내지 않는다는 것이다.

요컨대 생각하는 수고를 요하는 일은 의지력을 가지고 수행하는 것이 정신에 부담이 적다.

여담을 하나 하자면, 이런 인내력과 의지력의 발휘는 대뇌에서 많은 에너지 특히 포도당을 소모하므로, 과로나 스트레스로 에너지가 소모되거나 자아와 기력이 고갈된 상태일 때 포도당 주사를 처방하는 것은 의학적으로 일리가 있다. 그래서인지 의식구조상 노력과 인내력을 더 필요로 하는 동북아 3국에선 피로회복제로 포도당과 영양제 주사를 처방하는 것을 더 선호하는 것인지 모르겠다.

둘째, 우리의 좋은 국민성에는 공동체를 생각하는 건전한 유교와 대인관계 문화가 있다. 지나치게 권위주의적인 문화를 형성하는 등 유교의 많은 폐단이 있었지만 시대에 맞게 좋은 점만 선별하여 새로운 유교적 가치를 정립할 필요가 있다. 싱가포르 전(前) 총리 리콴유(李光耀)와 과거의 마하티르(Mahathir bin Mohamad) 말레이시아 총리가 말한 아시아적 가치를 연구하고 우리가 신 종주국이 될 수 있는 소위 제2의 신유교(neo-confucianism) 또는 현대 유교를 건설해야 한다고 믿는다. 물론 제1의 신유교는 성리학이 될 것이다. 현재 동북아 3국 중에서 이를 해낼 수 있는 누적된 지식과 유리한 환경을 갖춘 나라는 우리나라가 아닐까 한다.

물론 우리에게 건전한 개인주의와 강한 자아와 자부심의 확립이 더 필요할지라도 전통적인 유교의 미덕을 모두 포기한다면 정체성과 정신문화에 더 큰 혼란이 올 것이다. 다시 말하면 지금은 집단적인 유교문화의 장점은 점점 시들어 가는데 반해, 이를 대체할 서양의 개인주의적 장점(투철하고 건전한 자아와 자부심)은 아직 걸음마 단계여서 부득이 가치의 공백이 발생하고 있다. 이러한 과도기는 오래될

수록 좋지 않다.

앞에서 언급한 바와 같이 우리의 부정적인 국민성과 의식구조(한국병)를 다른 차원에서 다른 눈으로 뒤집어 보면, 그 병들은 우리에게 이미 깊이 뿌리내린 가치 있는 문화적 유전자와 자산이 있다는 것의 반증이다. 따라서 병들기 전의 우리의 좋은 가치를 발굴해 다양성을 추구하는 것이 필요하다. 공자와 유교가 아니더라도 훨씬 전부터 우리 조상들은 주로 농사를 하는 정착생활을 하면서 집단적으로 서로 도우며 품앗이와 상부상조하는 두레 정신이 있었다. 두레는 농번기에 마을단위로 일을 마치고 둥글게 모여 앉아 음식을 먹거나 노랫가락으로 흥을 돋우는 일이다.

사실 개인주의는 서구에서도 르네상스 이후에야, 그것도 몇몇 선진국에서 발전했고, 그 이전이나 다른 대부분의 나라들에는 집단주의가 더 강하였다. 동양에서는 공자의 가르침부터 삼강오륜과 인간관계의 질서를 위하여 집단적 사회가 더 강화되었다고 본다. 공자는 왕과 군자가 무력과 법적인 강제로 통치하는 하수의 방법을 쓰지 않고 더 차원 높은 덕치(德治)를 써서 다스리는 이상형의 방법을 추구했다. 그래서 춘추 전국 시대의 초기 유교는 군자뿐만 아니라 평민계층도 도덕성 함양을 위해 노력할 것을 강조했고, 군자에겐 더욱 더 가혹한 수양의 잣대를 두었다. 그 후 유교는 한(漢)나라의 국교가 되었고, 공자 이후 거의 1000년이 지난 후에 송나라에 이르러서는 주희가 세운 성리학으로 발전했다. 성리학은 유교의 한 갈래로서 공자와 맹자의 사상을 이어가지만 평민과 소인보다 사대부를 계급화 시킨 흠이 이었지만 사물의 이치와 이기론(理氣論) 그리고 심성론을 중요시 하였다. 성리학 200여 년 후 명나라에서 왕명학이 주창되어 만물과 우주를 논하고 심학(心學)과 상업활동을 중시했다.

오늘날 한국의 진보적 역사가들은, 퇴계 이황과 송시열은 성리학만 옳다고 주장하고 결과적으로 집권세력과 이어지는 세도가에게 이론의 기반을 제공함으로써 기울어져 가는 조선 말기에 악영향을 주었다고 주장한다. 그들은 유교의 일파인 실학과 양명학을 알아보지도 않고 반대했다는 것이다. 이들 조선 사대부의 완고한 성리학과 기득권 옹호 때문에 다른 의견을 제시할 권리가 억압받았으며, 그 결과 발전적 변화 자체가 막히는 결과를 초래했다고도 볼 수 있다.

그러나 다행히 청나라에서 들어온 천주교와 서양 과학을 이해하는 홍대용, 박제가, 박지원 등 소위 북학파와 영남학파인 선비 조식 그리고 다산 정약용 등은 청나라의 탈중화론과 우리 실학파의 탈성리학에 관심이 깊었으나 왕권과 사대부의 기존체제의 한계를 넘지는 못했다. 북학파들은 농업을 중시하는 성리학적 경제에 반기를 들고 이용후생을 주장하며 상공업과 무역에 백성들도 참여할 것을 권장했다. 그러나 조선말기의 끝없는 쇄국과 고착화된 사농공상의 계급사회는 변화와 개선의 여지가 없었다.

비기득권자들은 독선적이고 폐쇄적으로 변모한 성리학보다는 초기 공자와 맹자의 원시 유교를 더 좋아하였고, 아마 다른 이유도 있겠지만 일본에서도 성리학보다는 양명학이 널리 받아들여졌다. 논어의 첫 질문은 "학문은 해서 어디에 쓰겠는가?"인데 공자는 이에 대해 "배우고 때로 익히면 이 또한 기쁘지 아니한가?(學而時習之 不亦說乎)"로 반문하고 있다. 한마디로 공자의 답은 학문이 즐겁고 좋으니까 학문을 한다는 것이다.

공자의 이 대답은 지금도 유효해서, 상담자들은 대학입시에서 무슨 분야를 선택하면 좋겠냐고 상담하는 학생들에게 자신의 재질과 맞고 오래 좋아할 수 있을 것 같은 분야를 택하라고 권하는 게 일반적이다. 재미있는 것은 논어의 가르침은 스승인 공자와 제자인 자로, 안회와의 질문과 답변으로 이루어져 있는데, 이것은 그보다 100년 후에 나타난 고대 그리스 시대의 철학자 소크라테스의 문답식 교수 방법과 비슷하다는 것이다.

이 두 인류의 스승은 모두 교육자로서 묻는 것이 학문의 시작이요, 학문은 학생들이 스스로 하는 것이 제일 효과가 있다고 생각했다. 이런 공자의 가르침과 조선조부터 선비의 등용문으로 실시한 과거제도의 영향으로 우리의 높은 교육열이 오늘날까지 지속되었다고 생각한다.

셋째, 우리는 풍부한 감성문화를 물려받았다. 역사적으로 우리의 유교 문화는 감성과 감정 표현을 부정적으로 생각하여 이를 자제하고, 밖으로 표출하기보다는 안으로 자신을 수양하고 도를 닦는 선비 정신을 지향하였다.

그러나 일반 백성은 유교적 차별사회에서 생긴 한(恨)과 피해의식 등 누적된 나쁜 감정을 풀기 위해 정(情)과 흥을 강하게 발산하려 했다. 감성이란 부정적이든 긍정적이든 감정이다. 그래서 성리학에서는 공맹 사상을 이어가면서도 노장 철학과 불교의 논리를 받아들여, 만물과 인간의 본성을 연구하면서 이기론(이치와 기운)과 심학을 함께 논하였다. 4가지 도덕적 마음(惻隱之心, 羞惡之心, 辭讓之心, 是非之心)과 7가지 좋거나 나쁜 자연스런 마음(喜怒哀懼愛惡欲)을 뜻하는 사단칠정(四端七情)의 연구가 바로 그것이다.

그래서 우리의 국민성은 선비적 도덕에 한과 정과 흥을 연결시킨 종합적이고도 독특한 감정구조(한-정-흥)를 가졌다고 자랑스럽게 말할 수 있겠다. 심리학적으로도 고생을 사서라도 해보고 비장한 슬픔과 고독을 경험한 후에 이를 스스로 극복하여 목적을 달성할 때라야 자신감과 기쁨이 저절로 생기는 것이 이치에 맞다. 한국인은 자고로 인정과 의리 그리고 효가 강한 나라였는데 세상이 살기 각박해짐에 따라 끼리끼리 만의 욕심을 챙기게 되었으니 심혈을 기울여 이를 다시 바로잡아야 할 것이다.

하나 덧붙일 것은 아이러니하게도 우리 국민성이 스트레스 의식구조를 지녔다는 것이 풍부한 감정을 지니는 데에 일조했다는 것이다. 이런 구조에서는 부정과 긍정의 기복이 심해 슬퍼 울다가도 곧바로 웃기 때문에 다양한 감정 경험이 가능하기 때문이다.

감성과 감정(emotion)에 대한 인식은 1995년에 대니얼 콜먼이 『EQ(Emotional Quotient,감성지수)』란 책을 출판한 것을 계기로 꽤 높아졌다. 그는 기존의 IQ(Intelligence Quotient, 지능지수)를 본떠 감성지수란 용어를 만들고, 그 중요성을 부각하였다. 그 이전에도 학자들은 이성보다 불확실꾸밈이 없는 감정에 대해 합리적으로 규명하려고 노력해왔고, 지금도 마찬가지다. 그 결과 감정이 일상생활에서는 이성보다 더 결정권이 세고, 일의 성공을 이루는 데에도 더 큰 힘을 발휘한다는 결론을 내렸다.

이는 뇌과학의 발전에 힘입은 것으로 뇌의 활동을 찍는 기능성 MRI 등의 사용을 통해 많은 객관적 사실이 밝혀졌다. 즉 부정적이거나 긍정적인 감정이 변연계와 편도체에서 기억되면, 그 바로 주위의 해마와 대뇌의 전전두엽에서 담당하는 이성과 논리적 판단과 기획력 및 합리적 결단에 영향을 미친다는 것이다. 이들 부위들은 긴밀히 엉켜 작동한다.

알기 쉽게 말하면 EQ가 좋은 사람이 IQ도 더 잘 성장하고 발현된다는 것이다. 필자가 관찰한 바로는 서양에서 말하는 감정의 범위는 우리가 생각하는 범위보다 훨씬 넓다. 그래서 구미 선진국에서는 이성적이든 감정적이든 자기 절제와 통제, 끈기와 의지, 동기부여 등을 감정에 포함시키는데, 우리는 이것을 따로 도를 닦고 수양하여 습득하는 것으로 보아 감정과 무관한 것으로 취급한다. 이런 미세한 부분도 동서양에 따라 인식의 차이가 있다.

그러면 감정을 이성적 지능으로 대처할 수 있을까. 콜먼은 이성이 감정을 조절하고 적극 관여할 수 있지만 이성이 침범할 수 없는 감정 본연의 힘과 존재감이 작동하는 영역이 있다고 보고, 그것을 5가지로 제시했다. 다른 사람의 감정을 알아차리기, 자기감정 조절, 목적 달성의 추진력에 의지 싣기, 다른 상대의 감정에 공감하는 능력, 그리고 상대와 관계를 맺는 능력 등은 감정지능이 관여하는 역할이라는 것이다. 그런데 이 영역을 무 자르듯 하기란 쉽지 않다. 고급가치인 신뢰감, 희망, 배려, 자유의지, 정신적 승화, 용서, 헌신, 사랑과 자비 등은 이성인지 감성인지 잘 구분이 잘 되지 않는다.

문화와 인식의 차이는 개인마다 다를 수 있다. 퇴계 성리학파에서 말하는 이기설(理氣說)의 기(氣)는 쉽게 말해 끼로서 기운과 힘이다. 끼는 보통 예술과 연예에 타고난 재능과 소질을 가지고 바람끼, 무당굿의 신들린 신바람처럼 폭발력을 가질 수 있다. 반면 이기설의 이(理)는 이치와 이성에 맞는다는 의미이다. 이것 때문에 조선 말기의 성리학자들이 이성의 한계에 부딪혀 더 정신적 발전이나 변화를 꾀하지 못하고 허송세월을 보냈는지도 모른다.

우리는 집단적으로 뜻이 모아지고 감성적으로 공감하면 우리의 잠재력과 저력이 발동한다는 것을 안다. 세계 4강 축구의 붉은 악마 응원, 기타 촛불 시위, 금 모으기 운동과 3·1 운동과 같이 추구하는 방향이 같거나 공감하면 큰 힘을 내는 것을 목도한 경험이 있다. 이처럼 경제적으로 당당히 잘 살아보겠다고, 민주화를 이룩하겠다고 다시 한 번 마음먹으면 된다.

우리 국민은 긍정적이든 부정적이든 감성이 풍부하다고 했다. 억누르고 있던 한과 누적된 스트레스를 춤과 노래와 흥으로 해소시키는 것은 것까지는 감성이지만 이를 격식 있는 작품으로 표현하면 예술과 문화가 되는 것이다.

종교와 문화에 대한 연구로 이름난 최준식 교수의 표현을 빌려 보자. 한국인은 틀을 싫어하고 자유분방한 사고와 행동을 좋아하여 가끔 화끈하고 야성적인 감각을 발산하기를 좋아한다고 했다. 음식도 투박한 뚝배기에 매운탕이나 비빔밥을 먹어야 직성에 맞다. 여기에 텁텁한 막걸리와 흥얼거림은 우리 조상들이 가무(노래와 춤)을 즐긴 민족이었음을 반증하는 셈이다. 이와 비슷한 현상이 대금과 아쟁, 난타와 사물놀이, 허스키한 목청에도 발생한다. 외국인이 들으면 괴성으로까지 들리는 판소리와 시조가락은 감성이지만 이를 작품화시키면 문화작품이 되는 것이다.

넷째, 우리의 긍정적인 국민성 중 하나는 다양한 종교와 다양한 외래문화 그리고 민주화에 개방적이란 점이다. 우리는 주위에 많은 종교가 활동하고 있음에도 불구하고 큰 분쟁 없이 잘 지내고 있다. 유불선뿐만 아니라 무교, 기독교 등까지 포용하는 다양하고 탄성적인 종교문화가 형성되어 있다. 이는 풍요롭고 열린사회로 가는 원동력을 제공한다. 특히 유교는 우리가 노력하고 연구하면 새로운 종주국이 될 것이고 우리의 집단 기질 덕분에 세계 제일의 기독교 전도국가가 되니 얼마나 좋은가. 더욱이 무교, 불교와 노자 사상으로 우리는 자연과 친하게 지내게 되어 지구 환경 오염과 온난화에 크게 기여하리라 믿는다.

중국은 종교 문화와 기능이 약하고 일본은 너무 단순히 천왕과 신도만 우위를 점하니 우리 종교문화가 더 다양할 수밖에 없다. 우리는 경제와 주식과 금융을 개방했을 뿐 아니라 오래 전에 우려했던 일본 문화에도 문을 열어 두었다. 이와 동시에 다문화 가정도 늘어나 국제적인 안목도 생겼다.

유학생과 관광교류의 활성화, 국제적인 과학기술과 상업과 기업 활동도 개방되어 있으며 산업과 정보기구의 교류와 국제소통, 문화의 수용과 융합, 식생활과 교통의 발달로 모든 방향으로 개방되었다. 미래로 갈수록 소통과 개방 그리고 다양성이 있어야 새로운 안목, 변화, 아이디어와 창조력이 생겨 발전과 도약이 가능하기 때문에 우리 의식구조의 이런 개방성은 아주 긍정적인 면이다.

다섯째, 다양한 문화와 예술 강국으로 뒤섞인 비빔밥 의식이 있다. 고대 중국 사람이 보기에는 우리 민족은 풍류와 멋을 알아 예로부터 가무, 노래와 춤을 좋아했다고 전한다. 동이족, 고조선과 고구려와 그 후예들이 말 달리는 기상과 강한 기세를 떨쳤던 시대부터 그랬을 것이다. 한반도의 남쪽보다 북쪽 사람들이 더 활달하고 놀기도 잘 해서 술이 들어가면 얼씨구 하며 흥에 겨워 큰 소리로 노래하는 호탕한 기질을 보인 것 같다. 반면에 남도 쪽에서는 누적된 한(恨)과 슬픔에 겨워 어쩔 수 없이 끈기와 인내를 발휘하여 내부적으로 타협하여 공감하면 집단적으로 분출하여 힘을 내어 왔다.

이런 분출이 정치, 경제와 사회의 변화에는 긍정적 개혁이나 혁신에는 크게 영향을 못 미쳤지만 자유와 창조를 구가할 수 있는 분야인 문화와 예술의 창조에는 큰 힘을 발휘한 것 같다. 세상에 어떻게 재즈 음악보다 더 거칠고 기괴하기 짝이 없는, 가슴을 쥐어짜는 비통한 시조와 판소리 그리고 사물놀이 음악이라는 창작품을 만들어 냈을까. 산조라는 민속음악의 독주곡들은 가야금, 거문고, 대금, 아쟁 등으로 연주되는데 이 또한 슬픔과 누적된 스트레스를 해소하고 발산하는 문화상품일 것이다.

사대부의 허울 좋은 위선과 불평등과 부조리에 대항하는 과정에서 이를 예술적으로 승화시켜 풍자, 해학, 탈춤 등으로 발전시킨 것도 비빔밥 능력이다. 맵고 짠 장(고추장, 된장, 간장 등)과 다양한 나물로 뒤죽박죽 비벼서 먹는 비빔밥은 여러 반찬, 쌀밥과 잡곡밥, 각종 채소와 발효식품인 김치 그리고 국이나 탕의 한식 밥상의 축소판일 것이다. 여기에 여러 양념으로 다진 불고기와 잡채 또한 조화능력의 상징이다. 주거 문화도 자연과 조화를 이루어 짓고 자연 속에서 사찰 등을 통해 종교 활동을 했다.

여유로워진 경제적 성장과 이런 다양한 전통 문화의 가치를 기초와 자산으로 하여 근래의 더욱 풍성한 문화와 예술, 즉 한류라는 큰 장르가 개척될 수 있었다고 본다. 구세대가 이룩한 경제로 한(恨)은 약해졌지만 인정과 흥의 문화 유전자는 그대로 신세대에게 이어져 그들은 한류의 주역이 되었다.

신세대들은 영상물과 서양문화에 접촉이 많았고 정보통신기술로 무장하여, 다양한 문화적 상징물들을 쏟아냈다. 창조적인 싸이 말춤과 음악, 독특하게 받아들이는 겨울연가와 대장금, 감성적인 한국 드라마, 기획된 활기찬 그룹 댄스, 전자 게임, 심금을 울리고 비극적 절규와 종말로 끝나는 영화들, 사회 폭력, 비리와 부패를 파헤치는 액션물, 빠른 속도감과 새로운 호기심으로 가득 찬 영상 감각파들, 4차 산업에 매진하는 연구가들, 눈치와 변화가 빠르고 속도전으로 대처하는 벤처 기업가들.

어떤 서양문화 비평가는 한국에는 문화재는 많으나 문화의 이미지가 없다고 한 것으로 기억하고 있다. 이미지가 없는 것이 아니라 너무 다양하고 비빔밥같이 뒤섞여 한두 가지 대표적인 이미지가 잘 보이지 않을 뿐이라고 생각한다.

또 있다. 의식구조는 문화와 예술만 다양한 것이 아니라 다음에 열거된 분야도 난장판일 정도로 다양하다. 즉 개인주의 대 집단주의, 구분을 잘 따지지 못하는 공(公)과 사(私), 전통과 서양적인 현대, 상기한 유불선무기의 다양한 종교, 한(恨)과 흥, 우리의 인정과 선진국의 원칙, 보수와 진보의 진로가 현실적인 남북 이념으로 왜곡된 문제, 선비정신 대 소비자본주의, 어려운 주체성 확립과 쉬운 따라 하기와 의존성, 서로 다름을 인정하지 않고 자기만 옳다고 고집하기 등등 이분법적으로, 서로 양보하지 못해 생기는 흑백논리로 혼란스럽다.

그러나 역사가 말하여 준 대로 혼란하고 다양할수록 새로운 변화와 학문의 발전이 뒤따른다는 사실은 의미하는 바 크다. 또한 위기가 기회가 되는 것이다. 이 혼란을 해결하고 잘 보이지 않은 문화의 이미지를 잘 보이게 하는 비결이 있다면, 다양할수록 창조성의 가능성이 높아 이를 가려낼 수 있을 것이다. 이를 가려내는 창조적인 무기는 두 가지인데 이 책 마지막까지 거론할 '강하고 참된 자아와 자부심의 혁명'과 우리를 부강하게 만드는 '스스로 하는 참된 교육의 실현'이 그것이다. 우리의 국민성과 의식구조의 장단점을 돌아 볼 때 우리도 이제 경제와 민주화의 압축성장을 이룩한 것과 같이 제2의 한강의 기적 즉 정신수준의 도약적인 압축성장을 시작해 볼 만하다고 생각한다.

2. 근대적 자아의식의 발전

1) 구미 서양의 근대 자아 역사

역사상 중세는 대략 우리나라는 고려시대, 중국은 당나라 말부터 명나라까지, 그리고 서구유럽에서는 대략 7-8세기부터 16세기까지를 말한다. 대강 르네상스를 15-16세기로 볼 때 중세 말부터 르네상스를 거쳐 현대 이전까지를 근대라고 본다. 개인의 자유와 평등사상은 근대에 걸쳐 개인이나 개인적 자아의 탄생으로부터 비롯되었다. 서양에서조차 르네상스 이전까지는 대체적으로 집단주의가 강하고 인간을 개인이라는 사회의 의미 있는 구성원이라는 인식보다 자신을 단지 인종, 민족, 정당, 가족, 결사의 일원'으로서만 인식하였다.

'개인/개인적인(individual)'이란 용어는 '나뉘지 않는'이란 뜻의 라틴어 'individuus'에서 왔는데, 이는 17세기 초반에야 명백한 의미로 쓰였다고 한다. 야코프 부르크하르트는 그의 명저 『이탈리아 르네상스의 문화』에서 '개인'과 '개인성'에 관한 논의를 전개했는데 그는 르네상스에 와서야 14, 15세기 이탈리아에서 자유롭고 독립적이며 자기완성과 개성의 발화를 위해 산 사람들이 폭발적으로 많았던 것은 사실이라고 했다. 그러나 중세라 해서 기독교 이외에는 발전한 것이 별로 없는 문화의 암흑시대는 아니었다는 것이 오늘날 학자들의 통설이다. 말하자면, 12세기 이후로 아리스토텔레스 철학이 중세 유럽에 전해지면서 신 앞에선 '개인'의 종교적 · 정치적 자유를 위한 씨앗이 뿌려졌고, 이것이 14, 15세기 르네상스기를 거치면서 발화한 것이다. 성 바오로는 개종 후 개인의 자유, 양심, 의지 등 개인의 내면에 하나님의 평등과 진리 그리고 사랑이 있다고 했다. 그 후 아우구스티누스(서기 354-430)는 성 바오로의 후계자로서 깊은 성찰 후 개인의 양심, 의지, 자의식, 자율, 의식과 욕망을 신에게 고백했다.

이 무렵 이미 기독교는 로마에서는 북쪽의 게르만족과 프랑크족의 침입으로 허약해진 세속 황제, 도시 상공인의 득세, 교황과 주교 그리고 교회와의 세력 다툼으로 서로 주된 힘을 시대에 따라 주거나 받기도 하여 세속 왕이 강하면 교황을 파면하기도 하고 간혹 교황이 강하여 세속 왕을 좌지우지하기도 했다. 이러한 세력 다툼의 와중에서 일반 시민이나 백성은 세속 권력(로마법의 민법, 형법, 상속법과 기타 사법 등)을 따를 것인가 교황과 교회법을 따를 것인가를 혼란스러워 했다. 수도원에서는 개인의 존엄, 노동과 자치의 소중함을 강조하여 평화와 안전을 통한 가난한 개인 영혼을 보호하려 했다. 옥스퍼드 대학의 정치 철학자인 래리 시덴톱의 저서 『개인의 탄생』에 따르면, 영주의 도지권과 노예의 지배권, 왕실 토지와 교회 사유지의 관할권, 법인법 등 수많은 사법권 다툼으로 도시 시민과 평신도들은 결국 양 세력 모두로부터 협조를 받아 개인의 자유와 평등에 대한 발언권을 얻을 수 있었다.

이런 와중에 10세기 말 교황은 독립을 선언하고 개인 시민의 자유와 평등주의를 인정했다. 특히 교황 그레고리오 7세는 자연법과 기독교 본래의 도덕적 평등과 자기수양을 강조했고 교회 내부의 부패를 개혁했다. 이즈음부터 자유와 평등은 집단이나 가족(가부장)이 아니라 개인의 선택과 권리라고 생각하기 시작했다. 이런 사상과 개념의 발전은 수도사와 스토아와 스콜라 학파, 교회법학자, 게르만 관습과 로마법학자, 고대 그리스의 철학과 논리학 등 자연법을 중요시하는 학자들의 전승을 통해 가능했다.

자연법은 자연적 질서를 사회적 질서의 근본원리로 생각하는 개념으로 개인의 선택이 인정되는 자유와 권리는 그 행위자가 책임과 의무를 지고 자유롭게 선택할 수 있는 재량권이 있다고 규정한다. 심지어, 종교를 갖지 않을 권리와 결혼하지 않을 권리도 개인의 책임부담 외에는 자유롭다. 예를 들면 이 당시에 자신의 재산 상속자를 결정할 때 세속법이나 교회법으로 혹은 자신의 유언에 따라 결정할지 망설였을 것이다. 이때, 상속이라는 개인 문제를 유언이란 형태를 빌어 개인의 양심(악과 선, 옳고 그릇됨)과 자유의지에 따라 결정하는 순간 처음으로 개인의 자유가 탄생된다.

이제 중세 후반의 도시 상공업의 발전과 무역으로 번영하는 상인조합과 자치정부가 생겨남으로써 귀족과 영주 계층과 가난한 농부와 농노 사이에 중산계층이 생겨났다. 오늘날도 마찬가지이지만 하급층은 발언조차 할 여유가 없고 상급층은 기득세력으로 변하지 않으니, 결국 중간층이 나설 수밖에 없는 것이다. 이 중산층의 지지를 받는 세속 정부도 교회와 영주로부터 독립하여 개인의 자유와 평등에 귀를 기울이게 되었다. 동시에 가톨릭 내부에서도 태생적으로 개인의 평화와 자유를 위한 도덕적 의무가 있다는 생각에서 개혁을 주장하며 프란체스코회와 도미니크회를 비롯한 많은 수도회들이 개인의 자유와 평등을 옹호하였다.

이러한 개인의식의 발달은 교황권과 세속군주의 통치권, 즉 영적 권리와 세속의 권리의 구분과 대립을 첨예하게 하였다. 그리하여 중세 기독교(가톨릭)에 대항하여 개인이 직접 신을 대면할 권리를 주장하는 프로테스탄트 종교개혁이 일어났다. 이 루터와 칼뱅의 종교개혁은 '개인'의 발전에 또 하나의 추진력을 제공했다. 이런 줄기찬 노력을 통해 15세기에 이르러 드디어 영어와 불어의 사전에 '개인'이란 단어가 실리기 시작했다.

우리는 대부분 서양문화와 사상에 대해 교육 받았다. 서구와 북미 선진국의 사상과 문화는 헤브라이즘(유대교와 고대 기독교)과 헬레니즘(고대 그리스와 오리엔트, 시민과 개인주의 존중)의 두 원류에서 파생된 것이라 배웠다. 자아와 자부심의 개념에도 이 사상의 상호 경쟁과 결합이 반영되어 있다. 신의 의지와 선택으로 개인의 영혼의 평등과 자유가 주어졌고, 그 자유의지를 통해 인간은 신의 영혼과 개인의 영혼이 결합하여 평화와 조화를 이룬 것이다.

세속주의나 개인주의는 오늘날 부정적인 뉘앙스를 지녔지만 사실 그것이 파생할 때는 신성하고 좋은 점도 많다. 개인주의와 개인이기주의는 다르다. 개인주의는 개인의 자유와 권리를 중시하면서 동시에 개인과 사회에 대한 개인의 자율적 책임과 의무를 강조하는 것이다. 개인이기주의와의 잘못된 혼돈 때문에 개인주의의 강한 장점인 독립심과 자아심과 주체심을 과소평가해서는 안 되겠다.

개인주의는 서양에서 오랜 기원을 가지고 있다. 러시아 작가 아론 구레비치는 약 20여 년 전에 『개인주의의 등장』이라는 매력적인 책을 냈다. 이 책에서 그는 11세기경 북유럽국가의 바이킹 신화와 역사를 영웅주의적 시각에서 다룬 문학작품들을 소개하면서, 영웅주의를 '개인'과 '강한 자아'의 발견을 결부시켰다. 척박한 난관 속에서도 굴하지 않는 육체와 정신의 힘밖에 믿을 만한 것이 없는 게르만족과 스칸디나비아 사람들은 용맹, 충성심과 용기를 발휘한 영웅들에 대한 옛날이야기를 남겼다.

거친 항해를 앞둔 바이킹의 개인적인 신중함과 결단력, 단독 결투를 앞둔 기사의 결연함, 성공한 상공인이 신의 은총에 대한 갈구, 개인의 신과의 관계에서의 고백, 참회, 그리고 자서전의 진지한 글쓰기, 용맹스런 영웅으로 만들려는 의지, 아우구스티누스의 『고백론』에서 보이는 자기 정체성과 자아를 찾으려는 열정, 단테의 『신곡』에

묘사된 베아트리체에 대한 사랑과 신의 은총으로 죄의 고통과 지옥 그리고 금기시된 천당까지 갈 수 있는 자유를 얻은 기쁨 등의 서사들은 자신의 숨겨진 개인적인 내적 자아를 집단과 가족으로부터 분리시켜 한 개인으로서의 자신을 발견했던 영웅들의 이야기였다. 이 이야기를 읽으면서 당시 사람들은 점차 개인의 운명을 믿었고, 그 운명에 자신의 정신을 몰입하고 행동에 옮길 수 있다는 자부심과 자긍심을 지니게 되었다.

중세의 말기에 찾아온 르네상스(15-16세기)는 이런 자유와 평등의 결과였다. 장인과 상공인은 해외 무역과 금융업이 성공하자 차차 자본가로 변모했고, 상업 자본주의가 태동하기에 이르렀다. 르네상스(renaissance; 프랑스어로 문예부흥)는 고대 그리스의 철학과 문화의 재발견으로, 이태리 피렌체(영어로는 플로렌스)에서 시작하여 유럽 각지로 퍼져 나갔다. 르네상스는 풍요로워진 경제를 바탕으로 인간성 해방과 문화혁신을 추구했던 일종의 정신운동으로 근대의 계몽주의(enlightenment)와 휴머니즘(인본주의)에 길을 열어 주었다.

대표적 르네상스인 하면 우리는 보통 레오나르도 다 빈치와 미켈란젤로와 같은 이들을 떠올린다. 대부분의 르네상스인이 그렇듯 그들은 단순한 예술인을 넘어서서 과학과 문학을 섭렵한 종합적인 인문교양인이었다. 이들의 예술을 뒷받침한 후원자로 유명한 메디치 가문이 있는데, 그들은 자본가이면서도 문예를 알고 추구하는 교양인이었다. 지금까지는 중세의 수도사와 학자, 유산계급자 및 기득권자의 지적 탐구로서 자유와 평등이 논의되었지만 대다수의 농노와 평민 그리고 부녀자들의 입장에선 이 방면에서 아무런 진전과 혜택이 없었다.

17세기가 시작되는 근대에 이르러서야 모든 서구 국민 또는 국가

(이 단어도 15-16세기에야 영어와 불어 사전에 실리게 됨)에서 개인의 자유와 평등의 가치에 눈뜨게 한 3대 시민혁명이 발발했다. 여기서 3대 시민혁명이라 함은 영국의 시민과 청교도 혁명(1649년), 영국에 대항하는 미국의 독립전쟁(1775년), 그리고 평민까지 참여하는 프랑스의 인권 대혁명(1789-1799년)을 말한다.

근대에서 신 중심 문화에서 인간 중심 문화로, 교황권에서 세속권으로 기울기가 변하는 한 축에는 세속권력 간의 권력이동 또한 일어났다. 영국에서는 13세기부터 왕과 귀족 간의 권력 다툼이 수백 년간 끊임없이 계속되다가 결국 의회파인 크롬웰의 승리를 계기로 왕의 권력이 의회 권력(힘이 생긴 개인과 일부 귀족)으로 이동하게 되었다. 이것이 바로 영국 의회민주주의 발달의 시발이 된 청교도 혁명이다. 영국의 경험주의 정치사상가인 존 로크(1632-1704)는 자유와 평등의 자연권을 가지고 사회계약론을 주장하여 삼권분립과 의회민주주의를 강조했다.

미국은 처음부터 영국에서 탄압받은 청교도 신자들이 신대륙으로 이주해서 세운 식민지였는데, 이주 후에도 본국인 영국에서 세금을 과중하게 부과하고 차별을 두었으므로, 1776년에 미국은 영국으로부터의 독립을 선언하였다. 미국인들은 이 독립 선언문에 절대왕정에 대항하는 민주주의 국가를 신세계에 건설하려는 열망을 담아, 루소의 천부인권과 로크의 사회계약설의 영향이 짙은 인민주권과 저항권의 내용을 명시하였다.

프랑스혁명은 좀 늦게 일어났지만 수년간의 유혈 투쟁으로 많은 사상자를 낸 급진적인 혁명으로, 성직자나 귀족을 넘어서 중소 시민, 부녀자와 농민이 권력에 참여하는 값진 소득을 달성한 혁명이었다. 민중의 혁명이라는 극적인 방법으로 사치스런 절대군주 루이 16세

왕과 왕비 마리 앙투아네트는 단두대에서 역사의 이슬로 사라졌다. 유럽 최초로 왕을 정치무대에서 사라지게 하고 민중을 역사의 무대에 올린 이 사건은 프랑스인의 자부심이 되었지만, 나아가 인류사에서도 커다란 자산이 아닐 수 없다.

우리에게 『리스본행 야간열차』로 널리 알려진 스위스 출신의 작가이자 철학자인 페터 비에리(Pascal Mercier Peter Bieri)는 자신의 최근 저술 『삶의 격』에서 존엄성(dignity)에 대해서 설명했다. 존엄성은 한 개인이 가치가 있는 존재로서 존중받고 대우받을 권리를 타고 났다는 것을 의미하는 말로서, 계몽주의 시대의 자연권의 연장선상에 있는 개념이다. 이것은 인간이 가질 수 있는 가장 숭고한 가치인 인본주의, 인권, 생명존중과 연관되어 있으며, 각 개인의 자존감과 자아의식의 기초가 된다.

존엄성은 첫째, 독립적이고 자주적인 개인을 요한다. 각 개인은 자기 내면의 자유와 서로 간의 평등을 위해서 절제, 배려, 책임과 존중이 필요하다. 이런 다짐은 다른 사람의 부탁이나 구걸로 이루어지는 것이 아니라 내 인생은 내 것이라고 선언하는 자신의 진심어린 의지로 해야 하는 것이다. 의식주를 자기 자신이 해결 못하여 주위의 도움이 필요할 때는 이차적인 문제이다. 둘째, 존엄성은 다른 사람과의 관계에서도 같은 마음의 자세로 대해야 한다. 여기에서 자유 없는 강압, 비웃음, 속임수, 유혹, 동정 등이 개입되어서는 안 된다. 셋째, 존엄성은 사적인 은밀함이 존중되어야 한다. 폭로에 수반되는 수치심과 프라이버시의 침해는 존엄성과 자존감을 손상시킨다. 특히 집단주의 의식이 강하고 상대에게 함부로 하는 사회에서 더욱 그렇다. 상대의 흠을 장소와 상황에 따라 품위 있게 드러내는 예의가 필요할 것이다. 넷째, 존엄성과 자존감은 적어도 자기 자신에게 만이라도 솔직해야 한다. 자기에게 거짓말을 하는 행위는 자기기만이 된다. 다섯째, 자아상의 변화에 따라 존엄성과 자존감이 변한다. 그런데 자아상과 정체성은 개인의 장점과 단점을 따지는 개념이므로 존엄성이나 자존감과는 차이가 있어 보인다. 여섯째, 존엄성은 무한하다. 개인의 독립성과 인간관계가 망가지면 심한 스트레스와 좌절감을 느끼지만 주검과 임종 앞에서도 존엄성을 잃지 않는 경우도 많다. 이렇게 소중한 개인의 자유와 평등 그리고 인간의 존엄성과 자존감의 발전은 다른 요소들, 즉, 정치(상기한 3대 시민혁명 등), 경제와 과학기술(산업혁명), 사회적 이념 분쟁과 세계대전 후의 평화 등과 더불어 유지되고 진화를 거듭해왔다. 그러나 지난 수백 년 동안 개인의 자유와 평등을 위해 매진해왔지만 20세기 후반기에야 비로소 모두에게 투표권이 주어진 것이다.

제1차 산업혁명이 18세기 후 방적기계 같은 각종 생산기술의 발전과 더불어 도래하고 성장했다면 제2차 산업혁명은 20세기 초 석탄과 석유를 이용한 전력생산, 그리고 증기기관에서 내연기관으로의 엔진 발전에 따른 철도와 선박 등의 수송수단의 발전과 더불어 왔다. 그 후 제3차(원자력)과 제4차(컴퓨터를 통한 정보통신과 인공지능 등) 혁명이 뒤따라 발전했다. 서구인들은 중세 말과 르네상스 때의 도시 상공업에 의한 초기 자본주의 덕분에 정신적으로는 자유와 평등을 통한 인본주의의 발전을 이룬 데에 이어, 산업혁명에 의한 자본주의 발전으로 경제적인 생활의 풍요 또한 이루었다.

이에 힘을 받은 서구 열강들은 광범위한 식민 개척에 나섰고, 이후 1,2차 세계대전, 파시즘, 마르크스주의, 대공황 등을 부정적인 사건들을 경험했다. 이런 근현대 역사의 흐름은 자유와 평등을 통한 인류 발전의 원칙에 위배되는 것으로서 한마디로 서구 강대국의 도를 넘은 탐욕 때문일 것이다. 최근까지도 자유방임과 경쟁으로 세계 금융 위기를 초래했고 빈부격차, 환경오염과 핵 사고의 위험에 인류를 노출시켰다. 그들이 이에 대한 해결을 등한시 한다면 인본주의에 어긋난 재앙이 올 수도 있다.

지금까지 구차한 역사적 사실을 열거한 이유는 결론적으로 르네상스 이후의 정치사회적 근대의 줄기찬 성장은 결국 개인의 정신적 자아와 자부심 그리고 인간의 존엄성의 성장을 초래했다는 것을 보여주기 위한 것이며 동시에 역으로 개인의 자유와 평등의 열망이 정치사회적인 변혁을 일으켰다는 사실을 상기시켜 주기 위한 것이다. 그러므로 구미 서양의 근대적 자아의식의 발전은 개인이나 집단 모두 자유와 평등에 뒤따르는 책임과 의무를 완수하려는 줄기찬 노력 덕분이었다.

2) 일본 근대적 자아의식의 발전

일본 규슈의 나가사키 항구에 인공 섬, 데지마(出島)가 있는데 이 섬은 일본의 근대화가 시작되는 창문 역할을 했던 곳이다. 이 섬에 17세기에 무역 업무 일로 와서 정착한 네덜란드인(화란, 和蘭)과 중국인들의 거주지가 있었다. 무역 전성기가 지난 후 이곳은 화란의 서양 의술서, 나중엔 자연기술서와 기타 과학과 세계지도 등 근대 학문의 일본으로의 유입 창구가 되었다. 이때 수입된 서적들이 번역, 전파됨으로써 이후 일본 근대화의 발판이 마련되었다.

당시 일본에서는 화란어를 통한 서양 학문을 연구하는 난학(蘭學)과 난학교가 인기를 얻었다. 에도시대 양방 의사인 스기타 겐파쿠(1733~ 1817)는 서양의학서를 최초로 번역해 『해체신서』(1774년)를 내놓았다. 이 책은 인체해부를 통해 의학의 중심에 놓은 것으로, 당시의 허술한 중국의 한방의학서에 비교할 때 실증적 과학의 우수성을 실감나게 하였다. 뒤이어 사무라이 출신의 유학자들이 병학과 난학을 연구하고 나중에 유럽 유학도 가는데, 이들 집단이 근대의 개혁(명치유신, 1868년)을 추동하는 주체가 되었다. 당시의 난의학은 나가사키, 에도(지금의 도쿄), 그리고 오사카 등지에서 유명했다.

원래 일본 근대사가 시작된 에도시대의 정치체제는 중앙의 도쿠가와 쇼군 막부와 지방의 다이묘(영주, 명치유신 이후 번에서 현으로 지방정부의 명칭을 개명)로 구성된 봉건적 막번 체제였다. 그런데 중앙 막부로부터 역사적으로 소외되고 원한이 있는 반막부 세력인 사쓰마 다이묘(규슈 남부, 현재의 가고시마현, 임진왜란 시 장군을 많이 배출)와 조슈 다이묘(혼슈의 서남부, 시모노세키 부근, 현재의 야마구치현, 정한론자인 요시다 쇼인, 이토 히로부미, 아베 총리 조상들의 고향땅) 등 지방정부가 점차 서양 세력이나 중앙정부인 막부와 싸울 정도로 독자적인 세력을 형성했다.

이런 와중에 1853년 미국의 페리 함대와 뒤따른 서양 열강들이 불평등한 통상을 요구하고 월등한 군사력으로 위협하자, 중앙 막부는 신속한 조약 체결과 개방의 길로 나아갔다. 이때부터 유학자 사무라이들이 양학자로 변모했으며 반막부 세력이 일어나 천왕을 강화시키자는 의견 아래 유럽과 미국으로 유학을 다녀온 수많은 사무라이 인사들이 이에 합세해 이른바 명치유신의 근대화 혁명을 일으켰다. 일본도 유교를 받아들였지만 성리학을 피하고 오히려 명리학과 초기 원시 유교를 선호하여, 힘 있는 상인 출신 유학자들은 공공(公共)의 도(道)를 추구하여 공과 사를 엄격히 구분했다. 그래서 평민도 공공에 참여토록 했으며, 유교에 의한 당파싸움은 없는 편이었다. 1860년에 네덜란드의 지도 아래 일본 최초의 군함으로 태평양을 횡단하고,

1865년에는 조선소와 제철소를 건설했다. 우리나라보다 대략 100년 더 빠른 근대화였다.

1868년 3월 13일에 메이지(명치) 천왕은 직할 공경과 지방의 다이묘들을 데리고 교토 왕궁에서 신에게 제사를 지낸 다음, 5개 조 유신 서약문을 낭독한 후 모두 친필 서약하게 하였다. 그 다음날인 3월 14일에 마지막 도쿠가와 쇼군이 에도(지금의 도쿄)성을 열고 천황의 유신세력에 항복했다. 이로써 일본의 근대적인 통일국가가 형성되었다. 유신 서약문에 담긴 골자는 경제적으로는 자본주의, 정치적으로는 입헌정치, 사회문화적으로는 서양문명 수용의 근대화를 표방했으며, 국제적으로는 제국주의 천황제 국가의 수립을 천명했다.

이즈음 일본의 독립자존과 국민 정신함양에 노력한 사람으로 오사카와 나가사키 출신의 사상가 후쿠자와 유키치(福沢諭吉, 1834-1901)를 들 수 있다. 그는 오사카 대학 의학부 전신인 오사카 데키주쿠의에 학생으로 입학해, 난학을 연구하고, 막부의 화란어 번역을 담당했으며, 독학으로 영어를 공부하여 유럽에 유학까지 다녀왔다. 그 후, 유신체제와 협조했고, 게이오 대학과 신문사를 창간하였으며, 『서양사정』, 『학문의 권장』, 『문명의 계략』 등 3권의 유명한 책을 저술했다. 그러나 그가 뒤따른 「제국헌법」과 「교육칙어」의 제정에서 영국의 자유주의적 입헌민주주의를 피하고 의회 권한을 제한하는 독일헌법을 채택할 것을 주장했을 뿐 아니라 '양이론'이 아니라 '탈아론'을 주창, 아시아를 배척했으며, 아시아 침략을 염두에 두고 천황제를 지나치게 옹호했다는 점을 들어, 그를 태평양 전쟁 발발에 커다란 영향을 미친 주범으로 보는 학자도 있다.

1840년의 아편전쟁에서 청국이 영국에 참패했다는 소식은 일본의 지도자들을 충격에 빠트려, 군국주의적이고 경제적인 국가 건설(1,2

차 산업혁명 도입)에 더 박차를 가하도록 하였다. 그들은 명치유신 원년인 1868년 이후에도 이와쿠라 사절단 및 국비유학생들을 구미 선진국에 보냈고 국가적으로는 시장경제와 재정금융을 현대화하고 각종 경제법을 제정하는 등 산업화에 매진했고, 아울러 유신 직할부대, 육군대학과 해군을 창설하고, 징병제를 정비하였다. 물론 선진국과 마찬가지로 해외 식민지를 건설할 목적으로 전쟁 무기를 만들었다.

일본은 이제 청일전쟁, 노일전쟁 그리고 그들에게 막대한 이익을 안겨준 제1차 대전의 전승국이 된 것이다. 이후 과욕과 오만으로 태평양 전쟁의 죄인이 되어 주변국과 그 국민의 자유와 평등에 폐를 끼쳤다.

일본의 『조용한 혁명』의 저자 성희엽 교수의 판단에 따르면, 일본은 천왕이 끊이지 않고 이어 온 나라이므로 일본인들은 혁명이라는 단어조차 꺼려서 천왕복고라는 말을 쓴다고 했다. 메이지 유신은 정치 실세인 의식 있는 사무라이 엘리트들이 수행한 성공적인 혁명으로, 프랑스나 러시아 혁명에 비해 사망과 유혈이 훨씬 적게 발생하였다.

그러면 이런 역사적 사실을 배경으로 일본인의 근대적 자아가 발전한 과정을 살펴보자. 『일본적 자아』와 『일본인론』의 저자 미나미 히로시(南博, 1914-2001) 박사는 20세기 중후반기에 활동한 사회심리학자로서 메이지 시대부터 현재까지의 수많은 일본론을 살피면서 근대화 과정에서 일본인의 자의식 형성과 변화 과정을 추적하였다. 근대화 도입기에는 서양 우월론, 침략기엔 국수적인 일본 우월론과 파시즘적 일본인 정신론이, 패전 후엔 반성론이 이는 등 역사의 부침에 따라 극단을 오갔고, 이 과정에서 다테마에와 혼네, 서양 숭배와 배외주의를 오가는 이중적 의식구조가 발달했다고 보았다.

그는 일본의 국민성에 초점을 맞춰 저술한 『일본인론』의 머리말에서 일본 국민성의 장단점에 대해 일본인들은 국민성을 논하기 좋아하고 자기보다 상대방 본위로 이야기하며 자의식 과잉으로 비교의식이 강하다고 진단했다. 그에 따르면, 일본인의 체념의 생활감정은 독특한 미(美)의식과 기타 다양한 문화의 생성과 발달에 훌륭한 기여를 했지만, 주체성 결여, 즉 자아 불확실감이라는 커다란 문젯거리도 함께 던졌다. 이와 더불어 집단주의(집단아로 저술됨)와 애매한 것을 아무렇지도 않게 잘 수용하는 국민성을 보이는데, 이는 앞서 언급한 한국인의 국민성과 비슷하다. 그러나 일본인들의 경우 약한 자아감으로 인해 나약함, 내성적 성격, 사양심, 끈기 부족, 소극적 태도를 보이긴 하지만 이를 극복하려는 과정에서 열중, 연구심, 조용하게 매진하는 장인정신 등 바람직한 행동양식 또한 길렀다.

먼저 일본인 스스로 인정하는 제일 큰 단점은 약한 자아와 자부심으로, 오랜 동안의 노력에도 불구하고 고쳐지지 않은 국민성이다. 그 원인은 아마 오랜 질곡의 자유와 평등의 투쟁 속에서 개인의 선택과 책임을 체질화한 서양 선진 국민들과 달리, 일본인들은 천황제 하의 수동적인 신민으로서의 정체성이 강해 개인으로서의 강한 자아심과 적극성을 발전시키지 못했기 때문으로 생각된다.

자아(自我)는 자기를 알고 그 장단점을 되도록 객관적으로 평가하는 주체인데, 자기를 주관적으로 보는 주아(主我)와 객관적으로 보이는 객아(客我), 두 가지로 나눈다. 주아에는 다시 2가지가 있는데, 이상적이고 긍정적인 태도로 목표에 도달하는 것과 다른 하나는 내가 이래서는 안 되지 하는 마음으로 열등감, 죄의식, 수치심을 극복하면서 현실적인 목표에 도달하는 것이 있다. 마찬가지로 객아 또한 2가지로 나뉜다. 하나는 내적 객아로서 자기반성과 초자아를 동원하는 것이고, 다른 하나는 외적 객아로서 체면과 남의 눈치를 동원하는 자아이다. 이렇게 본다면 일본인의 의식구조는 이상적이고 긍정적인 주아가 약하고 외적 객아가 과도하게 강하다고 할 수 있다.

다음으로 자아 불확실감을 단점으로 들 수 있는데, 시선공포, 대인공포, 나약한 주아와 객아, 걱정과 고립, 우유부단, 망설임, 내성적 성격, 약한 의지와 실행력, 지나친 열등감과 수치심, 스스로를 비난하는 자벌(自罰) 등이 여기에 포함된다. 메이지 유신의 계몽사상가 후쿠자와 유기치가 천황을 앞세워 개혁을 밀어붙이면 외세의 압박과 위기의식도 모르고 등신처럼 정직한 대다수 백성들이 권력의 지배와 복종에 따를 것으로 생각한 것도 일본인의 이런 단점을 알고 파악하고 있었기 때문인 것 같다.

또한 『일본인종 개량론』(1884년)을 펴낸 근대 사상가 다카하시 요시오는 일본인의 단점으로 굳셈과 끈기의 부족, 치밀함과 내실의 부족, 미의식, 허약한 근육과 적은 신체훈련, 작은 마음보와 성인에서도 미성숙한 나마에 상태, 남성다운 기질이 약함 등을 꼽았다. 심지어 그는 서양숭배와 더불어 일본에서 태어난 것을 슬퍼하고, 어휘가 적은 일본어를 폐지하고 영어를 공용어로 삼자고 했으며, 한층 더 나아가 키가 큰 서양인과의 결혼을 통한 인종개량까지도 주장하였다.

한편, 일본인의 장점으로는 섬세하고 꼼꼼하고 정교한 장인정신, 상인기질, 의리와 인정, 자연과 전통예술을 사랑, 공동체의식, 와비(간소와 차분)와 사비(한적)그리고 다문화, 친절함, 높은 모방 능력, 정직과 성실 등을 꼽을 수 있다. 전통적으로 동북아 3국은 모두 개인아(개인의 자아의식)가 약한 대신 집단아(집단주의적 자아의식)가 강했다. 일본은 여기에다 강력한 천황을 구심으로 한 메이지 유신체제를 경험함으로써 우리보다 집단적인 의식이 더 강화된 것으로 보인다.

일본은 한국 강점기 시대가 시작하는 명치 시대(1865-1912년)말 이후 다이쇼 시대(1912년 이후)와 쇼와 시대를 거치면서 러일전쟁(2005년)에서 승리하고 제1차 세계대전(1914년)에서 전승국이 되었다. 이에 우쭐해진 일본은 결국 이태리와 독일의 파시즘으로 치달아 갔다. 자신감을 얻는 정치가, 사업가 및 군부 세력은 그전의 단점을 축소하고 장점을 부각하면서 중국과 인도도 자신들의 도움 없이는 자립이 불가능하다는 주장을 내놓았다. 명치유신 초기와 마찬가지로 다시 국민성의 개조, 서양문화의 숭배, 중국문화의 굴레로부터의 탈피, 무사도와 천황을 중심으로 하는 일본정신의 고양, 다양한 문화적 자존감, 개인주의와 집단주의의 융합 등을 강조했다.

남에게 폐를 끼치지 않는 교육(메이와쿠 훈육), 친절함, 정서 조절 능력의 향상, 도에서 리(理)로, 의리와 인정에서 공리로 발전되는 노력은 우리에게도 필요하다는 것을 인정한다. 그리고 집단 문화인 일본의 마쓰리 축제와 마을의 나카마(동료의식) 정신, 왕성한 동아리 활동 등은 자랑스러운 문화일 것이다. 그러나 어느 문화가 더 바람직하다, 않다고는 할 수 있을지 모르나 옳다, 아니다 할 수 없는 것이 문화사 생도의 상식적 태도일 것이다. 일본의 친절과 예의는 본받을 만하지만 그 예의가 너무 지나치면 부자연스러울 것이다. 그런데 일본 문화의 예의가 지닌 이중성, 즉 네마와시(물밑 사전 교섭)이나 겉(다테마에)와 속(혼내)의 이중성을 이해하지 않고서는 특이한 일본적 자조감, 왕따와 이지메 등 가학적인 사디즘, 나아가 집단적인 가학성인 무책임성(포로 학살과 전쟁 피해)을 이해하기 어려울 것이다.

일본은 미국과의 전쟁에서 패한 원인을 물량과 전력의 부족 및 국민성의 결함에서 찾는데, 이것을 그 근본적인 원인이라 볼 수 없다. 이에 대한 일본인들의 반성과 자기비판이 이어지고 자신감이 약한 가운데서도 국가의 기반 생산력 향상과 재건이 빨랐다는 것을 볼 때 그러하다. 독일이 제1차 세계대전 패전 후 과도한 피해보상으로 경제가 어려워져 나치 정권의 탄생을 부른 것과 달리, 일본은 패전 후 재기해 성공하고 비록 미국이 만들어 준 것일지라도 민주정치로 나아간 것은 평가할 만한 일이다.

필자도 말하고 싶은 것이 없을 수 없다. 일본은 근대에 운이 좋은 나라이다. 사회가 전쟁 없이 안정되어야 자아의식이 살아나는데 삶이 고달픈 나라는 이게 어렵다. 몽골 제국이 유럽까지 휩쓴 시대에도 원나라와 우리의 연합군의 일본 침략은 태풍으로 저지되었다. 또 서구 열강들이 식민지를 위한 동진 정책을 펴면서 동남아를 거쳐 중국과 일본을 염탐했지만, 태풍에 의해 좌초된 열강의 선박과 군함이 규슈 지방에 도착하는 바람에 오히려 운 좋게도 일본은 호기심이 가는 서양 사정을 손쉽게 알게 되는 계기가 되었다. 우리는 태풍이 일본을 거쳐 오거나 지리적으로 대양 밖 깊숙하게 위치하여 그런 접촉의 기회가 적었다. 우리는 서양 사정을 겨우 청국을 통해 북학파와 실학파로부터 미약하게 접했고, 정치체제 또한 틀에 박힌 봉건군주제로 폐쇄적이었다.

그런데 한국병의 6가지 요소들을 놓고 비교할 때 일본과 우리는 상당한 차이가 있고 우리가 불리한 입장이다. 간략히 요약하면 다음과 같다. 1) 역사적 한과 내부갈등에 의한 피해의식과 누적된 스트레스; 단연 우리의 문제. 2) 감정조절과 조급증(정서 불안); 단연 우리가 불리. 아무래도 일본이 우리보다 안정되고 근대화가 훨씬 먼저 시작. 3) 인도주의와 고급 가치관 결여(자기 제일주의와 남의 입장 무시); 우리가 불리하나 이중성이 적어 만회 가능. 4) 자아부족; 양쪽 비슷하나 우리가 이를 벗어날 가능성이 더 높다. 5) 과학적 직선문화

부족; 원래 애매함을 잘 수용하는 의식은 비슷하나 일본은 안정된 상태에서 절벽 같은 서양과의 차이로 위기를 느껴 일찍 근대화와 장인정신으로 발전됨. 6) 민주와 합리주의 부족 면에서는 비슷하나 일본의 의식이 천왕숭배 등 더 고착되었으므로 장래엔 우리가 유리하다.

3) 중국의 근대적 자아의식의 더딘 발전

중국학자들은 대체로 중국 역사에 단지 세 번의 황금기가 있었다는 데에 일치한다. 그 첫째는 춘추전국시대로, 전란과 각축 속에서도 공자를 비롯하여 다양한 학자와 사상가들이 있었던 시기다. 두 번째는 정관정요로 대표되는 당 황제 이세민의 치세기였다. 당태종에게는 직언을 잘 하는 위증이라는 충신이 있었는데, 그는 위증의 의견을 잘 받아들여 태평성대를 이룩했다. 위증은 바로 "군주는 배이고 백성은 물인데 물은 배를 띠우기도 하지만 배를 뒤집기도 한다"는 혁명적인 발언을 한 이다. 세 번째는 청나라 중엽의 건영제 통치기다. 이전의 세 황제, 강희제, 옹정제, 건영제는 내리 통치를 잘해 '건영제의 번영'을 낳았다 한다. 그의 사후 서태후(1835-1908)의 섭정으로 부패가 심해지고 나라가 허약해 졌다. 아마 비슷한 시기 조선에서는 정조 사후 어린 왕들의 등장해 60년간의 세도정치로 나라가 허약해졌다.

중국에서도 일본에 서양세력이 차차 다가오던 시기인 17세기 즈음에 서양의 선교사, 천문학, 기타 과학 발명품이 들어오고, 잇따라 서양의술이 들어왔다. 차차 불안을 느꼈는지 서태후는 청나라의 '마지막 충신'으로 불리는 증궈판(曾國藩, 1811-1872)을 불러 정치를 하게 했다. 그는 태평천국의 난을 진압한 공신으로, 중국에서 마지막으로 공맹 및 성리학을 연구한 학자이자, 최초로 근대적 자아의식을 가진 걸출한 인물로 알려져 있다. 제자로 청나라 말기의 외교관, 리홍장

(李鴻章)을 두었다. 그는 근면, 끈기, 적응, 단련과 인내, 수양, 분배의 정치를 펼쳐 나중에 상호 경쟁관계에 있던 마오쩌둥(毛澤東)과 장제스(蔣介石) 모두로부터 칭송을 받았다고 한다.

잠시 중국의 정치사상을 돌아보면, 공자는 덕치가 군자가 정치를 펴는 기본이라 보았고, 맹자는 고난과 시련(수양)이야말로 성공으로 가는 지름길이라고 하였다. 수양은 개인적인 자아연마와 자아실현을 위한 훈련이기도 하지만, 수오지심을 회복하도록 반성하고 수양하라는 가르침을 볼 때 '군자'라는 집단의 자아의식을 연마하는 것으로 볼 수 있다. 수신제가(수양)치국평천하가 군자가 가는 길이라는 것은 개인의 '덕'이 점차 확대되어 개인의 도덕에서 사회의 '공정'으로 퍼져나가는 것이라고 볼 수 있다.

『손자병법』에서도 싸움(병치와 법치) 전에 협상과 덕으로 이기는 것이 상책이라고 했는데, 나폴레옹도 패한 후 감옥에서 왜 자기는 이전에 이 책을 보지 못했는가를 한탄했다고 하지 않았는가. 필자가 동양의 도덕을 서양의 책임의식에 필적하는 사회의 핵심 가치로 보는 이유도 여기에 있다. 본래의 증궈판으로 돌아가자. 중책을 맡은 증궈판은 양무운동(서양의 군사, 과학, 통신 등을 도입하자는 운동)을 벌였으나 열강의 침략과 서태후의 등극 등 안팎의 시련으로 효과가 제한되었다. 1840년에 발발한 아편전쟁의 승리로 영국은 무능한 청국을 무너뜨리고 막대한 보상과 홍콩 할애를 받았으며, 몇몇 중요 항구 지역에 조계지역을 설치했다.

아편전쟁(1840-1842) 이후 쑨원(孫文, 1866-1925)과 신해혁명(1911)부터 이야기를 하는 것이 좋겠다. 쑨원이 태어나기 십여 년 전 중국은 태평천국(중국 서부 지방의 농민들이 청국에 항거하여 세운 나라)의 난이 진압되는 어수선한 시대였다.

그는 어렸을 때부터 용감하고 독립적이며, 영리한 데다 반항아 기질이 있었다고 한다. 이 골치 덩어리 소년은 중국이 과학에 무지하고 미신에 약한 것이 문제라고 생각하여 제사를 거부하고 불상을 깨뜨렸다고 한다. 미국 하와이와 미국 서부의 금광 노동자로 일하는 형과 숙부가 부친 학비로 홍콩의 퀸즈 대학과 영국식 병원의 의과대학에서 공부했으며, 외과의사가 되어 25세(1892년)에 마카오에서 개업했다. 그 후 위안스카이(袁世凱)와 리홍장과 가까워지면서 왕권을 보존하면서 근대화시키자는 그들의 의견에 동조했다.

그는 이제 혁명가가 되어 16년간 국경을 몰래 넘는 도망자 신세로 일본, 미국, 런던 등에서 강연도 하고 모금운동도 벌였다. 1894년에 청일전쟁에서 패하여 이홍장이 실각하자, 부패한 왕실을 타도하고 백성의 정부를 세우자는 신해혁명에 가담해 그 정신적 지도자가 되었다. 그는 삼민주의(민족, 민권, 민생주의)를 선언했으며, 특히 국민에 권리가 있다는 민권주의를 강조했다. 혁명 직후 1912년에 옛 명나라 수도 난징에서 중화민국 대통령으로 추대되었다. 그는 노련한 정치가가 아니어서 그런지 위안스카이에게 제2대 대통령직과 중국민국 수도의 북경 이전을 양보하였고, 그 결과 이후의 중화민국의 정신은 장제스 총통으로 이어지는 운명이 되었다.

루쉰(魯迅, 1881-1936)은 중국인 사상가들 중에서 가장 먼저 중국인의 국민성과 자아의식, 그리고 정체성을 일깨운 선각자로, 그의 저서 『아큐정전(阿Q正傳)』(1921년, 우리의 일제강점 초기에 저술)은 이 문제를 잘 다루고 있다. 그가 의학도에서 문학가로 변신한 계기가 된 에피소드는 잘 알려져 있다. 1902년 일본으로 국비유학 온 루쉰은 1904년에 센다이(仙臺) 의학전문학교에 입학한다. 한번은 강의 도중에 중국인을 무참히 처형하는 슬라이드를 보게 되었는데, 함께 보던

많은 중국인 관객들이 그 장면을 보고도 웃는 것을 보고 큰 좌절감에 빠졌다. 이에 루쉰은 중국인의 몸을 고치는 의사가 아니라 정신을 고치는 의사가 되기로 결심하고, 서양의학을 버리고 5·4 신문화 운동을 통한 계몽을 시작했다.

신해혁명이 실패하자 루쉰은 5·4 신문화 운동의 기수로서 신문학의 3가지 특징을 주관성, 개인주의, 그리고 비관주의라고 말하면서, 『아큐정전』에 이에 대한 내용을 담았다. 루쉰은 사람들의 머릿속에 자리 잡은 부정적 국민성을 그의 고향에 내려오는 귀신, 즉 아큐로 형상화하고, 자기반성과 자아비판으로 이 부정적 귀신을 잡을 것을 주장했다.

소설을 보면, 루쉰이 청년기 의학도 시절에 정신심리학자 프로이트의 자아와 무의식 및 자아심리학에 대해 공부를 했던 것으로 추측된다. 중국의 부정적 국민성을 두루 갖춘 주인공 아큐는 그래도 자신의 결점을 잘 파악하고도 소위 왜곡된 자아방어기제를 동원해 자신의 책임을 회피하고, 무의식적으로 자신을 포장하고 핑계를 대어 버린다. 아큐는 왕후이의 표현을 빌면, 이런 식의 정신승리법으로 체면을 유지하려는 생각과 태도에 능했다.

예를 들면 아큐는 배가 고플 때 친척집에 가고도, 주인이 식사했느냐고 묻자 엉뚱하고 거짓되게 배가 고프지 않다고 말하거나 식후 트림하며 이쑤시개를 사용하는 시늉을 하는 등 자신이 터득한 정신승리법으로 이를 모면한다. 아큐는 고정된 거처가 없는 떠돌이 노동자로서, 중국 국민성을 변화시키고 개조하려는 신해혁명이라는 위대한 사건을 겪고도 오랜 폐습으로 아직 헤매고 있는 중국 국민을 상징한다.

1985년에 문화혁명 이후 세대의 문학자이자 역사저술가인 보양(伯

楊)이 『추악한 중국인』을 발표했는데, 이 책은 『아큐정전』에 이어 두 번째로 중국인의 자아의식을 다룬 책으로 큰 반향을 일으켰다. 19세에 항일전쟁에서 종군하여 장제스를 따라 타이완으로 온 그는 민주투사로서 서방 선진국을 본받자면서 중국, 중국인 그리고 중국문화를 루쉰보다 더 통렬하게 비판했다. 그는 유교문화의 폐단을 들면서 중국문화와 국민성은 독한 장독 속에 빠진 족속의 문화라고 진단한 장독문화론을 폈다.

"공자 이후 2000년 하고도 수백 년이 넘게 중국은 단 한 명의 사상가도 배출하지 못했다. 이 깊은 연못, 이 죽은 물이 바로 중국문화의 '장독'이다. 장독에서 나는 냄새가 중국인을 참으로 못나고 속 좁게 만들었다."

그가 주장한 중국인의 특징은 다음과 같다. 첫째, 더럽고 무질서하고 시끄럽다. 특히 안정감이 없는 광동 사람이 그렇다. 둘째, 세 사람의 용이 모이면 싸우는 내분으로 각각 벌레나 돼지가 된다. 서로 중국인을 팔아먹고 모함하고 해친다. 셋째, 협동심이 부족하다. 유태인은 일단 결론이 나면 따르는데 중국인은 결론 후에도 따로따로다. 넷째, 죽어도 잘못을 인정하지 않는다. 다섯째, 동족에게 퍼붓는 살벌하고 끔직한 독설을 퍼붓는다.

보양이 주장한 중국의 나머지 부정적 국민성으로는 주입식 암기교육, 무책임 의식, 상대에 대한 배려 부족, 핑계와 변명, 거짓말, 불명확한 표현, 자기비하, 자만, 우쭐, 허세, 체면, 식견이 부족, 그릇과 가슴이 좁음, 탐욕과 이기주의, 애매함을 너무 잘 수용하고 높은 관용, 적당주의, 독립심이 낮고 높은 의존성, 무례, 권위주의, 폭군과 탐관오리, 내분과 노예근성, 협동정신 결여, 열린 마음 부족, 허풍과 교만, 칭찬 부족, 서양 숭배, 상인 경시, 지나치게 감정적이고 주관적임, 친절 부족, 인정은 있으나 모르는 사람에게는 몰인정, 참는 것이 미덕이나 이치를 따지면 피곤함을 쉽게 느낌, 공공성과 질서 부족, 헌법과 법치 부족, 꽌시(관계)와 빨간 봉투 좋아함, 관청 본위 주의, 불륜, 공중도덕과 질서 부족, 극심한 지방색, 배금주의, 부정부패, 과도한 식도락, 너무 많은 관행, 비과학적 사고 등등이 있다.

아울러 그는 새로운 봉건적 왕조 설립 시의 무분별 파괴 행위, 우민정책, 관주도 경제와 상공인을 배제 정책 등을 비판하고, 공자와 그의 가르침은 책에만 있지 현실적으로 사회에 그리 보탬이 되지 못했다고 주장했다. 그런데 상기한 것들의 상당 부분은 과거의 우리 처지와 비슷한 것이 많고 개인적인 자아와 자부심을 향상시키면 해소될 수 있는 요소들이다.

그런데 보양의 비판들은 부정적인 면만 강조하고 긍정적인 면을 경시하였고, 진단만 내렸지 처방이 없었다. 보양은 5천년 중국 역사에서 인간의 존엄성이 한 번도 논의되지 못했다면서 서양의 민주, 자유, 인권이 유입되어 찌들고 닫힌 장독문화를 깨뜨려 주기를 원했다. 서양의 자유와 평등, 개인의 존엄권과 그에 따른 책임의식 등은 수백년간 이어온 유럽의 투쟁과 혁명의 산물이니 말로만 쉽게 얻을 수 있는 것이 아니다. 보양도 처방이 없었다고 솔직히 인정하면서 2003년에 『추악한 중국인』의 후속 편으로 『우리는 존엄하게 살아야 한다』를 발표했다. 상기한 대로 존엄이 그리 쉽게 얻어지지 않는다. 일본에는 정신적 지도자 유기치가 1860년대 혁명 초기에 인간의 존엄성을 강조하여 자아의식의 기초를 세웠으나 나중에 왜곡되어 갔다.

이후, 당대의 신좌파 중국 사상가인 왕후이가 2010년에 『아큐생명의 여섯 순간』을 발표하면서 『아큐정전』의 의미는 재조명되었다. 왕후이는 아큐가 중국 국민성에 대한 우언과 풍자라고 보았던 기존의 해석을 뛰어 넘어, 아큐가 삶에서 여섯 가지 순간 - '실패(패배)의 고통', '어디로 가야 할지 모름', '성 결핍과 굶주림', '생존본능의 돌파', '혁명의 본능과 무의미함', '죽음의 공포'의 순간 - 에 자신의 정신승리법을 해체하고 현실을 직시했던 것을 보여준다고 주장했다. 즉 자아방어기전으로 변명하고 참되고 진정한 자아를 깨닫고 알아차리지 못하여 왜곡된 자아로 거짓 포장함으로서 일시적 정신승리로 위안을 삼았으나 이를 각성하는 순간이 있었다는 견해인 것이다. 덧붙여 이 자아를 각성하는 찰나의 순간이 바로 아큐로 대변되는 중국 국민이 혁명으로 나아가는 발단이 된다고 설파했다. 아큐가 눈을 뜨는 그 여섯 순간을 그의 해석으로 살펴보자.

여섯 순간 중 첫째와 둘째는 실패의 고통을 겪을 때와 어디로 갈지 모를 때 나타난다. 평상시의 아큐는 자아의식이 없는 열등한 인물로서 개인이 될 수 없다. 계몽자들은 국민성의 병폐가 바로 자아의식의 결핍에서 비롯되었다고 진단하고, 신문화를 통해 국민의 자아의식을 환기시켰다. 아큐는 '우리가 예전에는 네깐 놈들보다 훨씬 잘 살았다'라고 큰소리 치고, 도박판에서 자신의 실수로 지고도 가짜 양놈에게 당했다고 핑계를 댄다. 그러나 이런 자기합리화와 정당화의 정신승리법에 능한 아큐도 도박판에서 몰매를 맞고 딴 돈을 뺏기는 아주 짧은 순간만큼은 자신의 감정을 솔직히 표출했다. 그 셋째와 넷째의 순간은 성과 기아, 즉 두 생존본능의 돌파구를 찾아야 하는 순간이다. 아큐는 자오 대감댁의 하녀에게 같이 자자고 애걸하고, 밭에서 무 네 개를 훔쳤다. 실패, 굶주림, 추위, 성욕 등 생존에 대한 직감으로 돈과 혁명을 위하여 읍내로 들어가 돈을 벌어 다시 웨이좡 마을로 되돌아 왔다. 여섯 순간의 다섯째 순간은 아큐가 혁명의 본능과 무의미함에 눈뜨는 순간이다.

여섯 번째는 대단원과 죽음의 순간이다. 자오 대감댁이 도둑에 털려 아큐와 동네사람들은 기뻐하고 고소해 했다. 그러나 사람들은 아큐를 연루자로 몰아 누명을 씌우고, 글자를 모르는 그로부터 그냥 동그라미를 하나의 서명으로 받아 그를 처형했다. 아큐는 이 죽음의 순간에 현실을 직시한다. 정신승리 수법들은 자신의 약하고 왜곡된 자아를 보호하기 위한 일시적 의식적, 무의식적 방어 기전이고 그 근본적인 참자아와 해결책은 아니다. 여섯 순간들은 우리가 각성하는 계기가 되었지만 아큐 즉 귀신은 사라지지 않고 살아 숨 쉰 생명의 흔적으로 그대로 우리 뇌리에 남아 있다고 저자는 말했다.

지금까지 중국 근대의 자아의식 태동에 대한 논의들을 살펴보았다. 공산사회와 문화혁명을 거쳐 중국의 정신문화가 지체된 이유도 있지만, 현대의 기준으로 근대를 평가한 측면도 있어서 근대의 부정적 요소가 너무 압도적으로 부각되었다. 그러나 현대에 와서 성공적인 개방정책과 눈부신 과학과 사회적 자본주의로 국민성의 단점이 감소하고 장점이 점점 증가하고 있기 때문에 앞으로 자아 인식이 더 원활히 발전할 것으로 전망된다.

필자가 생각하는 근현대 중국 국민성의 장점을 분류 없이 열거하면, 과거의 집단 유교와 도덕정신, 과거의 풍부한 문학과 예술 유산 및 발명품, 근면과 교육 중시, 사회주의체제 하의 상대적으로 낮은 학연주의, 여성의 발언권 상승, 아는 사람과의 두터운 개인적인 인정, 의리와 관용 등이 있다. 여기에다 늦었지만 자유와 평등 그리고 인간 본위의 존엄성과 자아를 수용하려는 마음 등 갈수록 긍정적 국민성이 추가될 것이지만 만일 소통과 인권이 통제된 사회로 간다면 발전이 더딜 것이다.

근래 중국인의 미성숙한 자아를 비판하는 두 저술, 우즈홍의 『거영국』과 쉬즈위안의 『미성숙한 국가』를 접하니, 부분적인 검열이 있었지만 자신의 추함을 내보이는 중국의 자신감을 엿 볼 수 있었다. 중국은 이제 정신적으로도 G2국가가 되는 길이 열릴 것을 기대한다.

4) 암울하게 자아와 자존감이 바닥난 한국의 근대

일본이 한국, 만주와 중국을 정복시키자는 침략 언급이 1855년 조슈의 요시다 쇼인으로부터 시작하여 나중에 이토 히로부미와 후쿠자와 유키치로 이어졌다. 유키치는 1885년(고종 22년)에 신문사설에서 중국과 조선은 부패한 나라이고 저문명국이라는 탈아론을 주장하면서 침략을 정당화시키는 논리를 폈다. 얼마나 자존심 상하는 언급인가. 역사의 진실을 제대로 알아야 반성하여 발전의 계기가 되는 것이다. 앞서 중국 편에서 서태후의 섭정 후 청국은 더 바닥에 도달했고 조선도 정조의 승하(1800년)후 세도정치와 대원군의 국제정치 미숙 그리고 기득권의 무능력과 당파싸움 등으로 국고가 바닥나 서양의 동진정책과 일본의 야욕으로 나라를 잃었다.

한편 영국은 250년간(1600-1850) 정부의 승인을 받은 동인도회사를 앞세워 인도와 기타 지역의 식민화, 중국에서 아편전쟁(1840년) 후 1842년 난징조약, 일본은 미국과 1854년 일미화친조약, 조선은 미국과 1882년 조미통상조약을 맺었는데 첫 강대국과 조약을 맺으면 나머지 강대국들도 줄지어 조약을 맺는다.

조선은 이보다 10-20년 전에 1866년 프랑스와 병인양요, 1871년 미국과 신미양요로 침범을 받았다. 프랑스의 나폴레옹 실각과 국내사정으로 한국과 중국은 일본, 영국과 러시아의 각축장이 된 것 같고 조선은 청국까지 관여하는 상황에서 임오군란(구식군대에게 모래와 겨가 섞인 쌀을 주었다고 반란), 갑신정변(김옥균 등이 일본의 사주를 받았다는 의혹이 있는 3일 천하 혁명), 동학 농민운동(탐관오리의 수탈에 대한 항거), 명성황후 시해 사건, 일본군의 경복궁 점령, 아관파천(조선정부가 일본의 위협을 느껴 러시아의 도움으로 고종의 거처를 옮김), 러시아와 경쟁하는 영국이 러시아를 견제하기 위해 여수 앞바다 거문도 점령 등등 헤아릴 수 없는 고역으로 갈피를 잡을 수 없어 일본의 식민지가 된 것이다.

이런 조선의 혼란기에 일본은 청일전쟁(1894)에 승리하여 더욱 노골적인 기세를 몰아가는 와중에서도 조선은 인내와 끈기를 발휘하는 정신을 보여주었다. 근대국가로 대한제국(1897-1910)을 선포한 것이다. 짧고 미약하지만 자주독립의 기치로 정치, 경제, 사회제도 정비, 도시계획과 외교정책을 관리했다.

서양 기준으로 보면 보통 근대란 개인주의, 합리주의와 과학적 성향을 갖는 17세기부터 20세기 초까지를 말하는데 우리나라는 근대화가 늦어 한국의 근대는 1876년 개항부터 1919년 3월 1일까지를 말하는 경향이라고 한다. 그러므로 대한제국이 한국 근대의 중심시기가 되겠다. 물리적으로 쇄국시대, 혼란기 그리고 일제 강점기로 독립을 잃어갔지만 엄연히 정신적 사회문화적 명맥과 독립을 유지했다고 보아 3 · 1절과 상해 임시정부와 해방 후의 정부 수립이 이어졌다고 할 수 있는 것이다. 우리는 일제 식민시대와 한국전쟁에서도 잘 견뎌내어 1960년 이후 한강의 기적으로 경제와 정치적 민주화를 이룩했는데 이젠 자아 혁신을 통한 정신적 압축성장을 이룩하여 세계 1등 국민이 되어야 한(恨) 많은 고역의 역사에 보답할 것이다.

그런데 실로 대한제국의 선포, 3 · 1운동과 임시정부의 수립은 당시 우리의 현실을 직시하는 엄연한 자아의 정신적 발로로서 빈약하지만 소중하고 우리가 서양과 동북아 3국의 자아 발전을 솔직하게 평가함으로 과거에 못 다한 아쉬움을 뼈저리게 느껴 공감 잘하는 잠재력으로 장래 참되고 강한 우리의 자아와 자부심을 제대로 폭발적으로 키워보자는데 그 큰 의미가 있다 하겠다.

3. 자아와 자부심

1) 자아 탐구에 들어가면서

앞에서 한국인의 부정적인 의식구조(한국병)와 긍정적인 의식구조를 다뤘다. 이러한 서술 관점이나 안목은 필자가 집단주의 의식구조를 가지고 판단한 소견이었다.

초등학교 시절부터 현재까지 서당이나 한문학을 공부한 것이 아니라 서양식 교육을 받아왔고 성인 시기에 미국 생활 20여 년간 약간의 미국화(체화 수준까지)가 되었는데도 필자는 동양의 집단주의 사고와 무당굿을 이해하는 안목을 가지고 있다. 이런 집단적인 사고방식을 가지고 저자가 전적으로 개인주의 영역인 자아와 자아정체성을 논한다는 것이 좀 어려운 일일 것이다.

자아(프로이트 정신학에서 말하는 ego가 아닌 심리학에서 말하는 self)는 자의식, 자아정체성, 자기 평가와 자아평가 등 동의어로 시작하여 자부심(자신감과 자존감)으로 발전한다. 유아기부터 상대와는 무관하게 전적으로 자기 위주의 자아의식이 생긴다. 그러나 정체성(identity)은 성장할수록 자기 성숙도가 높아져 7-12세에는 어른 수준의 인격이 생기며 자신의 장점과 단점을 더 잘 인식하게 되어, 자아와 자부심과의 차이점을 발견하게 된다.

정체성과 자아 성숙도는 성장할수록 높아지는 반면에, 자아와 자부심은 나이 차와 크게 상관없이 자신의 욕구의 목표와 성취에 몰두하는 가운데에 상대편에 대한 이익, 배려, 인식 등이 성장하면서 높아진다. 주체성의 경우는 자아와 자부심에 더 연관된 단어이므로 서로 동반 성장한다고 할 수 있다. 자아개념과 정신학이나 심리학은 원래 개인 고유의 내적 은밀한 정신 활동이 대상이지, 타인이나 집단 간의 심리를 연구하는 사회 심리학처럼 공적으로 공개된 정신 활동을 대상으로 하는 것은 아니다.

그러나 사회의 발달은 자아의 발달에 영향을 미친다. 서구에서도 16세기 전후 르네상스에 이르러 정치적 평등과 민주주의의 발전이 이루어진 이후에야 그 영향으로 개인주의와 자부심(존엄성과 자아 존중)이 발전했다. 즉, 정치, 상공업과 경제라는 물리적인 발전이 있은 후에 2차적인 정신, 사상, 그리고 인식의 변화가 뒤따른 것이다.

뻔한 이치지만 흥미로운 점은 개인의 자아와 자부심을 이루는 요소와 개념이 서구 정치적 민주화의 요소와 개념과 거의 똑같다는 사실이다. 영국에서 왕과 귀족 사이에서 누가 권력을 갖느냐의 투쟁으로 시작했던 것이 나중에 프랑스에 이르러 평민에까지도 권력 투쟁이 확대되었다.

그런데 그 권력 투쟁의 산물들을 보라. 자유와 평등, 이성과 합리성, 존엄성과 양심, 책임과 의무, 인내와 의지, 정직, 독립성, 행복, 자기수용과 자기주장, 권리와 욕구, 목표의식, 정의와 실천, 지구촌화 등등 수백 년간 서구 선진국의 민주화 투쟁 슬로건은 자아 발전의 슬로건과 유사하지 않는가. 실로 자아 심리학도 한 개인이 적어도 자신에게만은 정직하고 자신이 선택한 생각과 행동에 책임을 지지 않으면 불가능한 학문이다.

앞서 자아와 정체성은 연관되어 있지만 서로 다르다고 했다. 양자를 구분하여야 그에 대한 인식과 이해가 빠를 것이다. 정체성 또는 자아정체성은 개인이 청소년기에 이루어야 할 포괄적 성취로서 그 발달 과정에는 세 가지 유형이 있다.

먼저 어린이 타입(3세 이하까지)으로 자유로운, 순종적인, 반항적인(특히 남아) 등 3가지 분류가 있다. 다음으로 어버이 타입(4-6세)으로 엄격한, 다정한 2가지 분류가 있고, 마지막은 성인 타입(7-12세)이다. 결국 청소년기에는 정체성 혼미상태, 조기 획득, 유예상태 그리고 정체성 확립상태를 경험하게 된다. 어버이 타입에서는 대뇌에 거울 신경세포의 활동이 강해 부모를 흉내 내고 따라하는 경우를 볼 수 있으며, 사춘기와 사회생활과 더불어 정체성 위기가 생길 수도 있다. 그래서 어른이 되어서도 정체성이 확립되지 못해 어린이 같은 미성숙 어른에 머물 수도 있는 것이다.

이와 달리 확립된 정체성의 요소로는 자신의 성과 신체적 특성의 수용, 심리적이고 경제적 독립의식(공과 사의 구분), 의사 표시와 반항으로 확실한 표현, 원하는 직업선택 준비, 능력 연마와 인생관 관심 등이 있다.

대한민국의 헌법은 민주공화국이고 자본주의 시장경제를 기본으로 한다. 비록 짧은 기간에 이룩한 것이지만 우리는 서양식 근대화와 더불어 유럽의 르네상스, 자유와 평등의 혁명, 산업혁명의 가치를 이어 받았다. 기본부터 우리는 솔직해야 한다. 자아와 자부심 분야는 적어도 자기에게 만이라도 솔직하고 정직해야 한다.

자아는 개인이 자신 내부와의 긴밀한 대화와 소통의 과정 속에서 생긴다. 미리 언급하면 진정하고 참된 자아(또는 자아정체성)의 탐구를 거쳐야만 진정하고 참된 자부심(또는 자존감)이 생긴다. 자부심은 자기가 능력이 있다는 긍정적 자신감과 동시에 자기가 가치 있고 쓸모가 있다는 긍정적 자존감, 두 가지가 있는 상태를 말한다. 이 두 가지를 달성하기 위해서는 근대 서구 선진국이 투쟁했던 단어들을 우리 내부의 자기 대화에 끌어들여, 이상과 현실을 치열하게 고민하고 궁리해야 한다.

이런 정신 활동은 이성, 정직과 독립성에 바탕을 둔 자유와 평등, 존엄과 양심, 권리와 행복 추구를 주는 대신에, 이와 동시에 수혜자 개인의 책임과 의무를 함께 요구한다. 진실로 공짜는 없다. 또한 이런 과정에서 이런 혜택을 받으려면 이를 이행하겠다는 개인의 선택이 중요하며, 이 선택의 자유가 있어야 자유로운 사회와 국가가 되는 것이다.

그러나 우리가 자존감은 쉽게 얻어지는 것으로만 생각하고, 선택만 쉽게 하고 그에 대한 책임을 지지 않는다면 아무 소용이 없을 것이다. 개인주의의 장점은 개인이 독립적으로 선택하므로 개인이 책임진다.

집단주의가 강한 사회에서는 개인이 내린 선택의 결과를 집단적으로 희석시켜버려, 누구도 책임지지 않는 사회가 될 가능성이 있다. 이것이 공산주의 멸망과 동양권의 쇠퇴의 한 원인이 되었다고 판단된다. 원래 인간은 게을러서 자유의지와 자기책임은 힘이 들어가므로 핑계, 변명, 거짓말, 자기기만, 남의 탓 등으로 일을 쉽게 처리하려 든다. 이때 자아는 참되고 정직한 자아가 아니라 위장되고 왜곡된 자아로 변해 우리의 가치관에 혼란이 생기며, 자기도 모르게 도를 넘어 오만과 편견, 자만심과 허영심이 생기기 쉽다.

강하고 진정한 자아와 자존감을 통한 욕구와 행복은 생각하는 능력에서 비롯된다. 생각해도 적당 적당히 생각하는 것이 아니라 신중하게 생각하는 능력과 인내심이 필요하다. 신중하게 생각하겠다는 선택의 자유는 본인에게 달려있다. 본인이 선택하였다면 전적으로 본인에게 책임이 있다. 이게 결정적이다. 우리가 개인적으로 깊게 생각할까, 말까 하는 선택권은 우리가 누리는 자유와 책임의 뿌리다. 즉 어떤 일을 하는데 자유라고 결정하고 자유를 외치는 권리는 그에 따르는 책임과 의무가 뒤따라야 한다. 달리 또다시 말하면 자유를 얻으려면 책임이라는 대가를 치러야 한다는 말이다. 이러한 근본적인 인식을 지난 2-3백 년간 길러온 서구 선진국에서는 개인의 탄생과 민주 자본주의로 발전되었고 지난 50-100년간 서구 자아와 자아정체성의 발전으로 이어졌다.

한편 유교권의 집단주의 자아의식에서는 개인 내부의 대화와 소통의 기회가 적어 이러한 개인의 자유와 책임의 인식이 약했고 자유와 평등의 정치 경제적 투쟁과 혁명이 없었다. 자존감을 키우는 요소로는, 자신과 자신의 참된 욕구를 사랑하기, 최선으로 열심히, 목표를 가지고 실천, 긍정적으로 임하기, 자기주장 훈련, 자발적 용기, 주위 도와주기, 강한 자아와 자아 정체성 등이 있다. 자부심이 낮은 사람은 이와 반대되는 의식을 가진다. 자기를 존엄하게 생각하고 존중하는 사람은 상대에게서 이익을 취하기 위해 위장하여 거짓말을 못하며 폐를 끼치지도 않는다. 여기에서도 참된 자아는 정체성과는 달리 긍정적이고 욕구와 목표를 강조하며, 자아에 영향은 주되 나이와 성숙도와는 거리를 두는 것을 알 수 있다.

2) 참된 개인적인 자아

고대 그리스의 소크라테스가 말한 "너 자신(자아)을 알라"는 말은 자아 개념의 역사에서 유명하다. 18-19세기에는 데카르트, 칸트, 로

크와 헤겔 등이 주체성과 경험적 객체 등 개인주의 인식을 논하였고, 미국에서는 19세기 후반에 교육학과 심리학에도 관심이 많은 철학자 윌리엄 제임스(1842-1910)가 자아(self)개념에 대하여 폭 넓게 연구하였다.

또한 19-20세기에 걸쳐 프로이트가 정신분석, 무의식과 자아(ego)와 자아방어기제를 연구하였고, 그의 딸인 안나 프로이트는 아버지와 좀 다른 길인 인간다운 자아와 자아방어기제 등 자아 쪽에 더 관심을 갖고 연구하였다. 곧 이어서 미국의 칼 로저스(Carl Rogers, 1902-1987)가 자아를 존재하는 현실적 자아와 기대하는 이상적인 자아로 구분하고, 심리 상담과 치료에 대해 연구했다. 의사인 하인즈 코허트(Heinz Kohut, 1913-1981)는 유아기 보살핌이 부족하면 성장기에 성격과 자아 결핍 증세를 나타내는 것을 발견하여 자아(self)심리학을 제창했다. 이것은 개인적 실패나 자존심 손상에 민감한 환자를 프로이트의 본능과 공격 욕구이론으로 접근 하면 정신증세가 더욱 악화된다고 보고 유년기 자아 결핍의 관점에서 봐야한다면서 독자적 학문의 필요성을 주장한 것이다. 이처럼 독립 학문으로서 자아심리학의 태동은 그리 오래되지 않았다.

1950년경에 에이브러함 매슬로는 욕구의 5단계이론을 발표하고, 인간의 욕구는 낮은 단계에서 높은 단계로 전개된다고 주장하였다. 즉, 인간은 생리적 욕구, 안전 욕구, 사회적 욕구, 존경의 욕구, 자아실현의 욕구 등의 5단계로 자신의 욕구를 차차 순차적으로 충족하려 하는데, 한 단계가 다음 단계를 채우려고 노력하는 방식이다. 그 욕구의 정점, 마지막 완성 단계가 바로 자아실현인 것이다.

매슬로는 19가지의 자아실현 요소를 제시하였는데 일일이 논하지 않아도 자존감이 높은 사람들의 태도를 보면 바로 알 수 있다. 자아실현이란 자기 존중과 존엄이 약하거나 왜곡되지 않았고 자신의 욕구와 성공을 위한 선택 결정과 능력의 의지(결단)를 갖췄으며, 책임지는 용기와 자기 효능감이 있는 상태라고 보면 된다. 그래서 자아실현이 확립되었거나 자존감이 높거나 강한 사람은 비판을 받아들이는 열린 태도나 자신의 실수를 편안하게 인정하는 태도, 여유롭고 자발적인 태도, 호기심이 많고 배려하는 마음, 유머러스하고 기뻐 얼굴에 생기가 도는 인상, 긴장감이 없이 몸과 마음이 유연하여 목소리가 자연스런 태도, 그리고 독립성과 합리성 등을 갖춘 사람이다.

자기존중감(자존감)은 처음부터 쉽게 생기기 어려우므로 초기에 적은 일이더라도 성취하여 만족감을 느끼는 것이 중요하다. 그 만족감이 시너지 효과를 내어, 이차적으로 자신감이 생기게 하는 동시에 자신을 괜찮은 사람으로 인지하는 자존감으로 연결되어, 마침내 자아혁신이 일어나는 것이다. 자존감이 낮으면 두려움과 걱정으로 쉽게 스트레스를 느껴 좌절하며 도전 정신이 사라진다. 자신의 속마음 내부가 약하고 허하므로 외부로 강한 척 위장하여, 과도한 쇼핑, 큰 집과 고급 차와 명품, 성형수술, 체면 등에 연연한다.

이를 해결하기 위해선 어려서부터 참자아를 잘 심어주고, 오직 자신만 해결할 수 있다는 굳은 결심과 결단, 용기와 독립심, 고독을 잘 견디는 끈기, 배짱과 오기 등을 길러 주어야 한다. 이 자아혁신은 다른 사람의 선택이나 압력으로서가 아니라 오직 자신의 선택과 자기 책임 하에 해야 한다. 대뇌 진화의 본질상 공부도 스스로, 직장 일도, 자기 인생도 스스로 해야 보람과 긍지, 자부심이 생기는 것이다. 역사 속에서 우리는 인류가 개인의 자유를 위해 투쟁하는 과정과 집단적 전체주의가 몰락하는 장면을 지켜보았다. 뿐만 아니라 뇌과학의 발전을 실감하는 시대에 살고 있다. 그러니 자유를 지키겠다는 개인의 선택과 책임을 중시해야 하지 않겠는가.

간단히 말하면 자아 개념은 각 개인이 꾸준하게 선택하고 행동하는 것이 차곡차곡 쌓여서 형성된다. 어렵지만 우선 육아기와 누리 교육 과정에서 자아와 자존감을 위한 교육을 하자면 먼저 부모와 교사의 높은 자아와 자부심이 전제되어야 한다. 따라서 이 분야의 육성에 대한 개인 및 국가 사회의 공감대 형성과 지원이 필요하다.

3) 강하고 참한 자부심(자존감)의 핵심적 결정 요인들

마침 2016년에 자아심리학의 전도사인 고 브랜든 박사의 저술『자존감의 여섯 기둥』이 번역되었다. 우리 동양문화와 우리의 의식구조를 감안하면서 이를 소개하고, 또 하나의 결정 요인도 추가하기로 하자.

첫째, 의식하며 살기다. 신중하게 생각하자고 자유롭게 선택했음에도 생각하기를 게을리 하거나 생각만 하면 머리가 아프고 신경질이 나는 사람이 있다. 혹 그러한 아주머니가 있다면, 그녀는 약속이나 사소한 물건들을 쉬게 잊거나 잃어버리는 습관이 있을 것이다. 내 정신 봐 하면서 말이다.

의식은 자기가 처한 상태와 수준을 파악하여 대뇌에서는 거기에 걸맞은 행동을 하도록 설계되어 있고 이를 선택하는 권리를 부여받았다. 생각을 포기해도 저절로 어떻게 되겠지 하며 나태하고 무책임하게 방치하거나 또는 다른 사람이 대신해 주겠지 하면서 적당주의로 슬그머니 책임을 회피하는 것이다. 현실을 있는 그대로 인식하여 살겠다고 선택하면 그 결과에 책임을 지고 살아야 한다.

의식하면서 사는 사람은 매사에 수동적이지 않고 적극적으로 임한다. 또한 자존감을 가지고 나라는 존재와 나의 행복을 책임을 진다고 생각하면서 산다. 또 이런 사람은 사실, 해석과 감정을 잘 구분하기,

괴롭거나 위협적인 현실을 피하거나 부정하려는 충동을 자제하고 생각하기, 어려움이 있더라도 끈기 있게 이해하려고 애쓰기, 고집부리는 것을 재검토하기, 자발적으로 실수를 파악하여 개선하기, 항상 배우는 자세 유지, 주위에 관심 갖기, 외부의 현실과 함께 내면의 현실과 욕구, 감정, 열망, 동기 등의 실체를 잘 파악하기 등의 특징을 지닌다.

몸을 움직이면 의식이 해방되고 긴장이 없는 상태에서는 제대로 보인다. 지속적인 운동으로 스트레스도 줄이고 두통 없이 대뇌의 생각의 힘도 높일 수 있다. 급성, 만성 스트레스 상태에서는 생각하려는 능력이나 의지가 소멸된다는 걸 우리는 알고 있다.

둘째, 있는 그대로의 자기 수용이다. 자신에 대해 거짓으로 수용하면 제대로 된 대처가 불가능하다. 이것은 자기 자아와 자부심의 장단점에 대한 자기 평가와 진단의 과정이다. 즉, 나를 소중히 여기고 존중하여 나의 감정을 그대로 받아들이고 나의 행동의 내적 동기를 그대로 받아들이는 과정이다. 거울 속의 나의 모습을 받아들이고 나의 감정에 귀를 기울여 되도록 객관적인 진면목을 파악해야 한다. 간혹 있는 그대로 받아들이는 것이 거북하여 거부한다면, 이 거부의 감정 또한 그대로 받아들여야 한다. 우리는 너무 쉽게 수용하고 곧바로 망각하는 경향이 있다.

셋째, 자기 책임지기다. 우리에게도 서양의 개인적 책임의식을 대신할만한 전통적인 책임의식이 있다. 집단의 도덕적 책임을 강조하는 유교적 가치관이 그것이다. 그러나 급속한 물질문명의 맹신 속에서 현재 우리는 전통문화의 좋은 의식은 폐기 처분 상태이고, 그렇다해서 서양식의 개인적 책임 의식도 체득하지 못해서 가치관의 공백 속에 있다. 이는 중국도 마찬가지다.

서양 선진국은 개인주의 발달로 '자유로운 선택과 책임'의 의식이 지난 수백 년간 교육되고 학습된 사회임을 우리는 솔직히 인정해야 한다. 그들은 강한 개인적 자아의식을 지닌 결과로 책임감이 강하고, 선악과 양심 그리고 원칙이 있으며, 죄의식과 수치심이 우리보다 더 뚜렷하다. 자유와 권리를 개인들이 원하고 선택하는 대신 그 대가로 그에 상응하는 책임과 의무가 부여된다. 서양 선진국의 인식 속에는 책임의식이 체질화되어 권리에 상응하지 못한 무책임에 대해서는 못 견딘다.

정치와 문화가 다른 동북아 3국은 이런 역사적 경험이 없어 개인의 책임의식이 약한 것이 너무 당연한지도 모른다. 그래서 우리는 개인적으로 아무에게도 눈치 채지 못할 정도로 회피, 변명, 자기 약속 깨기, 낮고 약한 자의식과 주체성, 책임 전가와 남의 탓 등의 무책임한 행태를 자주 보인다. 부모가 책임감이 없다면 자녀들도 나쁜 결과가 생길 때마다 자기가 안했다고 핑계 대며 자신의 책임을 시인하지 않는다. 자존감이 높을수록 자기에게 잘못이 있으면 인정하고 책임을 진다.

넷째, 자기주장이다. 자기 제일주의와 개인 이기주의에 치중하여 권리만 주장하고 책임을 지지 않는 잘못된 자기주장과, 순수하게 자기 개성과 의견을 표현한다는 좋은 의미의 자기주장은 구별해야 한다. 한국의 신세대는 구세대보다 자기주장이 분명한데 이것은 더 좋은 현상이라고 생각된다.

그러나 진정한 자기주장은 용기 있게 자신의 마땅한 권리와 이익을 주장하지만 당당하게 그 책임과 의무도 함께 지는 주장이다. 주장을 편하게 주고받는 개인주의가 보편화된 미국에서는 같은 눈높이로 시선을 마주치며 자연스럽게 주장한다. 시선을 마주치며 대화하는 것이 예의로 되어 있기 때문이다.

다섯째, 목적에 의식을 집중하기이다. 적은 성취라도 성공하면 자신감이 커지고, 그것이 다시 자신의 능력과 효능감을 높아지게 하여, 결국 자부심과 자존감도 덩달아 높아진다. 이 성취를 달성하기 위하여 구체적이고 현실적인 목표가 있어야 추진력이 모아지고 강해진다. 처음부터 모호하고 너무 높은 목표치를 잡으면 실패가능성이 높다. 그러므로 자기 통제감이나 자기 훈련이 필요한 것이다.

이 때 믿을 만한 목표치를 선택하는 자유가 주어지면, 그 결과에 책임을 져야 한다. 행동하고 실천하는 도중에 목표치를 향해 가고 있는지의 여부를 점검해야 한다. 성공인지 실패인지를 잘 따져 다음 도전의 밑거름이 되도록 한다. 이렇게 목적을 향한 신중한 노력이 결국 높은 자아와 자부심을 길러내는 것이다.

여섯째, 자아 통합하기이다. 자아통합은 목표치가 비현실적으로 높은 이상적인 자아와 만족스럽지 못한 현실적인 자아 간의 차이를 통합하는 작업이다. 일종의 언행일치 또는 지행합일이다. 물론 상기한 참다운 자아와 자부심을 고양시키는 다섯 가지 결정요인들을 감안하여 판단해야 하며, 말과 행동의 일치는 신용과 신뢰감의 근원이 된다. 이를 잘 지키는 원동력의 유무는 개인적 자유와 공정을 위한 책임, 가치관의 차이, 그리고 양심과 원칙의 실천 등의 차이에 달려 있다. 여기에 대해 토론과 소통을 하자면 열린 마음의 자세와 우리의 신념이 필수다.

우리 사회에 불신이 짙게 깔려있다고 한다면 애매하게 걱정만 할 게 아니라 구체적이고 신중한 진단 하에 공감하는 처방전을 마련해야 할 것이다. 개인이나 사회나, 신뢰 문제는 풀기가 쉽지 않아 자아와 자부심을 높이는 운동과 같이 해야 효력이 있다. 정직하지 못한 사회일수록 그렇다. 그러므로 전통적 도덕심이 해결을 못하면 서양식 방법의 교육을 통해 조화를 이룩할 수 있다고 본다.

일곱째, 강한 의지력으로 나와 나의 삶을 긍정적으로 사랑하기이다. 이 말에는 의지력, 긍정과 사랑이라는 3가지 단어가 포함되어 있다. 아마 자기를 사랑하기가 쉽지 않아 강한 의지력과 긍정적으로라도 사랑하자는 뜻일 것이다.

사랑은 감성이지만 의지력과 긍정적인 태도는 감성보다 이성에 더 가까운 말이다. 1차적인 감성은 쉽게 꾸며대지 못하지만 2차적인 이성은 진실 여부를 따져보아야 한다. 사랑이나 감정은 이성을 필요로 한다. 여기서 자기비하는 금물이다. 우리는 자신에 대해 쉽게 만족하거나 쉽게 사랑하지만 존중하지는 않는 의식구조를 가지고 있다.

그러나 대신 의지력과 인내와 끈기는 강한 편이다. 그래서 우리 얼굴에 도저히 미소를 띨 수 없는 일을 할 때에도 억지로라도 인내력과 긍정적인 태도를 발휘하면 사랑을 내면적으로라도 발산시킬 수 있다. 그러면 진정한 자아와 자부심이 생겨서 얼굴이 환해지고 생기가 돌 것이다.

마찬가지로 각박한 경쟁사회에서도 자기 자신을 선택적으로 사랑하면 밖에 보이는 세상도 사랑스럽고 부드럽게 느껴질 것이다. 끈기 있게 생활하고, 공부하고, 지속적으로 책 읽는 의지력의 소유자, 운동을 좋아하는 체육인과 극기 훈련에 능한 탐험가와 등산가, 그리고 군대 특수부대원 등이 바로 인내력이 강해 성공도 잘하고 강한 자아와 자부심을 가진 사례다. 동북아 3국은 원래 인정 있고 노력과 인내력이 강하여 마음만 먹으면 이러한 성공을 거둘 수 있다.

4) 개인 자아 이외의 자아의 여러 영역들

첫째, 집단 자아 영역이다. 지구 전체로 보면 그 일부인 서구와 북미를 제외하고는 통시대적으로 집단 자아의식이 강했다. 심지어 2,3 백 년 전 이전까지는 서구에서도 집단 자아의식이 강했다. 네덜란드의 문화인류학자 호프스테드가 발표한 전 세계 집단주의와 개인주의 우세 지역 통계에서도 오늘날 대부분의 국가가 집단주의 의식구조를 가졌다는 사실이 드러났다.

이를 볼 때, 앞으로 집단 자아에 관한 연구가 더 필요할 것으로 본다. 과거에는 권력을 가진 가부장과 봉건 통치자들이 효율적인 통치를 위해서 가족, 씨족, 국가 등 집단적 단위의 공동체의식을 개인의식 보다 더 중시했다. 개인의 자아의식은 개인의 자유와 평등과 존엄성을 주창하는 서구 유럽의 정치적 민주화에 뒤따른 것이다. 물론 우리를 비롯한 동양의 경우 아직까지도 신구세대를 막론하고 집단의식이 강하다. 서양의 의술, 과학과 산업기술로 동북아가 물리적으로 빠르게 성장했지만 그에 맞는 정신적인 가치의 모형을 수립하지 못했기 때문이다.

원래 자아 심리학은 정신학과 심리학처럼 개인 차원에서 생겨난 학문이지 집단 차원에서 생긴 것이 아니다. 그러나 사회가 복잡하게 발전함에 따라 사회심리학과 집단 자아 학문도 함께 연구해야 할 필요성이 대두되었다. 프로이트와 거의 동시대의 정신심리학자 알프레드 아들러((Alfred Adler)는 정신분석학을 연구하다가 프로이트의 성 중심 학설에서 벗어나 개인심리학으로 연구의 방향을 틀었다. 그는 인간의 행동과 발달을 결정하는 것은 성 본능이 아니라 열등감에 대한 극복 의지, 즉 보상 욕구라고 생각하고, 정신 현상의 원인을 캐거나 분석하기를 그만두고 삶의 목적을 강조하며, 지금 여기를 살아가는 이 순간의 의미를 중요시하였다.

그에 따르면, 인간은 따져 보았자 아무 이득이 없는 과거의 열등감, 상처와 트라우마에 지배받지 않겠다고 용기 있게 선택해야 한다. 우리는 행복해질 의지, 권리와 용기가 필요하고 과거에 억매이지 않을 자유를 선택할 권리가 있기 때문이다. 또한 타인에게 인정받기를 원하지 말고, 심지어 필요하다면 경우에 벗어나지 않을 정도의 피해를 주는 것을 포함해 타인에게 미움을 받을 행동도 선택할 용기도 필요하다.

이러한 아들러 심리학을 기초로 일본의 철학자 기시미 이치로가 최근에 쓴 『미움받을 용기』는 체면 중시와 공동체의식이 강한 일본과 한국에 큰 반향을 일으켰다. 동양인에게는 남에게 어떻게 보이느냐가 중요하지만 서구인에게는 자신 내부의 이상적인 자아와 현실적인 자아의 불일치를 해결하는 것이 우선 과제다.

서구권의 자아 심리학자들은 의존성을 부추기고 인정과 의리가 공과 사를 넘나드는 집단적 가치와 자아를 싫어한다. 왜냐하면 그들은 개인적인 자아만을 인정하고, 집단 자아는 문화가 다른 것에 따른 아류이며 실제상 자아심리학의 노선에 방해가 된다고 생각하기 때문이다. 또한 그들은 종교조차도 그들의 노선에 방해가 된다고 여겨서, 미국의 독립선언문에서도 정치와 자아와 같은 자유로운 학문을 종교와 분리하도록 했다.

그런데 서구도 예전에는 지난 2-3백 년간의 왕성한 양심, 자유, 평등, 선택의 자유와 책임 등의 원동력으로 동양을 완전 추월했지만, 지금은 점점 약해지는 중산층과 무능해져 가는 정부와 정치권으로는 그 덩치 큰 다국적기업과 금융계와의 대결에서 차차 밀리는 형국이다. 게다가 빈부 차이와 공(公)과 사(私)의 불균형, 개인들이 지키기에는 과중해져 가는 자유와 책임감의 압박감, 누적된 스트레스 의식구조와 그 폐단, 과학기술의 발전을 따라가지 못하는 인문학의 고민,

폭력적 대응과 환경오염 등의 요인으로 개인적인 자아와 자부심을 유지하기 어려워지는 현상을 우려하는 목소리도 커지고 있다.

이를 막기 위해 근래의 서구 인문학자들은 희망적인 방안을 모색하고 있다. 개인적인 자아만으론 힘이 드니 동양의 집단적인 자아와 자부심, 집단 공동체의식으로 또는 도덕적 시민운동으로 이를 타개해야 한다는 것이다. 즉, 서구 선진국은 개인의 자유와 책임을 더욱 긍정적이고 활력 있게 유지하는 방안을 찾는 동시에, 사회적 공동체의 욕구도 고려하여 집단 자아의식도 함께 연구하고 있다.

이러한 근래의 흐름은 주로 선진국들의 고민이겠지만 우리나라도 금융과 산업이 국제화되었기 때문에 이와 유사한 고민을 할 수밖에 없다. 집단 자아에 관련하여, 우리는 집단주의 자아와 자부심에 젖어 있은 탓에 오히려 그 장점을 잘 인식하지 못해서 유교의 집단 문화를 너무 빨리 폐기처분 했는지도 모른다. 안타깝게도 이를 연구하는 학자나 논문 또한 미약한 상태다.

원래 공맹 사상은 집단주의 체제의 윤리 강령으로 삼강오륜을 강조했다. 유교의 집단은 크게 왕과 군자 그리고 소인으로 구분되지만, 관계에 따라 왕과 신하, 부부, 부자, 친구, 부모 등의 5개 집단으로 구분할 수 있다. 이 각 관계 집단 간에 지켜야 할 3가지 강령과 5가지 도리가 바로 삼강오륜이다.

삼강(三綱)은 인간 생활의 도덕적 질서를 보인 것으로 군신, 부자, 부부간의 도리를 말하며[군위신강(君爲臣綱), 부위자강(父爲子綱), 부위부강(夫爲婦綱)], 오륜(五倫)은 교육 및 도덕상에 있어서 다섯 가지의 인륜(人倫)을 가리키는 것으로, 부자유친(父子有親), 군신유의(君臣有義), 부부유별(夫婦有別), 장유유서(長幼有序), 붕우유신(朋友有信) 등 다섯 가지이다.

그러나 유교 사상은 이들 집단에 속하는 각 개인의 내부의 자유와 평등 그리고 존엄과 선택을 이야기하지 않았고, 다만 시문학, 현인 되기, 수양(약간의 자아의식 활동), 우주질서에 대한 사변적 사고 등의 발달엔 기여했다.

집단주의 문화는 인정과 의리가 있으나 도를 넘으면 상대에게 의존적이 되기도 하고 사회 전체적으로 피해를 줄 수 있다. 물론 상부상조, 품앗이, 두레정신, 계모임, 각종 동아리 모임 등과 같은 긍정적인 공동체 정신도 있다, 우리는 집단의식 중에서 이런 긍정적인 면만 계승하여 노력하면 된다. 자아와 자부심도 긍정적인 것만 노력하면 되는 것과 마찬가지일 것이다.

둘째, 왜곡된 자아 및 자부심과 약하나 참한 자아이다. 지금까지 줄곧 강하고 참된 자아를 주로 논했는데 이젠 그 반대인 왜곡된 자아와 자부심, 그리고 약한 참자아에 대한 이야기를 해보기로 한다.

왜곡되었다는 의미는 정상적인 길과 우리가 바라는 강하고 참된 자아와 자부심에서 벗어난 상태이다. 원래 인간은 게으르고 완전한 생명체가 아니어서 끝없는 요구와 욕망을 충족시키면서 진화되고 대뇌가 발달되었다고 생각하지만, 자아의 약간의 굴곡과 왜곡이 상대에 피해를 주지 않는다면 양해하여 용인될 수도 있다고 생각한다.

정의상 강하고 참된 자아 개념은 개인에게 선택과 평등의 자유를 주는 대신 그에 따른 개인적 책임과 의무를 요구한다. 그러나 인간은 이를 지키기 쉽지 않아 약한 사람은 부담을 느끼고 대부분 무의식적으로 여러 가지 형태로 자아를 왜곡시켜, 자기의 정신적 안정과 보호를 꾀하려 할 것이다. 이런 왜곡된 현상이 바로 자아방어기제인데, 이게 항상 나쁜 것은 아니다.

정신분석가인 프로이트는 정신 구조를 이드(Id, 무의식), 에고(Ego,

자아), 그리고 슈퍼에고(Super Ego, 초자아, 양심)로 삼분하고, 건전한 자아와 자부심을 위하여 원초적 본능인 이드는 제어하고 양심인 슈퍼에고는 고양시켜, 모두가 평등하고 행복하게 살도록 하는 것을 심층심리학의 목표라고 보았다. 이런 프로이트의 이론은 자아심리학으로 계승되었다.

방어기제란 말은 1894년에 발표된 프로이트의 논문『방어의 신경정신학』에서 처음으로 사용되었으며, '신경증을 일으킬 수 있는 갈등상황에서 자아가 활용하는 모든 수단'을 의미했다. 이런 방어(방어기제)에는 퇴행, 억압, 반동 형성, 격리, 취소, 투사, 내사, 역전, 승화 등을 포함해 스무 가지 이상이 있다.

1) 반동 형성으로, 내부의 약함과 열등감을 느껴 허세, 과시, 체면차리기, 가면, 탈 쓰기, 허영, 거짓으로 위장, 가족의 불행을 감추고 무의식적으로 남에게 행복하다고 하기 등등이다. 2) 투사로, 책임전가, 남, 조상, 사회의 탓으로 돌림, 네가 나를 미워하니 나도 너를 미워하기, 결국 편견을 만들기 등이 그것이다. 3) 억압으로, 의식하면 고통스러우니 무의식으로 추방시키거나 깜박 잊었다는 것을 당연시 한다. 4) 동일시는 부모와 같은 성을 닮는 행위이다. 5) 합리화는 원하는 목표를 이루지 못했을 때 그럴듯한 이유나 변명을 하며 자신의 실패를 정당화하는 것이다. 이솝 우화에 나오는 여우와 신포도의 이야기는 그 대표적 예다. 포도를 먹고 싶어 하던 여우가 포도가 너무 높은 곳에 달려 먹는 것이 불가능하니, 너무 시어서 먹을 필요가 없다는 말로 변명한다. 6) 부정은 현실과 불안의 도피다. 7) 보상 심리가 있다. 이는 부족한 점을 대신하여 다른 관련된 것에 심취하고, 자신의 자녀나 부모에 못했던 것을 다른 사람의 자녀나 부모에 잘하는 태도이다. 즉, 사실을 받아들이고 제대로 인정하면 스

트레스가 생기니, 타협하여 더 편한 것으로 왜곡, 대치시키는 현상이다. 그러나 이렇게 하면, 참된 반성이 없어 자아의 발전과 개선이 불가능해질 것이다.

이제 우리나라에서 흔한 방어기제를 몇 가지 간략히 소개한다.

그런데 심리학자들은 이 수많은 방어기제를 자아방어 반응 성숙도가 나쁜 것부터 순서대로 4가지 그룹, 즉, 정신과나 임상 심리학자의 도움이 필요한 수준인 병리적인 반응 그룹, 미성숙 반응 그룹, 신경증적 반응 그룹 그리고 도움이 필요 없는 성숙한 자아방어 그룹 등으로 나누었다. 나쁜 그룹은 대개 무의식적으로 습관화되어 개선하기가 쉽지 않다. 성숙한 그룹의 방어기제에는 승화, 유머러스한 태도, 이타주의, 억제, 수용과 참여, 관용, 정서조절, 인내, 여유 있게 참고 져주기 등이 있다.

왜곡되지는 않았지만 약하고 참한 자아에는 다시 두 가지가 있는데, 하나는 초기부터 약한 자아이고, 다른 하나는 처음엔 강하고 참한 자아의 소지자가 어떤 좋지 않은 계기에 의해 자아가 소진된 상태이다. 약한 자아는 왜곡된 자아로 변하기 쉽다. 어찌 되었든 약하고 참한 자아를 가진 사람은 순한 소심쟁이다. 그래서 타인 본위, 열등감, 자기비하, 무기력, 약한 양심과 책임성, 약한 추진력, 정직하나 현실도피, 의존적 아부 등이 그의 주된 증상이다. 그에겐 앞서 말한 강하고 참된 자아의 7가지 핵심 결정 요인들이 부족한 상태이다. 즉, 중요한 책임, 선택, 자유와 평등 의식, 양심과 이성력, 긍정적 의지력, 자기주장 등이 약하다.

또한 약한 자아의 하나로, 자아와 모성애 결핍증후군을 들 수 있는데, 유아기에 사랑과 보호를 받지 못한 어린이가 걸린다. 그 치료는 강아지와 같은 애완동물과 같이 지내게 하면 사랑이 차차 회복되는 경우와 연관된다.

이외에도 선진국의 치열한 경쟁사회에서 생길 수 있는 극심한 장기 스트레스 상태의 자아 폭발과 일본인에게서 보이는 불확실한 자아도 문제다. 현대에 와서 서구와 강대국은 극심한 개인과 기업 간의 경쟁으로 장차 충동사회, 피로 사회, 위험사회 등으로 변할 위험성을 경고 받았다. 소위 자아 폭발의 시기가 도래했다. 개인적으로나 사회적으로 강하고 참된 자아일지라도 자아 폭발이 일어나면, 당연히 자아가 소진(고갈)되어 재앙에 가까운 빈부격차, 테러와 전쟁이 뒤따를 것이다.

셋째, 감성적 반응과 이성적 반응, 그리고 이상과 현실 자아 영역이다. 먼저 초기 감성적 반응과 이차 이성적 반응은 우리 일상에서 흔히 경험하고 관찰되는 현상이다. 우리가 상당한 자존심이나 이해관계가 걸린 대화 중에 상대가 질문하면 그 질문의 의도를 미처 따지지 못한 순간적인 찰나 상태에서 얼떨결에 거의 자동적으로 또는 반사적으로 대답하게 된다. 이 순간적인 시간대를 빠른 반응이라고 한다. 바로 2-3초 후쯤 다시 뜸을 드려 신중하게 같은 질문에 대해 생각하니 첫 대답이 잘못 말해버린 것을 깨닫고 후회하는 경우를 느리고 신중한 반응이라고 한다. 한 번 엎질러진 물은 다시 담을 수도 없는 노릇이다. 우리의 신경과 정신은 깊게 생각하기를 게을리 하는 성질이 있어 첫 대답이 잘못되었어도 다시 고치려는 수고를 하지 않는다. 그래서 곧바로 신중하고 느린 대답 반응을 밖으로 표현하지 않고 첫 대답을 고수하려는 경향이 있다.

이런 현상은 옛날부터 알려진 사실로, 티베트 교주 달라이 라마와 『감성지수』의 저자 다니엘 골만의 공동 연구에서도 욱(분노와 화)하는 파괴적인 감정들에 대한 대처로 명상 등을 강구했다. 근래 이를

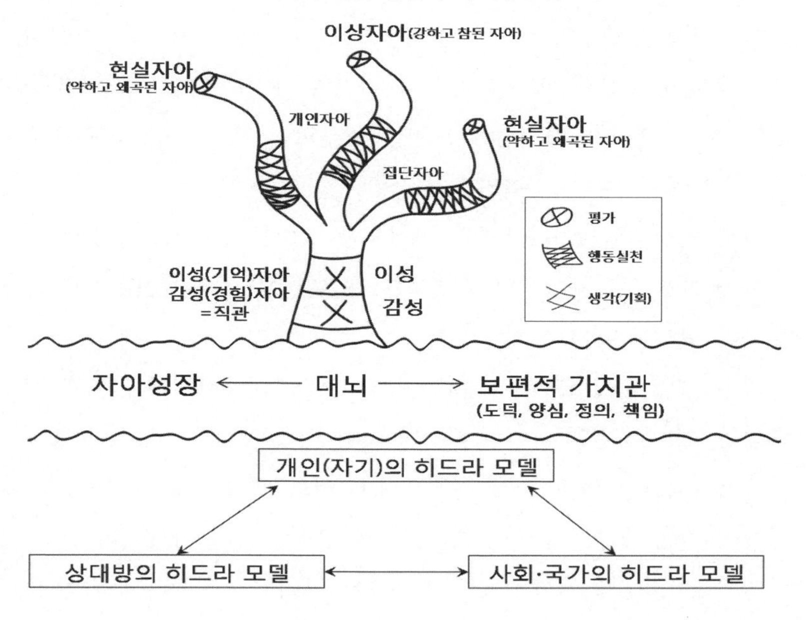

잘 정리한 책, 대니얼 카너먼(Daniel Kahneman)의 『생각에 관한 생각』이 번역되었다.

위 그림은 한 마리(개인)의 상상 속의 히드라 모델로, 개인마다 생각(이성과 감성 그리고 가치관), 행동실천 (빠른 반응과 느리고 신중한 반응의 차이), 평가 및 반성의 정도가 다름을 보여준다.

동시에 개인마다 이상 자아(강하고 참된 자아)와 현실 자아(약하고 왜곡된 자아), 개인 자아와 집단 자아의 강도 차이, 자기의 지나친 탐욕과 이기주의와 상대와 사회를 배려하는 이타적 성향을 가진 경우 등이 다르다.

우리가 추구하려는 강하고 참된 개인 자아를 가진 자는 자신뿐 아니라 상대와 사회에 도움을 주는 성품과 능력을 발휘하여 확실한 행복과 성공을 추구한다.

이와 반면에 앞에서 소개한 아큐(88쪽 참조)는 이성과 감성이 미숙하여 비현실적이지만 몸에 밴 성품으로 행동 실천함으로써 자신의 생각과 행동에 대한 자기평가 능력 저하와 자아가 방어적으로 왜곡되어 순간적인 정신승리법에 그치는 생각의 깊이와 폭이 좁은 경우가 쉽게 이해되는 그림이기도 하다.

너무 이상주의이거나 비현실적이지만 정의를 실천하고 모험심이 강한 돈키호테도 자아개념의 그림 어느 부분에 문제가 있는지도 응용하여 이해할 수도 있다.

개인 차원 내에서도 여러 자아가 각축하고 갈등하면서 자아가 성숙되며, 개인 차원을 넘어 상대방과 사회 국가 차원의 히드라 모델에서도 3마리 히드라까지 자유 경쟁하고 서로 대립 또는 배려하면서 더불어 사는 공동체를 만들어 서로 발전하는 것이 바람직하다.

이런 3가지 차원에서 숙달된 자아 마인드의 소유자가 선진적인 공동체 의식운동(예를 들면 329쪽의 1:2:3 공동체 운동)을 이끌 것이다. 동시에 아큐 수준과 숙달된 자아 마인드의 소유자도 같은 사회의 일원으로 동시에 성공하고 행복하면 얼마나 좋을까?

오늘도 우리 모두는 3마리의 히드라 기둥을 기초로 하여 '3×3'가지 이상의 수많은 자아 차원이나 가지(엽)들을 가지고 활발히 탐색하는 정신과 사회 활동을 벌이고 있다고 할 수 있다. 그래서 조화롭고 기분이 좋으면 서로 공감하면서 율동적인 춤을 추지 않겠습니까? 살맛나는 제3의 신바람(344쪽 참조) 사회가 바로 이런 것이다.

카너먼은 만족스럽지 못한 첫 대답인 빠른 반응을 '직관의 편향(bias)'이라고 명명하고, 이 직관은 결함을 수반하고 유사성을 지나치게 단순화한 고정관념에 기초한 추론적 판단이기 때문에 뒤따르는 '신중하고 느린 반응'의 결과와 일치하지 않아 그 서두른 대답을 후회하게 된다고 하였다. 물론 빠른 반응과 신중한 느린 반응의 결과가 같다면 그 대답을 만족스럽게 그냥 넘길 것이다.

이 방어적 반응을 연구하는 학자에 따라 기술하는 언어가 달라서, 혼동을 피하고 이해를 돕기 위해 서로 이분법적으로 대치시켜 표현하면, 빠른 반응 대 느린 반응, 직감적 반응 대 신중한 반응, 감성적 반응 대 이성적 반응, 경험적 반응 대 기억 반응, 시스템 1단계 대 시스템 2단계, 자동적 반응 대 의도적 자제 반응 등으로 나눌 수 있다.

이런 빠른 반응은 인류가 기나긴 수렵시대부터 단련된 생리적 반응으로 외부의 위협(긴급 스트레스)으로부터 보호하고 대처하는 행동이다. 첫 신체반응 중 가장 빠르게 주위를 잘 파악하기 위하여 동공이 확대되고 도망칠 근육에 긴장과 힘이 실려진다. 이 빠른 반응을 담당하는 뇌 부위가 변연계와 편도체, 그 이하 부위가 된다. 더 신중한 느린 반응은 인간 뇌에 발달된 변연계 상부와 전전 대뇌 피질이 담당한다. 빠른 반응은 다른 동물과 마찬가지로 생존에 중요하고 오랫동안 진화하여 인간에서는 놀라운 연상기능이 발달하여 한 가지 생각이 떠오르면 그와 연관된 유사한 기억, 시간과 공간의 유사한 작동방식, 대표성 그리고 인과 관계의 유사성이 줄지어 상상되어 첫 빠른 반응을 내는 놀라운 능력을 가지고 있다.

그러나 여기에 가끔 오류가 생기는 것이다. 욱하고 화를 잘 내는 사람이 항상 손해를 본다는 것을 알면서도 습관화된 생리적 버릇이 쉽게 교정되지 않는다. 이를 보강하고 승인을 받기 위하여 느린 반응을 동원하는 기술을 습득할 수 있다고 생각한다.

앞서 우리 사회를 스트레스가 누적된 사회로 진단하고, 스트레스 의식구조론과 한국병이라는 부정적 국민성을 논하면서, 조급증, 빨리 빨리 병, 졸속주의, 한탕주의 등을 이야기 한 바 있다. 이런 빠른 반응을 잘하는 사람을 순발력이 있다고 하지만 이는 착각일 수도 있고, 오히려 느린 반응을 어떻게 잘 하느냐가 문제 해결의 관건이다. 그래서 쌍방이 스트레스 상태에서 대화하지 않고 여유로운 분위기에서 빨리 대답하지 말고 뜸을 들여 대답하는 훈련을 하는 것이 좋다.

대답을 지연시키기 위하여 무의미한 헛말이나 움직임으로 천천히 대답하는 등 본인에 맞은 습관을 개발하는 것도 그 한 방법이다. 분노가 있어도 목소리를 자제하고, 대신 헛기침, 심호흡, 무의미한 헛말과 움직임 등으로 상대에게 불편함을 전달하는 조용한 대화의 테크닉이 필요하다. 그래서 대답 속도를 줄여 느리고 신중한 반응에 도움을 요청하는 기술을 훈련하는 것이 관건이다. 이런 훈련이 부족하기 때문에 중국과 우리나라 국민은 대화 기술과 스트레스 조절의 부족으로 대화 때 언성이 높다고 생각한다.

인간은 진화 역사상 이익과 안전보다 손해를 두 배 정도 끔찍하게 생각한다. 그래서 기득권자가 변화를 싫어하고, 노사 간 협상이 잘 안되고, 상대의 실패를 고소하게 바라보는 등 판단이 흐려진다. 그러므로 결론은 빠른 반응과 느린 반응의 장단점을 알아 지혜를 종합하고 감정과 이성을 통합하여 누적된 스트레스 의식구조를 완화시킴으로써 강하고 참된 자아와 자부심을 높일 수 있다고 믿는다. 이상 자아와 현실 자아는 일상생활에 매일 부딪치는 사항으로, 전자는 우리가 목표로 세운 최고치를 달성하려는 노력의 과정이고, 후자는 최선을 다 했지만 이에 못 미친 차선의 현실적 상태이다.

5) 강하고 참된 자부심 증진법

우리는 동북아 3국의 집단주의 자아에 속한 문화권에 있어 왜곡되거나 약한 자아를 중점적으로 개선하여 자부심을 증진시켜야 하는 여정에 있다. 우리는 지금까지 참된 자아와 자부심이라는 목표를 향해 인내심을 발휘하면서 여행을 지속하고 있다.

정체성이나 자아정체성은 되도록 객관적으로 자신의 평가에 있어서 장점과 단점을 따지는 과정이지만, 참된 자아와 자부심은 단점도 수용해서 단점과 마음의 숨겨진 상처를 긍정적 의지로 장점으로 변화시키고 거듭나는 탐구의 길이다. 그래서 일상생활에서도 활기차고 생기가 나고 살맛나는 삶을 위한 것이다.

이러한 소중한 목표를 달성하는 일은 쉽게 그 진실과 실체를 보여주지 않는다. 기도하고 명상하고 수양을 해야 한다. 지구촌 모두 건전한 정신과 사회 건강 그리고 빈부차이가 적은 건전한 자본주의를 위해서는 강하고 참된 자아와 자부심이 그 대안이 될 수 있다고 믿는다. 자부심이나 자존감을 높이기 위해서는 반드시 개인 고유의 참된 자아정체성과 자아의 깨우치는 과정이 필요하다. 이렇게 자아탐구는 자신에 솔직하고 자신을 사랑하지 않고서는 불가능한 일이다.

필자는 과거에 미국의 TV토크쇼에서 들은 임상심리학자인 필립 맥그로의 이야기를 기억한다. 그의 책 『자아(self)』를 읽어보면서 동시에 그가 전설적인 방송인 오프라 윈프리와 진행한 쇼를 시청한 것을 떠올리게 되었다. 한때 이 두 사람은 참된 자아와 자부심에 대한 탐구 여행에 함께 참여했던 적이 있었다.

오프라는 1954년생으로 테네시 주의 시골에서 사생아로 태어나 성폭행을 당했고 십대의 미혼모로 산후 2주 만에 아들을 잃었다. 이렇게 엄청난 마음의 상처를 받은 그녀가 어떻게 흑인 최초의 성공한 방송인이자 억만장자이며 사회적 영향력이 큰 인물로 변화되었을까. 바로 마음의 상처를 솔직하게 진실로 수용하고, 의지력으로 강하고 참된 자아와 자부심을 잃지 않은 덕분에 긍정적으로 생각이 변한 자기 혁명이 일어난 것이다. 맥그로 박사는 이러한 개인적인 스토리를 소재로 실시간으로 심리학적 해설과 치료 방침을 곁들여 능란하고 마음에 와 닿게 쇼를 잘 진행하였다.

필자는 그녀의 참자아 여행이 어떠하였는지, 어떠한 과정을 이겨내어 참자아와 성공을 거두었는지 그 시나리오를 추상할 수밖에 없다. 마치 그녀는 유아기와 아동 시절에 모성애 같은 사랑을 못 받아 약한 자아의 소유자였을 것이다. 아마 그녀의 불우한 마음의 큰 상처가 그 어떤 계기로 일어설 수 있었을까. 그 계기는 성가대에서의 구세주와 천사의 부름, 존경하는 멘토, 대학에서 자아심리학 공부에서의 깨달음, 내부 대화에 의한 가르침, 자서전과 참회력으로부터의 감동 등이 있을 수 있다. 이때 눈물을 흘리며 자기의 상처를 끌어안고 그녀의 현실, 지식, 진실과 자기 존중을 뼈저리게 배웠을 것이다.

자아 찾기는 배우거나 지도하기가 쉽지 않아 심리치료사들이 고객에게 공통으로 사용하는 방법이 있는데, 이것을 자가 치료로 우선 시행해보아도 좋을 것이다. 시행하기 전에 스트레스가 없는 상태에서 이성, 정직, 의지, 자유로운 선택과 의지, 독립성을 가지고, 외부 요인과 내부의 목소리를 종이에 메모하면서 숨겨진 자아와 상처를 찾아보는 것이다. 자신에게 만이라도 솔직하지 않으면 자아 찾기와 자신과의 진솔한 대화는 바로 허물어진다.

그러면 자가 치료의 자아 찾기 방법을 간단히 소개한다.

1) 심리치료사는 대담자나 고객에게 따뜻한 마음으로 존경하면서 상담한다. 이런 마음으로 자신을 대하면서 심리치료사의 개입 없이 자신에게 말을 거는 것이다. 2) 책임성을 일깨워주고 공감대를 높인다. 3) 기분 좋게 잠재능력에 신뢰를 보낸다. 4) 치료사의 건강한 자부심으로 상대의 자부심을 북돋아 준다. 5) 대담자만 그런 것이 아니

라 다른 사람도 그러니 참고하라고 한다. 6) 자신과의 내면대화에서 종이에 낙서도 하고 메모도 하고, 또 생각하여 분석도 써보는 객관화 작업이 기억에 잘 남는다고 설득한다. 7) 선택의 자유와 권리에 따른 책임과 의무를 실감 있게 토론한다. 이를 위한 용기와 의지를 촉구한다. 선택이나 약속을 자유로이 자신이 결정했음에도 불구하고 이를 어기는 것은 책임을 지지 않겠다는 것이다. 책임은 동양의 도덕과 같다. 불신 사회를 원망하지 말고 책임과 도덕을 강조하는 교육을 실시하는 것이 사회를 개선하는 관건이다.

인터넷에서 로젠버그(Rosenberg, M., 1965)의 자아존중감 척도, 자아개념의 측정(도표 참조) 또는 자존감 높이는 방법 등을 검색하면 자아심리학이 상당히 보편화되었음을 알 수 있다.

다시 강조하지만 자아 찾기는 자신만이 스스로 하는 작업이고, 자아와 자부심은 무조건 긍정적으로 자신을 옹호하고 사랑하는 노력이다. 이것이 인생을 성공과 행복으로 이끄는 열쇠이다. 국가적 차원에서도 개인과 집단의 강하고 참된 자아와 자부심을 만드는 노력을 게을리 해서는 안 될 것이다. 유아보육과 인성교육, 학교와 직장 및 노인층의 자아의식 혁신, 교육(자아)개혁과 창의력 교육, 과학기술과 영재 교육, 저 출산과 사교육 대처, 인생을 모두 성공적이고 행복하게 더불어 살기 등을 위하여 우리 모두 자신의 위장과 가면을 벗으면 오프라와 같은 강하고 참된 자아와 자부심을 얻을 것이다.

제3장

뇌짱운동과 스트레스 조절

CQ=

IQ+EQ+SQ+MQ+PLQ

뇌짱운동과 스트레스 조절

1. 한국인의 뇌짱운동(의식개혁) 행동방침

흔히들 환경과 유전자와의 상관관계를 이야기하지만, 결국 모든 생명체의 일생은 선천적인 유전자(DNA)와 후천적인 주위 환경에 의해 결정적인 영향을 받는다는 데는 거의 이견이 없다. 대뇌도 역시 선천성 유전이나 후천적 주위 환경에 의해 영향을 받아 질병을 일으키고 때로는 대응능력에 장애가 올 수도 있다. 수돗물과 대기가 납으로 오염된 도시에서 자라는 어린이는 IQ가 낮아진다. 어린 자녀의 대뇌는 성장하면서 개성이나 자아의식, 자기 정체성, 의식구조의 틀이 자리 잡힌다. 환경은 자녀들에게 큰 영향을 미친 게 된다.

그런 의미에서 우선 유해 환경을 정비하는 일이 필요하다. 각종 불건전한 영상물, 퇴폐적인 만화, 폭력, 성인들의 유흥업소, 왕따 현상 등등 말이다. 아무리 타고난 머리가 좋아도 주변 어른들이 좋은 모범을 보여주지 못하면 그 머리를 올바른 방향으로 바르게 사용하는 법을 배울 수 없게 된다. 주변 성인들의 뇌짱 수준이 어린 자녀들의 대뇌 능력 수준을 결정한다는 것이다.

특히 요즘처럼 대량 실업, 경제와 가치관의 혼란을 맞이하여 우리 국민들의 자존심이 상한 시점이라면, 이때가 가장 좋은 환경변화의 기회가 될 것이다. 호시우행(虎視牛行)이라고, 눈을 빛내며 수풀에 엎드려 먹이를 노리는 호랑이의 시선으로 우리의 과거와 미래를 바라보고 천천히 한 걸음 한 걸음 단단히 땅을 밟아가며 앞으로 나가는 소처럼 신중히 걸어 나가야 한다. 지금과 같은 경제적 혼란을 벗어나려는 시대에는 머리(대뇌)를 안정시키고 차분한 마음으로 뇌짱을 키우는데 투자하지 않으면 희망이 없다.

우리 사회에서는 '체질 개선'이라는 단어는 즐겨 쓰지만 '뇌질 개선'이라는 단어는 전혀 쓰지 않는다. 당연히 '뇌질'이라는 단어도 우리말 사전에는 없다. 또 '배짱'은 실려 있는데 '뇌짱'은 실려 있지도 않다. 체질은 일생동안 아무리 노력해도 거의 변하지 않으며 변화시키기도 어렵다. 반면에 뇌질을 구성하는 성격이나 의식구조, 사고방식과 행동방식은 뜻만 있다면 얼마든지 바꿀 수 있다. 그러니 이 또한 앞뒤가 뒤바뀐 비과학적이고 비합리적인 표현이 아니겠는가.

뇌짱운동은 육체적인 운동이 아니라 정신적인 운동이다. 그러나 신체운동이나 말에 못지않게 행동을 통해 뇌짱이 발전한다. 대부분 과분한 사교육과 과보호는 해가 된다. 한 사람의 일생을 놓고 생각해 볼 때 왼쪽과 오른쪽의 뇌짱, 곧 IQ는 중고등학교 때에 가장 높다고 한다. 그러나 감정과 도덕지수(EQ, MQ) 그리고 기타 삶에 대한 긍정적 태도지수(PLQ)는 평생에 걸쳐 발전시킬 수 있으며, 더 깊고 넓게 알면 알수록 마음의 그릇도 커지고 확실해지면서 의식수준도 더 높일 수 있는 것이다.

뇌짱운동은 말, 말, 말보다 실천으로 나타난 노력의 과정과 결과를 말한다. 인간의 대뇌는 어떤 생각이나 어떤 개념을 가지고 한 방향을 향해 쓰면 쓸수록 그쪽으로 더 발전하는 경향이 있다. 예를 들어 잔머리를 쓰는 사람은 그쪽으로 더 발전하고, 굵은 머리를 주로 쓰는 사람은 그쪽으로 더 발전하기 마련이다. 대뇌는 안 쓰면 녹슬지만 쓰면 쓸수록 기름 친 기계처럼 잘 굴러갈 뿐만 아니라 의식수준의 확장까지 덤으로 따라온다. 그러니 이제는 우리의 뇌짱지수를 높여줄 기초적 의식구조에 근거하고 한국적 현실과 의식구조에 어울리는 뇌짱운동 행동방침을 여섯 가지로 나누어 보다 구체적으로 이야기해 보기로 하자.

뇌짱운동은 마음의 여유를 가지자는 운동이다

대뇌는 마음의 여유가 없는 상태에서는 그 기능을 제대로 발휘할 수 없다. 마음의 여유란 나태함이나 무기력함과는 질적으로 다르다. 부정적인 감정이나 스트레스가 느껴질 때, 조급할 때, 자존심이 상했을 때는 대뇌의 기능이 마비되다시피 해서 제정신이 아닐 경우가 많다. 생각을 해야 할 대뇌가 극도로 피로해진 상태에 빠지기 때문이다. 반면에 마음에 여유가 있다면 머리가 맑아지고 현명한 결정을 쉽게 내릴 수 있고 삶에 추진력이 생긴다.

그러니 뇌짱지수를 높이려면 적당한 휴식과 여가 선용, 그리고 스트레스를 지혜롭게 조절하는 능력이 무엇보다도 필요할 것이다. 이런 글을 읽는 사람은 마음의 여유가 이미 있다는 증거일 것이다. EQ와 SQ가 관여한다.

뇌짱운동은 부정적 감정과 피해의식, 스트레스를 서로 주고받지 말자는 운동이다

뇌짱운동은 상대를 배려하자는 운동이다. 정치적 · 경제적으로 상황이 좋든 나쁘든 간에 가치관의 혼란과 개인의 지나친 이기주의는 항상 양심적인 사람들에겐 스트레스 꺼리이다. 그러니 외부 세계의 영향을 구태여 따지지 않더라도 우리 사회는 사회구성원들끼리의 내부 인간관계에서 이미 스트레스 천국이다. 서로 감정적이고 배타적인 대결을 하며, 피차간에 속상해 하고 감정의 앙금을 남기고 있다.

정경유착으로 정치가와 행정가들은 부패하고, 여기에 편승하여 대기업들이 수단과 방법을 가리지 않고 돈만 챙기게 된다면 그 피해는 항상 선량한 국민들에게 장기적 스트레스와 한(恨)으로 돌아오고야 만다. 그래서 국민들의 심성과 마음도 점차 거칠어지고 무기력해지면서 서로간의 뇌짱지수를 높이는 것을 방해한다.

이런 상태가 계속되면 특히 왼쪽 뇌짱의 발달에 악영향을 끼친다. 우리가 점점 불감증에 걸리고 머리가 나빠진다고 생각될 때, 그 원인을 추적해 보면 결국 우리 사회의 지도자들에게 일차 책임이 있는 것이다. 남에게 폐를 끼치지 않는 것은 중요한 EQ, SQ와 MQ의 요소인 것이다.

뇌짱운동은 분석적, 논리적, 과학적 사고력을 고양시키자는 운동이다

우리의 의식구조에서 가장 우선적으로 필요한 작업은 왼쪽 뇌짱을 높이는 것이다. 우리의 오른쪽 뇌짱은 아직도 쓸 만하지만, 왼쪽 뇌짱은 매우 약하다. 왼쪽 뇌짱이 강해져야 동시에 오른쪽과 왼쪽 뇌짱이 같이 높아지게 된다. 현재 서구의 발전 계기가 된 산업혁명과 정보혁명은 모두 왼쪽 두뇌의 발달 덕분이다. 그들은 어릴 적부터 입시지옥과 아무 상관없이 차분하게 관찰하고 실험을 중시하는 경험주의적 교육을 받았다. 그래서 그런지 그들은 지금도 매사에 꼼꼼하게 따져보고 확실히 하는 태도가 생활화되어 있다.

반면 우리는 아직도 현대 과학적인 경험이 부족하고 지나치게 문약한 체질이다. 문약이란 글자와 말로 때우고 자신은 실천을 하지 않는 것이다. 우리는 언행일치와 책임감도 약하다. 그러므로 어느 지도자가 문약한지 감시해야 할 것이다. 머리가 나쁜 사람은 꼼꼼하게 따지고 생각하길 싫어하고 수준 있는 책을 멀리한다.

우리 사회에는 아직도 테크노크라트가 적으며 과학 기술자를 제대로 우대하지 않는다. 뇌짱을 사용해서 경쟁력을 갖춘 제품을 생산하고 잘 팔아야 우리가 살 수 있는데, 우리의 미래를 짊어진 어린이들은 뇌짱 키우기보다 훗날 명문대를 목표로 한 암기식 교육과 학원공부에 시달리고 있다.

우리는 매사에 따져보는 것을 예의에 어긋난 것으로 여기고, 애매하고 불확실하게 구렁이 담 넘어 가듯 적당히 넘어가는데 익숙하다. 일이 잘 안될 때도 그 원인을 철저히 분석해서 훗날에 대비하기보다는 재수나 운수 탓, 심지어는 남이나 조상 탓으로 돌리는 안이한 의식구조에 길들여져 있다. 게다가 스트레스 사회에서 항상 스트레스에 젖어 있기 때문에 마음의 여유가 없어서 그나마 남아 있던 과학적이고 합리적인 사고조차 불가능해져 있다.

오늘도 우리는 IMF, 세월호 사건과 국정농단으로 인해, 성숙될 수 있는 기회를 허송세월로 보내고 있다고 감히 단언하고 싶다.

뇌짱운동은 강한 자아의식과 자부심을 높이자는 운동이다

자아나 자기 정체성의 확립은 마음의 여유를 가진 상태에서 자신의 내면세계를 직시하고 자신의 능력과 실체를 되도록 객관적으로 평가해 가는 과정에서 자신을 깨달아야 가능한 일이다. 내면에 스트레스나 불안, 피해의식, 오만함과 배타성, 자아에 대한 인식 부족과 무관심으로 가득 차 있다면 제대로 된 자아의식의 탐구는 불가능해질 것이다. 자아의식은 제대로 된 자기 진단이기 때문에 적어도 자기 자신에 대해서만은 솔직하게 진실한 자기 정체성을 파악해야 하며, 그래야 여기에서부터 진실한 자부심이 생겨날 수 있다.

우리 사회의 일반적인 의식구조에서는 이런 자아 능력이 부족하다. 자신의 상태를 잘 파악하지 못하고 그냥 적당히 지나친다. 개인의 자아의식을 그 사회의 집단적 자아의식으로 잘못 생각하고 집단적 자아의식을 개인의 자아의식이라 착각하여 오히려 자아의식의 개발에 곤란을 겪도록 잘못 지도하는 사람들도 있다.

높은 사람들을 잘 알고 있다고 으쓱대는 짓이 먹혀 들어가는 우리의 수준이 그 좋은 예일 것이다. 하지만 뇌짱의 기준으로 본다면 강하고 진정한 자아와 자부심은 왜곡된 자아나 자부심과는 확실히 구별되어 나타난다. 동시에 이것을 잘 구별할 수 있는 능력을 스스로 발전시키면 바로 뇌짱이 발달된 사람이다.

가치관의 중요성, 공동체의식, 사회통합 정신, 교육개혁 등등 우리 앞에 산적한 과제들을 제대로 해결하기 위해서는 자아 개념 확립과 자아실현을 사회 구성원 각자가 실천해 나가는 것이 선결 요건이다. 한 사회 전체의 의식의 선진화는 바로 개개인 모두가 이 단계를 거쳐야만 튼튼한 토대 위에 세워질 수 있다.

이는 개성시대에 즈음하여 교육부가 해야 할 가장 시급한 문제일 것이다. 이 분야를 교육하는 과정에서 정직, 성실, 독립심, 검소를 발전시킬 수 있는 바탕이 이루어지는 것이다. 강하고 진정한 자아와 자부심은 다른 요소들을 끌어당겨 같이 높이는 요소이어서 고구마 수확 때 줄기를 끌어당기고, 부채의 꽁지 끝을 펴면, 그물 가장고리를 당기면 줄줄이 당겨져 쉽게 움직이게 하는 원리와 비슷한 효과가 있는 우리 의식수준을 단번에 개선하는 비밀스런 힘이 있는 요소이다. 이 역할을 뇌짱이 할 수 있고 가장 강력한 요소이다.

뇌짱운동은 진정한 이웃사랑과 자비를 실천하는 운동이다

현재도 우리 국민들은 우측 뇌짱이 강하여, 누적된 스트레스와 한(恨)과 질곡의 고통 그리고 불안한 장래를 달래기 위해 종교에 대한 의존성이 강하다. 물론 이것은 긍정적인 역할도 해왔다. 넘쳐난 종교심이 시민운동과 소외계층을 도와주는 운동으로 발전되어 온 것도 사실이다. 기독교의 으뜸 덕목은 이웃사랑이다.

그러나 사실 상당한 교인들은 이기주의에서 벗어나지 못하고 교인들끼리만 친밀한 유대감을 형성하려는 경향이 있다. EQ가 모자라는 것이다. 이것은 그 사회의 가치관과 매우 관련이 깊은데, 그 사회의 가치관이 혼란하면 혼란할수록 사이비종교가 기승부릴 가능성이 높아진다. 불교의 경우도 기독교의 경우보다 심하지는 않지만 문제점이 많다. 불교의 자비는 크게 사랑하고 크게 불쌍히 여김으로써 중생들에게 복을 주어 괴로움을 없애는 일이라고 하여 구도의 길을 요구하지만 현실 타개에 소극적인 면이 있다. 유교도 변해야 살 것이다.

종교가 우리 의식구조에 차지하는 비중과 일상생활에 미치는 영향이 크기 때문에 만약에 우리 사회의 정신문화에 큰 결함이 있다면 당연히 종교의 책임이 크다는 사실을 부인할 수 없다. 종교는 조물주의 존재를 주장하든 안하든 소중한 것이며 인간이 발전시킨 정신의 총화이다. 종교는 마음의 여유를 주며 스트레스에 지친 사람들을 어루만져주는 역할을 극대화시킬 필요가 있다.

종교가 우리가 필요로 하는 과학적인 발전과 개인의 자아실현과 진정한 개성주의의 발전에 피해를 주어서는 안 될 것이다. 우측 뇌짱을 생각하는 휴머니스트가 더 인간다울 수도 있다.

뇌짱운동은 평생 동안 좋은 책을 의지와 끈기를 가지고 많이 읽고 체험하는 운동이다

스트레스가 누적된 사회에서는 마음이 안정되어 있지 않기 때문에 책을 읽을 수 없다. 짜릿하고 가볍고 감각적인 재미를 주는 책을 주로 사게 되고, 뼈와 살이 될 만한 영양가 있는 책은 멀리한다. 그래서 정신세계를 열어줄 책은 읽다가도 머리가 아프다는 이유로 포기하고 만다. 그런 사람들의 의식 수준은 항상 잘 돼도 제자리걸음이다. 흔한 말로 잘되면 본전치기요 안 되면 밑천도 다 털고 일어나야 한다.

이렇게 계속 낯설음을 싫어하고 익숙한 것만 찾다가는 결국은 지적 정체 현상만 나타나기 마련이다. 아무리 인터넷과 영상이 발달되었다고 하나 책이 기본이 아닌가? 책을 멀리하는 국민은 망한다는 것의 의미는 뇌짱이 부족하면 경쟁력이 떨어진다는 것과 같다. 지금까지 인내와 끈기 그리고 높은 교육열로 버텨 왔는데 이것마저 약해지면 어떻게 될까 걱정이다.

과연 당신의 의식개혁 즉 뇌짱운동지수는?

지금까지 우리는 뇌짱운동의 행동방침 여섯 가지를 살펴보았다. 우리의 약한 의식구조를 강하게 만드는 운동이며 동시에 이는 우리가 개혁하고 목표로 삼는 의식개혁 또는 자기혁신의 요소들이며 그 정도에 따라 의식개혁(뇌짱운동) 지수가 될 것이다. 강한 것은 유지하고 약한 것은 강하게 만들어야 창조력이 생기지 않겠는가?

아래 도표는 뇌짱운동 여섯 가지에서 우리가 필요로 하는 정도에 따라 점수를 고안했으므로 당신의 의식개혁(뇌짱운동) 지수를 계산해 볼 수 있다. 이때 뇌짱운동 요소들을 알고 있는 것과 실천하는 것 그리고 의식적으로 행하는 것과 무의식적으로 행하는 것과는 엄청난 차이가 있다는 사실을 유념할 필요가 있다.

당신의 뇌짱운동 지수

뇌짱운동 요소		각 요소의 만점	당신의 점수
1	마음의 여유, 운동과 예술	10	
2	남에 대한 배려	20	
3	좌측 뇌짱	20	
4	진정한 자아와 자부심	30	
5	진정한 이웃사랑과 자비, 우측뇌짱	10	
6	평생학습, 의지와 끈기	10	
총 점		100	

* 총점 60점 이하이면 당신의 인생관을 다시 세울 것을 권고함.

뇌짱운동의 여섯 가지 요소들은 의식개혁의 핵심 사항이다. 이 핵심을 지키면 예컨대 가치관의 혼란, 부정부패, 불친절과 부도덕, 불성실과 거짓, 허세와 권위주의, 이기주의, 적당주의 등등이 이차적으로 자연스럽게 해소되는 것이다. 이런 것이 의식구조의 속성이다. 독자들은 뇌짱운동 6가지 요소를 읽어본 후 '나도 알아' 또는 '별 것 아니네'라고 할지 모르나 필자로서는 이 분야에 지난 25년간 시간이 있을 때마다 탐구한 결과이며 또한 완전하지는 않으므로 더욱 그 내용을 개발할 수 있는 여지가 있을 것이다.

의식개혁에 있어서 이런 이차적인 부조리를 없애려면 외과 치료적 방법과 내과 치료적 방법을 겸해야 한다. 그리고 중요한 것은 역시 어린이 교육이다. 성인과 함께하는 어린이 교육은 경제적이고 효과가 있다. 진정한 교육개혁의 의미가 여기에 있다.

현재 뉴질랜드나 네덜란드와 같이 작은 나라지만 잘사는 국가는 유아교육에 특히 힘을 쓰고 있다. 우리는 무엇을 하고 있는가? 정말 우리는 소갈머리와 뇌짱머리가 없는 것은 아닌가?

무엇보다도 우리의 마음속에 스트레스가 심하면 대뇌가 작동하지 않아 뇌짱지수가 높아지기 어려우므로 일상적인 생활에서 오는 스트레스를 지혜롭게 해소하고 조절하여 삶에 대한 의욕이 저절로 나오도록 노력해야 할 것이다.

2. 스트레스의 이해와 조절

1) **누적된 스트레스 의식구조론**

우리 사회는 지난 수십 년간만 보더라도 실로 큰 변화와 갈등을 겪어왔다. 조선말의 혼란, 일제강점, 군사독재, 동족상잔, 정치적 불안, 빈부의 격차, 부동산 열기와 거품, 가치관의 혼란, 상대적 박탈감, 노사분규, 교통체증, 그리고 폐쇄된 사회구조는 우리의 심적 불안과 스트레스에서 주요 요인들이었다. 고도성장을 거쳐 민주화와 개방화에 따른 변혁기에 잠깐 지속되었던 좋았던 시대도, 우리 의식구조가 시대를 따르지 못하고 과소비로 흘려보내 버리면서 IMF 구제금융의 후유증으로 고생했다.

근래에는 세월호와 국정농단 그리고 부정부패로 가치관의 혼란과 신뢰의 실종을 맛보았다. 스트레스란 본시 전염성이 강해서 한 번 생긴 부정적 감정은 쉽게 사람 사이와 사회 전체로 전파된다. 만연된 피해의식과 이기주의 때문에 우리 사회는 자기 방어적이고 경계심을 높이는 사회가 되었으며, 사람들 또한 누적된 스트레스에 짓눌리게 되었다. 이 상태가 더 지속되면 한(恨)과 질곡의 고통이 쌓인 사회가 될 수도 있고 서로 불친절한 게 구조화되어 사회 구성원 모두가 불친절을 일상다반사로 생각하는 불친절 불감증 사회가 지속될 것이다.

의학적으로는 이렇게 누적된 스트레스와 한이 장기화되면 우리의 대뇌 의식구조에 의식화(프로그램화)되어 굳어진다. 그러므로 역사적으로 누적된 스트레스 의식구조는 우리 내부에 잠재되어 있다. 우리의 부정적 다혈질과 신경질적 반응은 이렇게 누적된 스트레스 의식구조에서 나오는 것이며, 감정조절 능력이 부족해지고 전반적으로 조급해진다.

일단 스트레스 의식구조가 누적되면 쉽게 부정적 감정을 느끼게 되고, 느낄 때마다 밖으로 노출시켜 터뜨린다. 그러므로 스트레스를 받아주게 될 상대방의 입장을 고려하지 않으며 차분한 이성보다는 감정의 앙금을 쉽게 내보이게 된다. 그러나 이런 누적된 스트레스 의식구조에서 파생되는 장점도 있다. 수많은 스트레스와 한을 극복해 나가는 과정에서 인내심, 끈기, 삶에 대한 정열과 의지력이 높아지기 때문이다. 이런 장점이 우리 민족과 국가를 오늘날까지 독립국가로 유지시킨 원동력 중의 하나였으며 저력이었다. 그러나 모든 국민들이 누적된 스트레스를 이렇게 긍정적인 기(氣)로만 발산할 수는 없는 법이다.

어떤 부류의 국민들은 누적된 스트레스와 한을 운명으로 돌려버리는 소극성을 보였다. 흔한 말로 기(氣)가 죽은 상태다. 소심증과 소극성을 보이는 사람은 자신의 약한 자아와 자존심을 방어하기 위해서 밖으로 왜곡시켜 허세, 체면, 겉치레와 권위주의로 포장하여 마음의 안정을 얻으려 한다. 일이 잘못되면 남과 사회 탓으로 돌리고 비난한다. 국가가 망해도 자신의 탓보다 침략자의 탓으로 돌리며 내부의 근본 원인은 회피하고 적당히 넘긴다. 그러다보니 자신의 힘을 기르기보다 침략자의 힘에 아부하면서, 내 우산을 가지기보다는 남의 큰 우산 밑에 들어가 일시적으로 비나 피하려 하는 사대주의와 비주체적 의식구조로 변했다.

구세대나 기성세대는 신세대보다 더 많은 누적된 스트레스 의식구조를 가지고 있다. 그러나 신세대들은 덩치는 크지만 인내심, 독립심, 그리고 삶에 대한 의지력은 상대적으로 약하기 때문에 어려운 시대에는 신세대들이 견디기 더 어려울 것이다. 특히 부모들의 맹목적 과보호와 입시지옥은 장래 우리 신세대들의 의식구조에 부정적 요소로 작용할 것이어서 덩치는 커도 스트레스를 스스로 조절하고 절제하는 힘이 약해질 것이다.

어떤 원인이든지 누적된 스트레스 의식구조에서는 감정이 거칠어지고 서두르는 성미가 우세하기 때문에 조용히 따져보는 마음의 여유가 없어진다. 또한 정신을 집중시키고 관찰하는 능력도 떨어진다. 동시에 약하고 왜곡된 자부심이 생긴다. 우리 사회가 상당 기간 동안 잘 따져보는 사람에게 “뭘 그렇게 쩨쩨하게 미주알고주알 따지냐?”라고 핀잔을 주었던 것은 아주 바람직하지 못한 현상이었다. 조용히 자신의 내면세계를 탐구하고 파악, 관찰하고 머리를 써서 따지는 일을 무의식적으로 회피한다는 것은 현실을 직시하는 능력인 자아와 정체성이 뒤떨어졌음을 의미한다.

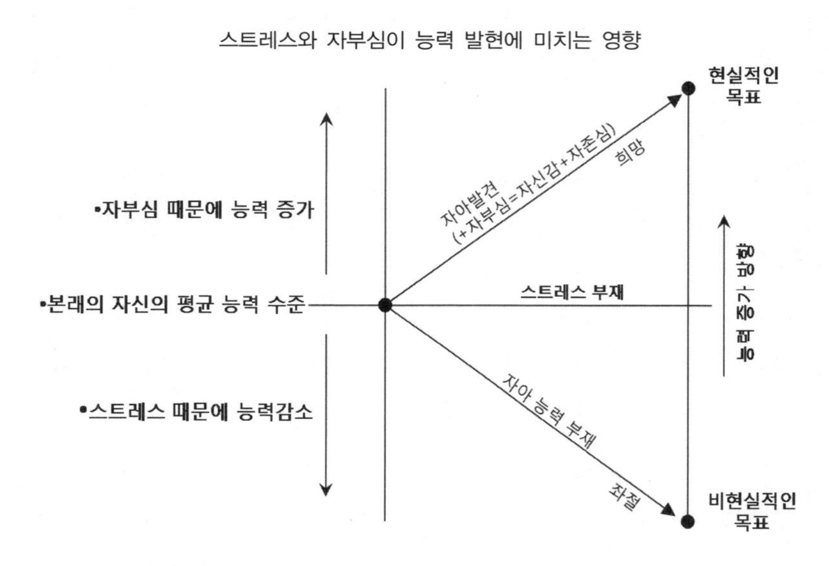

우리 주위를 유심히 살펴보면 누적된 스트레스의 일면을 충분히 찾아볼 수 있다. 얼마 전 어느 재활의학자가 우리나라 사람들의 발은 뒷부분보다 앞부분의 뼈에 이상이 더 잘 생긴다고 발표했다. 거리에서나 계단에서나 조급하게 빨리 걸어가기 때문에 발 앞부분에 무리가 가는 것으로 추정했다. 이런 사실을 더 추적해 보자. 우리나라의 지하철이나 건물 계단의 모서리가 선진국에 비해 훨씬 빨리 닳아지고 마모된다는 사실을 사회학도들이 비교 조사해 본다면 곧바로 증명될 것이다. 여유 있는 사람들은 계단 깊숙이까지 발바닥 전체를 디디고 다닌다. 이런 사소한 발견도 마음의 여유가 있을 때라면 잘 보인다.

자아와 정체성의 발견과 실현은 스트레스를 조절하여 마음의 여유가 있을 때 가능하다. 또 역으로 마음의 여유가 있는 사람은 강한 자아의식을 가지게 된다. 강한 자아의식과 마음의 여유야말로 누적된 스트레스 의식구조를 고치는 처방이라고 해도 과언이 아니다. 그럼에도 불구하고 아직까지는 여기에 대한 인식이 부족한 상태이다. 스트레스와 부정적 감정에 싸인 머리(대뇌)는 피로한 상태이므로 따지거나 생각하기 싫어한다. 신체적으로 스트레스와 부정적 감정은 많은 에너지와 칼로리를 소모시켜 에너지와 영양분의 과소비 현상을 일으킨다. 따지고 분석하고 생각하기 싫어하는 국민의 의식구조를 가지고 어떻게 기술력과 국제 경쟁력을 키울 수 있는지 의문스런 일이지만 근본적이고 핵심적인 문제도 적당히 넘기고 있다. 이런 문제 때문에 의식구조의 표류, 쳇바퀴, 그리고 악순환과 정체현상이 일어나며 변화와 개혁이 늦어진다.

새 시대에 맞는 삶의 의욕을 위해

누적된 스트레스 의식구조가 있다 해도 과거에는 배타적인 반동과 항거로 삶에 대한 정열, 다혈질적인 의지력 그리고 일에 대한 의욕이 생겼었다. 그러나 현대로 오면서 의식주가 어느 정도 해결되고 민주화될수록 이런 반동과 항거의 힘은 약해져 그 잠재력만 남게 될 것이다. 그러면 새 시대에 맞는 삶의 의욕을 어디에서 얻을 것인가? 대안은 각 개인의 강한 긍정적 자아와 자부심에서 찾아야 한다. 별다른 묘안이 없다. 특히 국제화와 개방화 차원에서 더욱 그렇다.

강한 스트레스를 받았을 때 그것을 극복하고 강한 자아를 소유한 사람의 예를 하나 생각해 보자. 말기 암환자가 의사로부터 6개월 후에는 죽을 거라는 죽음의 선고를 받았다면, 그 환자는 어떤 심정일까? 처음에는 아마 믿기 어렵다거나 멍한 상태로 먼저 거부반응을 나타낼 것이다. "그럴 리가 없어, 오진일 거야' 같은 반응이 첫째 단계인 부정의 단계이다. 그 후 환자는 "왜 하필이면 나야?"라는 둘째 단계인 분노(자신 혹은 상대방에 대한)에 빠진다. 그러다가 그 후로는 타협 단계에 들어간다. 이때는 자신의 한계성을 자각하여, 예를 들어 막내딸이 시집갈 때까지 만이라도 버티어내려고 할 것이다. 이 단계가 지나면 넷째 단계인 우울증에 빠지며 죄의식도 느낄 수 있다. 그 후로는 마지막으로 수용 단계에 들어가며 부부가 사별하게 될 경우에는 어느 정도 수용도 하고 회복하게 될 것이다.

그렇게 되면 암에 걸렸다는 사실, 그래서 암세포가 자신의 생명을 점차 단축시켜 이제는 살날이 얼마 남지 않았다는 사실을 실감하게 된다. 그래서 죽음을 앞두고 현실을 인정하면서, 최선을 다해 남은 나날들을 행복하게 살 수 있도록 어떻게 노력할 것이냐의 문제를 생각하게 될 것이다. 뒤에 남을 가족들을 위해 준비하고 주위 사람들에게 잘못했던 일이 있다면 용서도 구하고 마음 편하게 죽음을 맞을 준비를 하면서 사랑을 서로 주고받을 것이다. 이런 식으로 죽음을 맞을 준비를 해 나간다면 강한 자아의 힘을 통해 자신의 힘으로는 어쩔 수 없는 운명에서 오는 스트레스도 충분히 극복할 수 있을 것이다.

미국의 동부에 큰 지진이 생길 때마다 이런 것을 이해 못하는 어린이들을 위한 프로그램을 사건 발생과 거의 동시에 즉각적으로 발표한다. 미국이 참여했던 베트남전쟁 후 참전용사들이 정신적 외상인 트라우마(trauma)로 수년 동안 고생한 것 같은 상황처럼, 우리 IMF시대의 장기적인 심적 고통(trauma)을 겪은 이들을 위하여 사회적 책임으로 의료진을 동원한 바 있었다. 이러한 정신적 피해가 누적된 스트레스 의식구조를 고착화시키는 것이다. 근래에는 미국의 중동 전쟁과 테러의 피해자가, 우리나라에서는 세월호와 국정농단의 피해자가 고통을 받았다. 어려울수록 돌아가고 실직자일수록 용기를 잃지 말고 스트레스를 조절하여 조용히 자신에게만은 솔직히 대화하는 자아의 성찰이 필요하다.

2) **스트레스 덜 주고받는 체질을 만들자**

우리나라의 대도시를 돌아다보면 선진국에 비해서 상대적으로 많은 스트레스 요인들을 발견할 수 있다. 물리적인 주거환경도 그렇지만 무엇보다 사람들끼리 만드는 스트레스 요인들이 더 많다. 이런 사회에서 사는 사람들은 마음과 감성이 거칠어질 수밖에 없으며 여기에 사회적 사건들이 터지면 스트레스와 불안감이 전염병처럼 사람 사이와 사회 전체로 전파된다. 과거 성수대교와 삼풍백화점 붕괴 후에도 이와 비슷한 반응이 일어났다.

이렇게 스트레스가 장기적으로 누적된 사회에서는 사람들의 표정과 행동도 달라진다. 무표정하거나 어두운 표정, 무관심한 표정들이며 잘 모르는 사람이 인정어린 미소와 친절을 보내면 의아하게 생각하곤 우선 사기꾼이 아닌가 경계한다. 사회 곳곳에서 "미안합니다", "죄송합니다", "감사합니다", "안녕하세요"라는 말을 듣기 어렵다. 불친절이 구조화되다 보면 결국 불친절에 무감각한 사람들이 되어 무심코 스트레스를 쉽게 주고받는 데 익숙한 의식구조로 변한다.

과거의 우리 선조들은 우리보다 더 많은 스트레스와 고통을 받아왔다. 그게 한(恨)이며, 한(恨)과 질곡의 고통은 누적된 스트레스와 분노가 내면으로 응어리지고 의식화된 상태라고 했다. 수많은 외침과 국내의 계층갈등이 아마 주된 원인이었을 것이다. 그래서 그들은 한을 운명으로 돌리는 소극성을 보이기도 했고 때로는 부정적 다혈질을 보이기도 했다. 개똥밭에 굴러도 저승보다 이승이 낫다고, 잡초처럼 끈질기게 살아남는 것을 최선으로 생각했다. 질경이 같은 끈기와 삶에 대한 강한 의지력으로 일관하는 것이 상책이라고 생각했을 것이며, 선조들의 이런 의식구조가 우리의 몸과 뇌 속에도 잠재해 있을 것이다. 이런 의식구조에도 장점과 단점이 있겠지만 아마 부정적 요소들도 못잖게 도사리고 있다고 생각한다.

과거로부터 축적되어 잠재된 부정적 요소들에 겹쳐 현재 우리 사회의 국민들은 상대적 피해의식과 소외감 그리고 계속되는 계층갈등으로 고생하고 있다. 게다가 글로벌 경제 시대에 와서 대량 실업과 기업의 구조조정, 중소기업들의 연쇄부도 등에 따라 서민층은 고통을 겪고 있지만 정작 경제난을 초래한 재벌과 금융, 정치권의 지도자들이 응분의 책임을 분담하고 있지 않다는 생각이 서민들에게 더 지배적이라면 이렇게 누적된 스트레스가 더 심해지고 있다고 판단된다. 특히 피해의식은 수많은 스트레스와 부정적 감정을 일으키는 원인 중의 하나다.

누적된 스트레스 상태에서는 이성적 사고력이 감소되고 거친 감정과 서두르는 성미가 증가한다. 한마디로 마음의 여유가 없어진다. 따지고 깊이 분석하여 생각하는 것을 싫어하고 짜증과 신경질을 잘 내며 자신을 객관적으로 평가하는 자아능력이 부족하게 된다. 그래서 자신을 과소평가할 경우에는 배타적으로 되거나 소심한 사람이 되고 때로 자신을 과대평가할 때는 오만과 자만심이 생긴다.

누적된 스트레스 의식구조가 체질화된 사회에서는 과대평가된 피해의식과 남의 탓이 성행한다. 자신의 이익과 주장에만 급급하고 고급 가치관과 인정이 사라지며 비합리적이고 적당히 넘기거나 흥청망청한다. 그리고 비꼬는 은어와 냉소적 태도가 성행한다. 이런 사회에서는 인정어린 미소와 친절은 사라지기 마련이다.

우리 선조들은 누적된 스트레스 체질에 대처하기 위해서 다혈질과 신경질보다 담즙질을 선호하려는 노력이 있었다. 담즙질 체질과 기질은 흥분과 감동이 느리고 침착하고 냉정한 태도를 보인다. 인내력과 의지력이 강하고 용기가 있는 반면 고집스럽고 거만하게 보이기도 한다. 이게 아마 배짱 기질이 아닌가 한다. 반면에 다혈질과 신경질은 스트레스의 증세를 쉽게 느끼고 발산하므로 스트레스를 상대에게 쉽게 그리고 강하게 주고받는 체질이다. 여기에 비하면 담즙질은 스트레스를 덜 주고받는 체질이다. 담즙질은 자신감이 강하여 마음의 여유가 있기 때문이다.

같은 강도의 스트레스에 대해서 반응하는 정도도 개인마다 각각 다르다. 다시 말하면 스트레스를 느끼는 문턱(stress threshold)이 다르다는 말이다. 다혈질과 신경질은 스트레스를 느끼는 문턱이 낮아 사소한 일에도 스트레스와 부정적 감정을 일으키고 상대에 대한 의심과 눈치가 대단하고 이들은 상대에게 피해와 부정적 감정을 주면서도 이를 깨닫지 못한다. 스트레스를 남에게 쉽게 퍼뜨리는 것은 이렇게 전염병처럼 사회에 좋지 못하니 스트레스를 덜 주고받는 체질로 바뀌는 게 사회에 공헌하는 일이 될 것이다. 스트레스를 덜 주고받으려면 복잡하게 생각할 거 없이 근본적으로 누적된 스트레스 의식구조(체질)를 일으키는 요소들을 제거하면 된다.

일반적으로 스트레스를 덜 주고받는 체질은 누적된 스트레스가 적고 인생을 적극적이며 긍정적으로 사는 강한 자부심의 소유자다. 그래서 자신이 강하기 때문에 마음에 여유가 있어 상대방이나 사회에 피해와 스트레스를 덜 준다. 이런 사람은 동시에 스트레스를 덜 받는 체질로서 스트레스를 느끼는 문턱이 높다. 그래서 상대방이나 사회가 주는 피해와 스트레스를 잘 조절하고 관리한다. 더 나아가 사회적 스트레스를 일으키는 근본 원인 차원에서, 예컨대 부정부패를 제거하기 위해서 사회적 시민단체와 개인적 노력을 통해 사회에 봉사한다. 그런 과정을 통해 공동체의식의 중요성도 깨닫게 된다.

우리 사회는 현재 경쟁력 강화를 위해 노력하고 있는데, 경쟁력 강화의 첩경은 지도층이나 국민이 모두 스트레스 덜 주고받는 체질을 만드는 것이다. 스트레스가 누적되면 불안해지고 생산력과 일할 의욕이 떨어진다. 안정된 마음을 기반으로 해야 살맛나는 사회가 건설될 게 아닌가? 개인의 경쟁력이 모여 국가 경쟁력을 이루기 때문에 한국병의 치유란 곧 제도와 의식개혁을 통해 스트레스 덜 주고받는 체질과 의식구조로 만드는 것이고, 그래야 비로소 제대로 된 국가 경쟁력이 생기기 마련인 법이다.

스트레스 덜 주고받는 체질을 위하여 마지막으로 다음 세 가지를 지적하고 싶다. 첫째 우리와 선진국의 의식구조가 서로 다르기 때문에 선진국에서 행해지는 인력개발과 창조적 개발의 방법은 우리에게 맞지 않아 소화불량증과 혼란만 가중시킬 우려가 있다는 점이다. 둘째 아직도 우리 부모들은 차세대인 자녀 교육에서 맹목적 과보호와 주입식 교육으로 인격의 다양성과 창의성을 망칠 뿐 아니라 덩치는 커도 나약한 스트레스 체질을 양산하고 있다. 우리 사회에서는 체질(體質) 개선이란 말은 많으나 뇌질(腦質) 개선이란 말이 전혀 없다. 과거의 과학과 의학의 후진성을 여실히 내보이는 의식 수준이다. 셋째 스트레스 덜 주고받는 체질을 위해서 이와 관련하여 지금까지 부정적인 요소들만 이야기했지만 이 중에서 결점만 어느 정도 제거해도 숨통이 터져, 우리 의식구조 본래의 장점과 잠재력이 자연스럽게 발동하여 선진국 의식 수준으로 곧 돌입할 것이다. 이게 바로 부정적인 결점을 긍정적인 힘으로 반전(즉 강하고 참된 자아와 자부심 그리고 한국식 뇌짱)시키는 지혜이기도 하다.

자, 이제 스트레스 덜 주고받는 체질과 뇌질(의식구조)을 만들도록 노력하자. 그래서 상대방이나 사회에 계층갈등에 의한 피해의식을 주지 말고 부정적 감정을 주지 말자. 스스로 너무 속없이 우쭐하지 말고 남이 자신을 알아줄 때까지 우리 자신이 묵묵히 노력하자. 권위는 내가 있다고 주장해서 생기는 것이 아니라 남이 인정해 줄 때 생기는 법이다. 특히 우리사회는 너무 심한 노사 대결로 고통을 받으니 서로 양보하자. 또 무엇보다도 스트레스는 주어서 미안하고 받아서 기분 나쁜 것이라는 걸 잊지 말아야 한다. 스트레스가 없어야 여유를 가지고 긍정적 차원에서 꼬인 경제 문제를 풀어나갈 수 있을 것이다.

3) **스트레스는 때로 즐겁고 스릴이 있어 좋다**

심신(心身)에 피로를 느끼면 모든 일에 짜증과 성가심을 느낀다. 스트레스를 느끼는 문턱(stress threshold)이 낮아진 상태이다. 낮지 않더라도 너무 많은 스트레스에 눌려 지쳐있는 상태이다. 이런 상태에 있는 사람에게는 짜증내지 말라고 부탁해도 헛수고일 때가 많다. 마음의 여유가 없기 때문이다.

스트레스가 너무 심할 때는 스트레스를 조절하고 관리하여 스트레스를 감소시켜야 하는데 대개 수면과 휴식 그리고 각종 스트레스 조절법을 이용한다. 예컨대 가벼운 운동, 산책과 예술요법, 바이오피드백, 목욕, 근육 이완요법, 명상과 단전호흡, 수면 등이 스트레스 조절법의 약방의 감초들이다.

스트레스가 해소되면 몸과 마음에 생기가 돈다. 생기가 돌면 몸을 움직이고 싶고 무슨 일이든지 하고 싶어진다. 즉 스트레스가 너무 적은 상태가 됐기 때문에 이번에는 스트레스가 적당한 일거리를 찾는다. 그래서 좀 더 높은 스트레스를 발산하는 일거리가 되레 재미있고 즐거우며 일에서 충동과 의욕감을 느낀다.

인체의 이런 본성은 먼 선사시대부터 길들여져 온 것 같다. 원시인들은 맹수로부터의 공격, 천재지변, 그리고 먹을거리와 피난처를 유지하는 일로 우리보다 훨씬 더 스트레스를 느꼈을 것이다. 그러다 보니 웬만한 스트레스는 몸에 배어 스트레스가 너무 없으면 차차 무료함을 느끼기 시작했을 것이다. 현대인들도 스트레스가 너무 적은 상태가 오래 계속되면 권태와 무료감을 느끼며 오히려 일거리와 심심풀이가 없을 때 스트레스를 받게 된 것이다. 실업자들이나 명퇴자들이 집에 말도 못하고 날마다 출퇴근하는 척 하면서 그 시간을 어떻게 때우나 하는 것은 엄청난 스트레스가 된다. 과거 어려울 때 평일 낮에 등산로나 한강변에 고급차가 즐비하고 산꼭대기에 넥타이 부대가 많았다는 것이 바로 그런 스트레스의 반증이었다.

스트레스에 관한 수많은 동물 실험과 임상 보고에서, 일반적으로 너무 적은 스트레스와 반대로 너무 극단적이거나 누적된 스트레스는 면역을 감소시키며, 각종 스트레스 관련 질환으로 빨리 죽는다고 알려졌다. 여기에서 너무 적은 스트레스, 예를 들면 장기적인 나태와 무기력은 건강에 오히려 나쁜 영향을 끼친다. 그런데 인체는 항상 항상성을 유지하려는 경향이 있기 때문에 스트레스가 적어서 장기적인 나태와 무기력에 빠지면 무의식적으로 자발적인 활동과 일을 함으로써 즐거움을 되찾으려고 한다. 즉 스트레스가 너무 적은 상태에서는 더 높고 적당한 스트레스 상태를 찾아간다. 특히 우리 민족은 불안과 고생을 많이 했던 역사를 가졌기 때문에 무료하게 지내는 체질이 아닌 것 같다.

우리 일상생활에서도 이런 현상은 얼마든지 찾아볼 수 있다. 보통 사람들은 반복되는 단순한 생활에서 짜릿한 스릴이 될 만한 자극제와 청량제를 찾는다. 짜릿한 스릴은 사실 더 높은 강도의 스트레스에 다름 아니다. 심심하니까 대공원에 가서 청룡열차 타면서 소리소리 질러본 사람들이라면 아마 잘 알 것이다. 산악인은 바위를 기어오르는 스릴을 안다. 숨 가쁘게 전개되는 스포츠와 액션 영화에 오싹한 즐거움을 느낀다. 낙하산을 타고 내리는 감각적 희열이 있고 자동차를 고속으로 운전할 때도 스릴을 느낀다. 보통 우리는 감격과 희열을 맛보는 일을 스트레스라고 하지 않지만 의학적으로는 일종의 긍정적 스트레스이며, 신체의 생리적 변화는 부정적 스트레스 때와 마찬가지다. 너무 갑작스런 즐거운 감격과 충격으로 생명까지 잃는 경우를 가끔 보는데, 그건 급성 스트레스 신체 반응 때문이다. 그러니 자식의 불효에 경악해서 쓰러지나 축구 시합 보다가 슛 골인 외치고 쓰러지나 마찬가지인 셈이다.

심심하고 무기력에 빠진 청소년들은 전자 오락기구와 기타 놀이기구를 두드리는 스트레스로 재미와 스릴을 느낀다. 특히 진학에 따르는 스트레스와 여기에 낙오하여 자신을 비하시킨 청소년들은 이미 스트레스 체질이 되어 스트레스를 느끼는 문턱이 아주 낮은 경우가 대부분이다. 문턱이 아주 낮으면 소심한 사람이 되거나 자부심이 약해진다. 반면에 문턱이 아주 높으면 비행 청소년이나 깡패가 되어 점점 강도 높은 스트레스거리, 예컨대 폭력, 싸움, 왕따 만들기, 도둑질, 마약에 빠져 희열을 느낀다. 이때는 나쁜 방향으로 발전된 스트레스로 즐거움과 스릴을 느끼는 예가 될 것이다.

이와 반대로 스트레스를 느끼는 문턱이 긍정적으로 높은 사람들도 많다. 이런 사람들을 한 단어로 바꿔 말하면 뇌짱이다. 이런 사람들은 사소한 스트레스와 불안거리를 잔잔한 즐거움과 스릴쯤으로 여기며 마음의 여유가 있다. 이들은 자신감에 차 있으며 상당한 스트레스거리와 복잡한 문제에 부딪치더라도 여기에 도전해 넘어서는 즐거움을 맛보려 한다. 어렸을 때부터 강한 자아의식과 자부심을 키워온 사람들이므로 삶에 적극적이고 담력과 용기가 있다. 우리 선조들이 말씀하신 담즙질 체질이 여기에 속하는데 이들은 건강한 신체에 강인한 정신력을 가지고 있다. 어렸을 때 신체적 약점이나 결함 때문에 강인한 정신력을 키운 사람들도 여기에 속할 것이다. 체육을 좋아하는 학생들도 대개 강인하고 긍정적인 정신력이 있어서 의지력과 인내심이 있고 마음의 여유가 있다. 이 부류에 트럼프 미국 대통령이 있다. 너무 센 학생이어서 그의 부모는 버릇잡고 독립성을 키우기 위해 일반 고교가 아니라 기숙사 있는 육군학교에 입학시켰다. 그는 개인이기주의와 배짱이 있는 뇌짱이랄까. 부잣집 보수파 부모가 센 자녀를 잠재워 주거나 약한 자아의 자녀를 강하게 만들기 위하여 이런 학교를 선택하는 것으로 알고 있다.

그러나 우리 부모들은 자녀 교육에서 스트레스를 느끼는 문턱을 낮추어서 자녀들을 덩치는 커도 나약한 사람으로 키우고 만다. 이런 아이들은 어른이 되어서도 사소한 스트레스에 큰 고통을 받는다. 입시공부 할 시간이 부족하다고 체육과 신체 단련은 중단시키고 주입식 교육과 과보호로 자녀들을 질식시키고 있으니, 명문병과 대학병이 출세와 성공의 잣대가 되는 우리 사회는 뭐가 잘못돼도 한참 잘못된 사회인 셈이다. 그러니 우리 아이들을 국내적 세파에 흔들림이 없이 성공시키려면 어떻게 교육시켜야 할지 짐작이 갈 것이다. 만약 나약한 정신력을 가진 자녀가 나중에 중년이 되어 자신을 교육시킨 부모를 평가하면서 잘못된 교육을 비웃고 부모의 자질을 탓해도 변명할 여지가 없을 것이다.

때로 스트레스도 좋은 자극이다

스트레스는 때로 즐겁고 스릴이 있어 좋다. 이는 긍정적으로 스트레스를 느끼는 문턱이 높은 강인한 정신력을 가진 사람만이 향유할 수 있는 인생의 재미거리이다. 이들은 자신들의 스트레스를 느끼는 문턱의 높이가 10미터라면 그 이하가 되는 스트레스 강도를 가진 외부 자극이나 문젯거리들은 잔잔한 청량제쯤으로 느끼며 여유 있게 대처한다. 간혹 12미터가 넘는 문젯거리가 생겼다 해도 도전하는 정신력을 가진다. 반면에 2미터밖에 안 되는 문제꺼리로 힘겨워하는 소심한 사람이나 이를 회피하는 소극적인 사람은 현실과 현재에 안주하는 급급함을 보인다. 마음의 여유가 없는 것이다. 마음이 들어있는 머리의 의지력과 능력이 나쁜 것이다.

긍정적으로 스트레스를 느끼는 문턱이 높은 사람은 마음의 여유가 있어서 끊임없이 자기진단=자아확립을 통해서 자신의 능력에 잣대를 두고 자기와 싸운다. 그래서 자신의 능력을 높이는 자생력과 자가발전 능력을 가지고 있다. 이들은 남(부모, 친척, 동향인, 동문)의 능력과 실력에 잣대를 두지 않아 남의 눈치를 보지 않는다. 이들은 마음의 그릇이 크기 때문에 한참 따져봐야 결론이 나오는 일이나 좀 딱딱하지만 좋은 책, 짜증스러운 일에도 오히려 잔잔한 즐거움을 느낀다.

인류 역사에서 스트레스를 느끼는 문턱이 높았던 인물들을 예로 들어 살펴보자. 히틀러와 스탈린은 거짓으로 위장된 자부심으로, 그러나 처칠과 링컨 그리고 세종대왕, 이순신과 광개토대왕은 진정으로 강인한 자부심으로 '통'과 '스케일'이 컸다. 히틀러와 스탈린은 부정적인 깡패기질을 가지고 있었다. 이런 기준으로 미국의 역대 대통령을 살펴보면 재미있을 것이다. 케네디 대통령도 스트레스를 느끼는 문턱이 높았다고 하는데 그 이유는 학생 때부터 스포츠로 신체의 강인함을, 강인한 정신력으로 용기와 개척정신을 키워온 데 있을 것이다. 닉슨 대통령은 스트레스를 느끼는 문턱이 높지 않았던 인물이었는데도 이를 극복하려는 강인한 의지력이 돋보였던 사람이다. 우리나라의 역대 대통령들을 이런 관점으로 재조명해 보면 재미있을 것이다.

이런 뇌짱 대통령들은 웬만한 정도의 스트레스는 즐겁고 스릴 있는 수준 정도로 느꼈을 것이다. 그러나 대부분의 보통 사람들은 그렇지 못한 것이 사실이다. 과거 엘비스 프레슬리는 열광하는 청중들로부터 짜릿한 감동을 받았을 것이다. 그러나 그는 스트레스를 느끼는 문턱이 높지 않아 이런 긍정적인 스트레스도 수용하고 소화시키지 못해 결국 마약중독으로 세상을 떠난 것 같다. 이런 유형에는 마릴린 먼로의 비참한 종말도 포함될 것이다.

평범한 보통 사람들이라 해도 개인적으로 스트레스를 느끼는 문턱은 각각 다를 것이다. 그러나 미국의 통계이지만 사람들은 보편적으로 스트레스 강도를 꼽을 때 배우자의 죽음, 이혼, 부부의 별거, 가족의 사망, 교도소 수감, 갑작스런 부상이나 질병, 결혼, 해고, 퇴직 순으로 꼽는다고 한다. 사업이나 시험에 실패한 사람, 여유가 없는 실직자, 가정 파탄을 겪는 사람, 사랑했던 상대와 이별한 사람들을 자주 본다. 갑작스런 허탈감과 무료감을 느끼는 이들은 높거나 적당한 스트레스에서 급격히 너무 적은 스트레스 상태로 이행되어 인체의 균형을 잃게 된다. 이런 상태에서 가족이나 주위 사람들이 깊은 이해와 애정으로 회복을 촉진시켜 가벼운 일과 운동이 신선한 청량제나 자극제가 되도록 해야 한다.

경제난국을 맞아 늘어나는 실직자들은 어쩔 수 없이 스트레스를 겪게 된다. 실직자들이 스트레스를 극복하기 위한 10계명을 동아일보는 다음과 같이 제시한 바 있다. 첫째는 무능하다고 자책하지 말고 자기 능력을 믿으라는 것, 둘째는 너무 장시간 빈둥거리지 말고 너무 오래 낮잠 자지 말 것, 셋째는 사회나 대통령 탓하지 말고 내 탓이라 생각하라는 것, 넷째로 가정을 안식처 삼고 가족과 함께 가사를 분담하라. 다섯째는 재수하는 마음으로 미래를 준비하라. 여섯째는 심사숙고하고 섣부른 창업을 삼가라. 일곱 번째는 바쁘게 움직이며 일거리를 찾아라. 여덟 번째는 생활에 계획을 세워 운영하라. 아홉 번째는 열정을 쏟을 새로운 목표를 설정하는 것이고, 마지막 열 번째는 자선단체, 지역사회 단체 등에 소속하여 봉사도 하면서 소속감을 유지하라는 것이다. 이런 이야기는 모두 마음의 여유를 가지는 데에서 출발하는 것이며, 즐겁고 긍정적인 마음과 미래를 준비하는 뇌짱으로 스트레스를 조절하라는 권유이기도 하다.

우리 인체가 정신적(심리적) 스트레스를 조절하고 해소하려면 가벼운 운동과 스포츠를 통한 신체적 스트레스(자극)로 대처할 때 효과가 빠르다. 그러나 정신적 스트레스가 있을 때 신체를 움직이지 않고 정신적 활동을 감소시키는 것, 예컨대 누워서 멀거니 천장만 쳐다보거나 TV만 보고 있다면 효과도 적고 회복이 늦다. 반면에 가벼운 신체 운동은 생각을 운동에 쏠리게 해서 정신적 활동을 중지시킬 뿐 아니라 혈액 순환을 증가시켜 피로가 쌓인 머리를 씻어주기 때문에 스트레스를 느끼는 문턱이 높아져 금방 효과가 나는 것 같다. 그래서 스트레스를 받았어도 가벼운 운동과 목욕을 하면 정신이 더 빨리 맑아지고 생기가 돈다. 스트레스 증세의 빠른 회복을 경험하면 인생에 대해 신선한 충동을 느끼게 만들고 의욕과 즐거움도 안겨준다. 또 일소일소(一笑一少)라고 한 번 웃을 때마다 대뇌의 피로가 씻겨나가고 젊어진다고 했다. 그러니 보통 사람이라도 가끔 스트레스에 의한 즐거움과 스릴을 얻으려면 스트레스를 느끼는 문턱을 높여야 한다.

인간은 출생하면서부터 필연적으로 스트레스를 겪는다. 신생아는 엄마 몸 밖으로 떨어져 나오자마자 울어야 살아남을 수 있는데, 그 첫 울음으로 포개졌던 폐가 고무풍선처럼 펴져 숨을 쉴 수 있기 때문이다. 이때의 울음은 폐에 공기를 들여 마시고 내쉴 때 생기는 신선한 충격인지, 그렇지 않으면 여기에 따르는 고통과 스트레스 때문인지는 아직 아무도 모른다. 짜증나는 스트레스인지, 즐거운 스트레스인지 알 수 없다는 이야기다. 그러나 태어난 지 수년 동안에 부모의 교육에 따라서 스트레스의 조절과 관리 능력이 거의 결정되는 것으로 알려지고 있다. 긍정적인 자아와 자부심을 가진 어린이는 인생을 긍정적이고 적극적으로 살며 스트레스를 느끼는 문턱이 높다. 동시에 즐거운 스트레스가 무엇인지 몸으로 배우는 것 같다. 이런 어린이는 성인이 되어서도 쉽게 포기하지 않고 실패했어도 곧 회복하여 재도전 경우가 많다.

그러나 성인이 다 된 사람들은 스트레스를 느끼는 문턱을 높여 스트레스를 때로 즐기고 스릴을 느끼기 위해서는 스트레스에 대한 이해를 높이고 스트레스의 조절과 운영법에 대한 상식도 넓혀야 할 것이다. 사실 스트레스를 느끼는 문턱이 높은 사람은 스트레스 덜 주고받는 체질과 의식구조를 가지고 있기 때문이며, 뇌짱으로 사는 방법을 아는 사람이기 때문이다.

4) 스트레스 조절과 마음의 여유

스트레스는 인체 내부의 갈등과 외부로부터 오는 자극에 불편을 느끼는 것이다. 이것이 심하면 고통과 질병-노이로제(신경증)와 심신증(心身症)을 일으킨다. 걱정거리가 잘 풀리지 않는 경우는 처음 초조와 불안을 느끼며 더 나아가 압박감과 긴장감이 지속된다. 인체가 이를 이겨내지 못하면 고혈압, 협심증, 위장병, 각종 성인병 그리고 기타 심신증을 일으킬 수 있다. 대인관계에서도 피해의식을 느끼거나 자존심이 상하면 증오감과 복수심을 느끼는 때가 많다. 이렇게 스트레스는 마음과 신체에 동요를 일으키고 질병을 일으킬 수 있다.

스트레스를 그때그때 해소하고 조절하지 못하면 우리 몸에 쌓여 누적된다. 그래서 예를 들면 조급증, 만성 불안, 짜증과 신경질 내는 버릇, 우울증, 열등감, 만성피로, 불면증, 각종 성인병을 유발시키거나 악화시킬 수도 있다. 오장육부에 분포되어 있는 자율신경은 스트레스에 예민하게 반응하기 때문에 나쁜 영향을 받아 설사와 변비 그리고 각종 소화장애를 일으킨다. 동시에 각종 호르몬도 영향을 받아 면역력이 약화되고 암을 발생시키는 요인이 될 수도 있다. 특히 정신적인 만성 스트레스를 가지고 있는 사람은 근육과 관절 주위에 통증을 일으키는 수가 많다. 한동안 40대 남자 사망률 세계 1위, 교통사고 사망률 세계 2위라는 우리 사회의 높은 사고율과 조기 사망률도 사회 구성원들의 누적된 스트레스에 기인하는 바 크다.

우리는 일상생활에 항상 스트레스가 따라 다니는 것을 경험한다. 현대는 스트레스 시대이며 미래도 당분간 스트레스가 줄어들 전망은 없다. 더구나 지금 우리 사회는 구조조정과 변혁기에 접어들면서 동시에 살아남기 위해 세계화, 개방화에 걸 맞는 제도와 의식으로 바꾸도록 강요받는 입장에 있다. 고도의 정보화 사회에서 쏟아지는 정보를 여과할 기술도 없는 사람은 정보량에 지쳐 머리가 아프고 스트레스를 느낄 것이다. 모든 것이 급격히 변화하는 시대에는 자연히 스트레스가 많아질 것이며 이때 개인적인 성공과 능력 발휘는 각 개인의 스트레스 해소나 조절 능력에 따라서 결정될 것이다. 결국 이런 능력도 개인에 따라서 큰 차이를 보일 것이다. 강한 자아와 자부심을 가지고 사는 적극적인 사람은 스트레스를 별로 느끼지 못하지만 소극적으로 사는 사람은 많은 스트레스를 느끼거나 이를 회피하여 나약한 생활을 할 것이다. 어린 자녀를 가진 부모들이 특히 유념할 사항이다. 반면에 무조건 적극적으로 산다고 해서 배짱으로 나가 남에게 피해를 줄 사람들도 있을 수 있다.

사회적으로는 이렇게 비관적인 전망들이 있지만 다행히 우리 인체 자체 안에 이미 수많은 스트레스에 자동적으로 대처하는 능력이 내재되어 있다. 인체는 어느 범위까지는 스트레스가 너무 높거나 많으면 적게 하는 방향으로, 스트레스가 너무 약하면 무료감 때문에 스릴과 자극제를 찾으며, 이 양극단 사이에서 긴장과 이완이라는 주기적인 생체리듬을 유지한다. 피로감이 쌓이면 휴식, 목욕, 잠을 찾고 생동감이 나면 뛰고 싶다. 권태와 무료감이 지속되면 무의식적으로 하품을 하면서 기지개를 하고 온몸을 쭉 펴기도 한다. 어떤 일이 잘 안되면 악을 쓰면서 벽을 치는 사람도 있다. 비관적이면 긴 한숨으로 수심에 쌓여 울거나 자살을 생각하는 사람도 있을 것이다. 급성 스트레스가 생기면 담배를 찾아 물거나 만성 스트레스에서 헤어나지 못하면 술을 찾을 것이다. 이렇게 인체는 내재된 프로그램에 따라, 그리고 과거의 버릇대로 거의 무의식적으로 반응한다.

스트레스는 항상 부정적 정서와 감정을 일으킨다. 특히 급성 스트레스에서 그렇다. 화(火)가 너무 심하면 물불을 가리지 않아 주위 사람들이 '참아라' 또는 '이성을 찾아라'라고 말린다. 참을 때는 이성이 필요하다. 그러므로 부정적 감정은 이성(왼쪽 대뇌의 기능)을 마비시키는 본성과 속성이 있다는 사실을 알 수 있다. 급성 스트레스 때 '에라 모르겠다', '될 대로 되라' 또는 '이판사판이다'라고 말하면서 일을 처리하는 사람은 이미 이성적 자제 능력이 부족한 상태이다. 즉 머리(대뇌)가 나쁜 것이다. 하지만 스트레스와 부정적 감정을 잘 조절하는 이성적 사람-뇌짱은 이를 느낄 때 속으로 '왜 내가 이럴까', '이러면 안 되는데', '스트레스가 생겼구나' 또는 심호흡이나 헛기침을 하면서 '참아야지'하고 곧바로 이성을 발동시킨다. 부정적 감정이 지속되고 폭발하기 전에 벌써 이성을 개입시키는 버릇이 체질화된 사람이다. 즉 마음의 여유와 수양이 있는 사람이며 스트레스를 조절할 능력이 있는 사람이다. 이런 능력을 높이기 위해서는 먼저 여기에 관한 기본적인 상식이 필요할 것이다.

스트레스를 느낄 때 첫째 단계는 스트레스 증상을 충분히 깨닫고 느끼는 일이다. 예컨대 화가 나서 상대편을 노려보면서 무의식적으로 숨을 몰아쉬거나 근육을 씰룩거릴게 아니라 이런 신체적 증상을 나타내는 자신을 이성으로 깨닫는 버릇과 훈련을 말한다. 스트레스를 참지 못할 것 같을 때는 스트레스를 의식함으로써 거리를 두고 부정적 감정의 폭발을 사전에 유산시켜버리는 훈련 말이다. 헛기침을 하든, 가슴을 펴든, 이를 악물든, 몸을 움직여보든, 한숨을 쉬든, 일단 신체를 움직이는 버릇이 자동화되면 이것이 이성이 작동하는 계기가 될 것이다. 이런 행동은 판단할 시간을 벌어주는 인위적 행동들이다. 이렇게 자신이 스트레스와 부정적 감정을 느끼면 느낀 대로 곧바로 인식하고 수용하는 자세가 중요하다.

사실 스트레스를 느낀다는 사실은 우리의 인체가 스트레스를 조절하여 해소시키라고 경보를 울린 격이다. 자기 내면의 외침을 자신이 잘 수용하라는 말이다. 그러나 스트레스 체질을 가진 사람은 마음의 여유가 없기 때문에 자신보다 상대편을 너무 의식하여 듣는 시간보다 말하는 시간이 길어진다. 이때 자신에게 귀를 기울이지 않고 자신의 외침과 경보를 무시하는, 어쩌면 일종의 자학행위가 일어나는지도 모른다. 자신의 내면을 잘 판단하는 능력이 중요한 이유가 여기에 있는 것이다. 스트레스와 부정적 감정을 조절하는 기술과 능력은 이렇게 마음의 여유를 가지고 자가 점검하는 것을 통해 그 실마리를 찾을 수 있을 것이다.

인체에 내재된 속성 중에는 평형(밸런스)이 깨지면 정상을 되찾으려는 방향으로 작동하는 것이 있다. 배가 고프다는 생각은 혈중에 영양분(당분 또는 포도당)의 농도가 낮다는 신체적 신호가 뇌에 전달되어 먹을 것을 찾기 때문에 드는 것이다. 짠 음식을 너무 많이 먹으면 혈중의 소금 농도가 높아지니 희석시키라는 내재된 신호로 물을 찾는다. 이와 같이 스트레스와 불안의 고통을 느낀다면 일단 평형이 깨진 상태이므로 우선은 당장 자신의 몸에 배인 방법으로 스트레스를 조절하고 해소시키려고 할 것이다. 이때 자기 몸에 배인 방법으로 처리했을 때 그 결과가 객관적으로 평가하여 바람직스러웠는지 아니었는지를 따져보는 뇌짱의 힘이 필요하다.

우리나라에서는 사소한 감정 싸움에서 비롯된 부부 싸움 끝에 가스통을 터뜨렸다든지, 전 가족 동반자살 사건, 일이 안 될 때마다 '확 불 질러 버릴 거야'라는 식의 파괴적인 결말이 가끔 신문에 보도된다. 몇 년 전에는 공중전화 오래 쓴다고 앞사람을 칼로 찔러 죽인 사람도 있었고 아이들이 롤러스케이트와 자전거를 타고 노는 여의도 광장에 차를 몰고 뛰어든 아저씨도 있었고 요새는 묻지마 살인사건도 종종 벌어진다. 사회의 냉대로 스트레스를 받았다고 여기는 사람들이 모두 이런 식으로 스트레스를 푼다면 우리 사회가 어찌될 지 뻔하다. 이런 일을 저지른 사람들은 평소에도 스트레스가 많고 짜증을 잘 내는 조급한 사람들이었는데, 일 저지르고 나서 하는 말이 대부분 '내가 왜 그랬는지 나도 모르겠다'이다. 화가 난다고 휘발유를 뿌려 불을 지른다거나 살인을 한다면 그 결과에 대한 평가야 뻔한 일이다. 이런 사람은 전형적인 스트레스 피해자인 동시에 스트레스 조절 방법에 대해 무식한 사람일 것이다.

그러므로 둘째 단계는 자신이 가지고 있는 스트레스를 충분히 평가하는 일이 중요한데, 그렇게 하려면 먼저 스트레스에 대한 상식이 필요하다. 물론 자신의 몸에 배인 방법에 따라서 같은 강도의 스트레스도 개인마다 각각 다르게 느껴진다. 스트레스의 반응 정도, 스트레스의 근본 원인을 파악하는 능력, 자신에게 책임이 있다고 인정하는 태도 그리고 스트레스의 조절 방법과 능력에 따라서 스트레스의 강도가 결정될 것이다. 자아(自我, self)는 자신을 되도록 객관적으로 평가하는 능력에 의한 것이니 각 개인의 스트레스에 관한 객관적 평가 능력은 스트레스에 관한 자아의식에 좌우된다. 역시 아는 게 힘이다. 인생을 보람 있게 살려면 역시 인간과 인체에 대해 공부하고 갈고 닦을 수밖에 없다. 지식이 별 것 아니라고 하지만 역시 아는 것만큼 다르다.

스트레스가 강하고 지속적이면 자율신경의 흥분으로 위산이 과다하게 분비되어 위장병이 생긴다. 어떤 사람은 혈압이 오르고 숨이 가빠질 것이다. 마음을 편하게 먹으려고 해도 자신의 불편한 마음과 스트레스를 마음대로 할 수 없는 경우가 많다. 자신의 걱정이나 생각이 쓸데없고 부질없는 것임을 잘 알면서도 여기에 매달려 괴로워하고 고통을 받는다. 그러나 스트레스를 잘 조절하는 사람은 한 곳에 매달리지 않고 다른 각도에서 조명하고 자존심이 상하면 자신의 좋은 점과 장점을 곧바로 부각시킨다. 이때 마음의 여유가 생겨 자신의 스트레스를 제대로 평가하게 된다.

스트레스와 부정적 감정이 생기면 스트레스 호르몬, 부신피질 호르몬, 자율신경계, 그리고 신경전달물질에 큰 변화가 초래된다. 어떤 한계를 넘으면 각종 스트레스 관련 질환을 일으키며 이때 스트레스를 제대로 조절하지 못하면 누적되어 더 큰 문제가 생긴다. 그러므로 자신의 능력을 저해시키는 스트레스와 부정적 감정을 그때그때 조절하고 해소시키는 기술과 지식은 자신에게 큰 이익이 되는 것이다.

자신의 스트레스를 평가할 때 자신이 단독으로 하는 경우와 다른 사람의 도움을 받는 경우가 있다. 어느 경우라도 다른 각도와 시각 그리고 다른 환경에서 평가해 보는 것이 중요하다. 단독의 힘으로 평가할 여유가 당장 없어도 좋다. 가산을 탕진하고 남에게 피해를 주지 않는 범위 내에서 자신의 몸에 배인 방법으로 우선 스트레스를 해소시켜도 좋다. 시간이 흘러 마음의 여유가 생기면 생각했던 것보다 큰 문제가 아니었다고 깨달을 수도 있고 건설적인 장래를 보는 시각도 생길 것이다. 다만 일찍 깨닫지 못한 만큼 손해가 있을 뿐이다. 이와 반대로 곰곰이 생각할수록 자꾸 괘씸하게 느끼며 피해의식을 가지게 되면 자부심이 낮아져 소심한 사람이 될 것이다. 이런 경우는 마음의 빗장을 걸고 점점 더 한쪽 방향으로만 치우쳐 생각하게 되므로 괴로움이 심해질 수 있다.

그러니 우리가 열린 마음과 마음의 여유를 가지면 자동적으로 우리가 가진 스트레스가 여러 시각으로 보이게 되는 것이다. 이런 마음이 없으면 자기의 스트레스 상태를 객관적으로 파악하기 어려우니 이런 때에는 적극적으로 믿을 만하고 존경할 만한 주위 사람, 상담요원이나 의사의 도움을 요청하는 게 필요하다.

스트레스의 근본 책임은 오직 자신에게 있지만 우리의 의식구조는 소극적이고 약한 자아와 자부심을 가지고 있기 때문에 남의 탓으로, 조상 탓으로 돌리는 책임 전가를 한다. 모두의 책임은 아무의 책임도 아니라는 식의 무책임이 작동한다. 국회가 일 못한다고 욕하기 전에 선거 때 좋은 국회의원을 뽑아야 하며, 국회의원들이 하는 일이 마음에 안 들면 비난하기 전에 다음번 선거에 대해 더 큰 책임감을 느껴야 한다. 자신의 스트레스에 관해서도 적어도 자신에게만은 솔직해야 한다. 모든 사람들이 스트레스를 가지고 있으므로 상대에게 부정적 감정을 자제하고 장점을 인정하면서 솔직하고 직선적인 표현으로 진지하게 말하면 다른 사람들도 이해해 줄 수 있을 것이다. 이런 태도가 가장 인간적이며 가장 아름다운 것이다. 동시에 자신의 내부갈등이나 '이럴까 저럴까'하는 가치관의 망설임이나 미결정에서 오는 스트레스도 마음의 여유를 가지고 되도록 다른 각도와 시야에서 적극적으로 모색해야 한다.

셋째 단계는 스트레스에 대처하는 데 있어서 자신의 몸에 배인 부정적 패턴을 자각하여 보다 바람직스런 새로운 패턴으로 구체화시켜 실천하는 일이다. 어떤 주부가 건망증이 심해져서 중요한 일이나 물건을 자주 잊어버리거나 잃어버리곤 했다. 남편 사업상 중요한 전화내용을 전해주는 것을 깜빡 잊었다거나 두부 사러 시장에 갔다가 엉뚱한 것만 사가지고 온다든지 차안에 우산이나 핸드백을 아예 놓고 내리는 일이 자주 일어났다. 이 때문에 속상해 하는 스트레스와 고통을 받았다. 자주 '내 정신 좀 봐'를 연발하다가 원래는 안 그랬는데 살기가 힘들어서 어떻고 남편과 아이들 탓이 어쩌고 주변 환경이 어찌고 하다가 '할 수 없다'고 자포자기 한다. 문제의식이 없어서 자신의 문제를 적당하고 애매모호하게 지나쳐 버리고 깊이 있게 문제를 따지기 싫어한다. '내 정신 좀 봐'는 생각하는 대뇌가 잠깐 그 기능이 마비된 상태이다. 머리(대뇌)의 능력이 모자라서 수다쟁이가 되든지 소극적 인간이 되어 버린 셈이다. 그러던 어느 날 깨달은 바 있어 장소를 옮길 때마다 의식적으로 그 자리에 남아있는 물건은 없는지 머리를 두리번거리는 버릇이 생겼다. 또한 중요한 일은 잊지 않기 위해서 메모하고 조용히 생각해보는 버릇을 만들었다. 그 이후부터 건망증이 줄어들기 시작했다. 몸에 배인 부정적 패턴을 고치는 순간이었다. 이런 예가 바로 의식개혁이며 스트레스 체질을 바꾸는 구체적인 실천의 결과이다. 마음의 여유가 이성을 담당하는 왼쪽 대뇌의 기능을 활성화시켜 건망증으로 인한 스트레스를 근원적으로 해소시킨 경우이다.

특히 급성 스트레스를 인정하고 수용할 때 인간은 ① 대결 ② 회피와 부정 ③ 억제 ④ 융통성 있는 조절, 네 가지 중 한 가지 대응태세를 선호한다. 스트레스에 반응하는 몸에 배인 패턴은 성격과 의식구조의 일부이며 사람에 따라 각자 다르다. 지금까지는 융통성 있는 조절에 대해서 설명했는데 이게 제일 좋은 방법이다. 대결로 나가면 싸움이 일어나며, 억제하면 화(火)병이 생기고 회피와 부정으로 일관하면 문제 해결에 아무 도움도 되지 않는다. 융통성 있는 조절은 마음의 여유를 가져와 이성의 지배를 도와준다. 대뇌의 기능이나 반응속도는 감정에 비해 느린 것이 특징이다. 그러므로 융통성 있는 조절이 느리다고 모두 머리가 미련한 것도 아니며 순발력이 부족한 것도 아니다. 적극적이고 강한 자아와 자부심이 있는 사람에게 많은 선진국형이다.

이와 반면에 그 외의 대응태세는 감정적이며 소극적인 사람에게 버릇된 패턴이다. 조급하게 반응하고 배타적 성향이 있거나 분명하지 않게 적당히 넘긴다. 후진국형으로 마음의 여유가 없기 때문에 자기주장에만 매달린다. 그래서 자기만 옳고 상대방은 틀리다고 고집한다. 그러므로 우리는 적극적이고 강한 자아와 자부심을 가지고 살아가면서 마음의 여유를 가짐으로써 융통성 있는 조절을 통해 스트레스를 조절하고 해소시켜야 할 것이다.

우리 사회는 특히 과거에 인간관계에서 너무 많은 량의 스트레스와 피해를 무심코 주고받았다. 양측 모두 마음의 여유가 없는 상태이다. 자신의 스트레스와 부정적 감정을 밖으로 내뱉어야 속이 시원하고, 조절하거나 통제하는 완충능력이 없다는 것은 마음의 여유가 없다는 증거이다. 대화와 토론의 광장인 국회에서 이런 식으로 일을 한다면 국회의원의 뇌짱 능력을 의심하지 않을 수 없을 것이다. 그러나 그렇다고 해서 국민들이 전부 손가락질하고 비난만 하는 것은 능사가 아니다. 어린애가 좋은 일을 했을 때 부모가 '잘한다, 잘한다'고 칭찬해 주면 더욱 잘한다. 그러나 어린애에게 비난과 공격만 한다면 더욱 부정적 효과만 주기 쉽다. 어린애의 선악 관념을 심어주려면 자아 속에 존재하는 자부심을 높여주면서 꾸지람을 해야 효과적이다. 이런 인간의 속성은 어린애나 성인층이나 기본적으로 동일하기 때문에 국민들은 국회의원에게, 그리고 국회의원은 국민들에게, 국회의원은 다른 국회의원들에게 일방적으로 스트레스를 주고받는 대화를 자제해야 한다.

대화기술이란 사실 이런 기본적 속성을 그대로 따르는 것이다. 민주사회의 역사가 짧은 우리는 특히 대화와 토론 문화와 기술이 부족하다. 상대의 이익, 입장, 주장, 자부심을 일단 이해하고 수용하면서 시끄러운 감정보다 조용한 이성을 통하여 자신의 요구사항을 진지하게 솔직히 전달해야 한다. 이런 점이 각 개인의 스트레스와 피해를 줄이는 성숙된 인간이 아니겠는가. 이를 위해 스트레스 조절 능력을 높여야 하겠다. 먼저 마음의 여유를 갖자. 상대를 인정하는 태도는 인간의 존엄성을 중시하는 의식구조(EQ+MQ)이다. 이런 능력이 기왕에 내재된 IQ가 발현된다고 했다. 어린 나이에 바둑계를 제패한 이창호 기사는 그의 지적 능력도 능력이지만 이런 능력 발현을 방해하는 스트레스와 감정을 완벽하게 조절하고 통제하는 돌부처 능력이 더 뛰어나다. 그렇기 때문에 그는 뇌짱인 것이다. 우리 모두 스트레스의 조절을 위해 먼저 마음의 여유부터 갖는 연습을 시작하자.

3. 뇌짱 이론의 미래

뇌짱이론은 순수한 우리식 마음의 지도

미래에는 인간의 마음도 카메라에 찍힐 날이 올지도 모르며 입사시험에 응시자의 인성검사 점수가 단박에 컴퓨터에 떠오를 지도 모르겠다. 마음(mind)은 가슴에 느껴질 수도 있지만 대뇌에 기억되고 생긴다고 했다. 마음은 의식, 정신사고, 감성과 의지를 다 포함하는 우리말이다. 물론 지능 검사, 간단한 뇌짱지수 검사, 적성과 성격 검사를 포함하여 기능성 MRI나 PET 사진, 연상법을 이용한 마음의 지도 그리기(mind mapping) 등이 동원될 수 있겠지만 뇌짱이론은 순수한 우리 의식구조를 감안한 우리식 마음의 지도이다. 다만 그 내용은 동양과 서양의 좋은 의식구조들을 소화시켜 접목시킨 것이다.

이런 면에서 뇌짱이론은 우리 스스로가 주체가 된다는 점에서 의미가 있다. 위에서 먼저 이야기한 6가지의 뇌짱운동은 우리가 실천할 행동계획으로서 뇌짱지수를 높이기 위한 우리식 마음의 지도 만들기인 셈이다. 뇌짱이론이나 뇌짱운동의 형태는 일종의 열린 이론이기 때문에 앞으로도 계속 변하거나 보강될 수도 있다고 했다.

그런데 여기에서 중요한 것은 뇌짱이론을 전개할 때, 일차적으로는 상대적인 것이기는 하지만 서양과 인류 보편적인 긍정적 가치관과 의식구조를 정립하고, 우리 것의 장단점을 선별한 후에 우리가 바라는 미래의 의식구조에 대한 목표를 분명히 해야 한다는 점이다. 그 다음에 해야 할 이차적인 단계로 우리는 이 목표를 달성하기 위한 방법과 행동계획을 구체적으로 전개해 나가야 할 것이다. 그러나 이런 사항이 정립이 안 된 상태에서 우리 의식구조에 어울리지도 않는 외국 이론서들과 육아법이 마구잡이로 유입되면 소화불량만을 일으킬 수도 있다는 논리이다. 다른 예로서 우리가 통일 한국을 바라보는 영세중립국의 바람직한 의식구조를 상정한다면 통일 후 동서독의 의식 차이에서 오는 스트레스와 갈등을 거울삼아 준비해야 하는데도 남남갈등도 희망이 안보이니 우려하는 바 크다.

다른 차원에서 구체적으로 다른 예를 들어보기로 하자. 오른쪽 대뇌를 발전시킬 것인가 왼쪽 대뇌를 발전시킬 것인가 등의 방향성에 대한 합의된 논의도 없고, 어린이, 신세대, 기성세대 등 세대에 따라 어떻게 다르게 적용할 것인지 헷갈리기만 한다. 물론 개방적으로 유입된 것이 다양성을 높여 발전에 도움이 될 수도 있지만 그 내용만이라도 선별하는 사회적 여과기능이 필요하다는 이야기다. 우리 사회에 어울리지 않는 포스트모더니즘이 혼란을 일으켰던 사례도 있었지만 그 개념이 무엇인지 고민하는 시간을 가졌다고 위안을 할 수도 있다. 호기심에 정체불명의 문화가 판을 치는데 『EQ』와 같이 정말 필요한 책은 푸대접을 받지 않았는가?

뇌짱이 발달했을 때 우리에게 돌아올 미래의 혜택을 교육 분야를 예로 들어서 이야기해 보자. 『EQ』의 저자 다니엘 골만(Daniel Goleman)은 인생에서 가치 있는 성공은 80%가 EQ에서, 20%가 IQ에서 온다고 했다. 여기에서도 역시 상당량의 도덕심을 EQ에 포함시킨 것을 알 수 있다. 내 경험으로는 미국 국민들은 인간을 평가할 때 학벌이나 IQ를 100점 만점에 30점을 배정한다. 예를 들어 명문대 출신이 30점, 지방 주립대 출신이 15점 이런 식이다. 나머지 70점은 그 사람의 됨됨이를 평가하는데 쓰는데 예컨대 정직과 성실이 30점, 남에 대한 배려가 10점, 납세와 국방의 의무가 10점이라는 식이다. 즉 IQ:EQ=3:7의 비중이다. 한 번 거짓말 했다가 하야당한 닉슨 대통령의 예가 좋은 증거다.

미국 사람들은 사람의 됨됨이에 대한 평가는 쉽게 할 수 없는 것이기 때문에 초면에 성급한 판단은 자제한다. 그 대신 그 사람의 현재 지위와 개인의 능력을 중요하게 본다. 아무리 명문대 출신이라도 평생 노력하지 않으면 살아남을 수 없다. 명문대 출신이 아닌 사람들도 나중에 어떤 분야에서 노력하고 능력을 발휘하면 얼마든지 성공할 수 있고 남들도 알아준다. 그러니 명문대도, 비 명문대 출신도 모두 노력하게 되어서 그 사회는 공평하면서도 국제 경쟁력이 높아지게 된다.

이와 반면에 우리의 사회는 어떠한가. 초면 인사에서 명문대 출신은 70점, 나머지 30점은 그저 기타 등등으로 처리된다. 이런 상황에서는 일단 기를 쓰고 과도한 사교육으로 명문대에 들어가기만 하면 명문대 출신은 죽어라 노력하지 않아도 적당히 운신만 잘해도 여기에 길들여진 다른 사람들이 자동적으로 알아준다. 명문대 출신이 아닌 사람들은 미리 알아서 저자세를 유지하고 감히 도전하지 않는 것이 처세에 유리하다. 이렇게 되면 어차피 결과가 똑같으니 명문대 출신이나 비 명문대 출신이나 모두 노력할 필요가 없어진다. 이게 우리의 국제 경쟁력의 현실이다. 서양 선진국의 관점에서 본다면 이건 불공평한 경쟁 원리라는 정도가 아니라 아예 인권문제에 속하는 일이다.

이런 문제도 순수한 우리의 뇌짱이론으로 해결할 수 있다. 명문대를 폐교시키자는 어느 대선 출마자의 공약이나 모든 지원 원서에 출신지와 최종 대학교 해당란을 폐지한다거나 사교육을 없애겠다는 공약이나 이를 공약하면 우리 여성들이 표를 몰아주어 당선시키겠다는 아이디어도 내는 등 얼마나 이런 적폐가 우리 사회를 질식시키는지 알만도 하다. 이런 분위기라면 공교육 강화와 사교육 억제책이 나와도 성공할 수 있다고 믿는다.

교육개혁도 뇌짱이론과 소갈머리로

우리의 교육현실이 이런데, 인성 교육과 창의 교육에 필요한 그 중요한 EQ나 MQ나 PLQ는 이런 과정에 끼어들 여지조차 없다. 교육을 개혁하려 해도 명문대 출신 지도층들이 자기 기득권을 빼앗기는 개혁을 원하지 않고, 또 다른 출신들은 소극적으로 길들여진 상태이기 때문에 근본적인 개혁은 이루어지기가 어렵다. 해마다 교육은 '백년지대계'라 외치면서도 옥신각신하다가 그럭저럭 몇 군데 땜질만 하고 적당히 넘어가게 된다. 새 정부의 역할과 의지를 위하여 모두 힘을 합쳐야 할 기회가 왔다고 본다.

우리가 사회 통합과 근본적 교육개혁을 시간이나 돈 낭비 없이 본때 있고 깔끔하게 하려면 반강제적인 행정조치와 더불어 강한 자아와 자부심 운동을 같이 전개하여 교육 기득권층이 양보하여 적어도 마지못해 동참하도록 하여 국제 경쟁력을 높이는 능력 위주 사회를 만들어야 한다. 기득권자의 공정한 배분을 관리하는 데 있어 성능 좋은 컴퓨터도 많은데 말이다. 제일 중요한 것은 지도자들의 공감과 실천의지일 것이다. 물론 이 과정에 따라오는 고통도 만만치 않겠지만, 그것보다는 사회적 이익이 엄청나게 더 많아질 것이다.

우리 의식 수준을 이렇게 뇌짱으로 끌어올리고 뇌짱에 따라 문제들을 풀어나간다면 우리는 큰 돈 안들이고 앉은 자리에서 돈을 벌 수 있을 것이다. 역시 뇌짱은 현실에 구체적으로 적용할 때 가장 큰 효용가치가 있는 것이기 때문이다. 의식개혁과 교육개혁은 어려운 것 같지만 소갈머리 있게 우리가 마음만 먹으면 돈들이지 않고 쉽게 해결할 수 있지 않겠는가?

마지막으로 뇌짱의 미래는 다가 온 4차 산업혁명에 절실한 인본주의적 가치관의 정립이 중요하다. 1, 2, 3차 산업혁명이 다수인들을 풍요롭게 하고 서구가 동양을 압도하는 계기가 되었다고 본다. 그러나 이런 기존의 산업혁명으로 빈부의 격차가 심해졌고 자연 환경의 파괴가 계속 진행되고 있다. 지금까지 산업혁명에 의한 기술의 도약과 상대적으로 인본주의적 가치관의 정체 사이에 차이가 계속 벌어져 왔는데 그야말로 4차산업혁명의 기술은 더더욱 발전하는데 비해 가치관의 정체와 혼란은 더욱 암담한 실정으로 전문가들은 우려하고 있다. 특히 한국의 젊은이가 겪고 있는 일자리 부족과 실업률은 심한 것 같다. 이런 트렌드가 쉽게 개선되지 못한다면 가치관 정립과 자아혁신 그리고 사회통합은 당연히 인문계가 힘쓸 몫이라고 생각한다. 이런 차원에서 교육과 사회 개혁의 대안은 뇌짱이다. 사실 자아혁신이 아니라 자아혁명이 필요하다. 4차산업혁명에 대하여 부각된 것들은 공장 자동화, 사물인터넷, 클라우드, 인공지능, 정보통신기술(IT),

로봇공학, 3D프린터, 생명공학, 가상현실과 증강현실, 드론, 반도체, 블록체인과 가사화페, 자율주행 자동차, 빅데이터 등등인데 동서양을 비교해서 이런 기술도 일반적으로 서구 선진국이 우위에 있으며 동북아는 아직도 집단주의의 단점이 부각되어 왔고 동시에 서구 개인주의의 장점, 예컨대 개인의 자유와 자아인식의 발달과 이에 따른 책임의식과 개인의 다름과 낯설음에 더 친숙하여 창의성이 더 높다고 할 수 있다. 이렇게 판단한다면 우리는 특히 뇌짱을 연마하여 압축성장에 매진해야 할 때다. 과거엔 정치적 독재에 항거했으나 이젠 사회적이고 개인적 병폐에 항거해야 할 차례다. 항거할 수 없는 대상이 없으면 힘을 쓸 수 없어서 무기력해진다는 인체의 속성 때문에 우리 모두 분발해야 한다.

제4장

오늘날, 한국인의 뇌짱지수는?

CQ=

IQ+EQ+SQ+MQ+PLQ

오늘날, 한국인의 뇌짱지수는?

1. '애국심' 좋아하네!

88올림픽을 전후하여 미국에 있던 나는 우리나라의 발전과 국력 신장에 한창 가슴이 뿌듯했다. 때마침 한국산 승용차가 미국에 수입된다는 말을 듣고는 반가운 마음에 보란 듯이 자랑스럽게 현대 소나타 승용차를 사서 이용한 적이 있었다. 올림픽도 성공적으로 개최한 우리나라가 이렇게 좋은 차도 만들어서 미국 코앞에 들이밀었다는 사실에 자부심과 애국심을 느꼈다.

사실 미국에서는 그 당시나 지금이나 일본차가 싸고 예쁘고 튼튼하면서도 잔고장이 없는 실용적인 차로 인정을 받고 있다. 그래도 나는 일본차를 본 체도 안하고 중얼거렸다. "애국이 별거냐 이럴 때 나부터 소나타를 타고 다니면서 광고하는 게 애국이지." 처음 몇 주일 동안은 한국인이 한국 차를 몰고 미국바닥을 돌아다니는 것에 큰 자부심을 느꼈다. 그런데 점점 내 애국심에 찬물을 끼얹는 문제가 생기기 시작했다. 부품이 말썽을 부렸다. 그 정도야 사소한 거니까 하고 수리할 수 있었다. 이 차에 대한 자부심과 긍지를 생각하면 정말 그런 것쯤은 아무 것도 아니었다. 그런데, 아무 이유도 없이 시동이 걸리지 않는 일이 잦아졌다.

현대차 전용 카센터에 의뢰했지만 그 원인을 찾을 수가 없다고 했다. 문의해 온 소비자에게 확실한 방안도 제시하지 못했다. 아마 현대차 회사에서 노사분규가 나서 조립과정에서 문제가 생긴 것 같다고, 설명할 따름이다. 맙소사! 열 받는 게 문제가 아니라 가슴이 답답해 오기 시작했다. 그 차에 대한 기대가 컸던 만큼 실망도 컸고, 그 후부터 현대 자동차 회사와 근로자에 대해 배신감을 느끼기 시작했다.

모국에 대한 애국심을 가지고 있는 나도 이런데, 만약에 한국에 아무 이해관계가 없었던 미국인이 나와 같은 경우를 당했다면 어떠했을까? 아마 그 미국인은 카센터 직원들에게나 자신의 친구들에게 현대차가 저질 중에 저질이라고 말했을 것이다. 아마도 한국이 요즘 잘 나간다고 잘난 척 하는데 요런 수준 밖에 안 된다고 선전하고 다녔을 것이다.

만일 현대자동차의 조립공이 소비자들의 이런 평가를 예상하면서 정성을 들여 차를 조립했더라면 진짜 애국자 노릇을 한 것이고, 아무 생각 없이 대충대충 적당히 시간이나 때우고 월급만 챙겼다면 국가와 사회의 명예를 손상시켜 애국에 반하는 행동을 한 것이 된다. 한 개의 불량품은 다섯 사람의 고객을 놓친다고 하는데, 선진국에서는 다섯 명뿐만이 아니라 그 주변 사람들의 인식도 함께 달라지기 때문에 문제가 더 크다.

우리의 의식구조에는 애국심이라면 나라가 망한 후에야 생기는 것으로 인식하는 성향이 있다. 그래서 일상생활에서 문제가 생기는 건 애국심이 없기 때문이라고 말한다거나, 애국심을 가지고 일을 하라고 말하면 국수주의자 취급하는 것도 무리는 아닐 것이다. 가령 우리 주위의 예를 하나 들어보자. 외제 좋아하는 친구에게 어떤 사람이 같은 값이면 다홍치만데, 국산품을 쓰는 게 더 애국적인 것이 아니냐고 하면, 그 사람은 단박에 기분이 상해서 "애국심 좋아하네, 얼어 죽을!"이라고 쏘아붙이기 십상일 것이다.

우리나라 사람들은 애국심이라는 단어를 들으면 전형적으로 연상하는 게 있다. 만주 벌판의 독립투사부터 생각하고, 안중근 의사와 유관순 누나, 그리고 이순신 장군 같은 사람들만 떠올린다. 그러면서 대개는 나와 내 주변의 평범한 사람들에게 어울리는 일상적인 단어가 아니라 지나가 버린 과거 역사에서 목숨을 걸고 나라를 위기에서 구하려 한 위인들에게나 해당되는 거창한 단어라고 간주해 버린다. 이것이 바로 문제의 출발점이며, 그 당시 어려운 IMF 시대를 지나 외세에 대비해 우리나라를 지키고 발전시킬 수 있는 구심력의 시발점이기도 하다.

애국심은 일상과 상관없는 고매하고 엄청난 일이 아니다. 애국심은 글자 그대로 우리나라를 사랑하고 아끼는 마음이다. 하지만 애국심의 수준은 여러 가지가 있다. 흔히 말하는 애국심은 자연적이고 감상적인 애국심이다. 자기 출신 고향을 사랑하는 애향심, 외국에 나가 사는 사람들이 느끼는 고국에 대한 향수와 고국애, 그리고 월드컵 예선을 지켜보면서 우리 쪽에서 골을 넣을 때마다 박수치고 발 구르며 소리 지르는 그런 류의 자연발생적인 애국심이다.

이와 다른 층의 애국심도 있는데 이것은 배타적이고 이기주의적인 성격을 가지고 있기도 하다. 국산품만을 강조하고 외래품은 무조건 배척하는 마음, 구한말에 기울어져가는 국가의 운명을 걱정하여 활동했던 선각자들의 애국심, 우리가 흔히 떠올리는 역사적 위인들의 애국심, 심지어는 히틀러나 과거 일본의 군국주의 같은 파시즘적인 국수주의형의 애국심 등도 여기에 들어갈 것이다.

바람직한 애국심의 전형은 인류애적이고 민주적인 애국심이다. 이것은 선진국형 애국심으로 예를 들면 국가의 미래를 위해 부정부패를 감시하고 거부하는 모습, 국민으로서의 권리와 의무를 최선을 다해 수행하려는 자세, 최첨단 기술로 상품화된 물건을 세계에 내놓으려는 정신, 타인을 배려하고 사회의 기초질서를 잘 지키는 품성 등이 여기에 포함될 것이다. 이것은 생활에 밀착된 일상적인 차원이지만 가장 높은 의식수준을 요구하는 애국심의 경지이다.

오늘날 위기를 맞은 우리 시대에 필요한 애국심은 우리 사회 곳곳에서 매일 발견된다. 부정부패와 비리를 고발하는 양심가, 과거 민주주의를 위한 투쟁가, 좋은 사회를 만들려는 사회 봉사자와 시민단체 요원, 양심적이고 청빈한 공무원, 자기의 직장과 직업에서 세계 최고의 작품과 서비스를 만들려는 사람, 기초질서를 지키는 사람, 남이나 사회에 피해를 주지 않으려고 노력하는 사람, 불우한 이웃에 희망을 주는 사람, 혈연 · 지연 · 학연 · 금력보다 인간의 존엄성과 자부심을 존중하는 사람, 겸손하게 양심을 지키며 정직과 성실을 무엇보다도 중시하는 사람, 사리사욕보다 확실한 정책을 제시하는 지도자 등등 얼마든지 있다.

우리 주변에서 이렇게 애국심을 발휘해 나갈 수 있는 곳들을 계속 발견하고 실천해 나간다면 그야말로 보람과 자부심을 느끼게 할 것이다. 선진국에서는 이런 일들이야말로 애국적이라고 인식하고 있다.

이 지구촌에서 바로 옆에 있는 나라가 일본이지만 우리는 일본을 지금까지도 가깝고 먼 나라로 인식하고 있다. 과거의 역사적인 문제들과 우리가 받은 피해의식을 다 젖혀놓고라도 그동안 일본에 대한 우리의 배타적인 애국심은 지금까지 일본과 일본인의 의식구조를 성실히 알아보는 데 방해가 되어 왔다. 그런 의식 때문에 우리는 일본이 우리를 아는 것에 비해 일본을 너무 모르고 살아왔다. 일본이 새 상품을 만들어 내놓기 전에 어떤 생각과 의식구조를 가지고 연구했는지를 미리 알아차리는 자세가 중요하다. 이런 일본에 대한 무지로 일어난 일들은 매우 많다. 과거에 한일 어업협정에서 준비가 부족해 막대한 손해를 보았던 사실이 그 증거일 것이다. 특히 요즘 같은 경제, 문화, 정보 전쟁시대에는 말할 필요도 없다. 기억해보자. 이제는 극일(克日)이 아니고 지일(知日)이다!

2. '지양(止揚)'과 '지향(志向)'의 길

선진국들에 여행을 가보면 그들이 과거에 얼마나 일을 많이 했던가를 피부로 느낄 수 있다. 깨끗한 공장들, 잘 정돈되고 쾌적한 도시와 공간, 많은 문화유적과 문화시설, 여유 있는 도로와 대중 교통시설, 깨끗하고 넉넉한 항구, 잘 정돈된 농경지, 질서를 잘 지키는 일, 남에게 조그마한 피해를 주면 어쩔 줄을 모르는 사람들 등등, 그것의 표면보다 어떻게 그것을 이룩했을까를 한번 살펴보아야 한다.

이것들을 이루었던 그들의 머리, 대뇌와 의식구조의 신경회로를 상상해 볼 필요가 있다. 이 때 극일이나 지양은 일본을 극복하려는 의지를 피해서는 효과가 없고, 지일과 지향은 일본을 알고 공격이 아닌 같이 가는 순리를 따라야 한다는 것이다.

우리보다 작은 네덜란드, 덴마크, 스위스 그리고 이스라엘은 기후 조건과 지하자원도 없으면서 선진국이며 선진 의식구조를 가지고 있다. 물론 그들은 우리보다 먼저 선진화에 착수했던 것은 사실이다. 네덜란드의 농촌을 기차로 달려보면 기차에 탄 손님의 눈높이와 운하와 바다의 물높이가 거의 비슷하다. 더구나 잘 정돈된 낙농업 경지는 훨씬 낮은 위치에 있다. 도시 주변에는 아름다운 공장들도 많다. 국토의 40%가 해면보다 낮다. 과거에는 해양국가로 세계를 주름잡았고 세계무역기구(WTO) 체제에서도 문제가 없는 나라이다.

한국인의 의식구조를 많이 연구한 이규태 씨는 네덜란드 사람들은 착실하고 현실을 참고 미래를 내다보는 지혜를 가지고 있으며 세계 어디에서나 환영받는 민족이라고 평했다. 그만큼 항상 노력하고 열심히 일해 온 것이다. 매년 네덜란드 여왕 탄신일을 기념하는 연휴 때는 모든 상점이 철시하는 대신 거리는 어린이들이 장사를 하도록 하여 배려한다. 최선을 다해 흥정하는 경험을 쌓게 한다. 중학생들이 신문배달을 독차지하며, 고등학생들이 슈퍼마켓에서 일하고, 대학생들은 방학이 되면 아르바이트를 위해 유럽 각지로 떠난다고 한다. 이렇게 해서 돈의 소중함과 국제적 EQ를 배운다. 여기에서 깨닫게 되는 것은 그들에게는 정신력과 열심히 일하는 인내력(IQ+PLQ)이 주된 무기였다는 사실이다.

이런 나라들에 비하여 우리는 일을 너무 효과 있게 하지 않았던 셈이다. 밤늦게까지 공장에 불을 밝히고 야근했다고 해서 일을 많이 한 것은 아니다. 국제적인 통계가 우리나라는 매년 노동시간은 긴데 노동생산성은 낮아 그 원인을 심각하게 연구하는 풍토는 약하다. 그런 작업을 하는 데 가장 필요한 기본적인 정신 자세와 의식구조의 혁명, 뇌짱의 개발과 실천을 미리부터 우리가 했어야 할 일이었다.

머리는 좋은데 그 결과와 성과는 진전이 더디어도 매년 치열한 노사 투쟁만 벌인다. 노사 양측이 생산성을 높이는 방법을 머리를 맞대고 강한 자부심과 뇌짱을 연구하여 이익의 파이를 키워 직원들의 성공과 행복을 찾아야 한다. 이것이 현대적이고 민주적인 애국심이다. 이젠 애국심의 대상이 영토적으로 한국의 독립적인 땅이나 만주 벌판이나 일본이 아니라 우리 생활, 직장과 머릿속에 있다.

우리 의식구조는 현실에 쉽게 만족하지 않는 힘이 있는데 이걸 좋은 방향으로 몰아준다면 더 규모가 큰 선진국을 만들 수 있다. 경제적 여건과 정신적 포용력도 없으며 통일을 준비 없이 원하는 것은 과욕이다. 통치자와 지도층은 국가를 대표하는 자리에서 해야 할 책임과 의무를 소홀히 한다면, 오히려 국민들은 피해를 받았다고 생각할 것이다. 그러면 국민의 의식구조에는 지도층의 권위를 무시하고 나보다 더 못한다고 우습게 여기게 된다. 그렇게 되면 국민들에게 국가를 위하는 국가관이나 애국심이 심어질 턱이 없을 것이다. 이런 이유 때문에 우리 사회에서 애국심이란 말을 들어보기 어려웠고 오히려 "애국심 좋아하네"라는 식의 빈정대는 소리만 무성할 수밖에 없다.

미국에서의 엄격한 청교도 도덕률은 오늘날도 미국의 법과 정치가 제대로 지켜지는 원동력과 전통을 제공한다. 미국 국회에서도 고급 공직자 지명자는 낱낱이 국민과 언론에게 심판(인사청문회) 받은 후에야 임명된다. 아마 미국 건국자들은 청교도 정신으로 무장되어 있었기 때문에 비리와 거짓이 있으면 비애국자로 낙인을 찍는 의식구조가 있는 것 같다. 그것에 비하면 우리나라는 탐관오리나 부정부패와 비리의 전통이 역사적으로 너무 길었다. 오죽하면 토정비결에 '관재수(官災數: 관가로부터 재앙을 받을 운수)'라는 단어가 다 들어 있고, 서민들은 관청과 경찰서는 뒷간처럼 멀수록 좋다고 생각하였겠는가!

아직도 대부분의 국민은 한층 높은 성숙한 애국심에 대해 인식이 부족하다. 미국에서 처음 돌아왔을 때 나는 한국에 왜 이렇게 애국심이 없는지 놀란 적이 있다. 택시를 타고 가면서 운전기사와 이야기를 나누었는데, 그 사람은 전직 대통령들과 정경유착을 했던 권력층을 비난하면서 그건 그 사람들만의 잘못이고 우리 같은 서민과 중산층은 피해만 봤다고 소극적인 말만 하고 일차 책임자들은 모두 오리발을 내밀었다. 성숙된 애국심이 넘치는 사회에서는 배타적인 태도나 마음의 쇄국주의가 없어 사회 곳곳에서 '안녕하십니까', '감사합니다', '고맙습니다', 그리고 '미안합니다'라는 말을 수없이 들을 수 있을 것이다. 인사성이 밝은 사람도 애국자인 셈이다.

이런 마음의 여유를 가지려면 냉철한 머리와 따뜻한 가슴(따뜻한 감정은 대뇌에서 일어나지만 가슴에서 느낌) 즉 뇌짱운동을 거쳐야 할 것이며, 이런 노력이 우리에게 선진 통일국가의 문턱을 성큼 넘어서게 해 줄 것이다.

3. 나라를 말아먹을 증후군

"명성황후가 내탕금(왕이 쓰는 용돈)이 부족한 것을 걱정하여 수령(守令)직을 팔기로 하고 민규호에게 값을 정하여 올리라 하였다. 그도 역시 백성을 직접 상대하는 수령직은 팔아서는 안 된다고 생각하여 수령의 지원자가 없도록 값을 많이 매기되 수입이 만 냥 되는 사람에게는 2만 냥을 매겼더니 지원자가 더욱 많았다. 이렇게 하여

부임한 수령이 뒤에 백성에게 긁어모으니 백성이 매우 곤란을 겪었다. 민규호도 비로소 후회하였다.” -황현의 『매천야록(梅泉野錄)』에서

“유성룡이 도제찰사로 있을 때 여러 고을에 공문을 내릴 일이 있어 역리(驛吏)에게 문서를 보내게 하였다. 3일 만에 다시 고칠 일이 있어 역리를 불렀더니 역리가 며칠 전에 내려 보내야 했던 문서를 여태 보내지 않고 그냥 가지고 있었다. 유성룡이 꾸짖어 말하기를 ‘네가 그 문서를 받은 지 3일이 되도록 고을로 보내지 않은 것은 어찌된 일이냐?’하니 역리가 대답하기를 ‘속담에 조정공사 3일(朝廷公事三日)이라 하옵기로 소인 생각에 3일 후에 다시 고칠 줄 알고 여태까지 보내지 않고 있었습니다’라고 하였다. 유성룡은 처음에는 죄를 주려고 하였으나 다시 생각하여 말하기를 “네 말이 세상에 모범이 될 만하다. 내가 잘못했다”고 하였다.” 『어우야담(於于野談)』에서

“숙종 병자년 가을에 한 늙은 아전이 대궐에서 일보다가 들어와서 그 처자에게 말하기를 “근래에 각 관청에서 사람들이 모여서는 종일 말하는 것이 한 가지도 국가의 계책과 근심에는 미치지 않고 있다. 각 고을에서 선물로 바치는 것이 많고 적고, 좋고 나쁜 것만을 논하여 아무 고을 수령이 보낸 물건은 극히 정묘하고 아무 고을 수령이 보낸 물건은 가지 수가 많다고만 한다. 명사(名士)들의 모든 평이 이와 같으니 지방에서 거두어들이는 것이 반드시 늘어날 것이다. 나라가 어찌 망하지 않겠는가”하고 눈물 흘리기를 그치지 않았다.”

–다산 정약용의 『목민심서(牧民心書)』에서

“인조가 정축년에 남한산성에서 하성(下城)한 뒤에 서울로 들어올

때다. 청나라 군사에게 포로로 잡혀있던 남녀 수만 명이 적의 진중에 섞여 있다가 임금의 행차를 보고 통곡하며 부르짖기를 '상감님, 상감님, 어찌 우리들을 이 지경에 이르도록 하였습니까? 조정의 사대부들이 당파를 갈라 싸움만 하고 국가의 일은 돌보지 않다가 이 지경에 이르렀는데, 나라를 그르친 조정 사대부들은 모두 무사하여 평일처럼 살고 우리 죄 없는 백성들만 이렇게 묶여 잡혀가는 참혹한 일을 당하게 하니, 상감님 아무쪼록 살피시어 우리들을 수화(水火) 가운데서 건져 주소서' 하였다. 인조가 굽어보고 눈물만 흘렸다."

—『동평위 견문록(東平尉 見聞錄)』에서

"선조 기축년에 우계가 조정에 들어올 때에는 교외로까지 마중 나온 사람들이 길에 가득 차서 서부에서 창의동까지 줄을 이었다. 그가 조정을 하직하고 돌아갈 때에는 이미 실패한 기미가 있어서 그랬든지 대궐에서 하직하고 나온 뒤에 청평군이 작별하러 나가 보니 다만 횃불 하나가 쓸쓸하게 앞에서 인도하여 나올 뿐이었다. 성을 나가는 데도 또한 전송하는 사람이 없어서 전에 들끓었던 사람이 하나도 보이지 않았다. 우리나라 인심이 경박하기가 이와 같았다. 청평군이 일찍이 이야기한 것이다."

—『택당가록(澤堂家錄)』에서

"선조 병오년에 일본 사신 귤강광이 그 국왕 평수길의 외교문서를 가지고 상주에 도착하였을 때 목사 송응형이 연회를 베풀어 대접하는데 기생들이 줄을 이었다. 강광이 응형의 늙은 것을 보고 통역을 시켜 말하기를 '나는 여러 해 전쟁을 하였기 때문에 수염과 머리털이 다 희었지마는 목사는 음악과 기생 사이에 살아서 백가지 중 하나도 걱정될 것이 없겠는데 오히려 수염과 머리털이 흰 것은 무슨 까닭입

니까?' 하였다. 그것은 비꼬아서 한 말이었다. 서울에 도착한 뒤에 예조판서가 연회를 베풀어 대접할 때에 강광이 후추를 자리에 뿌리니 기생과 광대들이 다투어 주웠다. 강광이 왜관에 돌아가서 탄식하여 통역에게 말하기를 '너희 나라가 망하겠구나. 기강이 이미 무너졌으니 망하지 않고 어찌리오' 하였다."

—『징비록(懲毖錄)』에서

"광해군 때 지관 이의신이 교하로 도읍을 옮길 것을 비밀리에 건의하였다. 임금이 이품(二品) 이상에게 의견을 물으니 모두 옳지 않다고 하였다. 임금이 내시 이봉정에게 묻기를 '내가 도읍을 옮기려 하나 조정에서 찬성하지 않으니 그래도 할 수 있겠느냐?' 하였다. 이봉정이 대답하기를 '임금이 하고자 하면 무슨 일인들 못하겠습니까마는 다만 도읍을 만들어 놓고도 미처 옮기지 못할까 염려됩니다'고 하였다. 임금이 말하기를 '그게 무슨 말이냐?' 하니 대답하기를 '백성의 뜻을 거스르고서 일이 잘 되는 것을 보지 못하였으므로 이렇게 아뢰는 것입니다'라고 하였다."

—『태천잡기(笞泉雜記)』에서

이런 예들을 보면서 떠올리게 되는 것은 딱 하나, '해 아래 새로운 것은 없다'라는 말이다. 위에 나온 에피소드들에서 이름 몇 가지만 오늘날의 모모씨로 바꾸면 대충 맞아떨어진다. 이래서 역사는 배울수록 현대인들에게 더 많은 것을 가르쳐준다고 하는 것 같다.

약 5백 년간 계속된 조선조도 말기에 이르러서는 거의 동맥경화증에 걸린 것과 같았다. 긴 평화시대 동안 지도자층과 통치자는 국제정세 불감증에 걸려 있었고 당파싸움과 세도정치라는 가문 이기주의에 빠져 있었다. 원래 조선은 강력한 왕권을 표방하는 왕도정치와 신하들이 조정이라 불리는 내각을 중심으로 왕의 세력을 견제하는 신권정치 사이에 균형을 잘 유지해 온, 현대식으로 표현하면 내각 군주제에 가까운 정치제도를 가지고 있었다.

그러나 19세기 철종(哲宗)대에 와서 조선의 왕권은 약해질 대로 약해져 있었고, 신하들은 약해진 왕권을 이용해 개인적인 세력을 늘려 가고 있는 형편이었다. 조선 말기에 서양세력이 아시아에 진출하여 혼란을 가져오고 국내적으로는 권력을 잡은 신하들의 부패가 심해져 민생이 어려워지자 국가 운명에 대한 위기감이 심각해졌다.

이 시기에 아들 이재황을 고종으로 세운 흥선대원군은 국제정세에 대한 나름대로의 판단을 세우고 쇄국정책이라는 이름으로 나라의 문을 외세로부터 닫아걸고서 강력한 왕권 정치를 통해 국력을 키우고자 하였다. 대원군은 아들이 약하고 그를 보호하지 못하면 과거와 같이 당쟁 세도세력의 밥이 되지 못하게 노력했다는 설도 있다. 그러나 명성황후는 서양세력과 청, 일본 등의 세력을 골고루 끌어들여 균형을 유지하고 줄타기를 하면서 국력을 키우려는 정책을 세웠다. 이렇게 외세와 국내 사정에 대한 판단이 상이한 흥선대원군과 명성황후 사이의 정권싸움 사이에서 고종 황제는 갈피를 잡지 못했다. 그러다보니 외교적 판단이 부족했고, 국내의 준비 수준 역시 말할 만한 것이 못되었다. 게다가 저마다 목소리를 높이는 보수적인 유생들과 혁신적인 개화파들, 서학과 동학, 쇄국과 개방 사이를 오가며 국가의 통제력이 약해지자, 부패와 극도의 사회혼란으로 민생이 점차 피폐해졌다.

이 모든 원인을 일본과 지배층에 있다고 생각한 국민은 드디어 불만을 터뜨리고 동학운동을 일으켰는데, 이런 과정에서 일본의 계획적인 침략과 야욕이 드러났다. 부패하고 도덕적으로 타락한데다가 정치적으로나 경제적으로나 힘이 없었던 무능한 정부는 일본에 아부했던 매국노들의 협조로 결국 국권을 상실하게 된 것이다. 이런 와중에서 쇄국과 구국적 안간힘, 그리고 개방과 사대주의로 국가의 구심력과 통합력은 산산이 분열되었다. 조선 멸망의 원인은 일본의 침략야욕과 국내 분열이었지만 동시에 외세의 변화를 정확히 읽으면서 발 빠르게 미리 대처하고 준비하지 못한 지도자와 국민들의 능력부족이었다. 역시 의식 수준과 뇌짱이 문제였던 것이다.

4. 아는 만큼 보인다지만

일반국민이 개혁에 있어서 어떻게 나서서 무슨 일을 해야 할 것인가가 문제의 열쇠이다. 자신들은 "힘이 없다", "허리띠를 졸라매고 고통을 분담하면 되었지", 국민이 나선다고 되겠는가", "새 대통령과 새 정부에 기대를 걸고 기다리겠다", "나와는 상관없는 일인데, 무슨" 등등 실제 대안을 제시하는 부분에서는 역시 소극적이고 후진적인 태도가 역력하다.

국민들이 관(官)에 반발할 때마다 서민들은 항상 되로 주고 말로 받았던 뼈아픈 기억들을 가지고 있기 때문이다. 게다가 우리 역사를 보면 좋았을 때가 별로 없었기 때문에 좋은 시기를 관리하는 능력이 부족한 대신에 상황이 안 좋을 때는 많았으므로 고생을 온몸으로 헤쳐 나가는 경험과 힘은 대단하였다. 고생하는 동안 마음의 상처와 왜곡된 의식구조의 부산물을 감수하면서 말이다.

선진 국민들은 우리와 비슷한 상황에서도 적극적으로 대처하는 경향이 있어서 지도자들이 정치와 경제는 제대로 하고 있는지, 부정부패가 없는지, 검찰과 언론이 제대로 일을 하는지, 다른 국민들이 공공질서를 잘 지키는지, 내가 소속되어 일할 만한 시민단체는 없는지 등등 정신을 차리고 고발정신을 발휘한다. 이게 그들의 의식 수준이다. 국가가 위기에 처할수록 국민 각자가 주인행세를 한다는 뜻이니, 그들 나름대로 독한 데가 있는 셈이다.

언론 매체를 통한 공유된 지식은 표면적이고 깊이가 없다. 일부 대학교수들의 대뇌 수준이 이 정도라면 일반국민들의 수준은 오죽하겠는가? 모두 소꼬리보다는 닭대가리를 원하고 차라리 우물 안 개구리처럼 지내고 싶어 하니 말이다. 그런 면에서 나는 의식구조 차원에서 현재의 우리 의식구조를 세계적인 잣대와 기준으로 보면 감히 100년 전의 의식구조의 수준과 큰 차이가 없다고 생각한다. 의식의 심층적인 차원에서는 머리와 정신의 발전이 실제로는 그동안 거의 없었다는 이야기다.

그러나 선진국은 이 분야에 얼마나 연구하고 투자했던가를 알 만한 사람은 다 안다. 의식 수준은 소극적으로 건성으로 표면적으로 아는 차원과 심층적이고 적극적이고 긍정적인 뇌짱 수준으로 아는 차원의 차이는 친절도의 차이가 20%인 것과 마찬가지로 다르다고 치자.

동시에 언론매체를 통한 공유 지식도 그 깊이와 폭의 차이가 20%로 차이가 난다고 가정하면 사람마다 아는 수준과 보이는 수준에서 그 정도의 차이가 있다고 보아 아는 만큼 보인다는 말은 20%의 차이가 있다는 식이다. 그러므로 안다고 주관적으로 "나도 알아"라고 남발하는 사람은 싱거운 사람일 수밖에 없다. 20% 더 잘났다고 이야기할 수도 없는 일일 것이다. 아는 만큼 보인다는 말은 시신경과 뇌신경의 생리를 제대로 파악한 진실한 표현이다. 그러나 문제는 얼마만큼 알고 보이는지는 사람의 대뇌와 뇌짱의 능력에 따라 달라 그에 대한 잣대와 기준이 서로 다르며 들쑥날쑥하다는 것이다. 남을 제대로 판단한다는 것도, 자기 자신을 온전하게 아는 것도 물론 어려운 일이다.

그러나 마음의 여유를 가지고 뇌짱으로 보면 해답이 나온다. 우리의 대뇌에 심어진 양심과 판단 능력은 쉽게 지워지지 않기 때문이다. 마음의 여유를 가지고 문제의 핵심을 직시한다면, 동시에 혼자만 너무 잘난 척하지 말고 국민 각자가 적극적으로 진지하게 반성하면서 행동에 옮겨야 한다. 인간이 입이 하나고 귀가 둘이라는 사실은 내가 하는 말의 두 배를 남의 말 듣는데 쓰라는 뜻이 아니겠는가? 그래서 우리도 하늘의 뜻을 따라 순리대로 자기주장만 펴지 말고 상대편의 주장과 의견들을 잘 경청한다면 뇌짱의 행진으로 모두 성공과 행복을 차지할 것이다.

5. 한국병이란 문제의식도 적당히

한국병은 괴질인가?

상당수의 환자들은 자신들에게 어떤 병이 있을 거라고 의심하면서도 의사의 진찰을 꺼린다. 병이 발견되면 혹시 암이나 불치병이 아닐까 미리 겁을 집어먹었기 때문이다. 그러나 용기를 내어 진찰을 받아보면 대수롭지 않은 것이 보통이어서 안도하고 자신감을 얻기도 한다. 반면에 일부 환자는 어떤 병을 자신의 생각만으로 확신하고 여러 병원들을 전전하지만 괜찮다고 해도 만족할 만한 해답을 얻지 못했다고 생각한다. 이런 사람을 의사 쇼핑족이라 한다. 모두 마음이 약하고 소극적인 탓이다.

한국병은 이렇게 일종의 바람직하지 못한 병적인 의식구조에서 나온 것이다. 여기에 대한 전문가다운 사람 하나 없다. 병을 진단하지 못하니 치료가 될 리 만무하다. 대부분의 국민들은 한국병이란 과거에 정치가들이 대선을 앞두고 정치적으로 한 번 해본 말이며 자신과는 아무 상관이 없는 것으로 인식하고 있다. 어떤 증세들이 복합적으로 나타나는 환자들이 계속 생겨도 무슨 병인지 알 수 없으면 우리는 그것을 괴질(怪疾)이라고 부른다. 이렇게 전문가들이 연구해도 무슨 병인지 확실히 알 수 없는 경우가 있는데, 이런 상태를 증후군(症候群, syndrome)이라고 한다.

그렇다면 한국병은 괴질인가? 증후군인가? 이런 한국병에는 한국인이 한국병 전문의사가 되는 것이 제일 좋다. 그러나 모두 관심이 없는 것 같다. 자신과 관계가 없고 자신의 탓이 아니라고 미리 마음의 문을 닫았기 때문이다. 한마디로 오불관언(吾不關焉)이다.

과거 문민정부 출범 때 김영삼 대통령은 선거유세에서 한국병을 치유하여 신한국을 창조하겠다고 했다. 그는 황금만능주의, 이기주의, 계층갈등 그리고 가치관의 혼란을 한국병의 중요 요소로 파악하고, 대통령에 당선된 후 부정부패, 비리의 척결, 공동체의식 강화, 그리고 전도된 가치관과 도덕적 불감증에 대한 경각심을 역설했다.

당시 야당은 한국병은 민자당(여당)병에 불과하다고 평가했고, 여당은 한국병을 군사정권의 유물로만 봄으로써 여당이나 야당 모두 한국병의 정의와 범위를 정치적으로 희석시키고 축소시켰었다. 그 후로는 한국병이란 문제의식도 더 이상 쟁점으로 떠오르지 않고 적당하고 애매하게 넘어가 버렸다. 국민들도 부담스런 것을 따져볼 턱이 없이, 모두 한국병은 암이나 불치병이 아닌 별게 아니라고 생각했으며 모두 자기 진찰을 회피했다.

세계의 모든 국가와 민족은 모두 그들 특유의 지켜야할 의식구조와 고쳐야할 의식구조를 동시에 가지고 있다. 다만 차이가 나는 것은 그들이 그들의 의식구조를 제대로 파악했느냐 못했느냐에 따라서 발전과 발전 속도가 결정된다는 사실이다. 만약 우리 의식구조 중에서 단점인 한국병을 제대로 자각하고 여기에 기초를 두고 의식개혁의 목표를 세웠더라면 지금과 같은 국가적 망신은 당하지 않았을 것이다.

그런데 이게 되지 않았다. 다시 말하면 국가적, 민족적, 자아의식의 토대가 없었다는 의미이다. 사실 이 책은 한국병의 진단과 의식개혁의 목표에 기초하여 그 처방으로서 뇌짱의 방법을 비전으로 제시한 것이다.

자아와 자부심이 약한 사람은 자기 병을 회피한다

개인적인 차원에서도 우리는 나쁜 버릇(습관, 의식구조)을 아예 잘 모르거나, 또 설령 알고 있어도 잘 고치지 못한다. 이런 단점뿐 아니라 자신의 장점을 모르는 경우도 많다. 이런 일들은 자신을 타자화 시켜 즉시적으로 보는 일이 드물어 생기는 일이다. 이것을 해결하려면 치열한 내면 탐구와 심도한 독서가 필요하다. 예를 들면 부부간에도 갈등의 원인이 성격이나 의식구조의 차이라면 부부가 각자의 장단점을 서로 파악하고 인정함으로써 이해의 폭을 좁힐 수 있다. 그래도 어려우면 그 다음으로는 상담소나 전문가를 찾으면 될 일이다.

보통 사람들은 대개 자신에게 결점, 약점, 단점 그리고 추한 부분이 있으면 자신이나 상대에게 이를 쉽게 인정하려고 하지 않는다. 특히 소극적인 사람들의 경우에는 더더욱 그렇다. 그러나 강한 자아와 자부심을 가지고 있는 긍정적인 사람들은 이를 쉽게 인정하는 여유가 있기 때문에 자기 발전과 성숙이 그만큼 쉽게 이루어진다. 문제는 사실 소극적인 사람들에게 있다. 이런 소극적인 한국인들은 한국병에 대해 거부감을 느끼며 이를 쉽게 인정하려 하지 않으려 한다. 이런 사람들이 많으면 많을수록 한국 사회의 발전 기회도 없어진다.

'강 건너 불구경'일 수 없는 개혁

강 건너 동네에 불이 났다. 이글거리는 불길에 호기심이 생기지만 아무도 불을 끄려는 생각 없이 구경만 하고 있다. 사람들은 예전부터 불장난을 좋아했고 불길을 지켜보는 것을 좋아했다. 더구나 강 건너 불이 난 곳은 자기들 잇속과는 거리가 멀다. 불을 한참 보고 있노라면 스트레스 호르몬의 증가 때문에 불구경을 멀리서 보는데도 체온이 오르고 심장박동과 혈액순환이 증가하여 오줌이 마려워진다. 옛날 우리 부모들이 불장난을 하면 오줌싸개가 된다는 이야기가 다 과학적인 근거가 있는 말인 것이었다.

인간은 원래 무기력과 무료함 그리고 권태감이 오래 지속되면 스트레스와 자극이 너무 적기 때문에 오히려 스트레스와 자극을 받고 싶어 한다. 그러므로 할 일없이 심심하게 느끼며 무기력에 찬 사람일수록 불구경과 폭죽이 자극제가 되어 짜릿한 스릴과 희열감마저 느낄 수 있는 것이다.

만약 여기에서 불이 난 건물들이 정부 건물이었고 불길을 끄는 행동이 사정 작업이었다고 치자. 어느 누구도 물 양동이에 강물을 퍼 담아 불을 끄러가는 사람들은 없었다. 불을 끄려는 적극적인 행동이 한국병의 치유와 의식개혁일 텐데 일부 공무원들과 국민들은 자신들은 예외인양 기분 좋게 구경하면서 여기에 대한 책임감은 크게 느끼지 못했다. 특히 일부 공무원들은 무력감과 무사안일에 빠져 불길을 끄기 위해서 강으로 달려가지 않았다.

IMF도 모두 내 탓은 아니라고 발뺌했으며 세월호와 국정농단도 마찬가지다. 일부 당한 사람들은 재수가 없었을 뿐이라고 스스로를 위안했다. 개혁 초기에 국민들은 개혁정치가 성공하느냐 못하느냐에 더 큰 관심이 있었고 기득권층은 계속 팔짱만 끼고 구경했다. 이때 우리는 삼무(三無)현상인 무기력, 무관심, 무책임에 빠져 그저 불구경만 했다.

두 사람이 함께 여행을 하고 있을 때 한 사람이 길바닥에 놓여있는 도끼 한 자루를 발견했다. 이때 "우린 뜻밖에 횡재를 했구먼"이라고 동료가 말하자 발견한 사람은 "우리라고 말하지 말고 발견한 사람은 나니까 자네가 횡재를 했구먼 하고 말하게"라고 했다. 얼마 지나지 않아 도끼를 잃어버린 사람들이 그들을 뒤따라 왔다. 도끼 임자가 뒤쫓아 오는 것을 보고 도끼를 가졌던 친구가 "우린 이제 틀렸구먼"이라고 말했다. 그러자 그의 동료가 반박했다. "글쎄 우리라고 말하지 말고 '난 다 틀렸구먼'이라고 하게. 자네가 그 도끼를 발견했을 때는 나와 같이 소유하려고 하지도 않았는데 뭘!" 이 이야기 역시 이솝우화이다.

짧은 이야기지만 우리가 얻은 행운은 친구와 이웃들과 나누어 갖지 않으면 우리가 곤경에 처했을 때 그 곤경을 아무도 같이 나누려고 하지 않을 거라는 평범한 진리를 이야기하고 있다. 기쁨은 나눌수록 커지고 슬픔은 나눌수록 작아진다고 하지 않는가. 도끼를 처음 발견한 사람이 그 이익과 책임을 66%, 그리고 그의 동료가 33%를 차지해도 좋았을 것이다. 공동체의식이 부족하고 권리만 주장하고 책임을 회피하기 때문이다. 부동산 열기에서 얻는 행운, 기득권층으로서 얻는 이익, 부실공사해서 번 떼돈 그리고 과보호와 저임금으로 성장한 재벌, 이들은 다른 사람들과 나누어 갖지 않으려 한다. 한국병의 치유와 의식개혁에서도 무관심하고 무책임하다. 사회적 곤경과 고통도 서로 분담하려 하지 않는다. 자신의 진정한 성공과 행복의 길이 남에 대한 배려와 기여인데도 말이다. 지금 우리의 의식수준과 뇌짱수준은 먼저 도끼를 주운 사람과 다를 바 있는가 자문해본다.

제 버릇 개 못준다고 이번에도 아마 한국병의 진단을 적당히 하려 한다면 이것은 정말 큰 일이 아닐 수 없다. 예전 같으면 또 의식개혁도 적당히, 구조개혁도, 의식의 국제화도, 강 건너 불구경하는 것처럼 적당히 넘어갈지도 모른다. 왜냐하면 우리 의식구조 자체가 적당주의, 불확실성을 잘 수용해버리는 의식구조를 가지고 있다.

사실 우리가 대형사고에 대한 건망증이 심하고 개선되지 못하는 이유는 적당주의로 땜질하거나 마음의 여유가 없고 누적된 스트레스 상태에 있을 뿐 아니라 사회적 사건에 대한 공동체의식이 없고 인생관(가치관, 뇌짱)과 사고의 틀이 없어 오래 기억을 못하고 냄비현상이 지속되기 때문이다. 머리의 문제지 괴질이 있을 수 없다. 한국병이든 기본이 서는 나라든 정치와 언론이 만들어서 우리에게 필요한 지속적인 생각과 관심의 흐름을 차단한다. 이와 같은 예들은 흔하다.

그래도 이런 비관적 생각과는 달리 한 가닥 희망도 보인다. 바로 통치자의 의지이다. 다만 그를 도와서 정책을 세우고 실무를 펴나가야 할 사람들이나 학자들이 아직도 명확한 진단과 처방을 내지 못하고 있다. 선진국민은 자기가 선거에서 투표하지 않았더라도 정책으로 결정되면 방관하지 않고 참여하는 비율이 높다. 그러니 지금이라도 우리 사회에서 이렇게 지속적으로 근본적인 문제의식을 제기하고 토론해 나가는 풍토가 정착된다면 그 자체로도 우리는 미래에 큰 희망이 있는 셈이다.

결국 우리의 관건은 국민에게 있다. 정치가들은 이런 초당적 문제를 조선말 당파싸움 같이 싸우지 말고 협력하자. 과거 긴 역사 속에서 중국과 일본에게 그렇게 많이 당해놓고도 아직 정신을 차리지 못한다면, 그래서 이번의 변화 기회도 놓쳐버린다면 우리와 우리 다음 세대는 계속 한(恨)의 역사를 이어갈 것이다. 우리 사회는 이미 구제불능의 빈부격차가 심한 남미를 닮아가면서 새로운 형태의 한을 잉태하고 있는 것은 아닌지 걱정스럽다. 이번만은 적당히 우물쭈물 넘겨서는 안 된다. 각자 긍정적으로 살며 열심히 일하자. 사실 정신을 차리는 길이 뇌짱의 길이 아니겠는가?

6. 익숙함? 생소함!

어느 서양학자가 미래는 불확실성의 시대가 될 것이라고 했다. 서양 선진국은 지금까지 지난 수백 년간 산업사회를 건설하면서 확실성을 추구하는 시대를 구가해왔기 때문에 미래를 불확실한 시대로 예견하는 것은 나름대로 설득력이 있다. 그러나 우리는 적어도 과거 수백 년 동안은 계속 불확실한 시대를 살아왔기 때문에 그 서양 학자의 예견을 그대로 적용시킬 수는 없다. 굳이 적용한다고 해도 서양의 의식구조와 우리의 의식구조에는 상당한 차이가 있기 때문에 그저 참고만 하는 것이 보다 현명할 것이다.

이렇게 외국에서 들어오는 조그마한 의견과 사상이라도 신중을 기해 받아들이지 않으면 우리는 더 큰 혼란과 불확실성에 빠질 우려가 있다. 반면에 제대로 서양의 장점을 수용하고 우리의 장점을 선택한다면 우리에겐 불확실성의 시대는 존재하지 않을 것이다. 문화 사상이나 연구 결과뿐만 아니라 외래품을 비롯한 외부의 것을 무분별하게 받아들이는 것은 항상 커다란 위험을 내포하고 있는 일이기 때문이다.

어느 장단에 맞춰 춤을 출 것인가?

우리 의식구조의 저변에는 알기 어려운 무의식 세계에 고유의 동양적 의식이 도도히 흐르고 있다. 이중에서 상당한 부분의 동양적 사상과 종교 의식이 서양인에게는 생소하게 느껴질 것이다. 요즘은 서양 선진국도 확실했던 산업사회의 의식구조에 한계성을 느끼고 생소한 동양사상에 흥미를 나타내기 시작했다. 한편, 우리는 외국에서 또는 외국인에게 동양사상이 인기 있고 알아준다고 해서 그들이 해석한 동양사상을 다시 우리가 역수입하여 덩달아 춤춘다면 '생소함'의 흥미 보다 '익숙함'의 흥미에 끌리는 셈이 된다.

아무리 서양인의 뛰어난 분석력의 잣대로 동양과 우리 문화를 평가하는 시대라고 하지만 우리의 일부 출판인이나 저자가 역수입된 동양문화에 관한 책을 소개함으로써 익숙함에 길들어진 독자들을 현혹시키는 것은 문제가 있다. 이런 종류의 책들은 심하면 무의식적 공모나 지적 사기로 비난받을 지도 모른다.

우리 의식구조의 발전을 위해서라면 사실은 '익숙함'의 흥미보다 '생소함'의 흥미가 더 가치 있고 필요하다. 생소함에 대한 흥미는 새로운 것으로 변화시켜 발전의 계기가 될 수 있지만, 익숙함에 대한 흥미는 항상 제자리걸음이 되기 쉽다. 더구나 우리의 주체적 의식구조를 잘 파악하고 인식하지도 못한 상태에서 외래 사상부터 덥석 받아들인다면 우리 의식구조의 발전 방향은 또 다시 표류하게 될 것이다.

우리는 새로운 지식과 정보를 주로 매스 미디어인 방송, 언론, 출판, 잡지, 인터넷과 모바일 폰 그리고 전문지를 통하여 얻고 있다. 그러나 골치 아픈 것보다는 재미와 흥미 위주의 프로그램 쪽으로만 너무 쏠리는 감이 없지 않다. 아마 스트레스가 너무 쌓인 사회여서 마음의 여유가 없어져 그런 것 같다. 어떤 사회에서나 혼란과 불확실성이 강한 시대일수록 반드시 다수결이 올바른 의견과 판단을 대변하지는 않는다. 이러한 사회일수록 소수의 의견과 주장에도 귀를 기울이는 여유가 필요하다. 방송국간의 시청률 경쟁이 심하면 더 자극적이고 흥미 위주로 흘러갈 가능성이 높다. 따라서 보다 더 다양한 의견과 주장을 수용하고 찬반(贊反)에 따른 갈등을 공평하게 수렴하는 프로그램을 제작하여 시청자가 스스로 선택하고 판단하도록 해야 한다. 다양한 아이디어는 판단력과 창의력을 높여주기 때문이다.

우리는 뷔페 집에 가서도 대개 구미가 당기는 음식부터 손이 먼저 간다. 그러나 달고 맛있는 음식만 찾는다면 충치와 비만증 그리고 각종 성인병에도 걸리기 쉽다. 먹을거리뿐만 아니라 인간 사회에서도 비슷한 성격과 기질을 가진 사람끼리 만나는 것이 편안하고 스트레스를 덜 느낀다. 즉 동류항을 좋아하고 익숙함에 길들여져 있는 것이다. 그러나 생소한 친구들을 자주 만나고 대화를 나누어서 가까워질수록 균형과 조화 그리고 다양성을 통해 발전하는 법을 배우며 이해와 사고의 폭이 넓어진다.

과거에 집착하고 변화가 적은 의식구조를 가진 폐쇄된 사회에서는 외부로부터 오는 생소한 지식과 정보 그리고 사상에 배타적인 경우가 많다. 그러니 편안함 속에 안주해서 스스로의 세계를 좁히기 보다는 생소한 흥미꺼리의 질을 판단하고 그 유용성과 필요성을 따져보는 뇌짱이 중요하다.

얼마 전에 조선일보의 칼럼 「박종인의 땅의 역사」란에 하멜표류기에 관한 일부 설명이 있었다. 이에 따르면, 1653년 7월 네덜란드

동인도회사 소속 상선이 대만을 출발하여 일본 나가사키로 항해 중 악천후로 동년 8월 제주도 해안에 난파했다. 선원 36명은 서울로 압송되었다가 전라도를 떠돌다가 13년 만에 생존자들이 나가사키로 탈출하여 하멜표류기의 내용을 밀린 월급을 받기 위해 동인도회사에 제출한다. 당시 네덜란드는 세계 대양의 무역을 주름잡는 강국으로 일본 나가사키 항구에 거주하면서 일본의 서양 근대화의 창구 역할을 했다. 이때 화란(오늘날의 네덜란드)의 의학과 과학기술이 유입되어 일본 근대화에 결정적 계기가 되었다.

일본은 화란에게 배워 모든 외국선박의 기항지의 소식과 항해일지를 기록하여 서양의 생각과 문물을 알아냈다. 일본의 국민성이 생소함에 세세한 호기심이 많다고 점도 작용했다. 물론 일본 세관 공무원에 제출한 하멜표류기의 내용을 이웃나라 조선에 대한 현실 파악이 그들에게는 좋은 정보였을 것이다.

반면 조선은 당시의 첨단항해술, 무기술, 기타 과학지식을 배우려는 생소한 생각을 못하고 그들이 가져온 포도주에 만족하고 풀 뜯기, 땔감 베어오기, 양반집 구경거리 되기, 구걸하기 등에 이용했다는 기사였다. 즉 공짜로 굴러들어온 근대화의 창구와 기회를 머리짱 없이 지나쳤다.

우리는 아직도 선진국 영상물 소식이나 스쳐간 여행으로 “아, 나도 알아”로 끝나지만 그들이 어떠한 머리와 생각을 가졌기에 선진국이고 강한 소국인지 따지는 수준이어야 할 것이다. 호기심과 생소함(소수의 의견도 경청하는 영리함)을 잘 수용하는 창조력이 우리가 살길이다.

우리 사회는 얼마 전부터 의식구조의 국제화 필요성을 느꼈고 항상 세계화를 논의해 왔다. 그러나 ‘익숙함’보다 ‘생소함’을 추구해야 할 세계화는 우리의 현 의식구조로서는 아직 요원한 일이다. 심지어 미국에 살러 간 재미교포들까지도 같은 모국어, 같은 의식구조를 가진 동족끼리만 어울리려고 하는 것이 사실이다. 동시에 외국에 여행하는 관광객들도 우리 먹을거리만 찾는 경우가 허다하다. 과거로부터 우리 사회는 낯선 사람에게는 불친절해도 일단 관계가 있는 사람에게는 성의를 다해서 친절함을 보여주는 일이 빈번했다.

그건 바로 인정과 의리를 끼리끼리만 주고받았기 때문이며, 사회 전체에 연결시키는 고리로서의 공동체의식과 계층 화합이 없었기 때문이기도 했다. 바꾸어 말하면 마음이 폐쇄되어 '익숙함'의 흥미에만 매달리고 '생소함의 흥미에 친숙하지 못했다는 것이다.

결국 익숙함 추구→ 의식의 폐쇄성(또는 배타성)→ 변화와 개혁부족→ 정신적 지체→ 영원한 중진국 또는 후진국이라는 연관성을 발견할 수 있다.

'생소함'에 대한 흥미로 뇌짱으로 전환하자

과거 미국은 월남전 패배와 히피족의 반전(反戰)운동으로 미국 역사상 처음으로 한계성을 느끼면서 불확실한 시대에 진입했다. 히피족에 의한 문제의식의 제기는 포스트모더니즘으로 발전하는 동기가 되었다. 이것이 우리에게 소개되었을 때는 이름 자체가 우리에게 호기심을 일으켰고 '생소함'의 흥미를 끌 수 있었다. 그러나 알고 보면 포스트모더니즘의 의식구조는 이미 수천 년간 우리의 무의식 세계와 잠재의식 속에 존재해 왔다. 단지 우리가 이를 깨닫지 못했을 따름이다. 포스트모더니즘 사상은 단지 서구의 입장에서 미래의 불확실성과 서양 정신문화의 한계성을 타개하려는 몸부림으로 보아야 할 것이다.

또한 서양 선진국의 사회발전 단계가 '후기 현대'라고 한다면, 우리 사회는 이제 겨우 '초기 현대'에 와 있으므로 포스트모더니즘을 그대로 우리 의식구조에 적용시킬 수는 없는 노릇이었다. 오히려 우리에게는 부작용으로 혼란과 불확실성을 고착시킬 우려가 있다. 카오스 이론도 같은 맥락에서 이해되어야 할 것이다. 이런 현상들은 '익숙함'에 대해 우리가 느끼는 흥미의 정체를 제대로 파악하지 못해서 의식구조의 발전 방향을 흐리게 하고 결국은 의식구조의 표류 현상을 빚어냈다.

동시에 저자들인 인문학자들도 이에 편승하면서 문화의 생소함과 익숙함 그리고 이에 따르는 폐해를 모른다. 이런 악순환의 요소들은 결국 사회 전반에 고정관념을 굳히고 지적 정체 현상을 일으킨다. 이런 비관적 상황에서 대학 수학능력 시험이나 논술시험 등 입시 제도의 변화는 질식시키는 암기식 사교육에서 우리 의식구조에 부족한 분석력, 과학적, 논리적, 합리적 사고력을 활성화시키기에 역부족이다.

명문병에 걸린 대치동 부모들은 암기식 사교육의 해를 인식하지 못하고, 교육 당국자들과 교육 기득권자들은 이를 피한다. 한편 지적 교류가 활발한 정보사회에서 이와 관련된 활동에 기대해 본다. 동시에 서점에 나가보면 인터넷과 통신 역사적 재조명, 실용서, 자아 찾기와 실천, 국제적 안목을 넓히는 것 등에 관한 책이 많아 상당히 고무적이다. 흔한 말로 숨통이 트인 셈이다. 이런 방향으로 교육이 자리 잡힌다면 깊이 따져보는 냉철한 머리를 발전시켜 결국 창의력의 향상으로 이어질 것이고 자아 발견의 능력과 정확한 현실 직시 능력도 높아질 것이다.

우리의 독특한 의식구조에는 스트레스, 불안, 피해의식, 한(恨)에 민감하게 반응하고 불확실성을 잘 수용하는 능력이 있다고 했다. 그러므로 심리적으로 부담을 주는 책이나 쉽게 이해되지 못하는 책은 기피한다. 또한 불확실하고 적당하게 넘어가면서 여운을 남겨주는 책을 좋아한다. 마음의 여유가 없고 확실하게 따져보기 싫어하므로 내면(內面) 지향적 탐구력과 자아발견의 능력도 약화된다. 여기에 의식구조의 정체성으로 변화를 잘 수용할 수 없으니 발전도 없고 개인적인 진정한 자부심과 주체성이 약화된다. 이 부분이 우리가 추구하는 의식개혁에서 가장 어려운 부분인 동시에 돌파해야 할 핵심이 되는 것이다.

나무를 말려 죽이는 방법도 여러 가지가 있다. 어리석은 사람은 몇 달 동안 열심히 나뭇잎을 따면서 열심히 일하고 있으니 나무가 곧 말라죽을 것이라고 생각하고, 머리를 조금 쓸 줄 아는 자는 나무의 줄기를 베어버리며, 진정으로 현명한 자는 나무의 뿌리를 끊어버린다고 공자님이 말씀하신 바 있다.

그저 그때그때 땜질만 계속한다면 근본적인 차원의 치료는커녕 무한정 표류할 수밖에 없다. 의식개혁에 관한 한 땜질은 진실로 혼란만 가속시킬 것이기에 시간이 걸리더라도 근본적인 진단과 처방을 내려야 한다. 그리고 이때 부정적 감정과 조급함을 버리고 차분하게 문제의 핵심을 깊고 넓게 따져보는 마음의 여유, 바로 뇌짱이 필요한 것이다.

7. 한사상과 한(恨)

대부분의 학자들은 우리 역사에 한(恨)이 많았다는 사실에 동의하고 있다. 한은 억제된 분노와 원한이 해소되지 못해 누적된 응어리가 의식구조에 내면화되어 굳어진 상태라고 했다. 의학적으로는 누적된 스트레스 의식구조라고 말할 수 있다. 해소되지 못한 서러움이기도 하다. 한은 생리적으로 감정과 정서가 불안해져 부정적인 다혈질이 되기 쉽다. 먼 옛날 상고시대나 단군조선 시대에는 한이 없었다고 하는데 아마 기자조선이나 삼국시대 이후부터 한이 누적되어 왔다고 보는 학자들도 있는 것 같다.

그렇다면 과거 우리의 선조들은 한을 어떻게 풀어왔을까? 1988년 서광선이 쓴 『恨의 이야기』의 내용과 저자가 보충한 것에 의하면 첫째, 도교와 불교, 그리고 토속신앙(무당굿이나 산신령 숭배) 등의 종교에 의지했다. 둘째로 탄식, 망각, 용서, 운명론(사주, 점)과 체념으로 풀었다. 셋째, 끈기와 인내력을 발휘했고 가끔은 시원하게 복수를 하기도 했다. 넷째, 해학, 풍자, 가무(歌舞), 예술과 문학 등으로 승화시켰다. 물론 복수를 하고 싶어도 역사적 상황이 보복하기에는 뒷감당이 문제일 정도로 역부족인 경우가 많았다.

일본은 한(恨)은 없지만 원(怨)은 있고, 중국은 은혜와 원수 갚음이 아주 뚜렷하다. 그러나 한국적인 정서인 한(恨)은 원망이나 보복만을 전제로 한 개념은 아니고 사실은 상당히 개인적인 정서지만 민족 전체에 보편적인 성향으로 떠올랐을 뿐이다.

과거에 '서편제'라는 영화가 인구에 회자되면서 우리는 전통적인 한의 정서를 보여주는 예술품의 리스트에 하나를 더 추가할 수 있었다. 영혼을 담은 소리를 완성시키기 위해 의붓딸의 눈을 멀게 하는 소리꾼 아버지, 그리고 아무 원망 없이 고통 속에서 예술혼으로 피어나는 딸의 피맺힌 소리의 장면은 아직까지 뇌리에 선명하다. 후문이지만 이 영화를 본 관객들은 소리 자체의 아름다움이나 깊은 의미를 이해하지는 못해도 자신도 모르게 눈물을 흘린 사람들이 많았다고 한다.

이 영화는 국내의 이 성공에 힘입어 외국에 적극적으로 수출했는데, 아마 외국인들의 일차적인 반응은 '비정하고 나쁜 아버지' 수준이었을 것이다. 아마 한(恨)에 대한 공감대를 외국에 기대한 것 자체가 무리였을 수도 있다. 그러나 그들은 '생소함'에 흥미 있는 선진국민이라면 걱정할 필요는 없을 것 같다.

'서편제'라는 영화를 보고 감동의 눈물을 흘린다는 사실 자체가 자신이 알든 모르든 이미 우리 의식구조에는 한이 맺혀 있다는 증거다. 이것은 자아(自我, self)의 발견이지 실현은 아니다. 서편제가 보여주는 것처럼 슬프지만 아름다운 한국적인 정서는 자아 발견과 승화된 예술 때문이다. 고생을 모르고 자란 신세대도 그들의 문화적 유전자에 한(恨)이 잠재해 있을 것이다.

국민적 정서로서의 한(恨)과 달리 한사상의 '한'은 한국, 한겨레, 한복, 한글, 하나님, 한얼의 첫째 글자이다. 그러므로 恨과 한사상의 '한'은 다른 개념이다. 순수한 우리말에서 한사상의 '한'의 의미는 크게 나누어 볼 때 하나(一, one), 많음(多, many), 같음(同, same), 가운데(中, middle), 그리고 불확실(不定, about)이란 뜻이 있다고 한다. "하나(一)와 많음(多)이 같다(同)"는 개념은 예컨대 기독교의 삼위일체, 도교의 음양과 음양조화론, 변증법의 정반합, 천부경의 삼신일체(三神一體) 사상 등에서 찾아볼 수 있으나 서양은 우리보다 같음(同)과 가운데(中)의 개념이 약하다.

가운데(中)의 의미는 불교의 무(無) 사상과 유교의 중용(中庸) 사상에서 찾아볼 수 있다. 서구처럼 직선적인 과학적 사고력이 강한 곳에서는 있다(Yes), 없다(No) 그리고 모르겠다(unknown)의 개념이 확실했다. 그러나 우리의 한사상에는 불확실(不定)의 개념이 강하다. 김상일 교수는 한때 한사상이야말로 우리의 한(恨)을 풀어주는 사상이라고 피력한 바 있다.

불확실성(about, uncertainty)과 한사상은 사실 우리의 의식구조 속에 수천 년간 존재해 왔다고 생각된다. 앞에서 문화인류학자 호프스테드가 말한 불확실을 수용하는 문화 집단이 있다고 했다. 우리의 장점인지 단점인지는 몰라도 우리는 불확실한 사실을 잘 수용하는 능력이 있다. 예를 들면 "얼마 걸립니까?"의 질문에 "한참 걸립니다"라고 대답해도 아무 거부감 없이 수용한다. "몇 개나 드려요?" 물어봐도 "한 대여섯 개쯤 주세요"라고 말하고, 다시 "다섯 개요? 여섯 개요?" 물어보면 "알아서 적당히 주세요"라는 대답이 돌아오니 서양인들이 한국 사람들과 계속 이런 대화를 나누다가는 코드가 엉켜서 컴퓨터 시스템이 다운될지도 모를 일이다. 우리의 선조들은 해소되지 못한 한을 애매하고 불확실한 것으로 수용하여 체념, 단념, 그리고 망각으로 문제를 해결한 것 같다.

다른 한편으로는 한 사상은 배달국과 단군조선 그리고 고구려가 가지고 있었던 적극적인 용맹의 기상으로 나타났다. 원효의 불교 대중화, 이율곡의 합리적 사고, 최제우의 동학사상과 동학운동, 기미년 삼일운동, 근대의 학생 민주화운동 등에서 한사상의 다른 면을 엿볼 수 있었다. 과거에는 사회적으로 한(恨)이나 불만이 있을 때 우리는 우선 참아보았다. 그러다가 목에까지 차오르고 위기의식을 느꼈을 때는 복수심에 의해 폭발하는 경향이 있다. 이는 아마 우리의 의식구조가 누적된 한(恨)과 스트레스 때문에 조용한 이성과 자아실현보다는 끈기와 인내 그리고 감정을 쉽게 노출시키는 의식구조와 버릇을 가지고 있었기 때문일 것이다.

우리는 수천 년 묵은 한(恨)이 있지만 근본적 치유나 행동이 없었다. 서편제를 관람하면서 눈물을 흘리는 것, 즉 자아발견의 단계에서 안주해 왔다. 그 다음 단계인 자아실현 즉 한(恨)의 근본적 치유와 행동은 약했다고 생각된다. 혹자들은 의식개혁을 위해서 자기반성과 자기 성찰이 중요하다고 외친다.

그러나 자아발견의 단계는 자신의 단점을 발견하는 요소 즉 자기 반성과 자가 성찰뿐이고 이 단계에서 그치면 효과가 적다. 근본적으로 접근해야지 적당히 넘어가서는 의식개혁은 불가능하며 이렇게 적당주의로 접근해 왔기 때문에 수천 년 묵은 한(恨)이 우리 의식구조에서 사라지지 않고 있는 것이다. 자신의 단점과 잘못을 반성하는 데는 자신의 장점과 자부심을 동시에 발동시키는 자아발견과 자아실현이 필요하다.

한(恨)의 눈물은 우리의 의식구조상으로는 당연하지만 바람직하고 정상적인 심리상태는 아니다. 한편으로는 한(恨)에서 유래된 끈기와 인내가 우리가 지금까지 독립국가와 경제성장을 유지해 온 원동력이 되었다는 지적도 옳은 말이다. 그러나 그것은 한에 의한 반동적이고 수동적인 태도일 뿐이다. 서양이 갈고 닦은 개인적인 자아(自我, self) 개념을 한 번 생각해 보는 여유가 필요하다. 아마 우리에게 약소국가라는 의식이 지배적이어서 배타적인 심리가 형성된 탓인지도 모른다. 이런 근본적 접근 방법은 고통이 따르고 재미와 흥미가 없으며 골치가 아프고 짜증이 날 것이다. 그러나 고통을 감수하는 어려움이 없으면 변화도 발전도 없다. 이렇게 진지한 태도가 진정한 의식개혁을 통해 고통을 분담하는 첩경이다. 말로만 하는 의식개혁은 아무 소용이 없고 오직 행동이 중요하다.

한사상의 "한"에는 또한 '크다'는 뜻도 내포되어 있다. '마음이 크다'라는 의미는 반대되는 의견에도 귀를 기울이는 여유이다. 그러므로 이해하는 폭이 넓고 깊이가 있기 때문에 그릇이 큰 사람이다. 이렇게 그릇이 크고 폭 넓은 여유를 가졌었던 우리 고대 선조들은 결국 자아의식, 자부심, 주체성이 강한 사람들이었다.

수천 년 묵은 한(恨)을 수천 년 전에 우리 선조들이 터득한 한사상으로, 즉 진정한 자아와 자부심 그리고 진정한 자아실현으로 근본적으로 해결하는 지혜가 아쉽다. 우리는 자아발견과 자아실현을 서양의 것으로만 생각하지 말아야 한다. 이런 점은 우리 단군조선과 고구려의 높은 기상에서도 얼마든지 찾아볼 수 있는 것이다. 서편제를 보는 눈물은 자아(恨)의 발견과 승화된 예술과 사상이다. 그러나 자아(恨)의 실현과 한(恨)의 근본 치유는 한을 예방하기 위해서 우리를 강하게 만드는 의식개혁-뇌짱 키우기 운동에 의해서 가능할 뿐이다.

8. 언행불일치병의 진단과 치료

우리나라의 매스컴과 언론계에서는 국민의 정서(情緖)라는 단어를 자주 들을 수 있다. 심지어 정치가들이 대국민 발표를 할 경우에도 국민의 정서에 맞는다거나 맞지 않으므로 된다, 안 된다는 표현을 많이 쓴다. 우선 '정서'는 감정(emotion)의 동의어로 정적(靜的)이고 인정어린 감정의 뉘앙스가 풍기기 때문에 긍정적인 단어로 느껴진다.

이와 반대로 그냥 '감정'이라면 "너 나한테 무슨 감정 있어?"하는 식의 부정적인 단어로 생각된다. 간혹 정치가와 정부는 국민의 정서에 귀를 기울이고 국민의 정서가 잘 반영된다는 여론조사에도 신경을 쓴다. 그러니 사회적으로나 정치적으로 중대한 판단을 내릴 때, 국민의 정서에 더 큰 비중을 둘 것인가, 이성에 더 큰 비중을 둘 것인가 고민이 생기는 것이다. 정치가들이 하는 얘기로는 국민을 불안하게 하거나 스트레스를 주면 안 된다고 야단들이지만 왠지 공연한 말잔치 같다.

정서나 감정과 대립적인 용어는 이지(理智)와 이성(理性)이다. 정서와 감정은 뇌 속의 변연계가 담당하며 이 부위는 진화론적으로 비교적 오래된 조직이다. 그러므로 다른 동물에게도 정서와 감정이 존재한다. 반면에 이지와 이성은 비교적 나중에 진화된 대뇌피질에서 담당하며 특히 왼쪽 대뇌에서 나오는 기능이다. 이 부위는 다른 동물에게는 아주 미숙한 상태이다.

우리는 학교에서 분석적, 논리적, 과학적 이성에 따라 판단하고 행동하라고 배웠고 이성은 말과 언어의 형태로 전달된다. 그러나 우리 사회에서는 언행일치(言行一致)라는 표어가 이미 사라진지 오래다. 이미 완성되었기 때문에 필요 없어서 사라진 게 아니라 있으나마나 유명무실해져서 사라졌다는 게 맞을 것 같다. 이건 가볍게 지나칠 일이 아니다. 그동안 거짓말이 난무하고 말 따로 행동 따로 해온 사회풍토를 반증하는 것이기 때문이다. 정말 우리 사회는 도처에서 의식적이든 무의식적이든 책임과 약속을 쉽게 하는 버릇이 생긴 것 같다.

선진국 국민들은 대화할 때 책임질 수 없는 약속은 쉽게 입 밖에 내지 않는다. 그들은 책임을 따지는 순간 한참 생각하는 버릇이 있다. 직선(直線)의식이 강하기 때문에 "예/아니오"가 분명하고 공(公)/사(私), 그리고 "책임진다/안 진다" 사이에 분명한 직선이 있다. 그들의 의식구조 틀은 직선적인 것이다. 그러나 우리는 언어와 행동 사이에 확고한 연결고리가 끊어져 불신 사회를 낳고 있다. 게다가 명문화된 법과 제도까지도 잘 지켜지지 않는 사회, 도덕 불감증이 있는 사회라면 문제는 더 심각하다.

원래 정서와 감정은 급변하고 주관적인 측면이 강하므로 중대한 결정과 판단에는 도움이 되지 않는 것으로 되어있다. 반면에 이지와 이성은 가변성이 적고 객관적이고 논리적이어서 인류문명의 발전에 원동력이 되었다. 이런 측면에서 정서보다 분석적이고 실증과학적인 합리성을 가진 이성으로 판단해야 한다. 그런데 말과 언어는 상대편이 전혀 알아차릴 수 없이 거짓과 위선으로 감쪽같이 속일 수 있다. 그러나 정서와 감정은 자신이 거짓말을 하면 불안하여 곧바로 얼굴 표정과 몸짓에 변화를 일으키므로 쉽게 상대편을 속일 수 없다.

따라서 말에 거짓과 무책임이 무심코 빈번하게 통용되는 불신사회에서는 믿을 것은 정서와 감정뿐이다. 약속과 책임을 동반하는 말이 있을 때마다 종이에 적어 도장을 찍거나 서명을 하기 전에는 말이다.

말과 언어로 전달되는 이성을 믿을 수 없는 사회라면 결국 우리 정치가들이 흔히 하는 말처럼 정서와 감정에 의지할 수밖에 없지 않겠는가? 우리나라 정치가들이야 조석으로 말 바꾸기로 유명하다는데, 사실은 그런 말 하며 손가락질하는 우리의 국민들도 상당히 비슷한 데가 있다. 우리말에는 '말 바꾸기', '말 뒤집기'라는 표현 외에도 '식언(食言)'이라는 표현이 있는데, 보면 볼수록 재미있는 표현이다. 밥 먹는 것처럼 일상적으로 거짓말하거나, 한 번 약속한 말을 먹어치워 내 뱃속에 집어넣고 배짱을 튕기면 증거도 없겠다, 누가 뭐라 할 수 있겠느냐는 의미가 아니겠는가?

정치권을 냉소적으로 비웃는 국민들은 현재 말 따로 행동 따로 했던 정치권에 대한 배신감으로 식상해 있는 상태이다. 흔한 말로 "믿을 게 따로 있지 정치가 말을 믿느냐"라든가 "공약(公約)은 곧 공약(空約)"이라는 식의 항간에 돌아다니는 말이 그 증거다. 지도자들이 자기 책임을 다하지 못하고 눈앞의 이익에 급급해서 형편에 따라 거짓말한 언행불일치의 결과인 것이다. 언론계와 사회 지도층이 국민의 정서를 중요시하겠다는 풍조에 이의는 없지만 따져보면 서글픈 일이 아닐 수 없다.

이렇게 된 이유를 냉철하게 뇌짱을 굴려서 알아봐야 한다. 개인이나 국가나 중대사에 대한 결정과 판단은 아무리 우리의 의식구조가 감성적인 측면이 강하다고 하더라도 날카로운 분석력과 이성적 판단이 필요하기 마련이다. 아무리 정서와 이성의 중요성이 전도된 상태로 우리 사회의 언행불일치에 의한 무책임이 우리의 대뇌 속에 구조적으로 굳어졌다고 할지라도 말이다. 그러니 앞으로 예상되는 피해를 줄이기 위해서라도 의식변화와 개혁이 시급하다. 즉, 정서와 이성의 새로운 자리매김이 필요하다.

전설에 따르면 동물은 인간에 앞서 만들어졌다고 한다. 단군의 아버지 환웅신(桓雄神)은 동물들에게 다양한 능력들, 즉 발이나 날개의 속도, 힘 등을 부여해 주었다. 환웅 앞에서 벌거벗은 채 서 있던 단군은 왜 자기에게만 그런 능력을 부여하지 않느냐고 불평했다. 환웅신은 이렇게 대답했다고 한다. "너에게 주어진 것이 무엇인지 모른다. 너는 모든 것 중에서도 가장 위대한 재능을 받았느니라. 모든 강한 것보다 더욱 강하고 모든 날쌘 것보다 더 날쌘 것이며 삼라만상 중에서도 전능한 '이성(理性)'이라는 선물을 받았느니라." 단군은 이를 깨닫고 아버지에 대한 흠모와 감사를 느꼈다. 이 전설은 서구의 이솝우화에 나오는 이야기인데 제우스신을 우리나라 신화에 나오는 환웅신으로, 초기 인간을 단군으로 대입시켜 바꾸어본 것이다. 이런 자리바꿈은 내 은밀한 욕망의 표시인 동시에, 바라건대 이 이야기가 바뀌는 것처럼 우리 사회의 감정 중시 풍조도 이성 중시 풍조로 제발 좀 바뀌었으면 하는 것이다.

이 이야기만으로도 서양의 의식구조는 고대 그리스 때부터 인간의 이성을 대단히 중요시했으며, 선악(善惡)간의 구별을 신(神)의 힘을 통해서 확실하게 직선(直線)으로 구분하는 의식구조를 가지고 있었다는 것을 알 수 있다. 그러면 우리 사회에서는 구체적으로 어떻게 정서와 이성을 확실히 구분하고 언행불일치 현상을 어떻게 치료할 것인가.

우선 국민이든 국가든 나중에 책임을 져야 할 약속이라면 함부로 하지 않는 습관이 필요하다. 우리 의식구조에는 다혈질과 성급함이 있어 말의 진실과 책임에 대해서는 경시하는 반면 화끈하고 똑 부러진 대답을 바로 원한다. 동시에 대화에서 듣는 시간보다 말하려는 시간이 더 많다. 즉 마음의 여유가 부족한 것이다.

그러나 세계적인 대화의 명수들은 오랫동안 들으면서 머리(대뇌)를 굴린다. 정부에서도 고식적이고 자꾸 변하는 정책 발표 전에 신중을 기해야 한다. 법과 제도의 규제완화는 좋은 현상이지만 선별적으로 신중을 기할 필요가 있다. 이게 성공하려면 국민과 공무원이 자발적인 합리화, 자율화 능력, 즉 의식수준이 높아져야 한다. 또 언행불일치가 굳어있는 사회라면 섣부른 규제완화는 더 큰 혼란을 야기할 수 있으므로 여기에도 대비해야 한다. 준법정신과 도덕심 그리고 공동체의식이 고양되지 못하면 이기주의 때문에 무책임한 말이 계속될 것이므로 언행일치 운동부터 펴는 것이 나을 것이다.

다음으로 부정적 정서와 감정의 표출을 절제하는 습관이 필요하다. 일상 대화에서도 상대방이 기분 나쁜 소리를 하면 벌컥 화를 내기 보다는 "네가 그런 말 하니 기분이 좀 뭐하다"라든지 "그런 소리 들으니 별로 기분이 좋지 않은데"처럼 목소리를 낮추고, 어깨에 힘을 빼면서 이성적으로 말하는 훈련이 필요하다. 거친 말투와 즉각적인 반응은 곧 스트레스 체증에 걸려 있다는 증거이다.

이런 절제도 중요하지만 가장 근원적인 치료는 긍정적 정서와 감정을 고양시켜 그 자리에 채워 넣는 것이다. 긍정적인 마음을 가진 사람은 여유가 있고 모든 게 다 사랑스러워 보이기 마련이다. 화가 날 때 조금만 시각과 마음을 바꿔 생각해 보면 증오와 사랑이 곧 종이 한 장 차이에 불과하다는 것을 깨닫게 될 것이다. 국가적으로도 국민들이 마음의 여유를 가질 수 있게 주변 환경을 재정비하는 게 필요하다. 지역사회의 놀이터와 체육시설, 공원, 예술과 문화, 녹지 공간을 확충하며 여가선용 정책이나 교통지옥 해소 등의 정책이 확충된다면 곧 국민의 정서 함양 정책으로 쏠쏠한 효과를 낼 것이다.

북한 국민들은 역사적으로 보나 환경면으로 보나 우리보다 훨씬 부정적 정서와 감정을 더 많이 가지고 있으며 배타적이고 공격적이다. 우리보다 피해의식이 더 깊어진다면 오기와 심술까지도 부릴지 모른다. 획일적이고 비자율적인 강한 사상적 이념의 틀은 의식구조의 폭을 좁히고 여백을 허용하지 않기 때문에 앞으로 타협에 큰 어려움이 따를 것이다. 우리가 북한사람들이나 문화를 수용하려면 우리부터 의식구조의 폭이 더 커져야 한다. 그들은 안정된 권력을 위해 주변국들에 대한 적대감을 국민들에게 충동적으로 주입시키고 있기 때문에 전반적으로 정서가 거친 편이다. 장래의 민족 공동체를 위해서라면 우리 국민들도 이런 문제에 대한 인식을 새롭게 하여 우리 자신들의 문제부터 풀어나가야 한다.

우리 국민이나 정부는 지금까지 말 따로 행동 따로 언행일치가 정착되지 못한 사회에서 살아왔기 때문에 이성을 전달하는 말과 언어를 서로 믿지 못하는 불신사회를 키워왔다. 그 결과로 이성보다 정서와 감정을 더 신뢰하는 풍조가 생겼다. 여기에 더해서 우리 본래의 의식구조조차 이성보다 정서와 감정에 기우는 경향이 더 강하다. 그러니 현재 우리로서는 이성적 사고에 따른 왼쪽 뇌짱이 약하지 않다면 이상한 것이다.

또 역사적으로도 우리는 잦은 외침이나 내부의 계층갈등으로 인해 국민층이 깊은 피해의식을 느껴왔다. 피해의식에 의한 스트레스와 부정적 정서나 감정이 누적되면 특히 왼쪽 뇌짱이 발전하는 것을 방해한다. 왼쪽 뇌짱의 힘이야말로 우리를 선진화시켜 냉철한 기술력과 창의성을 높여줄 힘인데 말이다. 이 문제를 해결하는 방법은 개인적인 자기혁신에 성공하는 것이며 국가적으로는 경쟁력 향상을 위해 의식 전환을 하는 것이다. 그러나 우리사회가 변화하지 못하고 지금처럼 계속 정서와 감정에만 매달려 이성을 등한시한다면 큰 문제가 아닐 수 없다.

제5장

사회개혁을 위한 뇌짱운동

CQ=

IQ+EQ+SQ+MQ+PLQ

사회개혁을 위한 뇌짱운동

1. 의식변화의 메커니즘

의식변화의 네 가지 방법

우리가 자녀를 교육시킬 때는 당근과 채찍을 흔히 이용하는 상벌주의를 쓴다. 국제협상의 협상자들도 어린애와 같은 인격체이고 자존감이라는 공통점이 있어 원리는 대동소이하다. 여기에서 자존감은 참되고 솔직해야 효과가 있고 자존심은 왜곡되고 의도가 숨어있을 수 있어 조심스럽게 구분해야 마음이 통하는 거래가 일어난다. 자존감은 나이와 크게 관계없이 어린애도 일찍 발달하므로 인격체로 대해야 옳은 교육방법이다. 그래서 잠정적인 결론은 어린 자녀를 어떻게 키우는 것이 제일 좋은 방법이냐가 성인 의식변화와 개혁에서도 기본 내용이 된다. 우선 의식변화의 네 가지 방법을 살려보자.

첫째, 의식변화의 방법은 위에서부터 아래로 내려가는 하향식(下向式) 의식변화와 개혁이다. 자녀들에게 '텔레비전 보지 말고 공부해라고 말하려면 부모 자신부터 텔레비전을 끄고 책을 읽고 공부하는 태도를 보여야 자녀도 스스로 따라서 선택하는 법이다. 마찬가지로 지도층이 지키지 않으면서 의식개혁이라는 어려운 과제를 국민이나 하급 지도자에게 잘하라고 하니 그 거짓이 쉽게 드러나는 것이다. 솔선수범 없이 능력 없는 부모와 선생이 자녀를 능력 있게 키우려는 것은 거의 불가능하다. 불신사회라면 더욱 그렇다.

두 번째 의식변화의 방법은 아래에서부터 위로 올라가는 상향식(上向式) 의식변화와 개혁이다. 이는 국민층이 깊은 통찰력과 깨달음을 통하여 통치자와 지도층을 선도하는 경우이다. 과거 우리나라의 성공적인 민주화 운동이나 부정한 정부의 탄핵도 국민의 힘이었다. 그러나 국민의 민주화운동은 아직 끝나지 않았다. 대기업과 정부의 지도층이 떳떳하게 돈 벌고 사회적 지위를 유지하도록 국민은 이들에게 압력을 가하고 고발해야 한다. 여기에 시민단체들은 순수성을 잃지 않고 결집된 힘과 대안을 제시해야 한다. 아래서 위로 가는 상향식 개혁이야말로 위에서 밑으로 내려오는 하향식 개혁을 유지시키고 근본적인 것으로 튼튼하게 만들어주는 제일 확실하고 효과 있는 방법이라는 것을 선진국에서 보아왔다. 물론 우리의 현재 여건으로 보면 하향식은 물리적 혁명 없이는 불가능한 만큼, 상향식의 강한 공감대를 통하여 밀어붙여야 할 것이다. 모든 국민은 혁명을 원하지 않고 가능하지도 않다고 생각한다. 따라서 기득권층이 할 수 없이 따르도록 국민이 나서야 한다.

세 번째 의식변화의 방법은 개인적 욕망을 추구하는 과정에서 강력하게 법치주의를 실천하는 것이다. 인간은 자신의 욕망 추구 과정에서 생기는 만족, 불만족의 축적된 경험에 따라 의식이 변한다. 사실 이런 만족이나 불만족은 당근과 채찍, 상과 벌, 그리고 이익과 손해와 같은 부류의 경험이다. 본능적 욕망인 재산(돈)욕, 성욕, 그리고 지위욕은 이를 만족시키는 방향으로 의식과 행동이 굳어지고 변한다. 그러나 문제는 다른 사람의 본능적 욕망도 나와 같을 정도로 강하다는 사실이다. 여기에 관련된 법과 제도가 얼마나 엄정하게 집행될 수 있느냐 하는 문제가 사회 시스템의 관건이 된다. 법원, 검찰, 경찰, 그리고 각종 사정기관과 감사기능이 중요한 이유도 여기에 있다.

넷째로 의식변화의 방법을 국민 전체를 상대로 의식수준을 높이기 위해서는 국민 각자에게 자아개념의 이해를 통한 자아혁명이 필요하다. 자아혁명의 요체는 자부심을 키우는 것이다. 어린 학생이 부모에게 꾸지람을 들었을 때 자기가 잘못한 점을 확실히 깨달았다면 반성을 한다. 반면에 어린 학생이 부모나 선생으로부터 칭찬을 들었을 때 신이 나고 자부심을 느낀다. 또한 스스로 하는 습관은 적극성, 독립성, 그리고 주체성을 높여준다.

이와 마찬가지로 성인의 자기혁신도 이런 과정을 거쳐야 한다. 잘못과 현실을 직시하고 인정하는 단계에서 반성과 성찰이 일어나고 '할 수 있다'는 자부심을 동시에 불러 일으켜 의식의 변화가 생긴다. 역시 자아혁명은 부모와 교육자들이 합심해서 어린 세대를 집중적으로 교육시켜야 경제적이며 효과적이다. 그러나 교육부와 교육 전문가들이 입시에만 매달리는 현실이 안타까울 뿐이다. 이 마지막 방법이 첫 3가지 방법을 동시에 촉진하는 힘과 마력이 있다고 본다.

의식변화의 3단계

지금까지 의식변화와 개혁의 방법의 네 가지 부류와 상호관계를 살펴보았는데, 이런 의식변화와 개혁의 메커니즘이 제대로 성공하려면 네 가지를 동시에 추진하기 전에 시기상 3단계의 과정을 거쳐야 한다.

먼저 첫 단계로 정확한 위기의 진단을 위해 냉철한 현실인식과 문제의식이 중요하다. 다시 말하면 강한 자아의식과 정체성의 발견이다. 둘째 단계는 예측가능하고 기대해 볼만한 정확한 의식수준의 목표를 설정하고 인식과 사고방식을 고쳐 굳히는 일이다. 다시 말하면 미래에 대한 비전과 청사진을 제시하는 단계이다. 셋째 단계의 의식변화 과정은 행동이다. 행동은 공감대를 필요로 하고 과거의 저력과 신바람 정신을 만들어야 한다. 그러려면 작더라고 첫 성공꺼리를 만들어 불씨를 만들어야 한다. 알고 있는 것과 실천하는 것과는 특히 큰 차이가 있으므로 알고도 불신, 언행불일치, 이기주의, 무책임, 탁상공론, 개혁 저항세력 등이 일어나는 일이 빈번하니 신중해야 한다.

이 단계에서는 개인이 좀 손해를 보더라도 공동체의식과 시민정신이 강하다면 쉽게 국민들의 공감대를 끌어낼 수 있다고 생각한다. 그러나 대부분의 국민들은 IMF와 국정농단의 책임이 그들에게 없으므로 자기가 할 일도 없다고 강 건너 불구경 하듯이 한다. 국민의 수준에 맞는 국민의 정부라는 사실을 깨닫지 못하고 있으며, 항상 국민 각자가 자기의 수준을 따라오지 못하는 멍청한 정부와 국회라고 비난만 하지 도움을 줄 수 있는 방안을 고민하지 않는다. 이러한 3단계의 과정을 위해서 '뇌짱'은 그 대안이 될 것이다.

2. 의욕의 힘과 반동의 힘(I)

우리 사회에는 갑작스럽게 부자가 된 사람들이 많다고 한다. 노력으로 자수성가한 사람도 있지만 그중 정경유착, 부동산 투기, 저임금에 의한 수출호황, 부정과 비리, 운 좋게 지가 상승에 의해서 부자가 된 사람들을 일단 졸부라고 정의 해보자. 이런 졸부층은 신경 쓰면 스트레스가 생겨 건강에 좋지 않으므로 웬만한 일에는 신경 쓸 것이 없다고 생각한다. 경제가 침체하고 중소기업가들이 계속 망해도 무관심하다. 내 일이 아니라는 생각에서다. 과소비와 흥청망청하는 재미도 점차 줄어들어 이제는 항상 들떠 있을 수가 없게 되었다.

그러므로 열기 다음에 오는 허탈감과 무기력으로 권태와 무료감이 생겨, 오히려 스트레스와 불안을 다시 느낀다. 그래서 휴식을 취하다 시간이 지나면 인체는 기지개를 펴고 소일거리를 찾고 나중엔 일하고 싶은 의욕이 생겨나는 것이 보통이다. 이런 경우는 긍정적인 스트레스(의욕)라 할 수 있다. 혹자는 이때 성취를 맛보아 더 의욕적으로 일하기도 한다. 인체는 이렇게 생체리듬을 타고 건강을 유지하려는 내재된 속성이 있다. 이런 속성은 부자라고 예외가 아니다.

인체는 원시인 때부터 휴식과 일과 수렵을 주기적으로 반복하면서 진화되어 왔기 때문에 그런 속성은 인류 공통 체질이다. 어쩔 수 없다. 보람을 느끼는 일을 열심히 하면 오히려 스트레스도 없어지고 정신건강에도 긍정적 효과를 준다. 즉, 육체적 운동이나 일을 하지 않는 사람은 건강에 탈이 생긴다는 이야기다. 막연하고 불확실한 기대가 누적돼도 스트레스를 유발시킨다. 인체는 항상 활동적이고 긍정적인 삶을 제일 좋아하게 되어 있다. 적어도 수천에서 수만 년간 인체는 이런 상태로 굳어져왔기 때문에 별 수 없는 일이다.

영어에 번-아웃(burn-out)라는 말이 있다. 죄다 타버린 상태를 말하는 단어로, 지속적인 스트레스가 장기화되어 기진맥진 녹초가 되어 허탈감과 무기력에 빠진 상태를 말한다. 특히 자산을 탕진했거나 사기를 당한 정신적 상처와 좌절을 맛본 후, 여기에서 빨리 회복되지 못하면 각종 스트레스 관련 질병이 생긴다. 소위 자아 소진 상태에 빠진다.

헤밍웨이가 쓴 『노인과 바다』에서 주인공 산티아고 어부는 며칠간에 걸쳐 투혼과 열기로 큰 다랑어를 낚아 신이 났다. 그러나 얼마 후 달려드는 상어들과 싸우면서 어촌에 도착했을 때는 그 다랑어가 상어에게 살을 물어 뜯겨 뼈만 앙상하게 남아있었다. 그러나 그는 큰 다랑어와의 싸움, 자기 자신과의 싸움에서 이겼다는 자부심과 자신감이 강해졌기 때문에 육체적인 허탈감과 허무감을 쉽게 지워버릴 수 있었다. 회복된 용기와 자부심은 무능력한 어부로만 생각해 왔던 외동딸, 꼬마 친구 그리고 어촌 사람들로부터 격려와 존경을 받는 존재로 만들어 주었다. 반면에 불로소득자는 너무 쉽게 사회의 병리적 기현상을 타고 돈을 벌었기 때문에 진정한 자부심을 느낄 수 없어 허탈감과 무기력이 쉽게 생기게 된다. 그러면 졸부층이나 복권 당선자는 어떻게 해야 삶에 대한 의욕을 다시 회복할 것인가?

인간에게 가장 소중하고 중요한 문제는 돈과 재산이 아니고 결국 대뇌에서 생기는 인간의 존엄성, 자아와 자부심 그리고 인간적인 사랑이 아니겠는가? 대뇌의 내면세계에 이런 소중한 보물들이 들어있다. 사랑하는 영혼의 내면에는 아름다움(美)과 자연과 신(神)이 엉켜있다. 이런 내면세계의 탐구는 자아의식에서 출발한다. 이는 자신의 장점과 단점을 국제적 인류적 안목으로 되도록 객관적으로 솔직하게 평가하는 자아능력을 발동시킨다.

자신의 내면세계와 의식구조를 파악하는 자아발견의 과정에서 ① 자기반성과 성찰 ② 자부심(자존심+자신감) ③ 주체성의 정도가 파생된다. 자신의 단점은 반성으로 자신의 장점은 자부심으로 자신의 독립심(홀로서기와 자수성가)은 주체성으로 나타난다. 자신의 자존심이 소중하면 다른 사람의 자존심도 소중하다는 인식이 인간의 존엄성이다. 끊임없는 자아의식은 자각할수록 긍정적으로 발전하는 것이 대뇌의 속성이다. 자신의 결점을 철저히 비판할수록, 뼈에 사무치게 느낄수록 자신의 실체가 제대로 인식되어 도약의 힘이 생기게 마련이다. 강하고 진정한 자아와 자부심이 삶에 대한 의욕을 만들어내지만 거짓으로 위장되고 포장된 자아와 자부심은 많은 부작용을 낳는다.

강하고 진정한 자아와 자부심은 마음의 여유가 있기 때문에 겸손하고 남의 입장, 이익, 주장, 권위를 쉽게 수용하게 된다. 그러나 거짓으로 위장된 자아와 자부심의 소유자는 히틀러와 스탈린 같은 인간이 되기 쉽다. 배타, 오만, 소심한 사람, 소극적 인간, 감정적 대응, 공격적 태도, 권위주의, 이기주의, 독재심리, 허세와 과시욕 등으로 자신의 실체와 진정한 자아를 벗어난 행동을 보이게 된다. 이런 행동은 위장된 껍데기일 뿐이다.

우리 사회에서도 위장된 자부심과 권위주의로 권력을 휘두른 정치가가 그 껍데기가 벗겨진 후에 드러난 실체는 과연 얼마나 초라하고 볼품이 없었던가? 세월호의 무능한 관피아와 국정농단 관련자도 여기에 포함될 것이다. 혹시 레미제라블의 장발장처럼 참회하여 나중에 좋은 일을 하기 위해 생기는 자신의 진정한 자아와 자부심은 떳떳하고 당당하게 삶의 의욕과 방향을 제시해 줄 것이다.

필자가 미국에 체류할 때 유태계 미국인 소벌 박사와 2년 동안 함께 일한 적이 있다. 같은 신장내과 수련의로서 일도 열심히 하고 적극적이었다. 나는 그에게서 세 번 놀랐다. 의사들은 환자에 대한 사항을 작은 주머니 공책에 적어 놓고 이용한다. 그가 쓸모없고 낡은

영수증 용지를 모아서 실로 단단히 묶어 공책을 손수 만들어 쓰는 것을 본 적이 있다. 이게 첫 번째 놀라움이었다.

어느 날 그의 집에 초대받았다. 그의 집은 서양 영화에서나 볼 수 있는 호숫가에 인접한 큰 저택이었다. 두 번째로 놀랐다. 평소 그의 옷차림이나 자동차, 하는 행동으로 보아 부잣집 아들이라는 낌새를 전혀 채지 못했기 때문이다.

나중에 알았지만 그의 부모들은 자식들에게 직접 유산을 물려주지 않았다고 했다. 물려줄 재산이 있으면 변호사가 관리하는 신탁기금이나 신탁재산으로 만들어 놓고 자식들이 이를 처분하는 조건을 유언에 명시한다는 것이다. 예를 들어 처분할 때는 어떤 자녀가 게으름을 피우지 않았는데도 사업에 실패한 경우, 부모가 제일 정직하고 건전한 판단력을 가진 자녀를 미리 지정하여 그 자녀가 최종 결정하게 하는 경우, 자녀들이 만장일치로 동의한 경우, 재산을 자녀들이 알게 모르게 분배해 놓고 처분허락을 객관화시킨 경우 등으로 해 놓고 제3자인 변호사가 유언대로 집행되는지를 감독하게 한다. 이런 유산 상속 방법에 세 번째 놀란 것이다.

유산 때문에 자녀들이 의존적이고 나태해지는 것을 방지하고 정말 어려움을 당할 때 유산의 도움으로 부모에 대한 고마움을 극대화시키도록 한 것이다. 이런 생활태도와 철학이 그들이 진정으로 제대로 돈 벌고 쓸 줄 아는 머리(대뇌)있는 민족으로 만든 것이다. 그들은 사회의 공익과 문화를 위해 기부금도 많이 낸다. 미국의 다른 서양계 민족들도 이와 비슷한 정신을 가지고 있다. 오래전 우리나라에서 용돈을 주지 않는다고 아버지를 죽인 예와 미국에서 신문재벌의 아들이 아버지의 도움 없이 흑인촌에서 고등학교 교사를 하다 변을 당한 예는 너무 대조적이지 않은가?

선진국의 젊은이들은 우리보다 더 독립적, 주체적, 적극적 생활태도가 가지고 있다. 즉 더 강한 자아와 자부심을 가지고 있다. 그렇기 때문에 더 강한 경쟁력을 가진다. 필자가 아는 미국식으로 교육받은 교포 자녀들 대부분은 부모가 모은 재산에 욕심을 내지 않는다. 그 재산은 부모의 것이지 자신들이 관여할 바가 아니라는 것이다. 기득권층이 아닌 대다수의 국민은 어디에서 삶의 의욕을 찾을 것인가?

3. 히포크라테스와 현대의학

고대 그리스의 의사 히포크라테스(BC 460?-377?)는 거의 2,500년 전의 인물인데도 지금까지 햇병아리 의사들이 히포크라테스 선서를 하면서 현대의학의 아버지로 추앙하고 있다. 그가 살았던 시대는 우리나라로 보자면 삼국 시대가 시작되기 약 400년 전이었다. 그가 질병과 의학을 대하는 태도와 현대 첨단의학을 공부하는 의학도의 태도 사이에는 공통점이 하나 있다. 그것은 초자연적이고 종교적인 요소 때문에 질병이 생기는 것이 아니기 때문에 의학은 합리적이고 자연과학적으로 관찰하고 탐구해야 한다는 정신 자세이다. 다시 말하자면 그는 의학과 종교를 분리시킨 셈인데, 실로 그 당시에 이런 태도로 질병을 대했다는 것 자체가 경이로운 일이다.

고대 그리스 문명은 다른 고대 문명들과 비교할 때 특이한 점이 있다. 초기에는 주위 국가들과 마찬가지로 종교적인 의학이었으나 차차 종교와 의학이 분리되어 갔다. 의학뿐 아니라 수학, 자연철학, 문학과 예술, 자연과학 그리고 정치 분야에서 인간 중심 사상과 분석적인 사고력을 중시하는 새바람을 일으켰다. 고대 그리스인의 의식구조는 매사에 심사숙고하는 사고방식을 가지고 있었으며 민주적이고 합리적으로 처리하는 경향이 뚜렷했다. 이러한 고대 그리스인의 의식구조에서 고대 그리스 민주주의가 꽃을 피웠고 플라톤, 아리스토텔레스, 탈레스, 피타고라스, 그리고 히포크라테스라는 인물들을 배출시켰다.

히포크라테스를 위시한 고대 그리스 의사들은 종교로부터 차차 독립선언을 하면서 심기증(心氣症)의 치료, 약제, 간단한 외과의술, 물리요법, 식이요법 등으로 직업을 유지했다. 그들은 질병을 국부적으로 보지 않고 인체 전체의 입장으로 파악하려고 했으며 질병의 예후를 중시하고 인체의 자연치유력을 믿었다. 인간의 대뇌와 이성을 중시했기 때문에 질병의 증세와 진행에 대한 관찰력과 경험적 통찰력이 강조되었지 성급하게 사변적 병명을 붙이거나 적당한 추측을 하는 것은 배제시켰다. 이런 태도야말로 질병을 대하는 솔직하고 겸손한 자세이며 과학 하는 태도라고 생각한다. 이런 태도는 현재 현대의학을 전공하는 바람직한 의학도의 자세와 근본적으로 동일하다. 이러한 히포크라테스의 의학 태도와 자세가 의학도들이 그를 지금까지 존경하는 첫째 이유이다. 그가 환자를 대할 때 인간적인 존엄성과 경건함을 강조한 점도 돋보인다.

히포크라테스 이후 약 천 년간 고대 그리스 의학은 로마시대에도 그대로 이어졌다. 로마인들은 입법, 정치, 군사, 건축 도로 분야에 두각을 나타냈지만 의학을 포함한 그 외의 분야에서는 고대 그리스 수준을 넘지 못했다. 그들은 그리스 의학을 이해하고 라틴어로 번역하는 수준이었다. 물론 약간의 진보는 해부학, 약물과 독물학, 전상자(戰傷者)에 대한 외과의술, 상수도와 하수도 등의 공중위생 시설 등의 분야였다. 그 이후 또 다시 다음 천년간은 유럽에서 기독교가 지배하는 중세시대였다. 의학은 이때 종교적 요소가 강조되는 옛날로 되돌아갔다. 질병은 불멸의 영혼에 대한 배신으로 악마에 의한 신들린 상태로 설명되었고 치료는 기도, 참회와 성직자로부터의 도움이 강조되었다. 중세에 흑사병(페스트)이 크게 유행했다는 사실도 아마 후퇴하고 왜곡된 의학과 무관하지 않을 것이다.

고대 그리스 문명을 재현시키자는 르네상스 시대에는 종교개혁이 일어나고 현대의학과 과학이 발전할 기초를 세웠다. 이때에도 히포크라테스를 옹호하는 의학자의 수가 점점 늘어났다. 처음으로 종교적인 힘에 의한 기적적인 질병의 치유가 사실은 심리적 암시(최면) 효과로 간주되기 시작했다. 그 후 17세기에는 현미경이 발견되어 전염병의 원인이 규명되었고 산업혁명 후 의학은 급속도로 발전하게 되었다. 이런 사실들은 과학의 발전에 따라서 의학도 같이 발전되었음을 보여주고 있다.

서양의학의 발달사를 살펴볼 때 특징적인 것 중의 하나가 의학에 종교가 끼어들면 의학이 발전되지 못했다는 사실이다. 과거의 종교계는 환자와 병원에 자선적 원조를 보내는 차원이 아니고 하나님의 힘이 질병을 치료한다고 적극적으로 의학에 개입하여 실제로는 연구와 치료에 방해가 되었기 때문이다. 현대의학의 근본적 발전의 원동력은 역시 의사와 의학자들의 합리적이고 분석적인 과학적 사고방식과 의식구조였다. 역사적으로 의학은 어떤 사회와 국가, 어떤 시대의 산물이었고 정치, 경제, 사회, 문화, 종교, 철학과 의식구조의 반영이었다. 부도덕한 의료계의 문제도 대부분 부도덕한 사회 전체의 반영이라고 할 수 있다.

2,500년 전 히포크라테스와 그의 동료 의사들이 의학과 환자를 대하는 태도와 자세는 이성적 사고와 인간생명의 존중이었다. 사실 그

당시 그리스인 전체의 국민 의식구조가 이성적 사고와 인간의 존엄성을 중시하는 민주주의적 의식구조였다고 해도 그 폭이 여자와 노예를 제외한 자기 도시국가의 성인 남성 시민에게 국한된 시스템이었던 것에 비해, 히포크라테스가 생각한 민주주의와 인간 생명의 존엄성은 아주 폭이 넓었다.

히포크라테스 선서에 보면 모든 신에게 맹세코 자유인이건 노예이건, 인종, 종교, 어떤 사회적 지위를 지녔든지 간에 환자의 생명을 보호하고 환자의 비밀을 지키겠다는 구절이 나온다. 후에 그의 이러한 인본주의적, 합리주의적 의식구조는 기독교가 막강한 영향력을 행사했던 중세기의 난관을 무릅쓰고 르네상스 이후 현재의 과학과 의학을 주도하는 의식구조가 되었다.

이렇게 볼 때 서양인의 의식구조는 우리나라 사람들의 의식구조에 비해 보다 이성적이고 과학적인 의식구조와 인간의 존엄성을 인식하고 있었다고 하겠다. 이런 의미에서 우리가 선진 의식구조와 미래지향적인 의식개혁을 원한다면 의사 자격증을 딸 때 따라하는 선서로만 그칠 것이 아니라 우리의 생활 속에서 히포크라테스가 의학과 환자를 대했던 태도를 배우고 실천하면서 이를 강화시켜야 하지 않을까? 그 대신 서양문화의 한계성은 우리의 우수한 동양문화 의식으로 서양인에게 가르쳐 주면서 말이다.

히포크라테스는 환자와 질병을 대하고 기술할 때 겸손하고 솔직했다. 예를 들면 매독이란 성병을 대했을 때, 증상과 환자 상태를 자세히 관찰한 부분만 기록했고 그 원인과 치료는 모르는 것으로 솔직히 인정했다. 당시 매독균이 발견되지 못했고 치료할 항생제도 없었기 때문이다. 모르는 것은 모르겠다고 인정하는 의학에 대한 이런 태도가 오늘날의 의학이 발전된 원동력이며 현대의 의사들이 그를 존경하는 주된 원인인 것이다. 그는 자신이 알 수 있는 것과 모르는 것을 직선으로 구분하여 모르는 쪽은 남겨둠으로써 후세 학자들이 자신이 몰랐던 부분을 계속 연구하도록 문을 열었고 마음을 비운 것이다. 모르는 것을 억지로 적용시키지도 꾸미지도 않았다. 이런 태도가 과학과 의학을 추구하는 기본자세이다. 그는 의학이란 학문에 솔직했다. 동시에 인간과 환자에게 솔직했고 겸허했던 것이다. 우리가 변화와 개혁이 필요하다면 어렵게 생각할 것이 아니라 우리의 현실과 희망에 솔직하여 히포크라테스의 뇌짱도 본받아야 하지 않을까?

오늘날 부정부패가 의료계에도 드러나고 있기 때문에 우리나라의 의료 서비스 종사자들 중에서도 히포크라테스와 같이 정직하고 겸손한 사람은 그렇게 많지 않을 것이다. 다만 현실적으로 우리 사회에서 의료인에게만 특별하게 일방적으로 인술(仁術)을 요구하는 것은 무리이며 그들의 진료 여건을 우선 제도적으로 뒷받침해 주어야 한다. 이런 차원에서 의료계의 비리 문제도 근본적인 제도 개선이 필요할 것이고 의료계뿐만 아니라 사회의 모든 분야에서 생활화된 민주주의와 인도주의로 바뀌는 개혁이 필요하다.

4. 한의학의 돌파구

동양의학과 서양의학은 처음부터 서로 다른 체제와 접근 방법으로 출발했고 발전했다. 그러나 쌍방 간에 대립적인 의학으로만 생각하면 많은 혼란과 오류를 낳을 뿐이다. 왜냐하면 질병의 치료와 예방에 가장 효과적으로 접근해야 한다는 공통된 의무가 있기 때문이다. 아직도 우리의 의식구조에는 서양의학보다 동양 전통의학을 더 쉽게 받아들이는 의식구조가 있다고 본다. 서양의학이 우리에게 들어온 것이 100년 전이라면 동양의학은 이미 지난 수천 년간 우리와 함께 했기 때문이다. 동양의학을 선호하는 사람은 아마 음양오행 의식구조를 더 많이 가지고 있는지도 모른다.

아무튼 의학의 공통된 발전을 위해서라도 장래 우리가 가야 할 미래지향적이고 국제화된 차원에서 재조명한, 예측 가능한 목표 설정이 필요하다. 질병을 향한 최대의 효과를 위해서 두 의학 체계를 효율적으로 수렴하는 방향으로 간다면, 동양의학과 서양의학을 이분화시킬 게 아니라 통합화하여 보다 발전된 현대의학으로 만들 수도 있을 것이다. 그 수렴점을 테스트해서 효과가 있어야만 현대의학일 것이다. 한의사들이 실용성을 강조하며 혈압계를 사용하고, 당뇨병이 인슐린 호르몬의 분비 장애로 생긴다는 생각을 가지고 환자에 임하는 현상을 인정하지만, 양의사들도 침과 한약의 효과를 일단 부정적으로 보지 말고 환자 앞에서는 간과 신장의 손상 가능성을 제외하곤 긍정적으로 생각하는 태도가 필요할 것이다.

서양의학은 분석적인 과학을, 한의학은 사변적 과학을 중시하지만 양쪽 모두 경험적이고 예술적이란 공통성을 가지고 있다. 서양의학계에서는 "예술적 경지(state of art)의 강의"라는 말을 자주 쓴다. 이 말은 어떤 의학자가 어떤 병에 세계적인 권위가 있을 때 그 의학자가 그 병에 대해서 강의하는 수준이 과히 예술적 경지까지 도달했을 때를 말한다. 예를 들면 어떤 의학자가 백혈병에 대한 많은 연구와 경험을 쌓아왔고 이 부분에서만은 세계에서 제일 많이 알고 있다고 치자. 그는 강의할 때 백혈병에 대해 알 듯 모를 듯한 경지와 수준에서 예술가가 새로운 장르와 영감을 갈구하는 차원에서 헤매는 것과 같이 오리무중인 이 문제를 연구하고 설명해야 하는 고충을 실토한다. 그는 백혈병에 관한 여러 문제를 해결하고 그 수수께끼를 풀려고 노력하지만 자신의 한계를 솔직히 인정하면서 "잘 모르겠다"고 자주 이야기한다.

이렇게 아는 건 아는 것이고 모르는 것은 모른다고 제시함으로써 현재와 장래의 다른 의학자들도 여기에 관심을 가지고 연구하려는 의욕을 불러일으키는 효과를 얻는다. 동시에 현대의학의 한계를 자인하는 것이다. 그럼으로써 이 분야에 대한 연구와 발전이 집중적으로 이루어지는 것이다. 다시 말하면 이 분야에 대한 연구의 기회를 열어놓는 것이다. 히포크라테스가 그랬던 것처럼 열려 있고 개방된 문제의식이 제일 빠르고 효과적인 발전의 계기가 되는 것이다.

서양의학이나 현대의학은 이렇게 문제의식을 느껴 고민함으로써 장래 풀어야 할 과제로 남겨둔다. 반면에 이런 면에서 한의학은 수많은 문제들을 과학적으로 특히 실증적으로 풀어야 할 고충을 안고 있다. 한의학은 깊이 들어갈수록 모호하고 어려운 측면이 있다. 예를 들면 우리는 비위(脾胃)가 상한다(토하고 싶다)는 말을 자주 쓴다. 이때 비장은 음이요 위는 양이다. 이 두 기관(장기)이 음양의 관계에 있어 서로 조화를 이루어야 건강하다고 설명한다. 그러나 이러한 설명은 두 기관을 생리학적, 생화학적, 해부학적, 조직학적, 유전공학적, 그리고 병리학적으로 비교해서 생각해 볼 때 아직까지 잘 납득이 되지 않는다. 한의학은 음양오행설에 근거한 오장육부(5가지 채워 있는 장기와 6가지 빈 장기가 각각 음양으로 쌍을 이룸)를 중시하여 발달한 사변적이고 경험적인 과학이다. 모든 질병이 다 나름대로 복잡하겠지만 모든 것을 음양오행설로 설명하려고 한다면 폐쇄적인 체계에 갇혀 더욱 모호해지고 어렵게 되어 갈 것이다.

한의학은 양의학의 생리학과 병리학적으로 잘 설명되지 않는다. 더구나 뇌와 신경(자율신경 포함)이 우리의 건강과 질병에 중요하고 또한 오장육부를 통제하는 기관임에도 불구하고 오장육부에서 제외되었다. 현재 진단할 수 있는 한의학의 큰 문제점은 다음과 같다.

첫째, 한의학 체제는 뇌와 신경생리에 대한 연구가 등한시 되어왔다. 실제로 한의학이 효과가 있고 인기가 있는 근본 기전은 우리 대뇌조직의 의식구조가 한의학과 음양오행설을 잘 수용하는 의식구조로 되어 있기 때문이다. 이 점에서는 참 아이러니컬한 면도 있다. 이러한 우리의 의식구조는 심리적 암시(최면)효과로 쉽게 나타나기도 한다. 이런 암시효과는 침구(針灸) 즉 침과 뜸이 신경계를 자극하는 치료 효과와 서로 상승작용을 하면서 그 효과를 배가시키는 것이다. 또한 일곱 가지 감정 즉 칠정(七情)이 신경계(뇌와 신경)와 깊은 관계가 있음에도 불구하고 여기에 대한 해부학과 생리학의 발전이 따르지 못했다.

둘째, 한의학은 호르몬(내분비)과 비타민에 대한 개념이 발전되지 못했다.

셋째, 한의학은 역시 사변적인 논리에서 출발했기 때문에 사변적으로 경락(經絡)이라는 신체의 통로를 창안해 냈다. 한의학 체제는 지금까지도 경락이 혈관계, 신경계 그리고 임파계와 동일하다고 생각하지 않는다.

넷째, 현재 폭발적으로 발전하는 생명과 유전공학, 동물복제, 다가올 인간복제 기술은 한의학적 설명을 불가능하게 만들 것이다.

우리는 현재 선진 국가를 원하고 있고 의식개혁의 필요성을 인정하고 있다. 그러나 한의학을 포함한 음양오행 의식구조는 우리의 사고방식을 애매모호하고 불확실한 의식구조로 고착화시키고 여기에 안주시킬 수 있다. 이런 의식구조는 만사를 적당하게 대강대강 하는 적당주의, 형식주의, 보약 중시, 약한 자아의식, 숙명과 운수 탓, 깐

깐하게 따지는 성미의 부족 등등의 한국병과 의식구조상 무관하지 않을 것이다. 서울대 생약연구소에서 인삼의 주성분이 인체에 유용하다는 연구를 발표한 적이 있다. 미래의 한의학은 이렇게 양보다 질을 높이는 연구와 한의학 체계와 이론을 현실에 맞게 수정하는 대폭적인 개혁이 필요하다고 생각한다. 반면에 서양의학은 전체를 종합적으로 보는 시각과 환자의 입장을 수용하는 태도가 아쉽다.

현재 중국과 한국의 서양 의과대학 수와 한의과 대학 수의 비율은 각각 4:1이다. 대만에는 한 개의 한의과 대학이 있을 뿐이며 일본에는 한의과를 전공하는 4년제 대학이나 전문대학이 한 군데도 없는 실정이다. 그러므로 우리 한의학계는 임상적 영역은 동양 4국 중 으뜸이나 실질적인 한의학 연구나 양방과의 공통 연구는 가장 미약한 실상이어서 우려되는 바가 크다. 1950년 초 중국 본토를 통일한 중국 정부는 의료와 보건 정책을 수립하기 위해서 미국의 의학 행정가를 초청하여 전통적 한의학을 어떻게 할 것인가에 대하여 연구자문한 적이 있는 것으로 알고 있는데 그 결과 논문을 아직도 발견하지 못했다. 아마 한참 인기 있는 서양의학이지만 이를 도입하는 데 막대한 자금이 필요하고 당시 한의학이라는 전통적 치료를 대체할 대책이 없어 전통을 연구하는 방향으로 행정구역상의 한 자치 성에 한 한의과대학을 세워 양한방 병행 정책을 지금까지 유지하고 있다. 초기 자료에서 양한방의 우열에 대한 결과를 비밀에 부쳐 놓았는지도 모르겠다.

현재까지 한약을 수용하는 우리 의식구조와 한약의 축적된 경험에 의한 치료 효과에 힘입어, 장래의 한의학의 연구와 첨단 현대의학의 지식을 통합하여 사변적이기보다는 분석적 과학으로 발전시켜야 할 것이다. 물론 여기에도 한계는 있다. 의학이든 한의학이든 우리가 바라고 목표로 하는 장래 현대의학의 방향을 먼저 설정해야 한다고 생각한다. 복잡하고 어려운 현재의 의료 문제를 현재의 기준으로는 해결하기 어려우므로 미래나 장래의 목표에 기준을 두고 현재의 문제를 풀어보자는 이야기이다. 근본적인 접근이 없으면 장래에도 한의사, 약사, 의사간의 의료분쟁은 계속될 것이기 때문이다.

선진국에서는 그들의 국토에 존재하는 약초를 분석하고 연구하는 것뿐 아니라 다른 나라의 약초와 열대지방의 약초들도 개발하고 있다. 그러므로 우리나라에서도 한약과 그 외에 가능한 약초를 첨단 의약 기술로 이용할 수 있게 생약 개발과 연구가 필요하다. 따라서 한의과 대학도 현재에 안주하지 말고 첨단화된 연구 활동을 보여주기를 기대한다.

미국 정부는 국립보건원(NIH)으로 하여금 대체 의학에 대한 현대의학적 연구를 지원하기 위해 예산을 배정하고 임상적 연구 효과를 발표하도록 했다. 여기서 대체의학은 효과의 확실한 증거(evidence-based)가 있는 의학을 말한다. 현실적으로 미국 정부는 대체 의학에 드는 국민들의 비용이 엄청나다는 현실을 인정하고 그 유용성을 가려보기 위해 연구하자는 것이지 대체의학 자체를 이제 인정하겠다는 것이 아니다. 요새 언론계는 이러한 사실을 제대로 파악하지 않는 것 같다. 미국에서는 한의학이 대체 의학 중의 하나라고 할 수 있지만, 우리나라에서는 아직 그렇지 않은 실정이다.

그러나 우리 정부에서도 얼마 전에 처음으로 약간의 한의학 연구기금을 마련한 것은 다행이라고 할 수 있겠다. 한방과 양방의 상호교류를 통한 첨단의 연구야말로 한의학의 한계성을 극복하는 돌파구가 될 것이다. 필자의 생각이지만 가까운 장래에 한의대와 양의대를 부분적이나마 통합하는 길을 모색할 필요가 있다고 본다.

결론적으로는 의학계에서나 한의학계에서도 우리가 장래 원하는 선진국과 선진 의식구조가 무엇인가를 생각해 볼 필요가 있다. 우리가 장래 통일과 선진 산업국가를 원한다면 분석적인 과학기술과 사고방식이 강화되어야 할 것이다. 이렇게 생각할 때 한의학계에서는 버릴 것과 보존할 것, 잘 모르고 분명치 않은 것과 확실한 것, 현대의학에서 취할 것과 한의학에서 취하지 못할 것 등등을 미래의 현실적 목표를 향해 과감히 변화시키고 개혁하지 않으면 장차 발전이 없을 것이다. 침구와 한약의 유용성은 인정한다지만 여기에 안주하지 않고 한의학계를 소수정예화하고 학문적 연구를 통해 객관화되는 과정이 필요하다.

새로운 세대들은 한약을 멀리할 전망이므로 이에 대한 대비가 필요하지 않겠는가? 한의학계의 이러한 새바람은 우리 의식구조의 선진화에도 큰 보탬이 될 것이다. 애매모호하고 불확실한 의식구조에서 생기는 약간의 장점도 있겠지만 구체적이고 분석적인 의식구조를 강화시키는 의식개혁을 통해 의식의 선진화와 한의학의 선진화를 동시에 이룰 수 있을 것이다.

5. 딱따구리의 진화론적 의식개혁

딱따구리의 부리가 길고 단단한 이유를 생각해 보는 사람은 참 할 일 없는 사람같이 보일지도 모른다. 그러나 한편으로는 이런 부질없는 생각도 여유가 있어 좋게 보이기도 한다. 딱따구리란 이름 자체도 재미있다. “딱 부러지다”의 “딱”의 의미와 “다그치다”, “이(-하는 놈)”의 뜻이 합쳐져 “확실하게 다그치는 놈”이라는 뜻이 있다. 이름대로 야무지고 굳세게 버티는 힘이 있는 새이다. 딱따구리는 강한 부리를 이용하여 고목나무를 쪼아 구멍을 내어 그 속의 벌레를 잡아먹기도 하고 알을 낳기도 한다. 쪼는 힘을 지탱하기 위해 강한 발가락과 꽁지가 잘 발달되어 있으며 충격으로부터 뇌를 보호하기 위해 두개골과 뇌막, 부리의 각도가 특수하게 적응 발달되어 있다.

이 새의 부리가 처음부터 그렇게 길고 강하지는 않았을 것이다. 아마 지금으로부터 수십에서 수백만 년 전의 부리는 짧고도 약했을지도 모른다. 어느 때인가 딱따구리는 나무속에 있는 애벌레가 맛있어 이것만 주로 잡아먹기 시작했으며, 그 후부터 부리를 많이 사용했기 때문에 자자손손 부리가 발달했을 것이다.

딱따구리의 진화와 마찬가지로 산토끼는 앞다리보다 뒷다리가 길고 튼튼하게 발달되어있다. 어렸을 때 시골에 눈이 온 겨울날 동네 사람들이 산토끼를 잡으러 간다고 해서 따라나선 적이 있다. 산에서 산토끼를 몰아 잡으려면 이 동물의 성미를 잘 알아야 한다. 앞다리가 짧고 뒷다리가 길기 때문에 도망칠 때는 항상 산봉우리를 향하고 높은 곳에서 낮은 곳으로는 잘 도망치지 못한다. 이를 잘 이용하면 산토끼를 쉽게 잡을 수 있다.

지금으로부터 수십에서 수백만 년 전에 토끼가 평지에서 평화롭게 살 때는 아마 앞다리와 뒷다리의 길이가 같았을 것이다. 그러나 어느 땐가 다른 사나운 동물로부터 생존의 위험을 느껴 산으로 도망치는 신세가 오래 계속되었다. 그러므로 뒷다리를 많이 사용하게 되어 뒷다리가 더 길고 튼튼하게 진화되었을 것이다.

자주 사용해왔던 신체의 부위가 발전했다면 자주 쓰지 않아 퇴화된 부위도 남아 있게 된다. 다른 포유동물은 꼬리가 있는데 인간의 꼬리는 퇴화되어 그 흔적인 꼬리뼈만 남아있다. 아마 동물의 꼬리 역할은

손으로 할 수 있었을 것이고, 대신 꼬리뼈에는 항문을 지탱하는 많은 근육과 인대가 붙어있다. 포유동물인 고래는 앞다리와 뒷다리가 퇴화되었고 인간은 제일 퇴화된 맹장을 가지고 있다. 먼 장래에 거위는 물갈퀴가 퇴화되어 닭 비슷한 다리나 발을 가지게 될 지도 모른다. 환경오염으로 생태계가 파괴된다면 식물과 동물의 변화 속도는 더 빠르고 커질 것이고 먹이 사슬이 끊어지면서 더 큰 영향을 받을 전망이다.

인간을 포함한 동물들은 이렇게 환경의 변화에 따라 발달하거나 퇴화한다. 프랑스의 박물학자 라마르크(Jean Lamarck)는 1800년 초 '용, 불용설(用,不用說)'을 발표한 바 있는데, 이 이론은 동물이 한 부위를 많이 사용하면 할수록 그 부위가 발달하고 사용하지 않는 부위는 퇴화된다는 것이다. 물론 인간의 각 신체부위에도 이 이론이 적용된다.

영국의 찰스 다윈(Charles Darwin)은 1859년『종(種)의 기원』이라는 논문으로 진화론의 기초를 세웠다. 진화론은 비슷하지만 좀 다른 종류의 동물이나 식물도 교잡을 하면 잡종(변종)이 생길 수 있어 점진적인 변이가 일어난다는 이론이다. 여기에서 원숭이와 침팬지, 그리고 고릴라도 인간종으로 진화될 수 있다는 이론을 제시한 것이다. 이런 진화론은 조물주가 생물과 인간을 단번에 창조했다는 창조설과는 정면으로 대치되는 이론이다.

다윈은 지구상에는 잡종뿐 아니라 이와 비슷하고 애매한 위치에 속해 분류하기 어려운 생명체가 많으므로 창조설을 부인했다. 환경에 적응하는 종은 적자생존(適者生存)으로 번창하고 그렇지 못한 종은 자연도태(自然淘汰)된다. 다윈은 용, 불용설도 지지했다. 그는 자연은 비약을 싫어하고 혁신에 인색하지만 변이에 인색하지는 않다고 말했다.

머리(대뇌)도 마찬가지라 쓰면 쓸수록 쓰는 방향으로 발전하고 신경을 쓰지 않는 사람의 머리는 퇴화된다. 술꾼은 술을 해독시키고 대사시키는 간의 기능이 발전하므로 보통 사람들보다는 늦게 취한다. 사람이란 적당한 한계까지는 일을 하고 활동을 해야 육체와 정신이 퇴화되지 않고 건강하게 장수할 수 있다. 물론 긍정적이고 적극적인 삶의 자세와 의욕이 있다면 금상첨화일 것이다.

다윈이 진화론을 발표했던 시대는 오늘날 같이 유전학, 유전공학, 육종학과 생화학도 발달하지 못했다. 그러나 이런 분야의 발전은 진화론의 입장을 더욱 강화시켰고 지지해 왔다. 다윈의 진화론에서는 자연발생적인 돌연변이에 대해 강조했지만 오늘날에는 유전공학을 이용한 인위적 조작으로 유전자의 직접적 돌연변이를 일으키게 만드는 데까지 왔다.

공상과학 소설에서나 가능했던 유전자 복제인간 클론이 현실화될 가능성도 더 커졌다. 영국의 로슬린 연구소에서는 97년에 난자에서 유전자 핵을 빼고 체세포와 결합시킨 후에 그 배(胚)를 암컷의 자궁에 이식하여 만들어낸 복제양 돌리를 공개하였고, 그 후 다른 동물들에 적용시켜 성공하였다. 성세포에서가 아니라 체세포에서 새 생명이 태어났다는 사실은 실로 세계적인 학자들 모두가 반신반의하는 경이로운 대 반란이었다. 그 과정에서 277마리의 양이 희생되었다는데, 그 숫자를 떠나서 생명창조의 권리를 인간이 마음대로 할 수 있느냐는 것이 윤리적 쟁점이 되었다.

그 시대에 유전자 변화 같은 것은 잘 몰랐겠지만, 재미있게도 다윈은 동물의 행동습성과 버릇을 고치면 본능과 감정도 점진적으로 변화시킬 수 있다고 믿었다. 아마 그는 서커스에 참여하는 동물이나 동물쇼에 참여하는 동물을 훈련시키는 효과를 생각했는지도 모른다. 이런 생각의 영향으로 동물 행동습성학과 생태학이 뒤따라 발전되었던 것이다.

그는 인간의 심리학에서도 점진적인 변화에 의해 인간 정신의 힘과 능력이 발전할 수 있다고 예측했다. 다시 말하면 인간의 정신과 의식구조의 발전은 변화와 변이를 통해서만 발전한다는 사실을 암시하고 있다. 여기에서 우리는 진화론적 의식개혁을 자연스럽게 논의할 수 있을 것이다.

인간의 본능, 행동습성, 버릇과 습관, 감정과 정서, 정신적 사고력과 창의력은 뇌에서 관장한다. 그러므로 인간 본성과 의식구조의 변화는 뇌의 진화론과 용, 불용설에 따라서 발전하거나 퇴화될 것이다. 고정관념에 집착하면 발전도 없고 퇴화도 되지 않을 것이다. 인간의 뇌는 제일 상층부위인 대뇌 또는 대뇌피질(이성담당), 중간부위인 변연계(감정과 정서 담당) 그리고 제일 하층 부위인 뇌간(생명과 행동습성 그리고 본능 담당) 등 세 부위로 나누어져 있다.

동물 중에서는 인간만이 대뇌가 잘 발전되어 있다. 또한 발생학적이고 진화론적으로 대뇌의 제일 표면층 즉 대뇌피질이 제일 늦게 진화된 조직이므로 제일 고급스런 이성적 사고력을 가진 사람이 제일 가치 있는 존재일 것이다. 동시에 감정적인 태도만으로 일을 처리하는 사람은 이성적, 합리적, 논리적 태도로 일을 처리하는 사람보다 저능한 존재라고 할 수 있다.

우생학(優生學)이란 학문이 있는데, 우생학은 유전원리를 이용하여 바람직하지 못한 혈통을 제거하고 우수한 혈통을 보존하기 위해서 배우자의 선택과 결혼에 관해 과학적으로 연구하는 분야이다. 육종학이나 유전공학에 의한 농축산물의 품종개량도 여기에 속한다. 사실 우생학을 인간에 적용시키는 자체가 거북스런 표현이지만 좋은 배우자를 찾아 결혼하려는 인간의 태도 자체는 이미 우생학적인 태도인 것이다.

현재 우리 사회에서는 의식개혁과 인성교육과 창의력에 대한 인식이 차차 높아지고 있다. 좋은 현상이다. 의식개혁에서도 진화론과 우생학을 적용시켜 여기에 대한 이해를 넓히는 것이 필요하다고 생각한다. 이런 발상 자체가 거북스런 것이겠지만 사실은 인간 본성을 깊이 인식하는 가장 자연스럽고 인간다운 태도일 것이다. 의식개혁이란 개인이나 국가 전체에서 변화와 변이를 자발적으로 일으켜 모두 우수한 인간으로 성공하고 발전하자는 의미일 것이다. 여기서 우수한 인간은 냉철한 머리(대뇌)와 따뜻한 가슴(심장)을 지닌 창조적인 사람일 것이다. 냉철한 머리는 이성적, 합리적, 논리적 사고력이며 따뜻한 가슴은 인간의 존엄을 바탕으로 고급스런 가치관과 도덕관념 그리고 넓고 깊은 인간애와 사랑을 가리킨다.

또한 사회적으로도 좋은 사람이 이익을 보고 나쁜 사람이 손해를 봄으로써 나쁜 사람들은 발붙일 틈이 없게 하는 것이야말로 우리 사회의 생존을 위해 필요한 일이라고 생각한다. 우리가 우리 사회를 그렇게 만듦으로써 진정한 적자생존과 인위적 도태가 공평하고 자연스럽게 이루어지는 것이 자연의 법칙과 조화에 순응하는 길일 것이다.

딱따구리의 멋지고 강한 부리도 역시 환경변화에 처한 자연에 순응하여 열심히 노력한 덕택이 아니겠는가? 우리 정부는 선진국으로 인정받고 싶지만 국제 금융기관은 아직도 미비점이 있다고 했고 필자의 생각으로는 정신적 선진국은 갈 길이 멀다고 생각한다. 한숨만 쉬다가 국제사회에서 도태될 수는 없는 법, 우리도 급변하는 국제 환경의 변화에 자발적으로 적응하고 순응하여 멋지고도 강한 우리가 되도록 노력해 보자.

6. 뇌짱을 저해하는 3가지 의식구조

사철 부드러운 지중해 기후의 국가로 과거에 세계를 주름잡았던 스페인과 이탈리아 사람들은 지금도 낭만적이고 긍정적인 다혈질(多血質)을 가지고 있다. 이에 비하면 우리는 사계절 기후의 변화가 심하고 과거에 중국과 일본 사이에서 시달려 왔던 것으로 인해서 비관적이고 부정적인 다혈질을 가지고 있는 것 같다. 과거 가난으로부터의 해방과 성공적인 민주화 투쟁 과정도 모두 이런 다혈질을 발휘시킨 결과로 보고 싶다.

그러므로 지금의 경제적 위기를 극복하는 힘도 여기에서 나올 수 있을 것이다. 소위 저력 말이다. 그러나 저력만으로는 부족하다. 동시에 저력은 벼랑 끝에 왔거나 이미 망한 후에야 생기므로 그렇게 바람직스럽지 못하다. 특히 신세대일수록 그렇다. 뇌짱으로 풀어야 저력도 나오고 새로운 창조적 힘도 생기기 때문이다.

자기 멋대로 온통 장밋빛 일색으로 꾸몄던 자화상의 현실을 제대로 진단하기 위해서 문제들을 분석하고 종합하는 능력은 마음의 여유가 없으면 불가능하다. 참으로 열린 마음은 무한한 가능성을 제공한다. 문제를 풀어가는 과정에서 그 안목과 의견이 다양하면 할수록 고정관념을 깨고 새로운 아이디어와 새로운 변화가 일어날 수 있는 가능성이 높아진다.

각자가 비난만 하고 다른 의견을 무시하며 자신만 책임 없다고 하다가는 넝쿨째 굴러 들어온 호박을 발로 차 버리는 꼴이 될 것이다. 서로 다른 의견과 토론을 분출하는 과정 자체가 국민의 공감대를 형성하며 사회가 발전한다. 특히 우리는 대화와 토론 문화가 부족한 것이 큰 장애이다. 여기에는 매스컴, 언론과 우리 교육의 책임이 있을 것이다. 참으로 우리에게 지금 필요한 것은 돈보다 철저히 따지는 대뇌의 힘, 바로 뇌짱이 필요한 것이다. 그러니 뇌짱의 발전을 저해하는 우리 사회의 기존 의식구조 3가지를 정리하는 의미에서 먼저 간단히 살펴보자.

뇌짱을 저해하는 첫째 요소는 피해와 감정을 쉽게 주고받는 의식구조이다. 앞에서 이야기했던 대로 피해의식과 한(恨)과 질곡의 고통 그리고 스트레스와 부정적 감정은 대뇌의 생각 능력을 질식시킨다. 그러나 사회 부조리가 계속되는 동안 오늘도 우리는 서로 인식하지 못한 상태로 서로 피해와 스트레스를 주고받는데 익숙해져 대수롭지 않게 여기는 체질이 되었다. IMF 한파와 국정농단 충격 이후 여유가 없어진 마당이니 아마 더욱 그럴 것이다.

둘째 요소는 우리 의식구조가 불확실성을 너무 쉽게 수용한다는 사실이다. 적당주의가 만연해 있어서 확실히 따지는 것을 기피하고 적당하게 넘기는 버릇이 있다. 불확실하고 기적을 바라는 치료법이나 운명과 미래의 불확실성을 해결한다는 이유로 불확실한 궁합과 사주를 믿는 경향이 강하다. 이런 성향은 역사적으로 국내외의 영향을 받아 누적된 스트레스와 관련이 있다고 보는 것이다.

세 번째 요소는 내면 지향적인 자아의식과 가치관을 경시하는 의식구조이다. 자아의식과 정체성은 자기의 내면 탐구이며 자신의 자화상을 제대로 파악하는 능력이다. 더구나 국제화와 정보화의 시대뿐 아니라 IMF의 한파와 국정농단의 허탈한 충격으로 우리의 부끄러운 자화상이 드러난 이상, 이를 잘 소화시켜야 엄청난 도약의 기회를 잡을 수 있다.

뇌짱을 저해하는 세 가지 의식구조를 인식하고 뇌짱으로 풀면서 개선해 나간다면 현재 우리 코앞에 닥친 불확실성도 더 쉽게 해결될 수 있을 것이다. 지피지기(知彼知己)면 백전백승(百戰百勝)이라고, 뇌짱으로 풀면 우리가 상대해야 할 서구 경제계를 잘 이해할 수 있고, 우리 자신의 한계와 가능성도 잘 알 수 있기 때문에 위기상황에서 효과적으로 대처할 능력을 얻을 수 있다.

7. 의욕의 힘과 반동의 힘(II)

시대와 생활이 변하면서 편리한 점도 많아지지만 삶의 태도에 따라 오히려 다양화되고 복잡해지는 경우도 많아졌다. 아무래도 스트레스가 쌓여 만성피로가 생겨 마음의 여유가 없어진다. 이를 위하여 개인의 취향대로 분노와 우울증을 예방하는 의미에서 깊은 산속이나 오지로 여행을 떠날 수도 있다. '오! 신이시여! 답을 부탁합니다!'라면 좀 심각하지만 '오! 삶의 의욕을 주소서!'라면 자주 느끼는 심정일 것이다.

의욕이란 단어를 사전에서 찾아보면 재미있는데 무엇을 하고자 하는 적극적인 마음이나 욕망이다. 같은 말로 선택이나 행위의 결정에 대한 내적이고 개인적인 역량과 의지이다. 무엇을 하고 싶어 할 때 개인적인 욕망과 행복을 위해서 자유로운 선택과 결정을 한 후 행동에 옮길 때 추진하려는 의욕이 자연발생적으로 일어난다. 서구 선진 국민들은 선택과 결정을 자유롭게 하는 대신 그에 상응한 책임과 의무를 져야 한다고 앞에서 여러 번 강조한 바 있다. 이게 인문학과 생활 정치의 기본이라고 생각한다. 한마디로 말하면 강하고 참된 자아와 자부심의 발로가 있어야 그 무엇(목표)을 위하여 우리의 몸이 움직인다는 이야기다. 스스로 자발적인 의욕이 있어야 힘과 동력이 생겨 생기가 돌며 의욕이 승천하기도 한다.

인간의 힘은 무엇을 할 때 그 긴박성에 따라 무한대의 힘과 의지력이 솟구친다. 하늘을 찌르고 성난 파도를 극복하는 위대한 탐험가와 산악인이 그렇듯 가치 있는 도전정신이 있다. 이것이 의욕의 힘이며 유식한 말로 진정하고 강한 자아와 자부심을 성취하는 힘이다. 알기 쉽게 이런 사례들은 얼마든지 있다. 앞에서 말한 헤밍웨이의『노인과 바다』에 나오는 어부 산티아고의 삶도 여기에 속할 것이다.

한편 우리는 의욕의 힘보다 반동의 힘에 대해 더 익숙하다. 반동은 자발적이나 스스로 일어나지 않고 어떤 진보적이고 발전적 힘에 반대하여 강압적으로 가로막는 것이다. 앞서 말한 자아방어기전 중에서 반동형성은 자기의 약하고 왜곡된 심정을 나타내어 반대로 표현하고 행동하는 것이다. 우리의 경제발전과 민주화가 그 예다. 사실 우리의 경제 발전은 가난을 극복하려는 반동의 힘으로, 민주화는 독재에 항거하는 반동의 힘으로 발전했다고 볼 수 있다. 역사가들이 말하는 도전과 응전의 결과이었다. 이러한 힘이 한과 질곡의 역사에서도 명맥을 유지해온 우리나라의 힘이어서 일종의 인내와 끈기 그리고 위기에 강한 국민성을 길러냈다. 그러면 반동도 아니고 의욕의 힘도 아닌 경우를 보자.

시력이 나쁜 노파가 의사에게 자기를 치료해 준다면 톡톡히 사례하겠다고 제안했다. 의사는 왕진하면서 매번 눈에 연고를 바르고 난 후 노파의 눈이 감겨있는 사이에 집안의 물건을 하나씩 훔쳐갔다. 나중에 치료를 완전히 끝낸 의사는 보수를 요구했지만 재산이 사라진 걸 알아차린 노파는 이를 거부했다. 그러자 의사는 치안판사에게 노파를 고발했다. 이때 소환당한 노파는 시력을 회복시켜준 경우에만 지불하기로 약속했는데 지금은 치료를 시작할 때보다 더욱 시력이 나빠졌다고 항변했다. "저 의사가 치료하기 전만 해도 집안에 있는 물건들을 죄다 볼 수가 있었지요. 그런데 지금은 아무것도 볼 수가 없는 걸요." 이솝 우화에 나오는 이야기다.

노파는 의사가 자기 재산을 모두 훔쳐갔다고 우겨대면서 지불을 거부한 것이다. 이 두 사람은 서로 이익에만 눈이 어두워 판사에게 자신들의 범죄에 대한 증거를 스스로 제공하고 있는 것조차 모르고 있다. 문제는 노파나 의사 한 쪽에만 있는 것이 아니라 서로 욕심을 부린 양쪽에 있다는 것을 스스로 폭로한 셈이다.

이 이야기에서 노파는 바로 국민 대다수이고 의사는 못난 지도자지만 둘 다 자기혁신과는 거리가 먼 자기 욕심만 챙기는 소극적인 이기주의적인 사람이라는 점에서는 별반 차이가 없다. 우리 국민들은 상당기간 지배층의 권위의식에 길들여져 왔기 때문에 아직도 과거의 일부 지배층이 저지른 잘못에 대해 습관적으로 관용을 베풀며, 그들이 아무 죄의식이 없다고 해도 그러려니 무관심한 것으로 일관한다. 익숙한 전관예우, 무전유죄와 유전무죄, 기득권자의 솜방망이 처벌, 관피아 등이 통하고 민주주의라는 구호는 외치기 쉬워도 진정한 민주주의는 실천하기가 어렵고 귀찮았기 때문에 손쉬운 비민주적 권위주의 통치를 선호했던 것이다.

전에 주한 미국 대사로서 한국통으로 알려졌던 그레그 대사가 임무를 마치고 한국을 떠나면서 남긴 이야기가 있다. 한국에는 미국에 유학해서 Ph. D(박사학위)를 딴 엘리트가 지도층에 그렇게 많은데도 미국을 잘 모른다고 했다. 그들은 자신들의 귀국 후 보장된 지위를 믿었고, 오직 금의환향을 목표로 공부만 파고들었다. 책과 학교만이 그들이 본 유학생활의 전부였기 때문에 실제 미국의 민주주의의 실체와 가치관과 민주적 생활의 장점에 대해 눈 돌릴 여유가 없었던 것 같다.

그들은 미국인들의 사고방식, 민주적 전통, 그 과정에서 겪는 어려움 같은 건 배울 기회도 없었고 또 배우려고도 하지 않았던 것이다.

국민을 위한 민주주의와 합리주의의 실천이 너무 어렵다는 사실을 그들이 알았든 몰랐든 간에 국민을 위한 어려운 길을 포기하고 자기들 편안한 길만 찾아들었다는 점에서 그들은 소극적인 이기주의자였을 가능성이 높아 노파와 의사와 큰 차이가 없을 것이다. 다시 말하면 지식(IQ)과 머리만 있지 중요한 나머지70%에 속하는 요소는 약해 약한 자아와 감성지수를 지녔으며, 반동과 의욕의 힘 또한 미약했을 가능성이 있다.

프랑스 작가 빅토르 위고가 쓴 소설, 『레미제라블』에서 장발장은 인간의 양심을 지키려는 휴머니즘의 표본으로 독자들에게 큰 감동을 주었다. 이 작품이 지금도 명작으로 남아 있는 것은 인간에게 가장 소중하고 가치 있는 인간의 존엄성과 인정(人情)을 실천했던 강한 자아와 자부심, 다시 말해 인류의 보편적 진리와 가치를 추구하고 성취하는 과정을 여러 단계의 변화와 자기개혁을 통해 보여주었기 때문이다. 배고파 굶고 있을 조카들을 위해 한 개의 빵을 훔친 이후부터 계속되는 탈옥과 양심의 가책으로 그는 평생 사회를 위해 좋은 일을 많이 한다. 이런 힘의 원동력은 그의 지속적인 변화와 자기혁신에서 비롯된 긍정적인 자아실현이었다.

수년간 그의 뒤를 추적하던 냉혹한 형사 자베르도 마침내 그의 강한 인간애에 감동 받아 체포를 단념하고 자살한다. 또한 그가 위기에서 구해주었고 친딸처럼 아끼고 사랑했던 코제트를 청년 마리오와 맺어주는 과정에서 그가 보여준 사랑의 승화와 영혼의 고귀함은 바로 강한 인간애에서 우러나온 것이다. 인간은 그가 진정으로 가장 소중하고 가치 있는 것을 추구할 때 빛을 발할 수 있다. 장발장은 진정한 뇌짱을 가지고 있던 사람이었다. 강한 자아와 자부심과 뇌짱만이 양심의 가책과 참회의 눈물을 흘려 용기를 주는 것이다.

모든 변화와 개혁은 국민층 특히 중산층으로부터 나와야 하고 기득권자는 저항자가 될 가능성이 높다. 무엇보다도 진정한 권위와 선의의 탈을 쓴 권위주의를 잘 구분하는 것이 필요하다. 그러나 지도자의 자질 중에서 정직과 성실 그리고 국민과 국가를 위하는 능력과 열정-뇌짱이 제일 중요함에도 국민들은 지도자를 선택할 때 겉보기로 드러나는 언변, 생김새, 학력, 과거의 지위, 지연에 더 큰 비중을 두고 있는 것이 현실이지만 국민들이 더 영리하게 뇌짱으로 대하면 선진 국민이 되는 것이다. 유권자들 사이에 이번만은 외모나 옷차림새, 말솜씨를 보고 찍지 말자, 남편 따라 찍지 말자, 정직성과 문제해결력, 근거 없는 공짜 공약 조심하기, 국가의 미래를 보고 찍자라는 운동이 퍼진 것은 아주 바람직한 일이 아닐 수 없다.

노파와 의사에 대한 이솝우화와 마찬가지로 이기주의자와 소극적인 사람은 민주주의에 대한 책임과 의무를 다하지 않는다. '굿이나 보고 떡이나 먹자'라는 식으로 남이 다 해놓은 다음에 내 실속을 차리려 들거나 아예 무관심할 것이다. 이게 후진적인 의식구조의 본성이며 속성인가 보다. 뇌짱 국민은 진실과 허세를 잘 구별하고 변화와 개혁에 앞장서는 적극적인 국민인 것이다. 역사가 토인비는 문명이 몰락하는 것은 이민족의 침입이라는 외부의 압력보다 내부의 사상과 의식구조가 굳어버려 변화에 대한 대응력을 잃어버리기 때문이라고 했다. 의식구조상으로도 적절한 말이다. 지난 금융위기 사태와 국정 농단이 그 증거일 것이다.

일본의 역사소설 중에 『불씨』라는 작품이 있다. 17세기 초 주인공 요잔은 규슈 지방의 한 군수(郡守) 정도의 정치가였다. 그 당시는 허례허식, 뇌물, 그리고 지배층의 수탈이 계속되었지만 그는 개혁정치를 폈다. 그 후 요잔은 미국의 케네디 대통령이 존경하는 인물이라 해서 유명해졌다. 요잔의 의식구조는 강한 자아와 자부심에 차있는 뇌짱이었으며, 자신만큼 백성의 자부심과 존엄성을 동등하게 생각한 고급 인간이었다. 또한 그는 적극적이고 의지력이 강했으며 끊임없이 변화와 자기개혁을 추구했다. 역시 인류 공통의 가치를 추구하는 사람은 케네디가 그랬던 것처럼 국제적으로도 인정을 받는다. 민주주의란 소중한 가치관도 세계적으로 통용되는 것으로 이를 관철시키는 데 정열과 의지력을 보이면 세계적으로 그 값어치를 인정받는다. 여기에서 인간의 보편적인 진리가 빛을 발하게 되는 것이다.

피해의식을 느끼면 적극적인 사람은 반발하기도 하고 마음의 여유를 가지고 잘 소화시켜 대처하기도 한다. 그러나 소극적인 사람은 강한 스트레스와 부정적 감정을 느끼며 때로는 열등의식에 빠져 더욱 소심한 사람이 된다. 가끔은 냉소적이고 배타적인 반응도 보인다. 이럴 때마다 자신의 자아와 자부심은 약화되고 용기와 의지력은 땅에 떨어지는 것이다. 이게 인간학의 기본 지식이다. 잘 알려진 '머피의 법칙'은 어떤 일에 실패하면 할수록 더욱 자신감이 없어지고 소극적으로 된다는 법칙이다. 이런 상태에 빠진 사람에게 변화와 개혁 그리고 자기혁신이란 단어들은 무의미하게 단어들이 되며 변화 회피병에 걸리는 것은 너무나 당연한 결과이다.

그런데 자부심(자존감과 자신감)을 공부해 보았지만 이를 높이기 위해서는 자주 작은 불씨가 필요한데 그것이 작은 자신감이며 이는 작은 시도로 성공한 경험의 맛을 알아야 더욱 자체 당근효과가 생겨 스스로 발전하는 의욕의 힘이 폭발할 수 있다고 했다. 이와 마찬가지로 약간의 반동하는 힘이 약간의 성공과 만족을 주고 이것이 누적되어 더 큰 반동과 자체 발전된 의욕의 힘이 상호보완적으로 큰 힘이 나온다. 아마 여기에 공감대가 있으면 저력이 폭발하는 것이다. 지난 촛불혁명이 그랬고 탄핵과 새 정부 탄생이 그랬다.

그러나 의욕의 힘을 일으킬 수 있는 단계의 대안도 없이 촛불시위의 열매부터 원하는 것은 좀 옹졸하지 않나 생각된다. 이제 세월호와 국정농단이 위기였다가 기회를 주어 현재 항거하고 반동할 수 있는 대상이 생겼고 이제 무력감에서 벗어나고 있다 하겠다. 더 큰 마무리 힘을 위해 대처하는 대안은 강한 자아-자부심과 인간의 존엄성을 강조하는 운동으로 예측 가능한 희망과 의욕의 힘을 북돋아주는 일이다.

뇌짱을 통한 의욕의 힘은 미리 대처하는 능력을 발휘시켜 예방하는 효과를 올린다. 동시에 의욕의 힘은 변화를 일으키고 고정관념을 깨는 여유도 가지게 된다. 우리에게는 정부와 공무원만을 탓할 시간의 여유가 없다. 지금 바로 국민이 나설 차례다. 여기에 거부감이 생기면 긴 한숨을 쉬어도 좋다. 몸을 움직여 팔다리를 쭉쭉 뻗어 스트레칭 운동을 해보자. 남에게 피해가 되지 않는 범위 내에서라면 악을 쓰고 일시적으로 미쳐보아도 좋다. 일시적으로 바보가 되어 보아도 좋다. 그러면 엉킨 마음이 풀리면서 새 일을 추진 할 마음의 여유가 생길 것이다.

일본 규슈의 지방자치장인 요잔과 같이 지방자치 의식개혁 시범도시를 지정하여 저출산과 암기 사교육을 없애고 그 대신 정부의 충분한 지원으로 성공시켜 불씨를 만들 수 있다고 생각되며 이러한 프로그램이 미래도시를 염두에 두어 선진국에서 사례를 모을 수도 있다. 꿈도 꾸지 말라고 미리 포기할 필요가 없다.

민주(民主)주의는 국민이 주인(主人)이다. 긍정적이고 적극적인 사람은 이렇게 생각한다. 세월호와 국정농단이 TV에 실시간으로 방송되고 촛불과 태극기 시위가 토요일마다 중계된 후, 헌법재판소가 마지막에 극적으로 이 사건은 국민이 주인이고 국가는 민주주의를 수호할 의무가 있다는 취지의 판결을 낭독할 때 국가의 존재를 실감했을 것이다.

적극적인 사람은 부정부패를 고발하고 타락선거에 말려들지 않고 지도자를 감시하고 좋은 지도자를 뽑으려 한다. 이런 적극적인 사람은 자신이 민주국가의 주인이란 인식이 강하므로 정말 주인 행세를 하게 된다. 소극적인 사람은 자신이 행동으로 실천하지 않고 가해자만 비난하기 마련이기 때문이다. 소극적인 사람이 많으면 말 따로 행동 따로 하는 언행불일치(言行不一致) 현상이 심해지고 불신사회가 계속된다. 함부로 지킬 수 없는 약속과 책임은 삼가는 버릇이 중요하다. 자녀에게도 마찬가지다. 의식구조 차원에서는 거짓과 진실 그리고 위장과 포장이 훤히 보인다. 피해의식과 소외감을 과감히 단절시키는 대신 근본적으로 예방하는 사회참여가 더 현명한 것이다. 피해와 열등의식은 많은 스트레스를 몰고 와 이성적 판단을 흐리게 하며 다시 피해의식으로 자신을 몰고 갈 수 있다.

근로자가 마음의 여유가 없고 스트레스가 쌓이면 불량률과 사고율이 높아지고 생산성도 떨어지기 마련이다. 생산성이 감소하기 때문에 결국에는 자신과 회사 둘 다 피해를 보게 된다. 그러므로 일을 할 때는 열심히 하는 것이 건강에도 좋으며 마음을 넓게 먹고 기업도 결국 국민과 근로자의 것으로 진화 발전된다는 사실을 인식하는 적극적이고 긍정적인 삶의 태도가 중요하다. 기업도 법적으로 회계감사와 조세정책을 통해 투명한 재정을 유지하는 것이 중요하다.

장기적 안목으로 볼 때 노사협상도 주로 이런 분야를 주요 안건으로 삼아 노사 간의 협력과 신뢰를 쌓도록 해야 한다. 인간의 존엄성과 기업정신을 동시에 발휘하는 긍정적 기업에서는 기업 자체도 성장하고 국민층과 근로자로부터 기업가가 존경을 받는다. 노사가 서로 반동과 반동으로 대결하니 감정 조절이 안 되고 서로 자존심 상한다고 언성을 높이니, 서로 대뇌의 뇌짱이나 의욕의 힘이 무력화되기 마련이다. 자아 성숙도가 떨어져 서로 협력이 안 되니 인내가 미덕이 아니라 저자세로 잘못 평가된다고 한다.

노조에 대물림 귀족이 있다면 부끄러운 현실이다. 그래서 그런지 강성이어야 계속 노조간부가 되는 왜곡된 자아가 고착화되는 것이다. 이젠 적당히 얼버무리는 것이 통하는 시대는 지났다. 세계 일류 상품은 세계인들로부터 존경을 받는다. 근로자와 기업가의 뇌짱이 모두 소중하지만 기업가에게서 나오는 뇌짱의 빛은 더 멀리 퍼질 것이다. 인체에 이롭게 감정을 조절하여 이성이 작동할 수 있도록 느긋파가 되어야 한다.

현재 우리나라의 노사협상에서는 처음부터 양쪽이 주장하는 조건에 너무 큰 차이가 있기 때문에 이를 좁히는 데 시간 낭비하여 협상 지연, 자부심의 손상 그리고 감정적 앙금이 따른다. 선진국의 노사협상에서 아주 조그마한 차이를 두고 옥신각신하는 것을 보면 우리와 너무 차이가 난다. 우리가 공동선의 가치관과 사회의 통합력이 부족하다는 증거이기도 하다.

이제 우리 사회에서는 서로 간의 공평한 고통 분담을 통해 사회 전반의 구조 조정을 이루자는 의식이 높아져 있다. 그리고 기업과 국가 경쟁력, 사회의 통합과 화합, 그리고 계층 갈등의 해소에 대한 논의도 계속될 것 같다. 협상과 화합의 핵심은 당사자가 서로 거짓 없는 마음을 주고받는 대화와 타협을 통해서 마음의 여유를 가지면서 마음의 빗장을 열어 이해의 폭을 넓히는 데에 있다.

이런 상태에서 이루어진 협상의 결과는 기득권층과 국민층 모두에게 삶에 대한 긍정적이고 자발적인 의욕을 일으킬 것이다. 그러면 우리 집단적인 관계문화와 공동체 정을 되살려 상호 이타적인 공동선이 성취될 것이며, 현재의 위기를 발전의 기회로 전환시킬 수도 있을 것이다. 앞으로 살맛나는 세상은 이렇게 모든 계층이 함께 어울려 뇌짱정신으로 만들어야 하기 때문이다.

뉴질랜드에는 프란케트회(會)라는 단체가 있다. 1907년에 시작된 이 단체는 지금은 전액 국가기금으로 운영되고 있다. 신생아가 병원에서 태어난 후 퇴원하면 이 단체에서 특별한 교육을 받은 간호사가 아기가 5세에 달할 때까지 그 가정을 정기적으로 방문한다. 이들은 가정 방문 때 어린이의 건강, 육아 방법, 요람 사망 방지책 등을 어머니들에게 가르치며 어머니는 아기가 만 일 년이 될 때까지 육아교실에서 강의와 실습을 정기적으로 받는다. 이 제도의 목적은 새 세대를 훌륭하고 건강하게 키워나가자는 것이다. 우리나라에도 이런 제도가 있다면, 그리고 곁들여서 우리 사회에 바람직한 의식구조를 부모와 그 자녀들에게 심어준다면 생활개혁이나 의식개혁은 자연히 일어날 것이다.

8. 기업혁신, 행정쇄신을 뇌짱으로

일본과 미국은 오랫동안 새로운 생산기법과 경영기법에 관한 머리싸움을 벌여 왔다. 20, 30년 전의 이야기지만 리엔지니어링(re-engineering)은 기존의 것을 없었던 것으로 생각하여 현재를 영점(zero-base)으로 두고 새로운 경영기법을 다시 짜는 작업이다. 또, 벤치마킹(benchmarking)

은 손자병법 식으로 자기 기업의 현실을 잘 알고 적(선진 경영)의 비밀을 알아 모방하며 허를 찔러 백전백승한다는 일종의 자아실현 방식이며, 단순한 모방이 아니라 창조적인 것을 가미하여 일시에 선진기업을 따라잡든지 추월하려고 하는 기법이다. 이 책도 서구가 성공했던 원동력인 강하고 참된 자아와 자부심의 법칙을 벤치마킹하여 우리 한국인에게 적합한 '뇌짱' 개념을 정립한 창조적 작품이라고 자부한다. 다운사이징(downsizing)은 덩치 큰 본사를 줄이고 지방이나 해외지사로 분산시켜 현실 감각과 창의력을 높이자는 의도이다. 중앙정부에서 지방자치 기관에 권력을 이양시키는 것 같은 군살빼기 효과를 거두는 것과 비슷하다.

경영학에는 인간관계론과 자기혁신 부분이 포함되지만 진짜 핵심은 긍정적 자아개념의 확립이다. 일찍이 리스(B.L. Reece) 박사는 긍정적 자아를 가진 사람의 특성을 ① 미래지향적이며 과거에만 매달리지 않는다 ② 문제점과 실망을 잘 극복하는 능력이 있다 ③ 부정적 감정을 느끼지만 조절하고 자제하는 능력이 있다 ④ 도움을 주고받는 여유가 있다 ⑤ 다른 사람을 개성 있는 인격체로 받아들이는 훈련이 잘 되어 있다, 이렇게 다섯 가지로 제시했다. 비교적 소극적인 우리 의식구조의 실정을 감안하면 긍정적 자아는 적극적이고 능동적인 힘과 자부심을 기업 리더와 직원 모두 높여줄 것이다. 이것이 기본인데, 이것이 허약한 상태에서는 아무리 선진국의 새로운 경영기법을 도입하더라도 잘못하면 소화불량증에 걸릴 우려가 있다.

기업가와 근로자 모두 자신의 실체를 먼저 알고 바꿀 것이 있으면 과감히 바꾸고 가끔 남을 용서하되 자신을 용서해서는 안 된다는 정신이 필요하다. 사실 우리 기업인들에게 제일 급하고 근본적인 경영기법은 선진국의 새로운 기법을 도입하는 것보다는 긍정적인 자아와 자부심을 통한 노사 간의 대화와 신뢰구축이며, 기업의 투명한 회계와 세무행정을 통해 대기업가가 기업을 자신의 소유로서만이 아니라 근로자와 기업과 국민의 것으로 키울 때 다자간 모두가 승리자가 되는 것이다.

그러므로 투명회계와 경제 민주화가 중요하다. 사실 어떤 사회에서도 개혁의 주력부대는 중산층과 중소기업가들인데 이들의 세력이 약화된 오늘날 이들을 위한 세금정책을 펴야 한다. 산학협동으로 벤처 중소기업을 육성할 때도 뇌짱을 발휘하여 고비용 저효율을 타파해야 한다.

전문가들은 당분간 잘해야 빈부격차가 그대로 유지시키는 정도인데다, 정부의 방만한 예산 집행을 견제하고 국민을 위한 투자를 유도해야 할 정치가들은 국내외적으로 공룡같이 커져버린 금융 자본가와 권력자에게 아부하고 쩔쩔매는 상황이라면, 국민이 정신 차리고 시민정신으로 뇌짱을 솔선수범하여 기득권자들도 동참하도록 압력을 가해야 한다고 믿는다.

행정개혁의 대상은 일반 공무원뿐 아니라 국가의 녹을 먹는 사람이라면 일단 모두를 대상으로 해야 한다. 세금 봉급자인 정치가와 국회의원, 법조계와 경찰, 군인, 교육계, 정부 투자기관 그리고 더 나아가 일부 언론계까지 포함시켜 보자. 동서고금을 통해 이런 사람들이 가장 권위주의적이며 경직된 의식을 가지는데, 우리나라에서는 특히 심한 측면이 있다. 이들은 정보의 독식과 발 빠른 밥그릇 챙기기에 주특기를 가지고 있는 자로 스스로를 애국자로 생각하고 있다. 더구나 이들은 자신들이 가진 막강한 힘에 막강한 책임이 따른다는 것을 잘 모를 때가 많다. 권리가 있는 곳에 그에 어울리는 책임이 따르는데 말이다. 그래서 중간 지위자도 결정하는 권리를 주는 대신 책임을 지도록 하는 횡적 시스템을 고려해 볼 필요가 있다. 그래야 공무원도 창의력과 자부심이 생길 것으로 판단한다.

예컨대 서구에서는 진단서를 발행할 때 종합병원에 근무해도 의사 개인의 이름으로 발행되지만 우리는 병원 대표와 개인 의사가 동시에 책임을 가진다. 다른 분야에도 이와 비슷한 사회 시스템이 광범하게 적용되어 개인의 권리와 책임을 집단에 미룰 소지가 있다. 그래서 개인주의의 산물인 자아와 자부심이 동양권과 기타 문화권에 잘 발달되지 못한 것 같다.

필자는 내과의사로서 보건복지부와 지방 자치정부 와의 행정소송 및 관료적인 학회와의 경험이 있어 할 말이 없을 수 없다. 선진 치료 시스템을 생각이 딱딱하고 시대에 뒤떨어진 기존의 법규만 잣대로 판단하고 귀찮게 대하는 태도는 발전의 계기와 기회를 차단하여 문제를 고착화시킨다. 이런 현상이 의료계뿐만 아니라 모든 분야에 비슷하다면 문제가 크다. 이런 기관들은 구태의연하거나 지키기 어려운 법을 제정하고, 탁상공론을 일삼는 것을 특징으로 하는데, 이것은 고객인 국민과 회원이 아니라 관료적인 기득권자의 편리를 우선으로 한다는 의심을 들게 했다. 생각과 제도가 고착되면 변화와 발전이 저지되는 것은 평범한 상식이다. 주인이 없는 사회는 직접적인 개인적인 이익 없는 고발이 없다.

우리 국민들은 선진 국민에 비교해서 독하지도 못하고 너무 유순한 게 탈이다. 효과 있게 싸울지도 모르면서 비난의 소리만 요란하다. 권력층이 잘못하면 상대적으로 국민층만 손해를 보는데도 말이다. 큰 사고가 있어도 지도자는 책임을 벗어나기 위하여 난리가 나고, 마음의 여유가 있는 대다수 국민들과 중산층도 자신에게 직접 책임이 없다는 왜곡된 자부심 때문에 이에 무관심하여 사회참여가 없다. 국민이 주인의식이 없는 사회에 길들여져 왔기 때문이다. 이런 의식구조 속에서 어느 한국 국민이 권력을 쥐어도 피장파장인 것이 우리 머리의 잘못 진화된 속성이다. 한통속이기 때문이다. 이게 우리 국민의 의식수준이다. 권력층은 자신이 변하지 않고도 이런 국민층의 약점을 이용하는 셈이 되는 것이다. 너는 별 수 있냐는 식이다. 동서고금, 선진국이든 후진국이든 기득권층이 변하기 싫어한다는 진리를 먼저 깨닫고 국민이 나서야 한다. 역시 통치자와 국민의 의지가 중요하다.

9. 교육개혁도 뇌짱으로

지난 십 수년 간 우리의 교육개혁은 비대해지는 사교육으로 실효를 별로 거두지 못했다. 학벌주의, 맹목적 평등주의에 의한 지적 수준의 하향평준화, 과다한 사교육비와 학원비, 개성과 재능 교육보다 암기식 교육, 공교육의 질 저하, 이공계열 교육의 부실, 정권에 따른 정책 변동으로 대학입시에만 매달려 있으며, 유아교육과 초등교육 그리고 평생교육에 대한 중요성이 상대적으로 폄하되어 왔다. 이제 나는 교육개혁을 '뇌짱교육'을 통해서 돈 안들이고 근본적으로 쉽게 하는 방법을 제시하려 한다. 저출산과 노령화를 한 가지로 해결할 수 있는 것도 창조적인 뇌짱교육의 일환이다. 머리는 쓰면 쓸수록 발달하고 특히 자신이 전공했던 분야와 뇌짱을 평생토록 계속 연마하면 늙지 않고 장수한다. 이것이 대뇌의 속성이다.

유아 보육과 누리과정

근래 우리 사회에서는 유아 보육과 유치원 교육에 대한 관심이 높아졌는데, 교육기관의 부족, 예산 논쟁, 경제적 부담과 혜택 그리고 이에 따른 책임 소재 등 아직 논란거리가 많아 합의안을 도출하지 못하고 있다. 그러나 보다 더 심각한 문제는 교육 콘텐츠가 부족하고 교육 방향이 확실하지 않은 것이다. 교육 목표에 대한 공감대와 인식이 부족하니, 아무런 행동과 실천에 옮기지 못하고 머뭇거릴 수밖에 없다.

우리는 아직도 암기식 명문대 입시에 쏠려, 변화가 빠른 시대에 살고 있으면서도 곧바로 폐기처분해야 할 내용을 교육하며 노력을 낭비하고 있다. 그런데 우리 모두가 이 사실을 인지하고 있음에도 불구하고 개선과 진전이 없는 이유는 기득권층의 일종의 무의식적인 저항 공모 심리와 중산층의 낮은 목소리와 약한 실천의식 때문이라고 생각된다. 이런 상황이 생기면 정부와 교육지도자가 일어서야 하는데 이들은 개인의 욕심을 우선시 하거나 바람직스럽지 못한 적당주의 교육관을 버리지 못하고 모르쇠를 하고 있다. 그러니 국민들은 누구를 믿고 희망을 가지고 자녀를 키울지 모르는 것이다.

이제 모든 국민이 왜곡된 교육을 바로 잡으면서, 우리 어린이들이 강하고 참된 자아와 자부심을 지닌 정정당당하고 행복한 사람으로 성장하도록 도와야한다. 그러자면, 부모와 교사가 먼저 행복하고 강하고 참된 자부심 또는 자존감(자아존중감)을 가져야 한다. 그러나 우려스럽게도 근래 몇 년간 성인 OECD통계와 서울대 사회학과 통계에서 삶의 질이 나빠졌고, 우리 어린이의 행복지수가 최하위 권에 속한다고 발표되었다.

그러면 어떻게 하면 좋을까? 영유아기에는 외부 세계에 예민하게 반응하여 존엄성이 없이 대해주면 자아가 발달하지 못하므로 거짓 없이 존중해 주어야 한다. 그러므로 이 시기에는 원하는 것에 공감하고 긍정적인 것에 초점을 맞추고 감정을 받아주어야 한다. 부모가 거짓말을 잘하면 자녀도 따라서 잘하는 것은 자녀의 거울뇌세포가 모방하는 것이다. 그러므로 어린 자녀 앞에서는 말을 조심해야 한다. 유아기(2-3세)에 한번 왜곡되거나 약한 자아는 회복되거나 강하게 되기 힘들다. 그렇지만 처음부터 특히 전적으로 자기중심적인 자아에 의존하는 영아기(0-5세)에 욕구를 제대로 충족시켜 주면 그 힘이 덜 들 것이다.

영유아기에 보이는 단순한 왜곡된 자아의 특징으로는 거짓말, 거부, 핑계, 동일시 등이 있으며, 약한 자아 및 자부심의 특징으로는 쉽게 포기, 의존적 태도, 남으로부터의 평가에 예민, 남 괴롭히기, 합리화 등이 있다. 무조건적인 칭찬이나 과보호는 역효과가 나므로 칭찬 시에는 구체적인 일에 대한 노력과 성적을 인정, 칭찬하고, 그냥 똑똑하다느니 등 애매한 대상에 대한 애정 어린 칭찬을 피해야 한다. 즉, 절제나 인내력, 긍정적 태도, 침착성과 성실성, 운동하기, 친구와 잘 놀기, 책임감 등에 대해 구체적인 칭찬이 필요하다.

최근까지 필자는 마포에서 내과 개업을 하면서 곁들어서 정기 검진센터를 운영했는데, 근처에 위치한 한 초등학교에 소아청소년 검진센터가 없어 우리 내과에서 대신 저학년 초등생의 검진을 수년간 맡아왔다. 검진 때 부모가 따라와 문진표의 과거 병력이나 현재 증상을 묻는 항목에 답변을 적을 때 대부분 부모가 학생과 상의도 없이 자신의 생각대로 빨리 써 낸다. 초등생이 스스로 답변해야 자신의 생각과 신체를 점검할 수 있어 교육적 효과가 클 터인데 이런 소중한 기회를 부모가 박탈한 것이다.

교육전문가들은 모든 교육은 피교육자 스스로 하는 것이며, 숙제나 평소 공부에 있어서도 본인이 하는 선택과 권리를 빼앗는 교육은 효과가 없고 시간 낭비라고 말한다. 문진표를 대신 쓴 부모에게 잔소리하기가 미안하여 대신 필자는 청진기를 학생 가슴에 대고 학생의 귀에 본인의 심장소리를 듣게 했고, 잠을 잘 때 심장이 뛸까, 휴식을 취할까를 질문하였다. 마냥 신기해하는 초등생을 보면서 자기 자신(심장)을 아는 자아가 발전하기를 기대했었다.

그냥 '엄마가 해줄게' 하면 교육의 낭비이며 오히려 자녀에게 의존성을 길러 해를 준다. 아이들이 자신의 실수를 용납하고 실패를 인정해야 그것을 거울삼아 발전이 있고, 애들이 땀을 흘리면서 운동을 해야 신체적 지구력과 정신적 인내력이 강해지고 강한 자부심이 생기는 것이다.

전문가들은 자녀의 자존감을 높이기 위해서 부모와 교사가 갖춰야 할 조건을 제시한다. 먼저 일선 교육자는 소통 능력이 높아야 한다. 그는 아이들의 입장을 고려하여 인내력을 가지고 경청하고 여러 가지 방향을 제시함으로써 아이들이 손수 선택하여 결정하도록 해야 한다. 부모의 지시가 아니라 아이들의 선택을 존중하여 그 결과에 대한 책임을 담보시키는 전략이다. 이런 식으로 아이들과 공감과 배려로 소통하는 과정에서 아이들의 인내와 자아가 발전된다. 도중에 아이들이 근거 없이 울거나 떼를 쓰면 단호히 인정 없이 거절하는 용기가 필요하다. 프랑스 부모의 경우 이렇게 단호히 대처하여 나쁜 버릇을 잡는다고 한다.

다음으로 일선 교육자는 아이의 자존감이 성장함에 따라 교육자 본인의 보람과 자부심이 성장함을 느껴야 한다. 그는 아이들과 제대로 놀아주어야 하고 자기 표현과 주장을 잘 할 수 있도록 격려하고

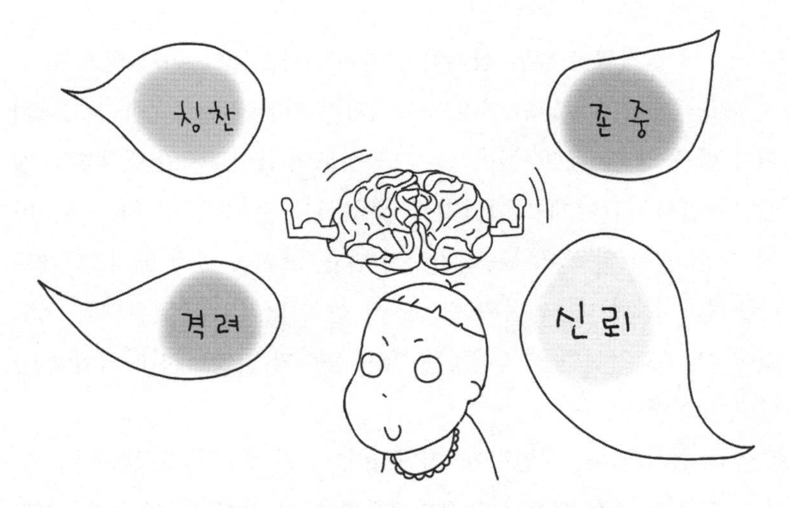

아이의 장점을 발견하여 칭찬해 주어야 한다. 미래를 이끌어 갈 아이들을 생각하여 신뢰와 끈기를 가지고 창의적인 꿈을 가질 수 있도록 재능 발굴과 호기심을 북돋아 주어야 한다.

역시 자아 발전을 위해선, 인내력 키우기, 스스로 하도록 선택권을 마련하기, 일선 교육자의 본보기, 아이의 탓이 아니라 일선 교육자의 탓으로 책임 돌리기, 긍정적 태도 주입, 자녀 때문에 이 고생을 한다고 말하지 않기, 국가와 사회의 참여 등의 요소들이 필요하다. 교육자나 피교육자나 모두 높은 자존감을 가지면 의사소통의 증진, 긍정적 태도, 다름을 인정하고 수용하는 능력 향상, 융통성 향상, 성찰, 책임감 및 성실의 발전 등의 시너지 효과를 낼 것이다. 따라서 이에 대한 토론과 공감대가 필요하다.

누리과정은 어린이집과 유치원의 통합 교육으로, 대략 만 2-5세의 교육을 신체운동, 의사소통, 사회관계, 예술경험, 그리고 자연탐구 등의 5개 영역으로 나누어 교육하는 커리큘럼을 갖고 있다. 필자의 견해로는, 이 나이에서 필요한 감정 및 정서 교육 영역과 자아의 기초적 탐구 영역이 빠져 있다.

1980년에 저명한 발달 심리학자 콜버그(L. Kohlberg)가 발표한 '인지적 도덕발달이론'을 보더라도 누리과정 기간에 인성교육이 시작되어야 함을 알 수 있다. 콜버그는 도덕성도 행동발달처럼 단계별로 발달한다면서, 그 단계를 야단맞지 않음, 원하는 것을 잘 함, 착한 아이, 사회 질서 및 권위 복종, 민주적 법률, 보편적 가치 등의 6단계로 나누었다. 그런 다음, 하위 단계에서 상위 단계로 발달하려면 어느 것이 더 도덕적인가를 판단하는 인지 능력의 발달이 선행되어야 한다고 주장했다.

이를 참조할 때, 개인자아, 집단자아 및 자부심의 인지적 인성 교육은 도덕적 인성 교육보다 시기적으로 먼저 진행되어야 하며, 누리과정에서 빠질 수 없는 영역이다. 이 시기의 교육부터 아이들에게 일방적인 관습적 복종과 순응을 강제하지 말고, 스스로 생각하고 관리하며 책임지는 자율적인 태도를 함양해 주는 것이 중요하다. 이것이야 말로 이 나이부터 개인적으로는 부모와 아이들이 장래에 자유와 행복을 누리도록 준비하는 동시에, 사회적으로는 우리 헌법에 맞는 민주주의와 시장경제 및 홍익인간의 이념을 수호하는 시민으로 가는 길을 열어주는 일이다.

지금까지 역사상으로 보았듯이 자아실현에서의 개인의 선택의 자유와 책임(또는 도덕적 인성)은 서양 선진국의 기초 이념이었다. 우리는 아직 이런 기초이념의 역사가 짧아 그 중요성을 인식하는 데 어려움이 있지만, 이제라도 각성하고 누리 교육과정에 자존감 향상 프로그램 등 관련 커리큘럼을 넣어야 할 것이다.

인성교육과 창의력

인성교육은 사람의 성품을 사람답고 올바르게 하는 기초 교육으로, 동양에서는 도덕성 함양 교육을, 서구 선진국에서는 강하고 참된 자아와 자부심 교육을 주로 의미해왔다. 즉, 동양에서는 공맹사상에 기초한 도덕과 이를 위한 인내와 수양의 연마가 발전했고, 서양에서는 교육의 주안점이 주관적 자아에서 객관적 자아로 다시 자율적 자아로 발전을 하였다.

스위스의 심리학자 피아제(Piaget, 1896~1980)는 초등교생에겐 강제적 도덕성과 자아를 중등교생에겐 자율적 도덕성과 자아를 교육할 것을 제시했고, 콜버그는 도덕발달의 6단계론을 주장했다. 서양에는 이 두 학자처럼 인지적이고 내면화된 성찰을 강조하는 학자들도 있지만 감성과 정서 그리고 동양에서 우세한 관계론적 배려윤리를 인성의 주요 요소로 보는 학자들도 생겨났다. 필자가 보기엔 자아교육이란 결국 도덕적 자아를 확립하는 것이기도 하므로, 이 동서양의 흐름은 모두 인성교육에 통합된다. 따라서 이 장에서는 편의상 인성과 자아 교육을 거의 혼용하여 논하기로 한다.

성숙한 사회란 교양, 품위, 예의, 인격, 문명화, 정의와 배려, 그리고 소통과 협력이 통하는 사회이다. 미성숙한 사회는 자기중심주의 사회, 몰염치, 퇴행적 정치, 부정부패와 타락, 생명경시, 무책임과 책임 전가, 불신, 낮은 행복지수 그리고 높은 사고율과 자살률이 무성한 사회일 것이다. 국내외 통계를 보면 전 세계의 인성지수, 삶의 질 및 문화의식 등이 차이가 다를 뿐 같은 지향점을 가지고 하락하였다. 필자가 25년 전에 논했던 한국병의 6가지 부정적인 요소 또한 물질적인 소비가 발전된 것을 제외하곤 개선되지 못하고 오히려 고착화되었다.

도덕 지능은 넓은 마음으로 다른 사람을 올바르고 정직하게 이해하며 배려할 줄 아는 사람으로 성장하는 능력을 말한다. 이것은 안정된 가정에서 서로 공감하여 부모의 교육과 본보기를 따라 하면서 길러진다. 자아와 자부심, 양심 그리고 창의력은 초등교생에 왕성하고 인성과 인습 그리고 도덕적 정체성이나 통합적 도덕적 자아는 중고교생에 더 활발한 것 같다. 도덕성과 합께 인성을 구성하는 정서, 사회 시민성 그리고 자아정체성은 초중고교생 모두에 중요하고 아동기(6-13세)에서 청소년기에 걸쳐 중요하다.

그런데 과거에 우리 사회에서는 신문에 가끔 양심선언이라는 기사가 실렸는데 지난 이십 년엔 이런 단어를 찾아볼 수 없게 되고 언행일치라는 단어도 사라진 지 오래 되었다. 진보했는지 후퇴했는지 모르나 우리의 삶의 질이 나빠졌다니 후자인 것 같다. 콜버그에 따르면, 도덕성의 발달은 10세 이전에는 개인적 보상과 벌과 복종을 지향하고, 그 이후의 인습단계(11.15세)에서는 그 시대의 습관, 예절, 풍습에 따라 대인관계의 조화를 이루고 법과 질서를 지향하는 반면에, 16세 이후가 되면 사회 계약정신과 보편적 양심과 도덕 원리를 지향한다. 따라서 청소년기의 자아교육은 도덕적 인성교육에 큰 영향을 미친다.

캘리포니아주를 위시한 미국과 싱가포르는 1990년도 이후 '인성회복을 위한 국가적 비전과 그 실천'에 관한 법률을 정치권에서 발의, 법제화하여 효과 있게 실행해오고 있다. 반면에 우리나라에서도 2014년에 인성교육 진흥법이 제정되었으나 그 실적이 미약한 것으로 알고 있다. 미국은 인성교육을 교육개혁의 핵심으로 삼고, 행복, 자아정체성, 예술과 체육, 절제심과 기술 연마, 양심과 직업, 예절, 양심과 정의, 자기 책임성 등을 교육에서 강조하고 있다.

다음은 창의력에 관한 이야기다. 도덕적 자아 확립 즉 인성교육과 거의 같은 시기에 창의력도 발전한다. 이 발전에 초중고교의 긴 기간이 걸리는 것은 단순한 생존적 가치만을 지향하는 다른 동물과 달리 대뇌를 가진 인간은 고급 가치의 성장을 지향하기 때문이다. 창의력이란 단어는 영재교육과 3차 산업에 요긴하고 익숙한 단어이지만 여전히 우리에겐 모호하고 낯설다.

이를 쉽게 이해하도록 돕기 위해 창의력에 관심이 많은 교육심리학자 임웅 교수의 저서 『새롭지 않은 새로움』에 나온 내용을 소개한다. 얼음이 녹으면 어떻게 되는가? 물론 즉각적으로 생각하면 물이 된다. 그러나 좀 길게 음미하면 얼음이 녹으면 봄이 온다. 그러나 얼음에 대해 전문가답게 시야를 좁고 깊게 음미한 사람은 얼음이 녹으면 수소결합이 감소한다고 생각할 수도 있다. 이때, 봄이 온 것을 늦게 알아차린 사람은 "아, 나도 알고 있었는데"라는 반응을 하는데, 이것은 "새롭지 않은 새로움"이라 말할 수 있다. 반대로 전문가적인 안목인 수소결합의 감소를 늦게 알아차린 사람은 "내가 몰랐던 사실인데"라면서 이것을 "새로운 새로움"일 것으로 인식할 것이다. 이 두 경우는 모두 창조적인 생각이므로, 그 가치를 인정받을 수 있어야 한다.

우리의 두뇌는 네트워크로 만들어져 서로 관련된 것끼리 연계 또는 연상되는 방식으로 의식의 확장이 일어난다. 손쉽고 일상적인 '새롭지 않음'은 어떤 생각이나 주장이 너무 완고하여 고착되면 쉽게 변화와 융통성이 없어져 창의력이 저하된다. 따라서 다르고 다양하게 생각하기, 다른 것과 연결하여 융합하기, 고착을 버리기, 고정관념을 깨기, 자유로운 상상력, 등을 동원하여 새로움을 발견하려 노력해야 한다. 또 다른 '새롭지 않은 새로움'을 위해서는 다양한 선택적 해답을 마련하거나 다양한 폴더를 고안해 두었다가 필요시 선택하는 방식이다. 애플 창업자 스티브 잡스가 인문학적 예술성이라는 폴더를 이용하여 컴퓨터 창의성과 아이디어를 내어 성공한 것이 이와 같은 발상이다. 한편 '새로운 새로움'은 전문성과 열정을 가진 피카소급 예술가나 노벨상급 과학자들이 여기에 소속될 것이다.

호기심이 많은 누리과정의 어린이나 초등생 때부터 한 가지 지시한 정답만 생각하면 창의력은 감소한다. 선택할 수 있는 질문 방식으로 토론하여 여러 답을 제시하면 의식의 확산적 사고(divergent thinking), 측면사고(lateral thinking), 그리고 수직적이고 논리적 사고, 수렴적 사고, 등이 살아나 창조력이 향상된다.

미국에서는 어린이가 성장할수록 선택의 자유와 책임성도 고려하여 강하고 참된 자아교육과 인성교육을 하고, 곁들여 예체능과 인내력을 함께 길러준다. 지시하고 암기하는 교육은 말랑 말랑한 대뇌의 가소성(plasticity)이 굳어지고 고착화되어 창의력이 감소한다. 따라서 자녀가 스스로 선택하고 결정하여 그 책임을 지도록 함으로써 독립적이고 씩씩한 어린이로 성장할 수 있도록 하는 교육과 훈련이 필요하다.

『자아실현』의 저자 매슬로우는 '망치를 쥐면 모든 게 못처럼 보인다'고 했는데, 이는 사고가 굳어진 상태이며 일종의 확증편향 심리이다. 그러므로 창의력의 분야에 따라 집단적 지성과 개인적 몰입이 적절히 조화를 이루어야 할 것이다. 전문가들은 창의력과 4차 산업을 위한 영재교육에 있어서도 타인을 존중하고 경청하고 협력하는 인성을 길러야 서로 융합적인 협력으로 창조적 산물이 쉽게 나오지, 옛날처럼 외톨이 천재로는 불가능하다고 말한다.

직장인과 노인들의 자아 혁신

이 연령 때는 일차적인 교육이 끝나서 열심히 가정과 사회를 위해 일한다. 일단 성인에서의 자아와 자부심은 안정하게 유지되지만 중간에 실패와 성공이 번갈아 일어나면서 그리고 가정생활, 직장생활 및 사회활동을 하는 와중에 인생이 성숙해지거나 스트레스와 좌절감을 맛보기도 한다. 장년층에서나 노인층에서나 성공은 강하고 참된 자아와 자부심으로 연마되고 무장한 사람이 차지한다. 왜곡된 자아, 예컨대 깨끗지 못하고 비겁한 경제적 특혜나 건전하지 못한 정신적 이익을 보면서 성공했다고 착각하는 사람은 여기에 포함되지 않는다.

변화가 빠른 시대의 직장에서는 갈수록 리더나 직원 쌍방 모두 서로 자존감을 존중하고 자아의 핵심 요소들을 공유해야만 서로 이익이 되어 생산성이 높아진다. 우리나라의 경우, OECD국가 중 가장 일하는 근무시간이 많음에도 불구하고 그 생산성은 선진 그룹의 80% 이하에 그친다고 한다. 상황이 이러면 리더와 직원 쌍방이 그 원인을 진지하게 토론해야 하는데 서로 상대편에 책임을 전가하기만 하니 문제다. 자신을 존중하는 리더는 지속적으로 자기와의 내면 대화, 자기 평가, 자기반성 등을 하기 때문에 남이나 직원도 존중하게 되어 있다. 이러한 태도에서 왜곡하여 자기 방어와 자기변명이나 남이나 직원의 탓으로 돌리면 서로 불신하여 생산성이 떨어질 것이다.

자아혁신과 생산성 제고의 상관관계의 예를 들어 보자. 생산적인 기업은 위기에 대처하고 견디는 힘이 강하여, 평소에 리더나 직원 모두에 안정감, 강한 책임감과 생산성, 강한 협상력, 긍정적 힘, 강한 창조력 등이 팽배하다. 직원이나 리더는 근무하기로 본인이 선택하여 한 번 결정을 하면 그 결과와 생산성에 책임을 진다. 이 책임을 진다는 의미는 다른 편을 탓하기 전에 서로 반성하여 손해를 감수하는 책임을 진다는 뜻이다. 양자가 정신적인 문제로 협력이 안 되어 생산이 저하되었다면 봉급을 줄이고, 반대로 성적이 좋았다면 서로 나눈다. 이런 방식으로 강한 자아와 자존감은 생산성, 높은 의식 수준, 창조와 혁신의 원동력이 되는 것이다.

근래 자아와 자존감이 중요해진 원인을 전문가들은 기업이 이제 빠른 정보와 지식의 빠른 변화를 잘 감지할 수 있는 능력 있는 지식 노동자를 필요로 하고 세계화된 기술제품과 서비스 능력과 창의력을 가진 직원을 원하기 때문이라고 한다. 이런 인재들이 높은 자존감과 의지력, 기업가 정신과 기업의 사회적 책임과 더불어 사는 마음의 긍정적 태도 등을 아울러 지녀야만 도래하는 4차 산업의 시대를 대비할 수 있을 것이다.

그러나 앞서 지적했듯이 우리의 의식구조는 아쉽게도 역사적으로나 문화적으로나 개인의 책임과 약속 그리고 자기에 대한 정직성을 기를 기회와 경험이 일천한 탓에 자발적으로 공부하거나 자발적으로 책임을 지는 의식이 부족하다. 이 분야에서 선진국은 지금도 이를 지키려고 애를 쓰는데 우리는 아직도 이를 너무 등한시하니 걱정이 앞설 수밖에 없다.

자존감이 높은 리더는 비전 제시, 동기부여, 조직과 직원의 목적을 일치시키는데 노력하기, 현실을 정직하게 이해시키기, 스스로 책임지고 반성하기, 위기에 대한 대처와 이기심을 포기한 열정 등의 덕목을 가진다. 앞으로 갈수록 회사는 아예 면접 할 때부터 강한 개인적인 자아와 높은 자부심을 가진 잠재력이 있는 직원을 뽑으려 할 것이다. 직원에게 약간의 권한을 부여한 다음, 직원의 독립성, 책임성, 창의성, 열정, 사명감, 솔선수범, 좋은 대인관계 능력, 혁신에 대한 호기심과 도전정신을 지속적으로 눈여겨 평가할 것으로 보인다.

구세대는 자신들이 인내력을 발휘하여 이룩한 한강의 기적의 혜택을 무상으로 받은 신세대가 이제 인내력을 가지고 분발하기를 기대하고 있다. 신세대가 다가오는 직업 기회의 어려움과 상대적인 노인층의 가난과 장래의 부담을 극복해 나가도록 하기 위해서는 국가 차원에서 총체적인 '강한 자아와 자부심 운동'을 펼쳐야 한다고 생각한다.

우리의 문화는 서구 선진국과 달라 노인들은 경제적 저축과 혜택을 자녀에게 물려주고 오직 남은 자산은 가난을 이기는 끈기와 부지런함과 삶의 지혜만 남았다. 이 남은 자산을 어떻게 자신과 가족과 사회에 유용하고 고귀하게 승화시켜 쓸 것인가가 그들의 과제이다. 노인층에서도 강한 자아와 자부심 운동을 지속해야 신체적으로나 정신적으로 건강을 유지할 수 있다. 그런데 집단적 급식이나 무조건적 누리과정 지원이나 비특이성 노인 혜택이나 무조건적 청년 지원을 하는 것은 신중히 생각해 볼 문제다.

우리 형편과 구조의 속성상 너무 공짜 심리로 지원하면 집단적이고 의존적인 심리에 더 나쁜 영향을 미칠 것으로 판단된다. 유태인을 보라! 그들은 돈도 잘 벌지만 돈 교육도 잘한다. 자선을 하거나 자녀에게 줄 때도 공짜심리의 여지없이 감사하는 마음이 드는 계기를 만들어 돈을 쓴다. 자녀의 칭찬도 특별한 구체적인 사항과 사실을 칭찬해야지 애매하게 듣기 좋게 예쁘다고 칭찬하면 역효과가 나타나듯이 공적 지원도 부차적인 조건을 붙여 지원해야 뒤탈이 없다.

예컨대 노인층이 정부의 지원 아래 강한 자아와 자부심을 교육받은 후에 이를 손자들에게 적용하여, 조부모가 과거 어릴 때를 회상하면서 손자와 놀아주면 양측 모두에게 이롭고 서로 자부심과 보람을 배가할 수 있다. 노인층의 인내력으로 힘들게 맞벌이하는 아들과 며느리 또는 딸과 사위를 위하여 도와주면 출산과 보육의 부담을 덜어줄 것이다. 자녀에게 헌신하느라 노후자금이 부족하면 이런 상부상조를 통해 지방자치단체나 자녀로부터 당당하게 용돈을 마련할 수 있다는 논리이다. 강한 자아와 자부심이 좋은 점은 돈을 많이 퍼주지 않아도 인정과 자존감과 보람으로 서로 건강과 행복을 느끼는 마력이 있다는 것이다.

어느 경우나 이런 식으로 모든 공짜 지원을 다시 한 번 재검토하고 생각과 궁리를 하면 얼마든지 창의적인 지원 방법을 개발할 수 있다고 본다. 우리에 맞지 않는 선진국 방식으로 똑같이 따를 필요는 없으므로 시행 전 숙고해야 한다. 이러한 노력이 가장 효과적으로 우리 사회에 총체적으로 필요한 강한 자아와 자부심 운동의 사례이며 융합적인 개념의 사례가 될 것이다.

노인층은 과거에 자신들이 부모였을 때 어떻게 자녀를 키우고 교육학적으로 보육하는지도 모르면서 키웠듯이 맞벌이 하는 자녀도 손자들을 어떻게 키워야 하는지도 모르면서 키우니, 세 살 버릇이 여든 가는 지혜와 문화 유전자가 개선되지 못하고 전수된다. 따라서 이런 악순환과 낭비를 차단하기 위하여 우리 노인층이 나서서 옛날을 되살려 새롭고 현대적인 육아법을 탐구하고 공부하여 가정과 사회에 봉사할 수 있을 것이다. 물론 사회적 지원과 전문가들의 입장과 의견이 반영되어야 할 것이다.

자아혁신을 통한 저출산과 고령화 해결과 사교육 감소

이미 앞에서 이야기가 나왔듯이 우리의 지혜 있는 노인층 어르신들은 그들의 주특기인 인내와 끈기로 경제적 성공을 이룩해서 자녀

세대에게 전해준 위대한 분들이고, 그 위대함은 국내외적으로 알아 주고 인정해 주고 있다. 그럼에도 그동안 우리 자신들은 이에 대해 너무 인색하게 평가해왔다. 원래 좀 부정적인 국민 의식을 가진 국내인보다 더 긍정적인 외국 석학들이나 일부 언론인들이 우리를 대견해 하고 있다는 것은 기정사실이다.

우리 어르신들은 근래의 어려운 사정에도 불구하고 요즘의 어려움과 실망쯤이야 별것이 아니라는 정신력을 가지고 있다. 우리의 아줌마 정신도 이와 연결이 되어 있다고 본다. 대뇌의 속성상 강한 신체는 강한 정신과 같이 간다는 것도 의학적으로 증명된 지 오래다. 그래서 움직이고 운동을 할수록 삶의 질이 향상되고 창의력이 향상되며 치매 예방에 효과가 있다. 이러한 저력을 지닌 노인층들은 마지막 인생까지 다음 세대를 위하여 불태우는 정신력으로 무장하면 건강도 지키고 자아와 자존감도 충분히 지킬 수 있다.

근래 지구촌은 인공지능과 바둑 대결을 필두로 인공로봇, 자율 주행차, 사물과 인간을 연결하는 사물인터넷, 드론, 고도화된 자동화, 인공 회계사, 중계사와 변호사, 유전자를 응용한 바이오공학, 비그데이터, 첨단화된 이동 정보통신 기술 등 첨단 기술의 각축장이 되었다. 이 분야를 주도하기 위해 선진국들은 영재교육과 창의력을 위한 끊임없는 교육개혁과 인성교육을 강화하고 있다.

필자는 25년 전에 한국병과 의식개혁의 근본 치료책으로 선진국과 같이 공공 유치원을 많이 설립하여 맞벌이 보육 부담을 줄이고 교육 콘텐츠를 획기적으로 바꾸자는 주장을 했는데, 이것은 당시에도 오늘날에도 맞는 말이라고 생각한다. 여러 선진국들은 수세기에 걸쳐 경제적으로 여유가 있을수록 저출산과 고령화 율이 낮아진다고 한다.

그러나 우리의 현실과 미래는 너무 한심하다. 청년층의 결혼과 출산 기피를 개선하고, 보육비와 교육비의 경감하며 일과 가정을 양립할 수 있는 양육 여건을 개선하는 일이 시급하다. 아울러 강력한 의지로 사교육 혁신과 공교육 정상화를 시작해야 할 것이다.

우리 교육 같은 암기와 주입식 교육은 아무런 쓸모가 없고 대뇌를 질식시키는 악영향을 끼칠 뿐이라는 연구자료가 차고 넘친다. 그런데도 고등교육을 받은 우리 대치동 엄마들은 아직도 남이 학원을 보내니 어쩔 수 없이 보낸다고 하는 말이나 하면서 본인 스스로에게나 자녀에게 아주 약하고 왜곡된 자아와 자부심을 주고받는 것이다. 더 이상 이런 식이라면 사교육은 사형선고를 내려야 한다. 사교육은 아무런 교육적 이점도 없이 이제 기득권 유지와 상속의 한 수단이 되고 말았다. 일반 국민들이 자각 없이 이런 제도에 부화뇌동하여 자녀를 지옥으로 내모는 것은 어리석은 일이다.

창의성의 전문가들은 과거 1, 2, 3차 산업혁명과 달리 제4차 산업혁명은 집단이 아니라 개인이나 개별 기업의 내부 창의력과 이를 현실화하는 능력에 의존한다고 한다. 이를 위해서는 개인적인 내부 자아와 자부심과 인성교육에 의존하는 긍정적 책임과 스스로 흥미를 느껴 자발적인 자유와 선택을 통한 의지가 관건이다. 그래서 이미 수년 전부터 선진국에서는 어린 세대의 창의력과 인성교육 그리고 자존감 교육을 누리과정과 초등학교에서 하고 있다. 우리가 말하는 공부는 시키지 않고, 함께하는 놀이와 운동을 주로 시키며, 예능과 체험 실습과 여행, 일기 쓰기, 책 읽기 등을 통해 스스로 호기심을 가지고 혼자 공부하게 한다.

애플의 스티브 잡스가 이공계와 예술을 융합했던 창의력으로 4차 산업을 준비해야 한다. 더구나 이런 분야가 발전할수록 사교육으로 습득하던 단순한 1차적 지식을 다루는 직업의 수는 적어질 확률이 높으므로, 사교육을 빨리 정리해야 할 것이다. 2017년 국무총리 산하 유아정책연구소의 유아와 초등교 대상의 연구 발표에서도 사교육을 많이 한 아이일수록 창의력이 떨어지는 결과를 보였다. 창의력은 독립성과 자율성, 가족 간의 상호작용과 유대감, 지원과 격려, 다양한 경험을 위한 읽기, 그리기, 악기 다루기, 새로운 시도와 도전, 훌륭한 어른과의 대화, 아이의 존엄과 존중 등을 통해서 길러지기 때문이다.

인체와 대뇌가 가장 합리적이고 민주적으로 작동하니 이를 따라 하는 일은 항상 자연스럽다고 생각한다. 이젠 시대가 많이 변해 암기형 인재는 과거제도인 고시제도가 사라지고 그런 인재는 그 수명을 다 했다고 보며, 그런 인재는 협동심과 인성과 감성지수가 낮을 확률이 높아 기업체나 기관 면접과 채용에 불리하다. 그러한 좋은 머리(IQ만 높은)로 혼자 해서 성공할 수 있는 직업군도 차차 엷어지는 추세인 것 같다. 암기 잘하는 머리라면 좌뇌가 주관하는 과학적 분석력과 이성적 지식에 강하므로 거기에 맞은 분야로 돌리는 것이 유리하겠다. 역시 이젠 모든 분야가 복잡해져 과거와는 달리 차차 혼자 힘으로 성공하는 것보다 협동하고 융합하여 성공하는 경우가 더 많아지고 있음을 감안해야 할 것이다.

이러한 의식과 교육 개혁은 심각한 저출산 문제를 해결하는 방책을 제시해 준다. 왜냐하면, 저출산의 원인의 한 축이 과도한 교육비 부담과 직장과 양육의 양립 어려움, 불확실한 미래에의 염려에 있기 때문이다. 따라서 4차 산업혁명의 도래와 더불어 창의력 함양이 중시되고 암기교육과 사교육이 감소되어 사교육의 부담이 줄어드는 한편, 동북아 3국과 기타 나라에서 우리가 가장 큰 잠재력을 갖고 있는 우리의 진정한 자아와 자부심이 발전된다면, 우리나라의 가임 여성들은 오히려 큰 기회를 맞을 것이다.

상대적으로 아직도 양육의 부담이 여성에게 전가된 상태이지만, 다른 계층이 서로 협력, 공동체적 잠재력을 발휘하면 성공할 수 있다. 아이를 낳기를 선택하고 결정하는 일은 여성의 자유지만 남성은 인생의 자기 작품을 만들고 키우는 재미도 쏠쏠하다는 것을 알고 있어 상호 협력의 희망이 있다.

출산율을 높이기 위하여 돈을 쏟아 부어도 성공하지 못하는 일이 선진국에서도 허다하다. 그러나 공동체 정신이 함께 살아있는 우리나라에서의 자부심 갖기 운동은 더 효과적일 것이다. 부모가 먼저 강한 자아와 자부심의 핵심인 긍정적이고 존엄한 자기 선택과 결정으로 출산을 결정하고 그 선택의 책임을 지려고 노력한다. 다음으로 국가와 사회 및 이웃은 그 결정의 어려움을 인식하고 그 결정의 책임을 나누는데 협조한다. 그래서 결혼과 출산으로 국가적으로나 사회적으로 지원을 받고 젊은 부부가 자신감과 자부심을 가지면서 주위 사람들로부터 존경을 받을 것이다. 따라서 이러한 접근은 정신적 가치를 함께 드높이므로 돈으로 해결하는 저출산 대책보다 더 보람 있고 성공적일 것이다.

제6장

자기혁신을 위한 뇌짱운동

IQ+EQ+SQ+MQ+PLQ

자기혁신을 위한 뇌짱운동

1. 자기혁신의 열쇠

인생의 법칙

우리 인생은 모호하고 조건 반사적으로 마음 내키는 대로 살아가는 것보다는 어떤 기준, 틀, 뼈대로서의 인생의 법칙을 음미하면서 사는 것이 훨씬 더 의미가 있다. 인생의 길은 어떤 행동의 연속이며 계속된 행동으로 축적된 결과와 경험 자체이다. 세수하고 아침식사 후 출근하는 행동은 매일 반복 훈련되어 일어나는 행동이기 때문에 자동적이고 무의식적이다. 이런 일상적인 행동은 우리의 뇌 조직 속에 굳어진 의식구조이며 기억상태가 된 것이다.

반면 중대한 결정을 필요로 하는 인생 문제에 있어서는 인생의 법칙을 통해 현명한 판단으로 인생의 목적을 달성하는 데 이용해야 할 것이다. 그렇다면 인생의 법칙이란 무엇인가? “어떻게 살 것인가?”하는 궁극적인 질문에 대한 틀을 제공할 수 있는 인생의 네 가지 법칙을 여기에 제시해 본다.

■ 인생에 대한 의지적 선언

우리는 인생을 살아갈 것임을 의식적이든 무의식적이든 결정했기 때문에 현재 생존해 있다. 또한 인생을 포기하지도 않았으며 자살하지도 않았다. 일단 인생을 살겠다고 자유롭게 선택하여 결정한 이상 기왕이면 보람되고 의미 있게 살아야 한다. 그러므로 살아가겠다는 결정, 아니 더 좋은 인생을 살아가겠다는 결정은 자기 자신에 대한 의지적 선언인 셈이다.

이때 마지못해 결정하고 선언하는 것보다는 긍정적이고 강한 의지를 가지고 결정하고 선언하는 것이 우리의 삶에 더 좋을 것이다. 인생에 대해서 생각하는 태도는 생각하겠다고 결정한 우리의 자유로운 선택과 의지가 있기 때문이요, 생각하기만 하면 짜증이 나고 잊으려는 태도로 나왔다면 생각하지 않겠다고 결정한 우리의 자유 의지가 약했기 때문이다. 그러므로 우리의 생각, 삶의 행동에도 우리의 자유의지의 강도가 중요하게 적용된다.

■ 강한 자아의식과 자부심

평생이든 하루 24시간이든 일을 하거나 휴식, 수면을 취하거나 하는 행동의 연속인 것은 마찬가지다. 그러나 어떤 행동이든지 우리의 능력을 최대로 발휘하며 효과적으로 수행할 때 문제는 달라진다. 이때의 추진력은 행동 동기와 의지에 따라 영향을 미치겠지만 결국 원시적이고 근원적인 원동력은 강한 자아의식과 자부심에 의해 결정된다.

문화와 역사의 배경에 따라 집단주의보다 개인주의의 장점이 강한 서양인보다 동양인에게 이러한 자아의식과 자부심이 약하다는 의견이 정설이다. 자부심은 개인의 정신활동의 산물이지 주위 사람들과 사회의 의견을 참고만 할 뿐 결정권자는 개인 자신이다. 특히 우리나라의 스트레스 의식구조에서는 약한 자아의식과 위장되고 거짓된 자부심 - 예를 들면 허세, 겉치레, 권위주의적 밀어붙임 - 이 잘 나타나고 스트레스가 여기에 대한 자기 자신을 탐구하는 자아와 자부심을 위한 자기 성찰을 방해하므로 많은 연구와 각성이 필요하다.

■ 스트레스 조절과 해소

약한 자아의식과 낮은 자부심을 가진 사람일수록 스트레스를 쉽게 느끼며 또한 일단 스트레스를 느끼면 이를 조절하고 해소시키는 능력이 부족한 상태이기 쉽다. 소심증이라도 가끔 불안과 분노를 쉽게 나타내는 욱하고 조급증을 보이는 스트레스 체질과 습관이 있을 수 있으므로 자기 의지로 이를 조절하는 능력이 필요하다. 이런 사람은 일시적이나마 악쓰고 배짱을 부려도 좋을 것이다. 이러한 상태가 장기화되면 의식화되어 스트레스 의식구조를 가지게 된다.

어떤 행동을 하든지 스트레스와 스트레스 의식구조를 가지면 처음에는 정열적으로 활동해서 어느 정도 효과를 볼 수도 있겠지만 쉽게 지쳐 '될 대로 되라'는 상태가 될 가능성이 높다. 또한 조급하게 서두르고 빨리빨리 하려는 스트레스 의식구조로 대처한다면 실수도 많아져 목표 달성이 어렵게 된다. 즉 냄비현상과 용두사미다. 이때마다 의욕상실과 소극적 인생태도로 쉽게 절망하게 되어 현실적 목표 설정과 추진력이 약해지는 악순환이 생긴다.

■ 행동법칙의 요소와 현실적 행동목표 설정

인생은 어떤 행동의 연속이다. 무의식 행동은 행동이 습성화된 상태로 행동목적을 달성하는 자동화된 의식이다. 그러나 인생에는 이렇게 간단한 행동만이 있는 것은 아니다. 가령 질투가 생길 때 어떻게 할 것인가, 애정의 삼각관계나 임신중절은 어떻게 대처하고 행동할 것인가? 중대하고 복잡한 행동에 부딪혔을 때 행동법칙의 요소인 욕망과 욕구, 가치관, 성공과 행복의 조건, 자신의 능력과 환경 평가, 남의 입장과 의견, 생활규범과 과거 현인들의 인생철학 등이 고려된다. 이때는 자신의 장점과 단점, 순수한 것과 위장된(변명하는, 책임전가하는, 체면 차리는, 거짓된, 탈을 쓴) 것을 자기 성찰하는 자아정체성과 진정한 자아평가 작업이다.

자아와 자부심의 법칙

우리가 어떤 일을 수행하는 데 있어서 강한 자부심과 자신감을 가지고 추진하면 성공하게 마련이다. 그리고 진정한 자부심은 진정한 자아의식이 확립되었을 때에만 형성된다. 자아란 자기 자신을 있는 그대로 아는 것이며 자가 평가한 상태다. 이런 자아는 특히 부모, 형제, 친척 그리고 친구로부터 받은 평가 내용을 자신의 평가로 인식하는 것이 보통이며 대부분 생후 4-5세 사이에 결정된다.

자아의식은 자신의 환경과 능력을 있는 그대로 자가 평가하는 능력으로부터 출발한다. 약한 자아의식을 가진 사람은 한마디로 투철하지 못한 행동을 보인다. 반면에 강한 자아는 자신의 단점을 인정하고 수용함으로써 올바른 바탕에서 진정하고 거짓 없는 자신감과 자존심으로 발전될 수 있는 것이다. 강하고 참된 자아와 자부심은 무조건 자기를 처음부터 긍정적 의지와 결단을 다짐하여 자기를 긍정적으로 좋게 평가하며 이는 상대에게 폐를 끼치지 않으면서 오로지 자신의 성공과 행복을 추구하는 힘이다.

그러한 강한 자아관념을 확립하여 자부심을 향상시키려면 다음의 사항을 준수해야 한다.

① 자아와 자부심을 이해하고 생각해 볼 수 있는 조용한 자기 시간을 많이 가져야 한다.

② 건전한 육체에 건전한 정신이 깃든다는 사실을 몸소 실천하여 규칙적으로 운동을 한다.

③ 스트레스의 조절과 해소, 그리고 스트레스 의식구조의 이해와 의식개혁이 필요하다.

④ 유아기와 소아기 때 자아의식과 자부심이 형성되므로 자신을 위해서나 자녀를 위해서 여기에 관심을 두고 생활해야 한다.

⑤ 창조적이고 잠재능력이 활성화되는 분위기와 시간을 갖는다. 상대의 엉뚱한 생각도 웬만하면 이해하는 마음의 여유를 가진다.

⑥ 자신의 강한 의지와 용기로서 소극적이고 부정적인 생각이 머리에 떠오를 때마다 이런 생각을 거부하고 적극적이고 긍정적인 생각으로 수십 번씩 자기 다짐해 보는 자가 훈련을 반복한다.

〈도표〉 행동결정에 필요한 자아능력

질문		대답			
		항상 그렇다	가끔 그렇다	좀처럼 그렇지 않다	전혀 그렇지 않다
1	당신은 윗사람이나 이성이 주위에 있을 때 마음이 편하다.				
2	당신은 괜찮은 사람이라고 생각하며 당신을 좋아하는 사람이 주위에 많다고 생각한다.				
3	당신은 당신의 얼굴과 신체에 열등감을 느끼지 않는다.				
4	당신은 남에 끌려서 결정하지 않고 항상 자신의 의사에 따라 결정한다.				
5	당신은 어려운 일에 부딪히면 최선을 다하고 대개는 성공한다.				
6	당신은 자신의 능력과 자부심을 가지고 있다.				
7	당신은 낯선 사람이 옆에 있으면 거북스런 생각과 수줍은 생각이 든다.				
8	당신은 대인관계에서 염치와 체면에 신경을 쓴다.				
9	당신은 무언가 잘 안되면 그 책임이나 비난을 자기에게 돌린다.				
10	당신은 성공하지 못하면 지나치게 피해의식을 느끼거나 지나치게 우울해진다.				
채점	질문 1~6	1점	2점	3점	4점
	질문 7~10	4점	3점	2점	1점
평가	10~19점이면 강한 자아능력의 소유자. 20~25점이면 적당한 자아능력의 소유자. 26~40점이면 자아 능력 보강이 필요한 사람.				

행동의 법칙

우리는 부모와 스승으로부터 "행동과 행실을 올바르게 하라"는 말을 자주 듣고 자랐다. 어릴 때에는 이성과 자아능력이 부족해서 행동이 무슨 의미인지도 잘 몰랐고 모호한 단어로나 생각되었다. 그러나 부모와 스승의 행동을 모방하고 흉내를 냄으로써 행동의 의미를 잘 모르면서도 이미 어릴 때 행동패턴과 성향이 형성된다. 그러므로 부모와 스승의 행동 자체는 어린아이의 기본적 행동 습성과 감정의 발달로 이어지며 어린아이의 지능과 이성적 사고력의 발달보다 훨씬 먼저 형성된다는 사실과 일치된다.

또 중요한 사실은 어릴 때 부모와 스승의 행동으로부터 배운 어린아이의 행동습성은 그대로 일생동안 지속되기 쉽다는 것이다. 부모와 스승의 행동이 옳다거나 옳지 않다거나 판단할 수 있는 취사선택의 능력이 미약한 상태에서 그대로 어린아이의 뇌조직 속에 기억되고 반복되어 굳어지기 때문이다. 유식한 말로 어린애의 대뇌에 부모님에게 무조건 공감하고 모방하는 어린애의 뇌세포가 있기 때문이다.

올바르게 행동하고자 할 때에는 어떤 기준이 있을 수 있을까? 행동법칙의 여섯 가지 요소는 ① 욕망 ② 가치관 ③ 기대와 희망 ④ 예상되는 행동결과의 의미와 성공과 행복의 조건들 ⑤ 객관적 정보에 의한 자신의 능력과 환경 평가 ⑥ 남의 입장과 의견이다.

남의 의견이나 이익을 무시하는 행동, 개인 혹은 집단이기주의, 자신에 대한 과대평가와 안하무인 태도로 나타나는 돈키호테형 행동, 자신에 대한 과소평가와 남의 눈치를 의식해 행동하는 자기비하 소심증과 스트레스 의식구조, 이러지도 저러지도 못하는 햄릿형의 갈등형 행동은 행동법칙의 요소를 잘 고려하지 못해 생기는 유형들이다. 행동법칙과 그 요소들을 머릿속에 잘 기억해 두었다가 어렵고 중대한 행동을 결정할 때 이용한다면 큰 도움이 될 것이다.

우리 성인의 생활에서나 우리의 자녀를 교육시킬 때 행동법칙과 그 요소들을 실험하여 반복 이용한다면 어떻게 행동하는 것이 올바른 행실인지를 이해할 수 있을 것이며, 그것이 몸에 배면 자동적이고 무의식적인 인품의 향기로서 발산될 것이다. 과거 선조들이 그 아이의 행동을 보면 가정교육의 질을 알 수 있고 세살 버릇 여든 간다는 이야기에 수긍이 간다.

2. 자신을 성공시키는 힘이 뇌짱이다

한국전쟁이 끝난 후 폐허만 남은 이 땅에서 우리 모두는 지금까지 앞만 보고 달려왔다. 성공만이 행복의 조건이라고 생각했다. 우리 머릿속의 성공과 행복이란 과거 박정희 대통령이 그려준 그림대로 자기 집, 자기 자동차, 풍족한 음식과 생활비에 한정되어 있었다. 그래서 올림픽을 할 때, 우리는 50년대의 그 누추한 흑백사진을 80년대 말의 화려한 컬러사진과 비교해 보며, 폐허에서 이만큼 일으켰다는 것만으로도 감격해서 잔치를 벌이고 즐거워했던 것이다. 그러나 그때 이른 감격이 현실에 안주하게 되었고, 결국은 외환위기를 불러들여 IMF 시대라는 쓰라린 세월을 자초하고 말았다. 이어서 급기야 세월호 참사와 국전농단의 비극이 왔다.

전통적으로 우리 사회는 성공과 행복의 척도를 재산과 돈 그리고 사회적 지위에 한정시켜서 생각해 왔다. 가장 대표적인 성공의 전형은 보잘 것 없는 집안에서 과거시험에 장원급제해서 부와 권력과 명예를 하루아침에 거머쥐는 세속적인 벼락출세였다.

국정농단을 실시간으로 지켜보고 4차 산업, 인성교육, 창의력과 뇌짱의 요소들을 알고 난 후에는 개천에서 나온 용이 좋은 놈인지 쓸모없이 국민에게 해를 끼치는 용인지 구분을 하게 되니 희망이 보인다. 가정의 행복이나 자기만족 같은 것은 거기에 당연히 덤으로 따라온다고 생각한 것이다. 출세한 후에 국가와 민족을 위해 봉사도 한 경우도 있지만, 개인적인 원한(가난이나 자존심이 심하게 상한 과거)이나 쌓인 문제 해결에 더 골몰하는 경우도 많았다.

그러므로 우리는 이제 과거의 잘못을 오늘날 다시 반복하지 않기 위해서라도 성공과 행복이라는 관념에 대해 척도와 잣대를 다시 세우는 논의를 시작해야 한다. 세상에 태어나서 우리 모두 이를 달성하려고 노력하는데 이 잣대와 기준이 잘못되고 왜곡되어 있다면 우리 모두의 인생도 함께 정도(正道)에서 빗나간 것이 아니겠는가?

선진국 국민들이 생각하는 성공과 행복은 우리와는 좀 다르다. 그건 비단 선진국뿐만이 아니다. 소위 저개발국가라는 히말라야 산속의 소국 사람들의 행복도가 국제적인 조사에서 1위를 차지한 것은 무엇을 의미하는가?

우리에게는 성공과 행복이 일치된 것이지만 보다 앞선 의식을 가진 사람에게서는 대개 성공(외부의 시선으로)과 행복(자기 내면의 만족도)은 별개의 것이었다. 거지같이 살아도 자족하고 행복하다면 성공한 것이고, 부와 명예를 한 손에 쥐었어도 개인적으로 불행하다면 성공한 게 아니다.

선진 의식에서는 성공과 행복의 잣대에서 돈과 재산 그리고 사회적 지위도 중요시하지만 현실적으로 자기 분수에 맞는 직업에 몰두하면서 거기서 보람과 의미를 찾고 가정을 중심으로 인간의 존엄성과 양심을 중시하는 가치관이 있다. 치사하게 수단과 방법을 가리지 않고 돈과 재산을 모으려고 하지도 않고 치사하게 양심을 속여가면서 사회적 지위를 탐내지도 않는다. 강하고 참된 뇌짱은 왜곡되지 않은 성공과 행복을 추구한다.

새로운 가치관을 위한 전제들

그렇다면 앞으로 우리에게 필요한 이상적인 성공과 행복의 조건이라면 무엇일까? 우선 다음 다섯 가지 정도를 들 수 있겠다.

첫째, 개인적 보람과 만족이다. 가족들과 친구들과의 우애, 취미생활, 가능하다면 사회적 참여와 지위 등도 포함된다.

둘째, 직업에서 오는 만족감이다. 이를 위해선 철저한 프로의식이 필요하다.

셋째, 건강을 유지하는 것인데, 육체적, 정신적, 사회적, 영적 건강이 모두 포함된다.

넷째, 사회와 이웃에 기여하는 보람과 긍지이다.

다섯째, 경제적 안정을 이루어 줄 재산과 돈이 필요하다.

이상의 다섯 가지를 골고루 갖출 때 성공하고 행복한 삶을 살고 있다고 할 수 있다. 그러나 현재 우리 사회는 가치관의 혼란으로 성공과 행복의 잣대가 돈과 사회적 지위에 치우쳐 있다. 지금처럼 어려운 시기에는 직업에서 오는 만족감과 함께 더불어 살아야 하는 사회와 이웃에 기여하는 보람이 더 큰 문제가 될 것이다. 특히 개인 이기주의가 강한 신세대층에게는 다른 선진국과 비교해서 둘째와 넷째의 기준이 더욱 심각한 문제가 될 거라고 생각한다.

우리 사회는 대체로 세 가지 계층으로 나누어 볼 수 있다. 어려운 시대에 적극적으로 사회에 도움이 되려는 층, 도움도 피해도 주지 않는 층, 피해만 주는 층이다.

그런데 도움이 되는 층을 보면 평소에는 조용하지만 사회가 위기에 봉착하면 적극적으로 참여해 위기 극복을 위해 노력한다. 우리 사회에 저력이 있다고 말하는 것은 이런 층이 상당히 두텁다는 것을 의미하는 것이다. 이들이 바로 구한말에 가락지, 비녀 다 모아 국채보상 운동을 펼친 기녀와 서민들이었으며, 오늘날 장롱 속 돌 반지와 일 달러짜리들을 다 꺼내와 국가 외환위기 극복 운동에 동참한 서민들과 중산층이 여기에 해당한다. 위기가 왔을 때마다 이런 저력이 힘을 발휘한 덕택에 우리 민족이 오늘날까지 독립국가를 유지하여 왔다고 볼 수 있다. 한국에 전쟁이 나면 독자들은 어떻게 하겠는가? 개인적이고 사회적인 가치관 측정의 바로미터 일 수도 있다. 도망갈 것인가 군대에 입대할 것인가. 답은 상처 난 사람 쪽으로 이동하거나 긴급히 구급법을 배우는 스위스 국민이 돼야 할 것이다.

도움도 피해도 주지 않는 층은 내내 가만있다가 도움을 주는 행동은 하나도 안하면서 일부 책임 있는 지도층들에게 비난만 하고 여론을 주도하는 것 같다. 평소에 혜택은 많이 받았지만 행동은 안하고 말로만 하는 일부 중산층과 지식인들이 여기에 해당될 것이다.

마지막에 언급한 피해만 주는 층은 혜택은 혜택대로 다 받고 위기를 이용해 개인 이익을 챙겨보려는 이기주의자들이다. 달러가 천정부지로 치솟자 금고에 들어있던 지하자금인 달러 가방을 들고 와 환전해 가는 사람들, 금고에 감추어 둔 행운의 열쇠나 금거북이, 금괴는 절대로 내놓을 생각이 없는 사람들, 사재기와 매점매석을 통해 어떻게 한몫 잡아보나 골몰하는 사람들이 바로 그들이다. 성공은 했지만 도덕성이 없는 사람들은 앞으로 뇌짱시대를 맞게 되면 지금까지 그들의 인생에서 누린 왜곡된 성공과 행복이 얼마나 비겁하고 초라

했던가를 여실히 단죄 받게 될 것이다. 바로 이런 작용을 가능케 하는 것이 조용하면서도 진실만을 중요시하는 진화된 대뇌의 기능인 것이다.

과거에 찢어지게 가난했던 기억이 있는 기성세대는 동족상잔과 IMF 한파에도 잘 견디겠지만 의식이 굳어 있어서 그저 견디는 차원보다 더 수준 높은 차원으로 문제를 해결하는 능력은 부족한 편이다. 가난한 건 익숙하게 잘 참아내겠지만 새 시대가 요구하는 방향으로 위기를 적극적으로 헤쳐 나갈 세월호와 국정농단의 진단과 처방은 아무래도 신세대가 맡아야 할 것 같다. 다만 인내력이 상대적으로 부족한 신세대에게 구세대가 이를 메워주면서 대안인 뇌짱을 서로 연구하면서 말이다.

새로운 성공과 행복의 조건

그러면 뇌짱을 이용하여 프로 직업의식을 발휘하기 위한, 새로운 성공과 행복의 조건을 재조명해보자. 앞에서 언급한 6가지 뇌짱운동과 뇌짱(CQ=IQ+EQ+MQ+SQ+PLQ)을 기억할 것이다. 상대편의 입장을 자기의 입장과 같이 고려하면서 냉철한 머리와 따뜻한 가슴을 가진 사람을 뇌짱이라고 했다. 이해를 돕기 위해 경영 컨설턴트 윤은기 박사의 직장인 성공전략 10계명을 여기에 소개한다.

① 올바른 가치관과 자긍심을 지녀라.
② 적성을 살리고 일을 즐겨라.
③ 윤리의식과 도덕심을 길러라.
④ 함께 어울리는 사회성을 길러라.
⑤ 감동체험을 통해 감성력을 길러라.

⑥ 평생 학습능력을 길러라.

⑦ 글로벌 감각과 세계정신을 길러라.

⑧ 핵심역량을 길러라.

⑨ 벤처정신, 도전 정신을 길러라.

⑩ 비전을 만들고 실현을 위해 노력하라.

이러한 성공전략은 세계화와 국제화 그리고 1등 국민에 도전하는 직장인들이 갖추어야 할 기본으로 보이며, 뇌짱의 요소들과 거의 일치한다. 그리고 그 밖에도 협동정신, 능률주의, 소기업 첨단 기술시대, 직장인의 자아와 자부심 고취, 자기혁신, 서비스 정신, 신뢰, 유연성과 창의성, 정보력 등등이 포함될 것이다.

필라 코리아의 사장 윤윤수 씨는 성공한 자신의 경영철학을 '정직, 성실, 공정'의 기본에 충실한 것이라고 했다. 이렇게 생각할 때 자신을 성공시키는 힘이 바로 자신의 뇌짱임을 알 수 있을 것이다. 신세대는 외국어 하랴 컴 공부 더 하랴 어느 시간에 상기한 10가지에 식상하겠지만 우선 심호흡하고 스트레칭 한 후 강한 자아심과 뇌짱만 무조건 생각하면 상기한 10가지가 고구마 수확에서 줄기를 뽑으면 나머지 고구마가 줄줄이 딸려 나오는 것과 같이 줄기만 알면 쉽고, 내일이라는 날이 또 오니 염려 놓아도 된다.

일찍이 양주동 박사는 "능률의 미(美)"라는 표현을 썼다. 예컨대 은행원이 상냥하고 깔끔하고 신속하게 일을 처리해 고객에게 큰 만족을 주었다면 그녀의 그런 행동 자체에서 아름다움을 느낄 수 있다는 것이다. 즉 프로는 아름다우니 최대의 고객만족을 위한 서비스 정신으로 고객을 감동시키라는 뜻이다.

새롭고 투명하게 정의한 다섯 가지 성공과 행복의 잣대에 동의한다면 이 다섯 가지 요소를 달성하는 데 노력함으로써 진정한 성공과 행복의 열매를 달성할 수 있을 것이다. 그런데 우리의 의식구조 속에는 한국인은 쉽게 만족하지 않은 속성이 있어 이게 장점인지 단점인지 헛갈리는데, 우선 우리는 개척과 도전 정신이 필요해 긍정적으로 분류하여 장점으로 보고 싶다. 이런 의미에서 우리 모두는 프로 직업의식을 가지고 각자의 일에서 능률의 아름다움을 발산해야 할 것이다.

우리 사회에서 현실적으로 제일 가치 있고 우대받아야 할 직업은 정치가도, 판검사도, 의사와 성직자도, 고위 공무원도, 교수도, 재벌도 아니다. 그건 좋은 상품을 국제시장에 내놓을 수 있는 과학기술자다. 예컨대 4차산업뿐 아니라 1-3차 산업에서 유용한 창의적 작품이나 상품을 내는 사람이다. 이런 기술자가 국제 특허를 내어 벼락부자가 되고 전 세계적으로 유명해지는 사람들이 많아진다면 전망이 밝은 한국이 될 것이다.

이런 힘은 뇌짱에서 비롯된다. 그러므로 전문의식과 능률주의가 우선되는 사회가 필수적이다. 우리는 쉽게 만족하지 않아 삼성같이 수익 올리는 기업을 5개 더 만들도록 해야 한다. 그들이 자기 분야에서 혼신의 힘과 예술의 경지까지 가는 몰입을 발휘하여 최고 전문가가 되고 한 가지라도 세계 최고품을 고안할 수 있다면 기술자 한 사람이 우리 국민 백만 명을 먹여 살릴 수도 있을 것이다. 독일의 마이스터가 머리에 떠오른다.

만약 소중한 국가 재산인 과학기술자들이 조용하고 성실하게 과학적 접근을 통해 국가의 금융과 예산을 설계하고 운용하려는 인문과학전문가와 국제적 경제전문가와 같이 우리에게 도움을 둔다면 더 칭송받을 것이다. 소중한 과학기술자(IQ)는 왼쪽 뇌짱이며 여기에 국제적인 인간애 정신과 남을 고려하는 EQ+MQ가 있다면 우리 사회에서 제일 요구되는 전문 직업인, 뇌짱이 될 것이다. 마음의 여유를 가지고 이런 관점을 깊고 넓게 생각해 보면 자신을 진정으로 성공시키는 힘이야말로 바로 뇌짱이라는 것을 알게 될 것이다. 젊은 신세대가 편하고 발전이 더딘 공무원이 되려고 하는 것이나 머리 좋은 학구파가 이공계를 버리고 임상의사에 몰리는 것은 너무 개인이기주의적인 생각이므로 우리에 더 필요한 분야에 도전하는 것을 권한다. 뇌짱을 읽으면 새로운 안목이 생길 것이다.

3. 화장실 철학

사람마다 체질과 기질이 다르다는 것은 신기하지만 어느 정도는 사실인 것 같다. 화끈하고 짭짤한 음식을 성급하게 먹는 버릇이 있는 사람은 배설할 때도 화끈하고 성급하게 하려 든다. 사랑에 굶주린 사람도 화끈하게 행동하고 또한 성급하게 배설하는 경향이 있다. 스트레스가 누적된 체질을 가진 사람은 매사에 화끈한 것을 좋아하기 때문에 '화끈파'라고 할 수 있다. 이런 화끈파들은 본인도 볼일을 빨리 보지만 주로 밖에서 문을 두들겨 대는 사람들이다.

그러나 느긋하게 마음의 여유가 있는 체질을 가지고 있는 '느긋파' 사람들은 볼일도 느긋하게 보고, 먼저 들어간 사람이 안 나와도 끝까지 참고 본다. 이렇게 체질과 기질이 다르면 배변하는 스타일도 다른데, 그 이유는 간단하다. 머리와 배설기관이 서로 말초신경으로 연결되어 있기 때문이다.

나는 구태여 나누자면 느긋파 중에서도 왕느긋파다. 아침 배변에 반시간 내지 한 시간 정도는 아낌없이 할애한다. 물론 일찍 기상하는 '미리파'나 '참새파'가 되어야겠지만 이 시간은 대개 신문을 읽거나 이것저것 자유로운 생각과 상상에 내맡겨버리는 휴식시간이다. 가끔은 칫솔질과 세수도 앉아 있는 자세에서 해치운다. 그러다 보면 나도 모르는 사이에 이미 볼일이 다 끝나있는 것을 알아차리게 된다. 다른 것에 신경을 쓰는 동안 자율신경이 알아서 다 처리해 준 것이다. 시간적으로 보나 공간적으로 보나 아주 효율적인 셈이다. 이러한 타입이기 때문에 나에게는 '화장실 철학'이라는 게 가능했는지도 모른다.

의학계에서는 일찍이 스트레스와 관련하여 사람들의 기질을 A타입과 B타입으로 나눈 바가 있다. A타입의 성격과 행동습성은 조급하고 정열적으로 일을 해치워야 직성이 풀리는 스타일로서 스트레스를 쉽게 노출시키는 화끈한 다혈질(多血質)과 비슷하다. 그러나 B타입은 사고와 행동이 느슨하나 지속성이 강하고 스트레스와 부정적 감정을 적게 노출시키는 조용한 실속파다. 토끼와 거북이를 연상하면 딱 알맞을 것이다.

음식을 먹는 스타일에도 두 타입이 있다. 화끈파 사람들은 식사를 성급하게 빨리빨리 먹어치운다. 그러므로 음식 찌꺼기도 많이 남기고 흥청망청 낭비하기 쉽다. 반면에 느긋파 스타일은 느긋하게 천천히 씹고 식사하는 시간도 남보다 길다. 의학적인 보고서 중에서는 음식을 씹는 시간과 지능의 발달이 정비례하고 식사 시간이 짧은 사람일수록 비만증의 가능성이 크다는 보고들이 많다. 역시 스트레스 체질인 사람이 먹는데도 화끈파 스타일이 많다.

그러므로 화끈파 스타일은 벼락치기 시험공부를 하기 쉽고 나중에 사업을 할 때도 벼락치기로 돈을 벌려고 할 것이다. 이렇게 볼 때 어떤 생각과 행동의 패턴은 서로 비슷한 부류끼리 연계되어 대뇌에 기억되고 습성으로 굳어진다는 속성을 알 수 있다. 어떤 사람의 행동에서 한 가지를 보면 열 가지를 알 수 있다는 선조들의 말씀이 다시 생각나는 시점이다.

미래는 '느긋파'의 시대다

우리의 의식구조는 수많은 역사적 수난과 질곡을 통해 스트레스와 피해의식을 지속적으로 받아왔기 때문에 현재도 스트레스, 불안이나 부정적 감정에 예민하면서도 정열과 끈기로 버티어왔다. 그러므로 우리 의식구조는 전체적으로 보아서 느긋파 B타입보다 화끈파 A타입이 더 강하다. 즉 스트레스 체질, 아니 스트레스 뇌질인 셈이다. 이런 연유로 우리는 조용하고 침착하게 따지는 성미와 인간 내면적 사고력을 고양시키지 못했다. 그러니 이제는 머리(대뇌)에 피로가 쌓이지 않도록 충분한 휴식을 취하여 대뇌의 잠재력을 발현시켜야 할 것이다.

우리 사회의 미래는 자신의 능력, 노력, 창의력을 최대로 발휘시키는 사람이 성공할 것이다. 그래서 스트레스를 잘 조절하고 마음의 여유를 가진 사람, 차분하고 침착하면서도 느긋하고 지속적인 B타입의 사고방식과 행동양식을 가진 사람이 유리하다. 서두르면 실수와 사고가 생기기 마련이기 때문이다.

화끈파들은 밖으로 내보이는 정열에 에너지(氣)를 너무 소비해서 삶에 대한 불만, 스트레스, 무력증을 느끼는 사람에게 그 당시는 화끈하고 시원한 느낌을 주겠지만 본인은 금방 지쳐버리기 쉽다. 무료함을 달래기 위해서 점점 스릴과 자극을 찾게 되는데 아무 생각 없이 습관적이고 맹목적으로 그렇게만 발산한다면 결과는 비극일 수도 있다. 어쨌든 튀거나 톡톡 쏘는 기질은 자신은 시원하겠지만 상대방에게는 스트레스를, 특히 소심한 사람들에게는 피해를 주기 쉽다. 이런 기질은 장래를 바라보는 우리 사회에서는 역시 좋지 않을 것이다. 그러므로 배짱기질에서 뇌짱기질로 바꾸자는 주장이 성립된다.

이와 반면에 느긋파 B타입들은 자신의 내면으로 향하는 정열이 강한 자아의식과 자부심으로 연결된다면 에너지의 낭비를 줄일 수 있다. 다시 말하면 양기를 자제하는 음기파일 것이다. 즉 참는 것이 미덕일 수 있다. 그러면서도 마음의 여유 때문에 남을 배려하고 적극적으로 사는 힘이 생기는 법이다.

요즘 같은 스트레스 시대에 필자는 명상, 등산과 산보, 가벼운 운동, 적절한 화장실 이용 등등으로 가까운 데서 손쉽게 정신적 자유와 휴식을 얻고 있다. 이런 시간을 잘 이용한다면 좋은 착상, 아이디어, 영감이 저절로 머리에 떠오르는데 그 이유는 기분전환을 하면서 새로운 각도에서 생각해 보는 것이 가능하기 때문일 것이다.

어린애가 성장하는 것을 지켜보면 만족스런 심리상태에서 비로소 주위 사물에 왕성한 호기심을 보여준다는 사실을 알 수 있을 것이다. 마찬가지로 성인들도 호기심이 강할수록 창의성이 높아진다. 조급하고 스트레스와 불안감이 있으면 호기심이 생겨날 여지가 없다.

세계 도처에 있는 공중변소를 살펴보면 대개 벽에 낙서가 있다. 아마 편안하게 배변하는 느긋파들이 낙서를 많이 하는 주범일지도 모르겠다. 몇 년 전에 누구는 각 대학 화장실 문을 일일이 열어보고 거기 있는 낙서들을 모아서 책으로 낸 적도 있었다. 아마 그 낙서에는 대학별 창의력의 수준이나 뇌짱지수가 그대로 드러나 있었을 것이다. 낙서하고 싶다는 것은 호기심에 찬 상상을 해보려는 욕구이지만, 실제로는 자유로운 표현이나 상대에게 피해를 주므로 낙서판을 요구하든지 개인용으로 가지고 다니면 된다. 개인적인 경험으로는 선진국의 공중화장실은 낙서가 거의 없는데 우리의 경우는 낙서가 많고 거의 화장실에 어울리게 원초적인 것과 사랑타령에 대한 것들이 많다.

과거 우리는 화끈파 스타일로 의식주와 민주화를 해결했지만 이제부터는 조용한 느긋파 스타일로 냉철한 머리와 따뜻한 가슴을 갖자. 짧은 배변 시간만이라도 세상사를 잊고 철학자가 되어 보자. 진실한 철학은 멀리 떨어진 별장이나 도서관이 아니라 바로 가까운 우리의 화장실 안에 있다. 방대한 자연과 우주도 화장실에서 잠깐 휴식하는 대뇌에서 발견된다. 기발한 아이디어도 마찬가지다. 우리 사회가 뇌짱지수를 높이고 민주적 합리적으로 발전하려면 지구상에서 제일 복잡하면서도 제일 민주적이고 합리적으로 그 기능을 발휘하는 인체, 대뇌, 항문에서 들리는 진실의 소리에 귀를 기울여야 한다.

4. 등산길에서 떠오른 엉뚱한 생각

서울 워커힐 남쪽으로 한강이 흐르고 북쪽으로 아차산이 있다. 아차산에 오르면 소나무 향기가 짙게 풍기며 발아래 한강이 한눈에 들어온다. 아침 등산길의 여유는 확실히 건강에 좋다. 때때로 자연과 나무와 대화하면서 이슬에 젖은 나무와 흙냄새, 풀잎이 품어 올리는 산소를 머릿속 깊숙이 들이마시면 기분전환과 발상의 전환이 동시에 일어난다. 잠깐이나마 모든 인간사를 잊을 수도 있고, 어떤 인간사는 다른 각도와 시각으로 보게 되니 그 실상과 허상도 절로 머리에 떠오른다. 어떤 때는 전혀 엉뚱한 아이디어와 영감이 떠오를 때도 있다. 혼자서 등산할 때의 좋은 점은 다른 사람들과 대화할 필요가 없이 자연이나 자신의 내면세계와 대화를 나누는 시간이 많아진다는 사실이다.

아차산 등산코스의 절반은 산길이지만 다른 절반은 경사진 좁은 동네 도로이다. 아침이나 저녁, 일주일 어느 때든지 등산길의 동네 도로에서는 등하교하거나 학원을 오가는 학생들과 자주 마주치게 된다. 그러던 어느 날 등굣길 초등학생들의 행동 습성에서 이상한 점을 발견했다. 이 길은 좁은 길이었지만 차량의 통행은 매우 빈번한 도로다. 학생들은 대개 반대 방향으로 가는 나를 의식하지 않고 나와 자주 부딪쳤기에 내가 먼저 알아서 그들을 비켜가야만 했다. 도대체 도로를 걸어가는 법과 질서도 배우지 못하는데 학교나 학원에 가서 암기식 교육만 배우는 게 우리나라의 장래에 무슨 소용이 있겠는가라고 생각하니 화가 나기 시작했다.

사실 필자는 귀국 직후에는 이런 사소한 일들에서 문제가 발견될 때마다 화가 자주 났지만 차차 만성이 되어 무덤덤해 졌다. 솔직히 고백하건대 이 책을 쓰는 동기도 사실은 내가 완전히 만성이 되기 전에 나 스스로를 돌이켜 보려는 목적이 있음을 부인하지는 않겠다. 하지만 만약 선진국의 지식인이 한국에 왔을 때 이런 보행 태도를 보았다면 한국인은 역시 후진국민이구나 하고 생각하기 쉬울 것이다. 나 역시 내심 "선진국 학생들은 이렇지 않은데"라고 생각해서 안타까웠다. 그런데 어느 날 등산길에서 나는 '초등학생들의 보행 태도와 습성에 관한 관찰과 연구'라는 연구 과제가 머리에 떠올랐다. 아마 이런 생각이 든 것은 등산으로 마음이 차분해지고 상상력과 관찰력이 높아졌기 때문이리라.

걸어가는 학생들 중 상당수가 첫째, 동네 도로의 중앙을 자주 활보한다. '군자는 대로행'이라고 했던가? 둘째, 좌측통행이 지켜지지 않는다. 질서의식이 없기 때문인가? 셋째, 3명 이상이 걸어갈 때는 가로로 좁은 길을 가로막으면서 걷는다. 사이좋게 팔짱끼고 손을 잡고 말이다. 평준화가 마침내 성공한 것인가? 넷째, 찻길이나 네거리를 건널 때 좌우를 잘 살피지 않는다. 로봇만화를 많이 본 탓인가? 다섯째, 갈팡질팡 갈지(之)자로 장난치거나 떠들면서 걸어간다. 다른 보행자는 안중에도 없고 자기들만 생각하는 이기주의임에 틀림없다. 여섯째, 반대 방향으로 가는 보행자와 자주 부딪치고 자동차에도 주의를 게을리 한다. 일곱 번째, 어른이 "우측통행해야지"하면 들은 척만 척한다. 어른도 그러면서, 뭘 하면서 말이다.

이런 실정이고 보니 우리나라에서 어린이의 교통사고율은 매우 높다. 또 그들이 성장하여 어른이 되니, 성인의 교통사고율도 아주 높은 것은 너무 당연한 일이다. 흔한 말로 이 좁은 땅에서 교통사고율 세계 1위라는 명불허전이 있는 것이다.

그러면 초등학생들의 바람직하지 못한 보행 태도와 이들이 성장하여 부정부패와 뇌물을 거침없이 주고받는 의식구조와는 서로 밀접한 관계가 있을까? 내 대답은 "그렇다"이다. 왜냐하면 이것이 대뇌의 속성이기 때문이다. 이미 굳어진 어떤 버릇과 습관 그리고 의식구조(사고방식과 행동양식)의 틀은 나중에 이와 비슷한 형태의 새롭게 첨가된 버릇들의 틀과 서로 연계되어 기억된다. 예컨대, 어린 학생들이 동네 도로를 우리 공동의 것이라는 인식이 없이 마치 자기 개인의 것 인양 떠들고 걸어가는 태도는 정부와 국민 공동의 재산을 자기의 것 인양 함부로 대하는 것과 연계시켜 입력되는 것이다.

우리 부모들은 자녀 교육에서 자녀들의 자유분방하고 개성 찬 기(氣)를 꺾어서는 안 된다고 할 것이다. 그러나 공부와 건강, 그리고 창의력과 논리력을 키우는 데 능동적으로 기를 쓸 일이지 안하무인격으로 자기 집에서의 태도와 공공장소에서의 태도를 구분 못하는 질서 없는 태도를 키우려고 기를 쓸 필요는 없다. 대뇌는 허(虛)한데 몸체가 소란스러우면 무슨 소용이 있겠는가? 자제하고 절제하는 데 훨씬 더 많은 대뇌의 기능과 기를 소모해야 하는 데 말이다. 양기와 음기의 부조화 현상이 아니겠는가.

서구선진국에서는 어린이를 교육할 때 나의 것, 너의 것, 그리고 우리 모두의 것을 잘 따지고 챙기는 교육을 중요시 한다. 자신의 학용품과 장난감을 잘 챙기고 남의 것도 소중히 여긴다. 가정에서나 학교에서도 우리의 것, 공통이나 공공의 것에 대한 인식을 높인다. 이런 세 가지에 대한 구분과 개념을 대뇌의 기억 시스템에 직선을 그어 다른 영역에 각각 입력시켜야 한다. 이런 조기교육이 중요한 이유는 성장하면서 강한 자아의식과 소속감을 증진시켜 책임 있는 개성을 키우는 동시에 남의 입장을 고려하는 능력이 높아진다는 사실 때문이다. 그러니 공(公)과 사(私)를 잘 구분하여 공금 횡령이나 부정부패의 고리도 끊을 수 있는 힘이 생기는 것이다. 그들은 아버지의 재산과 나의 것도 잘 구분하여 아버지의 유산도 넘보지 않는다. 이것이 직선의식이다. 이것이 진짜 개성주의와 독립심이다.

서양 학자들은 서양문화와 의식은 직선의식이며 동양문화와 의식은 곡선의식이라고 말한다. 일부 우리 학자들은 서양인은 개인적 자아와 정체성이 강하고 우리는 집단적 자아와 정체성이 강하다고 한다. 그래서 우리는 부모와 형제 그리고 주위 친척이 유명하면 자기가 유명해진 것처럼 자랑하면서 유명세를 공유하려 들지만 서양인은 자신과 남(가족까지도)은 철저하게 다르기 때문에 자신의 자아와 자부심을 지키기 위해서 남을 직선으로 구분하여 유명세를 공유하지 않으려고 한다. 비록 우리의 의식구조는 두루뭉술하게 적당히 넘기는 곡선의식이 강하지만, 우리가 살아야 할 이 시대는 직선의식에 바탕을 둔 산업과 과학뿐 아니라 개성을 중시하는 능력주의 시대가 아닌가?

등산길에 떠오른 초등학생들의 보행 태도와 습성에 관한 관찰과 연구라는, 엉뚱한 것 같지만 사실 엉뚱하지도 않는 명제가 등산할 때마다 가끔 소나무의 냄새와 더불어 몇 달 동안 나의 뇌리를 스치곤 했다. 이 명제를 선진국의 것과 비교한다면 사회학 석사논문이 될 수도 있고, 우리 사회에 이익이 될 수 있는 살아있는 연구가 아니겠는가? EQ와 MQ교육이 바로 이런 것이지 뭐 별 것인가. 우리 부모층은 공공장소에서 남의 자녀들이 무례한 짓을 해도 나무라지 않고 무관심하다. 아마 잘못된 개인주의와 이기주의가 보편화되어서 나약하고 주체성 없는 부모들이 되어가고 있는 모양이다.

나는 등산길뿐 아니라 동네 길가에서도 "우측통행 해야지 또는 쓰레기를 함부로 버리면 되나"라는 잔소리를 아끼지 않는 동네 할아버지가 되었다. 하지만 잔소리를 하면서도 어른으로서 사회의 주인의식을 행사한다는 작은 긍지를 느껴 본다.

5. 소나무와 기억 유전자

한 젊은 신사가 고향마을 할아버지와 고조할아버지의 묘 앞에 섰다. 아주 오랜만에 아버지와 같이 산소에 들른 것이다. 그가 아주 어렸을 때 묘 옆에 지금도 서있는 밤나무에서 밤을 따먹었던 추억을 더듬는다. 30여 년 전 작은 소나무들이 이젠 왕성한 중년을 자랑하고 있었다. 조상에 대한 인사가 끝난 후 그는 잔디에 앉아 조용한 생각에 젖을 수 있었다.

그는 외국에서 첨단 유전학과 유전공학을 연구하여 유전공학적으로나마 선조 할아버지를 생각해 보기로 했다. 생명체의 근원인 고조할아버지의 유전자와 DNA가 4대째, 4번 감수분열 하였으므로 이 젊은 과학도와 그의 고조할아버지가 공유한 유전자와 DNA는 겨우 1/16에 불과한 것이다.

사람이 죽으면 썩어 흙이 된다. 그래서 생명체의 근원 물질도 분해되어 땅속으로 퍼져 흐를 것이다. 부질없이 이런 생각에 젖은 그는 묘 바로 아래 서 있는 어린 소나무 한 그루를 응시했다. 그는 이 소나무 생명의 원천이 사람의 것과 마찬가지로 유전자와 DNA의 파편이라는 사실을 잘 알고 있다. 이 소나무는 자생적으로 그 소나무의 어미가 만들어낸 씨앗에서 비롯되었을 것이고 이 어린 소나무의 어미는 아마 산소 주위에 왕성하게 자란 소나무들 중의 하나일 것이다. 이 젊은 과학도는 유전학 지도를 따라 상상의 날개를 펴기 시작했다.

이 부모 소나무들은 공교롭게도 고조할아버지의 몸에서 비롯된 흙 속의 유전자와 DNA 구성 영양분을 몽땅 흡수해서 소나무 수꽃술과 암꽃술의 세포핵을 만드는 데 썼을 거라고 가정해 보았다. 가정이지만 사실 있을 수 있는 일이다. 그래서 수꽃술에서 나온 화분 꽃가루 세포핵 물질인 유전자와 암술의 배낭세포에 있는 유전자가 짝짜꿍 하여 어린 소나무의 씨앗을 만들었을 것이다. 이렇게 생각해 보면 아마 이 젊은 과학도가 바라보고 있는 어린 소나무는 고조할아버지가 가지고 있던 유전자의 1/16 이상을 가지고 있는지도 모른다.

이런 상상을 하면서 그는 자신이 4대 고조할아버지보다 차라리 할아버지 묘아래 서있는 어린 소나무와 유전적으로 더 가까운 친척일 수 있다는 생각을 했다. 세상에 참 기막힌 상상이 아니겠는가? 이어서 그는 자연과 흙은 지상의 모든 생명체를 잉태시키는 어머니라는 생각이 떠올라 불교에서 말하는 윤회사상을 함께 이해하려고 애썼다.

집으로 돌아오는 차 안에서 그는 다시 "소나무와 더 가까운 친척"이라는 명제에 스스로 감탄하면서 이젠 소나무와 자연을 친척 같이 사랑해야겠다는 생각이 머리를 스쳤다. 선조의 세대가 밑으로 이어지는 동안 부계 측을 중심으로 본다면 모계 측으로부터 온 유전자로 인하여 희석되기는 했어도 한 세대마다 서로 비슷한 인간 유전자가 뒤섞였을 것이다. 소나무도 마찬가지 방법으로 대를 이어왔을 것이다. 그렇다면 "소나무와 더 가까운 친척"이란 관계의 가능성에 의문이 들 수 있다.

하지만 집에 도착하기 전에 그는 그의 엉뚱한 생각이 그리 헛된 것은 아니라고 결론을 내렸다. 즉 고조할아버지의 몸에서 비롯된 땅속 유전자와 DNA의 분해요소들이 일시적으로 한 세대 소나무의 씨앗을 구성할 수 있다는 것이다. 실로 인간이나 소나무나 일생 중 생식할 수 있는 기간이 한정되어 있기 때문에 종족을 이어가기 위해서 엄청난 양의 유전자를 생산해 뿌린다. 그러나 이 중 극히 일부만이 다음 세대로 이어질 뿐이다. 그래서 천문학적으로 극히 적은 확률만이 성공적인 씨앗을 만든다. 이렇게 본다면 우연의 일치라고는 해도 "소나무와 더 가까운 친척"이라는 생각이 아주 틀린 것은 아니라고 믿게 되었다. 그러나 지구상의 첫 생물체가 인간의 생명체까지 진화되었다면 그 공통분모인 생명과 그 자손으로 이음과정이 기억유전자를 통한 것이고 보면 유전자의 신비는 인류 최대의 관심거리가 아닐 수 없다.

모든 생명은 유전자로부터 비롯된다

인간과 침팬지의 유전자는 1%만 서로 다른 것으로 알려지고 있다.

이렇게 적은 차이인데도 인간과 침팬지의 격차는 하늘과 땅이다. 인간과 생쥐의 유전자는 5%가 서로 다르다고 한다. 어떤 제약회사든 새로 개발된 약품을 시판하기 전에 동물 실험을 하는데 이때 생쥐를 많이 이용한다. 생쥐에 나타난 부작용으로 부적격 판정을 내렸다면 이를 인간에 투여하여 생길 부작용과 부적합 확률은 95%이다. 반면에 생쥐 실험에서 통과된 약품을 인간에 투여했을 때 임상실험에서 부작용과 부적격으로 판명될 확률은 5%에 불과하기 때문이다.

이렇게 고등동물들은 유전자 차원에서도 인간과 매우 닮았다. 소나무나 다른 나무들은 고등동물의 수준에는 훨씬 못 미치지만 상당히 닮은 데는 있다. 왜냐하면 생명체의 근본 물질이 모두 유전자와 DNA로부터 나오기 때문이다.

그런데도 인간과 다른 동물이 차이가 나는 것은 인간만이 발달된 대뇌를 가지고 있기 때문이다. 그래서 인간의 대뇌에는 교육과 경험을 통한 지식과 문화를 기억하는 장치가 있다. 이는 생활과 교육, 문화의 계승 등을 통해 누구나 짐작할 수 있는 일이다. 이제 유전공학의 발전 덕분에 이를 확인해 주는 과학적 검증 결과도 쏟아져 나올 전망이다.

유전자는 대대손손 정자와 난자에 의해서 전해지는 변하지 않는 물질인 동시에 생명의 근원이며 인간을 만드는 정보와 설계도를 가지고 있다. 아무리 낮은 생물인 소나무도 다양한 생태계와 생명존중 파괴와 기후의 변화로 인류에게 재앙을 초래할 수 있는 것이다. 여기에서 극히 적은 유전자에라도 손상이나 변화가 생기면 기형아가 생길 수 있으며, 대뇌를 만드는 유전자, 간을 만드는 유전자, 심장과 근육을 만드는 유전자에도 이상이 생길 수 있으며, 또 실제로 많은 유아가 유전병과 신체결손 또는 정신박약아로 세상에 태어날 수 있다.

기억에 관련하는 유전자(기억유전자)에 문제가 있으면 머리가 나쁘고 기억력이 떨어지며, 기억 유전자의 능력이 우수하면, 영리하고 기억력도 좋고 예술적 재능과 과학 기술력도 뛰어날 것이다. 기억 유전자는 변하지 않지만 기억 유전자의 활성력이 정자와 난자를 통해 전달되는 것으로 알려지고 있다. 이걸 우리는 선천적 재능, 소질, 자질이라고 부른다. 그러나 아무리 월등한 기억유전자의 활성력을 타고 났어도 후천적인 교육환경의 뒷받침이 없으면 기억 유전자의 능력이 발현되지 않는다. 머리가 좋으냐 나쁘냐는 기억 유전자의 형태가 변하는 것이 아니라 기억 유전자의 수효와 활성력 그리고 기억을 잘 수용하는 기능에 달려있다고 보겠다. 머리에 기억되고 수용될 때 활성화된 기억유전자라면 우수한 다량의 기억 단백질을 생산할 것이다.

보통 사람은 경험과 교육에 의한 기억, 예를 들면 외국어 능력, 전문지식, 문화의식, 생활규범, 가치관, 예술성 그리고 후천적인 이기주의와 이타주의를 기억 유전자에 자극을 주어 기억 단백질 형태로 기억을 저장할 것이다. 그러나 어떤 분야에 특출한 사람이나 기억 유전자에 좋은 방향으로 돌연변이를 일으킨 사람이 있을 때 이런 재능이나 소질, 자질은 어떻게 자손에게 전달될 수 있는가 하는 의문이 생길 것이다. 특출한 대뇌의 기억 유전자에 대한 정보가 정자와 난자를 만드는 성세포의 핵에 입력되어야만 유전될 것이기 때문이다.

대뇌에는 기억 유전자와 기억 단백질이 있다는 사실이 유전공학에서 차차 밝혀지고 있다. 그러니 장차 다음과 같은 공상과학 이야기가 나올지도 모른다.

어떤 청년이 한 맺힌 원한 때문에 A에게 복수해야만 했다. 밤이나 낮이나 이를 생각하면서 이를 갈다보니 그의 대뇌에 있는 기억 단백질과 기억 유전자가 '한 맺힌 복수심'에 대한 기억으로 돌같이 굳어졌다. 이런 강력한 기억의 영향으로 여기 관련된 기억 유전자가 차차 변해 특수한 유전자로 변한 것이다. 이런 유전자의 정보가 이 청년의 고환에 전달되었다. 그래서 그의 정자 속에도 '한 맺힌 복수심'의 기억이 들어있게 되었다. 이런 돌 같은 결심을 성취시키기 위해서 아무에게도 알리지 않았다. 장가를 간 후에도 그는 부인에게 알리지 않았다. 그러나 그는 재수 없게도 교통사고를 당해 죽었으며 아무 유언도 남길 수 없었다. 하늘이 도운 것인지 그의 아들이 그 후 유복자로 태어났다. 이 아들이 커서 청년이 되었는데, 우연히 A를 만났고 그 후에도 A를 만날 적마다 심기가 불편해지면서 죽이고 싶은 파괴본능을 느끼게 되었다. 이런 이야기를 혹시 영화로 찍으면 관객들이 많이 몰리지 않을까?

선천적인 재능이나 소질, 자질이 자식에게 전달되고, '한 맺힌 복수심'의 유전자 같은 사례가 많아 통계적인 뒷받침이 된다면, 전생(前生)에 대한 사례와 유전학적 추적이 가능하면 그리고 여기에 대한 과학과 의학이 발전된다면 그 진실도 밝혀질 것이다. 현재까지는 일부 첨단 의약회사에서 기억력이 없는 치매증(노망증) 환자나 사고에 의한 식물인간에게 기억 단백질과 기억 유전자 또는 기억 전달물질을 주사하여 인류에 공헌하면서 돈도 벌려고 노력하는 정도로 그치고 있는 실정이다.

대뇌의 기억 유전자는 우리에게 생각하고 사고하는 능력을 부여했다. 인간이 저급동물로부터 진화되었다면 대뇌도 진화되면서 그 크기가 엄청나게 커졌을 것이다. 그러나 기억 유전자를 담는 그릇(신경 시납스 부위)이 커졌는지, 아니면 기억 유전자의 수효와 기능이 증가했는지 또는 다른 유전자와는 달리 기억 유전자만 머리를 쓰는 방향으로 다양하게 변하면서 새로운 기억 유전자로 발전되어 왔는지, 확실하지 않다. 더 많은 연구가 필요할 것이다.

그래서 한 맺힌 복수심이 극소량일지라도 유전될 수 있다면 기억 유전자는 항구적인 것이 아니라 변화 가능성이 있고 돌연변이를 쉽게 일으키는 것으로 판명날 것이다. 사실 앞의 SF 영화 같이 상상할 수도 있겠지만 인간의 대뇌란 일종의 소우주와 같이 방대한 것이어서 한 세대 간의 변화는 느끼지도 못할 것이고 아마 수백에서 수 천 세대간의 변화를 거치면서 대뇌의 크기가 커져온 것일 것이다. 기억 유전자가 발전하는 길을 따라서 말이다.

6. 기억과 의식변화의 염주-부채 이론

두뇌의 기능은 눈 · 귀→대뇌→행동의 세 단계를 거친다. 이는 마치 컴퓨터 정보자료의 입력→저장과 프로세싱→출력의 세 과정과 비슷하다고 한다. 어떤 사실이나 이미지를 감각기관을 통해서 받아들이고 대뇌에 기억시켜 저장하였다가 자동적으로 또는 인위적 판단에 따라 행동에 옮긴다. 그러므로 인간은 일상생활에서 매일 컴퓨터처럼 기억입력⇔기억저장⇔기억회상(또는 행동)을 반복하면서 살아가고 있다. 이런 단계들 중에서 가장 알기 쉬운 과거에 입력된 기억이나 이미지(心象)를 회상하고 상기시키는 단계부터 예를 들어 살펴보자.

누구나 '사과'라는 말을 들으면 어떤 이미지든지 머리에 떠오른다. 어릴 때부터 경험에 의해 기억되고 익숙해 왔기 때문이다. 사과를 종이에 그릴 때 처음에는 적어도 그 크기, 모양 그리고 색깔, 세 가지의 기본요소들을 생각하면서 자연스럽게 그릴 것이다. 그건 이미 입력

된 '사과'에 대한 정보를 머리에 되살리는 과정이다.

사과의 크기, 모양과 색깔은 대뇌의 한곳에 기억 저장되어 있지 않고 서로 격리된 인접 세 곳에 각각 다른 부위로 나뉘어져 기억된다. 그러나 사과의 이미지가 머리에 회상되어 떠오르는 순간, 이 세 가지 기본 요소들이 순간적으로 동시에 재결합(reconstruction)되어 '사과'라는 하나의 총체적 이미지로 나타난다.

실제로 기억에는 이렇게 연계된(associated) 세 가지 기본 기억요소들만 있는 게 아니다. 개인에 따라서 사과의 맛, 냄새, 원산지, 신선도, 감촉뿐 아니라 사과 주스와 포함된 영양가까지 머리에 떠오를 것이다. 심지어 과거에 사과를 깎다가 손가락을 다친 일이나 사과 때문에 동생과 싸운 에피소드며 사과밭에서 일어난 웃지 못 할 사건까지 줄줄이 기억날 것이다. 이렇게 부수적으로 연계된 요소들이 각각 대뇌의 다른 인접 부위에 흩어져 기억됐다가 사과를 연상할 때 염주알을 끌어당기듯이 흩어져 저장된 기억들이 줄줄이 머리에 떠오른다.

이렇게 한 이미지는 여기 연계된 수많은 관련 기억 요소들이 서로 연합된 기억회로를 형성한다. 이런 종류의 기억을 연합기억(associative memory), 또는 연계된 기억이라고 한다. 이런 기억 형태는 대개 장기

기억에 많다. 그러니 사과에 대한 기본적인 이미지는 아마 평생 동안 갈 것이다.

반면에 단기기억은 대개 운영 또는 실용 기억(working memory)이라고 한다. 예를 들면 114에 물어본 전화번호를 일시적으로 외워서 전화를 걸고 끊은 후에는 바로 잊는다거나 한 장소에서 소개받은 여러 사람의 이름을 당시엔 기억해도 곧 잊어버리는 일 등이다. 벼락치기 시험공부가 오래가지 못하는 것도 다 그런 이유에서다. 이런 단기 운영기억은 대뇌의 전전두엽 피질에서 주로 담당하는 것으로 알려지고 있다. 이런 단기기억도 여러 번 반복될 경우에는 자극을 받아 장기기억으로 변하면서 다른 부위의 대뇌 피질과 해마(Hippocampus) 부위로 옮겨 저장되는 것으로 연구되고 있다.

옛 동창생을 만났을 때 이름은 기억하지 못해도 얼굴의 이미지는 기억에 생생한 경우가 많다. 아마 이름을 부른 기회가 적어 단기 운영기억 수준에서 그 당시에 잊어버렸어도 얼굴을 자주 마주쳤던 기회가 많아서 현재 그의 얼굴 이미지가 장기 기억에 저장된 경우일 것이다. 이때 그의 얼굴을 연상하면 연계된 기억들이 염주처럼 줄줄이 생각날 수도 있다.

따라서 우리의 기억은, 컴퓨터로 말하자면 램디스크에 잠시 저장됐다가 전원이 꺼지면 사라져 버리는 단기기억과, 하드 디스크에 저장되어 전원이 꺼져도 보존되는 것처럼 대뇌에 저장되어 본격적인 기억의 형태를 갖추는 장기기억 두 가지로 나눌 수 있다.

기억의 과정은 기본 요소가 먼저 머리에 떠오르고 그 다음으로 연계된 부수적인 기억요소들이 줄줄이 연상되는 과정을 거친다. 이는 마치 스님들이 염불하면서 염주를 하나하나 당기는 것과 비슷하게 보인다. 이것이 기억 회상의 염주이론이다.

염주-부채 이론이란?

한편 접고 펼 수 있는 쥘부채는 그 밑 부분에 힘을 주어 접거나 펴면 윗부분도 줄줄이 따라서 움직인다. 어떤 기억을 회상할 때 그 기본적인 요소들이 순식간에 머리에 떠오를 때는 부채 밑 부분이 처음으로 조금 펴진 상태라 볼 수 있다. 부채가 계속 펼쳐짐에 따라 연계된 부수적인 요소들이 줄줄이 머리에 나타난다. 이때 연상되는 순서나 기간 등은 상황과 개인에 따라서 큰 차이가 있을 수도 있다. 같은 사건을 겪었어도 개인마다 보는 것, 느끼는 것이 각각 다르기 때문이다. 앞에서 이야기한 '사과' 이미지에 대한 것을 염주-부채그림에 적용해 상상해 보면 훨씬 이해가 빠를 것이다.

이 세상에는 엄청나게 많은 정보가 있는데, 인간의 두뇌의 능력은 무한정하지만 그 많은 정보를 무조건 다 따로따로 저장할 수는 없는 법이다. 그러므로 이렇게 연상에 따른 계통분류에 따라 저장하는 방법이 가장 효과적이라고 할 수 있을 것이다. 우리 인류의 대뇌는 신체 외부에 존재하는 것들에 대한 이해를 높이는데 적어도 수천에서 수만 년간에 걸쳐 분석적이고 과학적인 방법을 통해서 어떤 대상의 기본 요소와 축을 정확하게 설정한 후, 이것과 관련된 부수적인 요소와 상황을 서로 연계시켜 기억하고 이해하는 습관을 고도로 발달시켜 온 것 같다. 염주와 부채 이론처럼 이런 식으로 장기 기억을 유지하는 것이 편리했기 때문이다. 관념적이고 복잡한 단어들도 염주와 부채이론에 적용시키면 뇌압이 올라가는 스트레스를 받지 않고도 쉽게 이해할 수 있다.

예를 들어 '긍정적 자아'라는 정신적 이미지는 즉각적으로 이해하기는 어렵고 아마 수십 권의 책과 오랜 인생 경험이 필요할지도 모른다. 그러나 염주-부채이론을 도입하면 쉽게 이해할 수 있다. '자아

(自我)'에는 두 가지 즉, self(자기, 나)와 ego(자아)가 있다. ego에는 이기주의와 이성(理性)의 뜻이 함축되어 있지만 self에는 자기 진단과 평가의 의미가 강하다. 따라서 '긍정적 자아(positive self)'는 자신과 사회를 좋은 방향으로 발전시키기 위한 자기 진단과 평가가 된다. 긍정적 자아의 염주-부채이론도 사과의 염주-부채이론과 같이 상상하면 그 깊이와 넓이를 깊고 넓게 이해할 수 있다.

'긍정적 자아와 자기 진단-평가'는 문제의 주체이며 자기의 장점은 '자부심'으로 자기의 잘못과 단점은 '자기반성과 성찰'로 나타나는 기본 요소들이 될 것이다. 이 기본 요소들이 자신을 발전시키는 원동력이 된다. 나머지 요소들은 줄줄이 연계되어 발전할 것이다. 긍정적 자아의식을 가진 자녀는 스스로 독립적으로 공부와 일을 처리하며 부모의 과보호와 유산을 좋아하지 않는다. 이런 자녀들은 자신의 자부심이 당근이 되고 자기반성과 성찰이 자기 채찍이 되어 자가 발전하는 경향이 있다. 그러므로 자신이 번 돈을 아껴 쓰며 부모가 번 돈을 흥청망청 쓸 기회를 노리지도 않는다. 또 자기 잘못을 남 탓으로 돌리거나 변명하지도 않으며 적극적인 삶으로 남이나 사회에 공헌하는 일에도 흥미가 있다.

우리나라에서 제일 앞서가는 의식구조를 가졌다는 기업들이 직원들을 대하는 상벌에서 긍정적 자부심을 키워주는 방법이 고작 성과금과 물질적 처우개선에 머무르고 있다. 우리 사회는 무기력증이나 무책임함, 무관심의 근본적 원인과 치료법도 역시 모른다. 어떤 사람은 모호한 '자율성'이란 단어를 남용하고 '자기반성과 성찰'만을 소리 높인다. 여기에 따른 결과에 대한 책임의식도 변명으로 약화시킨다. 기본적인 교육개혁의 요소와 방향이 없다. 홀로서기의 소중함도 경시되어 학연, 지연, 혈연, 그리고 부모의 재산에 의존한다. 모두 '긍정적 자아'와 이에 연계된 요소들이 염주와 부채처럼 서로 꼬리를 물고 있는 문제라는 인식이 모자란 것 같다. 부정적인 자아도 긍정적인 자아를 역으로 생각하면 이해가 빠를 것이다.

다음으로 '합리적 사고'에 대해서 살펴보자. 합리적(合理的, rational) 사고와 합리주의는 이치(理致, reason)에 합당하고 맞는다는 의미이지만 참으로 애매모호한 단어가 아닐 수 없다. 그러나 우리 사회에서는 '합리주의'라는 단어를 남용하면서 실천이 없이 그냥 지나가기 때문에 탁상공론이 된다. 합리주의는 감정과 정서가 개입되지 않는 이성적 사고력에 의존하는 것이며, 긍정적 자아와 더불어 합리주의는 우리 의식구조에 가장 부족한 상태이다. 즉 왼쪽 뇌짱의 힘이 약하다는 것인데, 염주-부채이론으로 생각하면 이해하기 쉽다.

내 머리 속을 이해하는 것도 뇌짱운동이다

'의식개혁'이란 정신적 개념과 이미지는 상당히 광대한 것이다. 현재 우리가 가지고 있는 의식구조를 정확히 진단하고 장래 우리가 가지고 싶은 의식구조(예컨대 선진 의식구조의 목표)를 설정해야 한다. 공무원이든 기업가든 의식변화와 개혁에 있어서 가정이나 유아 교육따로, 직장과 회사에서 따로, 교육부나 정부정책에서 따로, 각 인문연구소마다 따로 그 기본적인 내용이 이중적으로 또는 다중적으로 따로국밥처럼 놀아서는 안 된다. 고급 공무원이나 지도층은 예외로 하면서 근로자와 국민층에게만 요구하는 의식변화와 개혁의 내용이 있어서도 안 된다. 그러니 의식개혁이 효과가 있으려면 그 내용과 실천이 사회의 어떤 지위나 계층에서도 동일해야 한다. 이걸 염주-부채이론으로 살펴보면서 자기주장과 이익만 생각하고 상대의 주장과 이익 배려하지 않은 나쁜 가치관에서는 의식개혁은 불가능하다.

지금까지 대뇌 자체의 내면세계에서 일어나는 정신적 사고와 기억과정에 대해 살펴보았다. '긍정적 자아', '합리주의(왼쪽 뇌짱)' 그리고 '의식개혁'이란 세 개의 추상적이고 복잡한 예를 들어 설명했다. 이렇게 아무리 복잡한 단어와 개념이라도 그 기본요소들이 서로 연계되어 대뇌에 기억, 저장되고 회생시킬 수 있도록 염주-부채 이론을 상기하면 이해하기 쉽다. 이런 기억을 앞에서도 연합 기억 또는 연계 기억이라고 한 바 있다. 그러나 사실 기억에는 비연합 기억 또는 비연계 기억도 있다는 사실을 기억할 필요가 있다.

어떤 새로운 기억이나 이미지, 개념을 처음으로 대뇌에 입력시켜 저장할 때는 교육과 경험을 통해 이루어진다. 자녀의 교육을 담당하는 사람들은 가정교사, 학교 교사, 학원교사 그리고 무엇보다도 부모가 있다. 특히 부모들이 기본적인 인식의 틀을 가정에서 모범으로 보여주어야 하며, 교사들이 개별적인 사항들을 주로 암기식으로 공부시키는 것도 필요하지만 더 중요한 일은 기본적인 인식의 틀을 제시하고 여기에 연계된 개별적인 사항들을 기억토록 하는 것이 효과적이다. 개별적인 사항들은 일종의 비연합 기억 또는 비연계된 기억의 상태지만 일단 기본 틀에 연계가 되면 달라진다. 연계된 학습과 기억은 자녀에게 공부하는 부담을 덜어주고 이해가 빨라 나중에는 스스로 공부하는 효과를 낼 것이다. 그러므로 교사들은 교육현장에 임할 때 기본적인 틀과 요소들을 생각하고 그 후 연계된 요소와 사항들을 염주-부채이론에 따라 기억시키는 방법이야말로 효과적인 교수법이 될 수 있다는 것을 기억해야 한다. 컴퓨터나 모바일 전화에서도 특정한 검색어와 그 검색어와 관련된 연관검색으로 그 이해의 폭을 넓힐 수 있다.

교육에 있어서 너무 오랜 기간 고착된 연계 기억이 새로운 시대와 상황에 맞게 새로운 차원의 연계기억으로 변하고 발전하려면 비연계된 개별적인 사항들이 풍부하게 필요하다. 마찬가지로 어떤 개인이나 사회에서 의식의 변화와 개혁이 가속되기 위해서는 풍부한 소수의 견해와 의견이 자유롭게 소통되어야 한다. 그래서 변혁기에는 열린 마음과 열린사회가 필요한 것이다. 교육에서도 이점이 강조되어야 변할 수 있는 유연성과 창의력이 생길 것이다. 따라서 의식변화에 새로운 염주와 부채가 필요할 것이며 여기에 참여할 수 있는 소재로서 풍부한 비연계적 요소들과 사항들을 준비해야 할 것이다.

이쯤에서 생각하는 나의 대뇌 속을 들여다보는 것도 재미있지 않을까? 사고방식과 행동양식에 있어서 대뇌와 연결된 신체는 서로 분리할 수 없는 총체적인 하나이다. 우리의 의식구조는 [행동화⇔의식화], [체질(體質)⇔뇌질(腦質)], [배짱⇔뇌짱]의 측면에서 행동화, 체질, 배짱에만 치우쳐 중시하는 경향이 있다. 의식화, 뇌질, 뇌짱에 대한 인식은 극히 부족했고 이걸 운운할 때마다 심지어 거부감까지 느끼는 의식구조를 가지고 있다. 동양의식에서도 강조했던 음양과 그 조화의 측면에서라도 대뇌를 알아보고 아끼는 노력이 필요할 것이다.

그래서 이제라도 대뇌와 그 외의 신체를 균형 있게 인식해야 한다. 실로 국제화 시대는 두뇌전쟁의 시대가 아니겠는가? 두뇌와 대뇌의 기본적인 성질과 기능을 알아보는 과정도 뇌짱운동의 출발점이다. 이제 염주-부채 이론을 이해했다면 우리는 이미 뇌짱운동의 첫발을 내디딘 셈이다.

7. 분석적이고 논리적인 사고방식

주부는 음식에 필요한 재료를 사기 위해서 장을 본다. 장만할 음식을 머릿속으로 그려보면서 필요한 재료를 살 것이다. 그러나 손님을 대접해야 할 때는 음식 메뉴에 신경을 더 쓴다. 여러 음식을 준비한다면 각각에 필요한 음식 재료들을 메모지에 적어 메모를 보면서 시장을 보기도 한다. 시장보기 메모는 더 정확하기 때문에 잊어버리고 못 산 재료를 사러 다시 시장에 급하게 달려가야 하는 수고를 덜어 줄 것이다.

어떤 주부는 평상시에도 시장보기 메모를 냉장고 바깥벽에 붙여놓고 주부나 다른 식구들이 자신들이 필요한 재료를 여기에 미리 적어 다음 시장보기에 반영토록 한다. 이 메모 용지에 볼펜이나 연필을 달랑달랑 매달아 놓을 수도 있을 것이다. 이런 주부는 시장보기도 확실하고 정확하게 하여 시간을 절약하는 사고방식을 가지고 있으며 분석적인 사고력을 가지고 있는 셈이다. 분석적인 사고방식이란 이렇게 특별하고 거창한 게 아니다. 다만 아는 것과 무의식적으로 체질화된 버릇 사이에 큰 차이가 있을 뿐이다.

준비가 다 된 음식은 주부나 다른 식구가 만든 하나의 작품이다. 우리는 예술과 문학작품만을 작품으로 생각하지만 훌륭한 요리야말로 생활문화에서 나오는 작품이다. 요리 메뉴와 요리책은 정해진 음식 작품의 견본 설계도지만 여기에 창의적으로 변화를 가미시키면 창조적인 작품이 되는 것이다.

유명한 호텔 요리사와 주방장만이 요리작품을 만들 수 있는 것이 아니라 상업성을 배제한 주부의 요리작품이 더 창의적이고 순수한 작품일 수도 있다. 주부가 만든 요리작품을 먹는 가족들도 음식을 작품으로서 감상하고 맛보는 태도가 따라주어야 한다. 그렇다면 가족들이 식탁에 앉아 나누는 대화 내용으로 완성되고 종합된 요리작품을 분석적으로 생각하여 들어간 재료를 따져보기도 하고 각 재료들의 영양 성분까지도 이야기할 수 있을 것이다. 식구들이 음식을 작품으로 생각하거나 다른 각도에서 품평해주는 습관은 주부에게 신선한 창의적 자극이 될 것이다.

주부가 음식을 만드는 과정을 잘 살펴보면 세 가지 단계와 과정을 거치면서 신경을 쓴다. 첫째는 분석적 단계요, 둘째는 논리적 평가요, 셋째는 종합하는 단계이다. 여기에 들어갈 필요한 재료들을 선택하는 것은 분석적 사고의 과정이다. 이때 음식을 먹을 식구나 손님들의 선호도, 재료들의 영양 성분, 양념 맛의 어울림, 요리방법, 순서, 다른 요리들과의 조화 등을 논리적이고 합리적으로 따져보면서 요리를 할 것이다. 단지 항상 하는 일이었기 때문에 이렇게 요리의 세 가지 준비단계와 과정을 느끼지 못했을 따름이다. 음식을 만드는 주부의 머리(대뇌) 속에서는 이런 세 단계와 과정이 필수적이다.

요리가 습관화된 사고를 반영하는 것처럼 우리 몸도 인식하지 못하는 사이에 비슷한 과정을 거친다. 음식이 위와 장에 들어가면 위액과 소화효소에 의해서 잘게 쪼개지고 성분이 분석된다. 각 음식물에 포함된 탄수화물(당질)은 포도당이나 기타 단당류(單糖類)로, 단백질은 아미노산으로, 지방은 지방산과 콜레스테롤로 소화(분석)된다. 분석(소화)된 영양분은 소장에서 비로소 흡수되며 흡수된 영양분은 간, 다른 장기, 뼈와 살로 옮겨져 다시 종합된다. 이렇게 종합된 저장 영양소가 열과 힘을 내는 에너지로 바꾸어진다.

인체의 대사에서도 이렇게 분석되고 종합되는 과정을 끊임없이 되풀이하게 된다. 인체에서 일어나는 분석, 평가와 종합의 세 가지 단계와 과정을 거치면서 인체는 영양소에 대해 논리적 평가를 한다. 예를 들면 어떤 영양분이 어떤 신체부위에 가서 어떻게 변화하느냐는 내재된 기억능력과 장치에서 나오는데 이런 능력과 장치는 인체가 진화되어 오는 동안 자동적으로 습득된 운용 체계이자 습관인 셈이다.

인간이 가지고 있는 사고력과 사고방식은 머리(대뇌)에서 일어나는 정신현상이지만 대뇌도 인체의 일부이므로 세 가지 사고 단계와 과정을 거친다. 지금까지 주부의 시장보기, 음식을 만드는 일, 음식을 감상하고 생각하면서 먹는 태도, 그리고 음식물의 체내 대사에서의 분석, 평가, 종합 모두 세 가지 단계와 과정을 거치는 것을 살펴보았다. 인간은 사고하는 동물이다. 일상생활에서 일어나는 수많은 일들과 문제들을 사고하면서 판단하고 결정하여 행동에 옮긴다.

간단한 문제이건 복잡한 문제이건, 자신이 알아차리건 못하건, 항상 어떤 단계에서든 사고하는 방식을 거친다. 복잡하고 어려운 일이나 문제일수록 이 세 가지 단계와 과정을 염두에 두면서 해결하는 것이 편리하고 효과적이다. 특히 분석력과 논리적 사고력은 결국 종합하는 능력의 정확도에 절대적인 영향을 주는 것이며 이 부분이 우리는 서양인에 비해 약한 실정이다. 이러한 능력은 대개 어려서부터 교육을 통하여 습관화되고 성인이 되어서도 생활화시키는 훈련에 따라 발전하게 된다.

우리가 어떤 개인의 사고력을 측정하고 어떤 개인의 머리(대뇌)가 좋고 나쁘다고 판단하는 것도 사실은 이러한 사고의 세 가지 단계와 과정을 따질 수 있는 능력을 알아보는 것이라고 할 수 있다. 어떤 사물, 사상, 문제, 이론, 인물과 현상(자연과 사회)을 관찰하고 파악할 때도 이러한 사고방식으로 하면 더 정확하고 확실하게 알 수 있는 것이다. 그러나 적당하고 불확실하게 넘겨버리는 의식구조의 소유자는 분석적이고 논리적인 사고방식이 모자라기 때문에 예리한 관찰과 판단이 불가능할 것이다.

어느 학생이 장래 과학기술자가 되고 싶어 한다. 이 학생은 중고품 TV수상기를 구입하여 그 내용물을 하나씩 분해하고 분석해 간다. 그는 부속품들을 면밀히 관찰하면서 노트에 기술할 것이다. 완전히 분해한 뒤에는 다시 재조립하는 과정을 거치게 될 것이다. 이 학생은 부속품들 간의 상호관계와 그 기능을 따져보고 TV 수상기의 복잡성을 단순하게 계열화시켜 이해를 높일 것이다. 이런 과정을 통해서 이 학생의 관찰력, 분석력, 논리적 사고력 그리고 종합하는 능력이 모두 발전하게 된다. 이런 능력이 창의력의 바탕이 되는 것이다.

『파브르 곤충기』와 베르베르의 『개미』라는 소설도 사소한 것을 적당히 넘기지 않고 과학적 사고력을 통하여 위대한 발견을 하는 과정을 거쳐서 나왔다. 어떤 학생이 어항에 들어있는 사소한 물고기를 관찰하여 이 물고기가 어떤 모양과 습성으로 헤엄치는가를 연구한다면 다른 사람들은 아마 대수롭지 않게 볼 것이다. 그러나 이런 연구태도가 일본의 어류학과 어류 양식 기술이 세계적 수준이 되었던 원동력인 것이다.

논리학은 분석된 자료의 해석과 평가를 논리적 사고력에 의존하여 이치에 맞게 사물을 관찰하는 학문이다. 다시 말하면 바른 인식과 이해를 위해서 규범이 될 수 있는 어떤 형식과 법칙을 연구하는 것이다. 보통은 삼단논법이나 연역적, 귀납적 추리가 보편적이다.

삼단논법(三段論法)에서 "새는 동물이다. 닭은 새이다. 따라서 닭은 동물이다"라는 논리가 성립된다. 동물-새-닭이란 이미 동물계의 계통분류에서 논리적으로 해석된 지식에서 유추된 논리이다. 수학과 언어도 이미 논리적으로 체계화된 바탕에서 발전된 것이다. 음양오행설, 변증법 그리고 상대성 이론 역시 체계화된 논리에 의한다. 어느 주부가 음식을 만들 때 가족의 건강에 맞는 식단을 짜고 여기에 해당되는 재료들과 음식 종류를 생각할 때도 마찬가지로 논리적 사고방식이 필요한 것이다.

"선거는 공정해야 한다"는 이미 종합된 일반적 명제로서의 결론이다. 그러므로 국회의원 선거이건 지방자치, 의회 선거이건 사회단체장 선거이건 구체적인 선거는 모두 공정해야 한다고 풀이한다. 일반론에서 구체적인 예를 분석해 나가는 이런 식의 논리적 사고방식이 연역적(演繹的) 추리(推理)논리이다. 반대로 여론조사에서 각 국민이나 단체의 구체적인 의견을 수렴하고 일반화시킬 수 있는 공통분모를 찾아내는 사고방식은 귀납적(歸納的) 추리논리라고 할 수 있다.

이런 추리논리들이란 결국 사고와 사고방식의 세 가지 단계와 과정인 분석, 논리적 평가와 종합을 거치는 셈이다. 연역적 추리는 이미 종합된 이론과 사실을 개별적으로 적용시켜보는 것이며 귀납적 추리는 잡다한 개별적 사항들을 종합된 이론이나 사실로 수렴해보는 것이다. 주부가 요리를 할 때에도 이미 선택된 요리를 머리에 그려놓고 재료를 따진다면 연역적 사고이고 가족 건강을 생각하여 영양소와 재료를 먼저 생각한 후에 그 재료로 만들 수 있는 요리를 생각한다면 귀납적 사고인 것이다. 이렇게 따져보는 능력을 발전시키는 일이 선진 의식구조로 가는 지름길이다.

연역적이건 귀납적이건 논리를 전개할 때는 주의해야 할 사항이 있다. 첫째 주관적이 아니라 되도록 객관적인 시각으로 임해야 한다. 둘째 스트레스와 피해의식 그리고 부정적 감정이 있으면 잘 안 되니 마음의 여유를 가지고 임해야 한다. 어떤 문제의 원인과 결과를 따질 때도 논리적 판단과 평가의 단계와 과정을 거쳐야 함은 물론이다. 특히 실험, 관찰, 실증(實證), 그리고 경험을 중시하는 과학적 연구태도는 이러한 논리 전개의 주의점이 필수적이다. 수리 탐구력도 마찬가지이다. 스트레스를 잘 조절하고 마음의 여유를 가지고 부정적 감정을 잘 조절한다면 우리의 논리적 사고력은 발전할 것이다. 사실 합리적 사고방식이란 객관적, 계통적, 논리적, 분석적, 과학적, 민주적 단계와 과정을 중요시하는 의식구조이다.

우리의 의식구조는 과거로부터 지금까지 계속 정치와 경제에 쏠려있다. 그러나 정치와 경제를 운용하는 사람들은 정치와 경제는 우리 인간정신(의식구조)활동의 전부가 아니라 빙산의 일각으로서 부산물에 지나지 않는다는 것을 가끔 상기할 필요가 있다. 일반 국민들이든 일부 정치와 경제를 운용하는 사람들이든 마음의 여유를 가지고 매사를 자신의 탓으로 생각해 보고 분석적으로 접근하여 논리적으로 종합하는 힘이 아직 미약한 실정이다.

한국병을 치료하는 의식개혁도 사회적으로 막중한 문제이다. 이런 문제를 풀 때도 역시 분석적이고 논리적인 사고방식이 필요하다. 우리의 의식구조에 대한 장점과 단점을 분석하고 이러한 분석자료들을 논리적으로 판단하고 평가하여 선진 의식구조의 실체를 우리 의식구조에 어울리게 가정된 목표(완성품)를 세운다. 이어서 이 목표로 가는 수단과 방법을 연구하는 과정이 필요할 것이다. 동시에 외래 사상과 문화를 소화(분석)하여 논리적으로 버릴 것과 수용할 것을 가리고 어떻게 우리 의식구조(사상과 문화의식)에 접목하여 완성시키느냐를 따져보아야 한다.

국민 각 개인들도 이런 문제를 풀어보는 과정을 거친다면 사회적으로도 이익이 되며 자신의 사고력도 발전되어 이익이 될 것이다. 사실 의식개혁은 사고방식과 행동양식을 바꾸는 작업이다. 분석적이고 논리적인 사고력을 높인다면 우리의 수많은 바람직하지 못한 의식구조들을 치유할 수 있을 것이다.

일단 분석력과 논리적 사고방식이 향상되면 의식구조의 확장이 일어난다. 과학자가 아닌 직업인들도 이런 능력을 향상시킴으로써 생각의 폭과 깊이가 커져 창의력이 높아진다.

사실 도사(道士)는 인생문제에 대한 이해와 지식이 확장되어 있는 사람이다. 성인(聖人)과 현인(賢人)도 생각(의식구조)을 담을 그릇이 크거나 담은 그릇이 꼭 차있는 상태를 유지한다. 어떤 면에서는 분석력과 논리적 사고방식이야말로 이런 그릇을 크게 만드는 장치인 것이다. 잘 익은 벼는 고개가 숙여져 조용하고 겸손한 태도를 보이며 빈 깡통은 시끄럽기 마련이다. 과학계나 인문계나 모두 이런 세 가지 사고 단계와 과정을 거치는 훈련을 쌓으면 언젠가는 노벨상감의 작품을 고안할 수도 있을 것이다.

우리나라 사람들이 모두 자신의 사고과정과 단계를 이런 식으로 한 번 더 되짚어보고 반성적으로 성찰하는 훈련을 한다면, 우리사회의 병폐로 지적되어왔던 제 현상들의 거품이 근본부터 꺼질지도 모른다. 예를 들면 허례허식이라든가 잘못된 자부심에서 나오는 불친절, 사고의 불확실성, 적당주의 같은 것들은 발붙일 틈이 없게 되고, 그 과정에서 우리가 서로 주고받던 스트레스도 확실히 줄게 될 것이며, 서로 베푸는 사랑이 넘칠 것이다. 그러니 우리 국가의 밝은 미래를 위해 생각에 대해 생각 좀 하면서 뇌짱으로 삽시다.

8. 오만과 배타 사이

인간이란 참 묘한 양면성을 가지고 있다. 인간의 생각과 마음은 갈대인지라 극과 극으로 변하기 쉬우며, 어떤 때는 천사, 다른 때는 악마같이 생각하고 행동하고 싶어 한다. 지구상의 모든 인간은 제각기 다른 장점과 결점을 섞어서 가지고 있기 마련이다. 그러므로 장점만 생각하면 자신을 유능하고 완전한 인간이라 착각할 수 있고 결점만 생각하면 자신을 무능한 저주의 대상으로 삼아 스스로 고통을 받기도 한다.

사랑을 해볼 만한 연애 상대가 나타났을 때 자신도 놀랄 정도로 과감성을 발휘하는 돈키호테가 될 수도 있지만 때로는 퇴짜를 맞았을 때 자존심이 상할 것을 두려워하는 소심한 사람이 될 때도 있다. 또 어떤 때는 자신이 자꾸 비관적으로 느껴져 불행하다고 인식할 때도 있고 정반대로 자신이 행복하다고 인식할 때도 있다. 어느 때는 스트레스가 쌓여 신경질이 나며 살맛이 없어지지만 또 다른 때는 무료하고 무기력한 상태를 벗어나기 위해서 스릴이나 짜릿한 자극을 찾아 생동감을 느껴보고 싶어 한다. 조석으로 변하는 감정과 마찬가지로 오만과 자만 그리고 배타심리도 한 인간에게 양면성으로 존재한다.

트로이 전쟁에서 큰 승리를 거둔 그리스의 맹장으로 아킬레스(Achilles)라는 사람이 있었다. 전설에 의하면 여신이었던 그의 어머니는 인간으로 태어난 아킬레스가 어떤 상처에도 견딜 수 있는 불사신이 되도록 그가 어렸을 때 그의 발목을 손으로 꼭 잡고 스틱스(Styx) 강물에 담갔다가 꺼냈다고 한다. 어머니는 아킬레스의 온몸에 죽음의 강물을 적시게 함으로써 그의 온몸이 어떤 외부의 상처와 공격에도 견딜 수 있게 만들려 했던 것이다. 그러나 그녀는 자기가 꼭 잡고 있는 아들의 발뒤꿈치가 물에 적셔질 수 없다는 것은 깜빡 잊었던 것이다. 나중에 성장한 아킬레스는 트로이 전쟁에서 큰 용맹을 떨쳤지만 결국 적군의 화살에 단 하나의 약점이었던 발뒤꿈치를 맞아 큰 상처를 입고 죽고 만다. 이 세상 최고의 강자였던 그가 사소한 약점 하나를 미처 대비하지 못했기 때문에 죽음이라는 인간의 한계를 초월하지 못하고 불사신의 생명을 잃어버린 것이다.

이 전설이 우리에게 가르쳐주는 것은 무릇 인간이라면 아무리 완벽해 보인다 해도 무엇이든 결점을 가지고 있기 마련이기 때문에 먼저 이 결점을 자각하는 일이 중요하다는 사실이다.

의학적으로 장딴지 근육과 발뒤꿈치를 연결하는 강한 힘줄(인대)을 아킬레스 건(腱)이라고 하는데 이는 트로이 전쟁의 용사 아킬레스의 이름에서 유래된 의학용어이다. 이런 단어가 생길 정도로 인간은 이렇게 완전한 점(장점)과 결점을 동시에 가지고 있다. 또 인간은 장점과 결점, 그리고 이를 평가하는 인간의 기준과 능력에 따라서 인간의 양면성을 보여주고 있다.

완전한 점을 깨닫고 자각하면 자부심(자존심+자신감)을 불러일으켜 아킬레스 같은 용맹을 발휘하는 능력이 생긴다. 결점을 깨닫고 자각하면 자기반성과 자기 성찰의 기회를 갖게 되고 자기 결점을 장점으로 변화시키는 능력을 부여받는다. 이때 완전한 점과 결점을 동시에 자각하면 자아(自我, self) 발견이 된 상태이며 이를 행하면 자아실현이 된다. 자아발견과 자아실현을 완수하면 자아확립의 상태가 되는 것이다. 동양의 음양설(陰陽說)에서도 자신의 장점을 양, 결점을 음으로 생각해서 장점과 결점과의 조화로써 인간사를 풀어가는 지혜를 발휘할 수도 있는 것이다.

사실 우리 모두에게 자기 결점인 아킬레스건을 있는 그대로 발견하고 인정한다는 것은 좀 자존심이 상하고 기분 나쁜 일일 것이다. 그러나 이를 극복하고 고통을 감수한다면 우리 인간은 결점에 대한 수치심 때문에 자연히 결점을 장점으로 변화시키려는 힘이 솟아나오는 속성도 가지고 있다. 다시 말하면 결점을 인지하지 못하거나 무시하면 이를 개선하고 발전시키는 계기가 없어 결점 그대로 남는다는 이야기다. 이런 사실을 잘 인식하는 것이 중요한 동시에 자신의 장점도 있는 그대로 되도록 객관적인 평가를 내리는 것이 중요하다.

예를 하나 들어보자. 어떤 처녀가 자기 딴에는 얼굴과 몸매가 예쁘다는 장점을 가지고 있다고 생각하지만 마음이 곱지 못하고 알뜰하지 못하며 약간 무식하다는 결점을 가지고 있었다. 이 처녀가 자신의 장점을 과대평가하고 자신의 결점을 과소평가한다면 자신이 예쁘기 때문에 보통 처녀들이나 다른 남성에게 좀 거만하고 무례한 행동을 보일 것이다. 즉 오만하고 뻔뻔스런 태도를 보일 것이다. 이 상태대로라면 그 처녀는 자신의 결점을 향상시키지 못할 것이며, 동시에 자신의 장점에 대해서도 겸손할 줄 모르게 된다.

그러나 반면에 이 처녀가 자신의 장점을 과소평가하고 자신의 결점을 과대평가한다면 먼저 열등의식에 빠질 수도 있다. 열등의식이 장기화되면 자신의 약한 자아와 자부심을 보호하기 위해서 다른 사람들을 대할 때마다 배타적으로 사고하고 행동하기 쉽다.

정신의학이나 심리학에서는 배타적 행동을 반동형성(부정적 자아방어 기전 중 하나)이라고 부른다. 못난 놈이 되레 잘난 척, 가난한 놈이 부자인 척, 모르는 놈이 아는 척, 행실이나 마음이 나쁜 놈이 얌전한 척, 등등 똥 묻은 개가 겨 묻은 개 나무라는 격으로 자신의 결점이나 열등의식을 자각하고 반성하지 않고 반대로 과대포장하고 남보다 우월한 척 위장한다. 그러므로 배타적인 사고와 행동은 자신의 결점인 아킬레스건을 고치기는커녕 오히려 고착화시킬 수도 있고, 때로는 아무 발전 없이 소극적인 사고와 행동으로 일관할 가능성도 있다.

그러나 이 처녀가 자신의 장점을 과소평가하지 않고 제대로 객관적으로 평가함으로써 여기서 파생된 자부심을 이용하여 자신의 결점을 제대로 인식할 능력을 얻는다면, 그녀는 자신의 결점을 향상시켜줄 자기 내부로부터의 힘을 얻을 것이다. 그렇게만 된다면 자신의 결점을 장점으로 바꿀 수 있을 것이며, 고통이나 불행을 자아 발전의 기회로 삼게 된다. 전화위복(轉禍爲福)이니 새옹지마(塞翁之馬)니 실패는 성공의 어머니라고 하는 우리 조상님들 말씀이 옳은 이유가 여기에 있다. 일본이 오늘날 번영을 이룬 것도 일종의 열등의식에 의한 뼈저린 수치심을 극복한 힘이 아니었던가 생각된다.

그러나 자신의 장점과 결점을 동시에 과대평가 한다면 야망이 크고 적극적인 삶을, 동시에 과소평가 한다면 야망이 없는 소극적인 삶을 살아갈 것이다. 아킬레스가 자신의 결점도 동시에 인식했더라면 불사신으로서 영원한 맹장(猛將), 즉 신(神)이 되었을지도 모른다. 결점이 있어야 인간이고 결점이 전혀 없으면 완전한 존재 즉 신(神)이 되겠지만 불행인지 다행인지 우리는 모두 전설적인 영웅도 아니며 보통 인간이다.

그래서 우리가 어떻게 더 나은 삶을 사느냐 하는 열쇠는 우리의 장단점을 제대로 파악하는 자아의식에 달려있다. 외모가 예쁜 처녀가 자신의 장점을 제대로 또는 과대평가한 상태에서 자신의 결점을 동시에 제대로 또는 과대평가하여 개선의 여지가 생기면 마음씨와 행동거지가 곱고 지식과 지혜도 높아져 더 바람직하고 적극적인 여인이 될 것이다. 그럼 하드웨어도, 소프트웨어도 모두 성공적이니 얼마나 훌륭하겠는가.

사실 장점과 결점을 동시에 과대평가한다는 의미는 현실적으로 자신의 장점과 결점을 동시에 확실하게 인식한다는 말일 것이다. 일본, 독일, 그리고 기타 선진국의 국민들은 그들의 장점과 결점을 강하게 파악하고 있어서 강한 자아의식을 가지고 있다. 여기에서 파생된 강한 자부심과 주체성 그리고 뼈저린 자기반성을 통해 야망이 크고 적극적인 삶을 살아가고 있으며 상황판단과 목표가 뚜렷하니만큼 여기에 강한 의지, 참을성, 그리고 용기가 뒤따르기 마련이다. 다시 말하면 강하고 참된 자아와 자부심이 주력으로 뇌짱을 이끌어가는 모양새다.

그러나 이들 국민들이나 국가가 강자의 논리에 의해서 오만해진다면 과거처럼 제국주의, 패권주의와 우월주의에 빠질 가능성이 있다. 대기업도 마찬가지로 약자에게 배타적이고 업신여기는 경향을 보이면 망한다는 소리다. 그래서 그들에게는 어떻게 오만과 배타를 잘 조절하고 통제하느냐가 문제이다.

반면, 약자는 이런 상황에서 실력을 기르기 위해서 자신의 장점과 결점을 제대로 파악하는 자아의식에서부터 출발해야 한다. 이러한 노력이 자기 발전의 계기가 되는 것이다. 특히 일본은 강자를 구워삶는 아부심이 있는 동시에 약자를 얕보는 근성이 있는데 그들은 아부심이 체질화되어 우리 같이 아부심을 낯 뜨겁다고 느끼지는 않는다. 중요한 점은 개인이든 국가든, 강자든 약자든지 간에 모두 진정한 자아의식을 토대로 하여 오만과 배타를 누가 먼저 깨닫고 발 빠르게 행동에 옮기느냐에 따라서 그 결과가 다르게 나타날 거라는 점이다.

참으로 인간은 수시로 변하는 양면성을 가지고 있으며 동시에 이 양면성을 조화롭게 조절하는 능력도 있는데, 이 조절 능력에 따라서 성패가 달려 있다. 실패는 많은 스트레스와 피해의식으로 불만과 고통을 주지만 위기와 결점에 대한 재빠른 자각은 발전의 계기와 기회를 만들어 줄 수 있다. 흔한 말로 위기는 곧 성공의 기회라는 뜻이다.

오만과 배타 사이의 조절은 개인의 대인관계나 국가 간의 외교 관계에서나 노사관계도 중요하겠지만 가장 중요한 관건은 각 개인의 자아의식의 확립이다. 서양 선진국 사람들은 개인의 자아의식이 강하기 때문에 긍정적이고 낙천적인 세계관을 가지고 자기 인생을 적극적이고 독립적으로 열심히 살아 성공과 행복을 쟁취한다. 진정한 보수 세력일수록 더욱 그렇다.

그러나 우리에게는 이게 부족하다. 특히 자격 미달의 보수층이나 너무 부정적인 진보층이 그렇다. 국제 경쟁력이란 바로 여기에서 출발하는 것인데도 말이다. 우선 마음의 여유를 가지고 자신을 점검한다면 그 과정에서 우리의 뇌짱이 되살아날 것이다. 되살아난 뇌짱의 힘을 이용하여 역으로 다시 우리의 자아의식을 파악할 수 있다. 그럼 이제 뇌짱과 자아의식, 두 톱니바퀴가 맞물려 우리 대뇌 전체의 기능이 잘 돌아가게 될 것이고, 그것은 곧 선진국을 건설해나갈 우리에게 가장 든든한 동반자가 되어 줄 것이다.

9. 사랑의 생리학

사랑은 아마 조물주가 인간에게 준 가장 고귀한 선물 중의 하나일 것이다. 사랑은 수많은 감정과 정서 중에서도 가장 감미롭고 강한 감정의 신체 변화를 일으킬 수 있다. 사랑을 주제로 한 문학, 영화, 시, 노래, 그리고 각종 예술작품이 많은 것도 여기에 이유가 있을 것이다. 사실 사랑이라는 주제가 없다면 그 많은 예술품, 대중음악과 문학작품들이 설 자리가 없을 것이다.

우리가 분노하고 심한 불안에 빠질 때는 혈중에 높은 스트레스 호르몬 농도를 나타낸다. 이때는 혈압이 오르고 얼굴에 핏대가 서고 심장박동과 숨이 세차지며 근육이 긴장된다. 이건 스트레스 신체 증세지만 사랑을 느낄 때도 동일하게 나타난다. 그런데 스트레스 때는 부정적 감정으로 느껴지고, 사랑이라고 느낄 때는 이성적 사고와 행동이 희미하게 표류하면서 우주와도 바꿀 수 없는 부드러운 열정과 쾌감을 느낀다.

남녀 간의 사랑에도 육체적 사랑과 로맨스적 사랑이 있다. 전자는 동물적 본능과 자손을 위한 생식욕이겠지만 후자는 인간의 문화가 발달되면서 생긴 사랑일 것이다. 이 두 종류의 사랑 중에서 육체적 사랑이 우리 인류 역사에서 먼저 생겼다고 생각된다. 지금으로부터 약 4백만 년 전에 원시인이 네 발로 걸어 다니다가 최초로 두 발로 걸음마를 시작했을 것이다. 다른 동물과 같이 네 발로 걸어 다닐 때는 남녀의 성적 상징물이 지면을 향하므로 상대방에게 잘 노출되지 않았으나 두발로 걷게 되었을 때는 쉽게 노출되었다. 그 이후부터 인간은 신체 정면에 노출되기 쉬운 성적 상징물에 관심이 많아지고 소중하게 생각하여 결국 앞에 나뭇잎으로 가렸을 것이고 이에 따라 문화의식의 발전과 더불어 고급스럽고 로맨스적인 사랑 문화가 발전되었다고 상상해 볼 수 있다.

로맨스적 사랑 역시 동물적 사랑에서 발전된 형태라 하더라도 인간은 오랜 역사를 통하여 로맨스적 사랑의 능력을 우리 대뇌 속에다가 유전자와 여기에서 파생되는 화학물질의 형태로 바꾸어 진화시켜 왔다고 생각된다. 물론 로맨스적 사랑은 각 민족 문화의 차이에 따라 약간씩 다르게 나타날 것이다. 남녀 관계에서 우리나라는 오랜 유교 전통으로 로맨스적 사랑을 표현하는 능력이 크게 발전되지 못했을지도 모르지만 시를 써서 주고받는 등의 은근한 사랑의 표현은 발전되었을 것이다.

서양의 로맨스적 사랑의 상징으로는 장미꽃과 초콜릿 과자를 들 수 있다. 장미꽃 향기에는 로맨스적 사랑을 일으키는 미적(美的) 자극제가 들어 있고 일종의 최음제라고도 알려진 초콜릿 과자 속에는 로맨스적 사랑을 유발시키는 화학물질인 페닐에치라민(PEA)이라는 물질이 포함되어 있다.

미국은 마약남용이 심한 편인데 이중에 암페타민(Amphetamine)이란 약이 있다. 필로폰과 비슷하며 흥분제로 가끔 남용되기도 하는데 이 약과 비슷한 기능을 나타내는 뇌의 화학물질이 바로 페닐에치라민(PEA)이다. 그러므로 인간은 로맨스적 사랑의 매력을 느낄 때는 뇌 속에 PEA와 암페타민 비슷한 물질의 농도가 높아진다. 따라서 PEA는 성적 매력과 연애감정을 일으키는 화학물질로 알려지고 있다.

어떤 남녀가 연애를 시작하여 결혼했다고 하자. 이 두 남녀는 연애를 시작한 때부터 약 2-3년간은 육체적이고 로맨스적인 사랑 속에서 살아갈 것이다. 그 후부터는 로맨스적 사랑의 감정이 떨어지면서 뇌의 PEA 농도 또한 감소함을 알 수 있다. 그 다음 단계는 PEA의 생산 대신 엔도르핀과 옥시토신이란 호르몬이 증가한다. 이때는 연애감정과 부부관계가 로맨스적 사랑보다 더 성숙된 사랑, 즉 애정에 집착하여 정(情)이 생기고 조용하고 평화로운 안정된 사랑의 단계에 온다.

사랑을 연구하는 전문가들은 상당히 많은 문화권에서 결혼과 로맨스적 사랑이 항상 공존하는 것은 아니라고 말한다. 인류학자 헬렌 피셔는 원시인들은 남녀의 사랑이 첫애를 낳아 기르는 기간 약 4년간 계속되고 그 후에는 다른 사랑의 파트너를 찾는 경우가 많았다고 생각한다. 이 학자는 또한 오늘날의 이혼에서도 결혼 4년째가 이혼율이 가장 높고 적어도 마지막 아이를 낳고 약 4년 후에 이혼율이 높다는 사실과 어떤 연관을 찾으려고 한다. 어떤 학자들은 남녀는 결혼과 관계없이 가끔 은밀하고 비밀리에 로맨스적 사랑을 하고 싶어하는 외도 본능의 속성이 역사 이전부터 있어왔다고 생각하고 있다. 이게 사실이라면 과거에 장안에 불륜의 사랑을 정당화시키고 유행시켰다는 이유로 인기와 비난을 한 번에 받은 '연인'이라는 드라마도 다 할 말이 있는 셈이다.

사랑을 찾은 사람들은 가끔 서로 인연이 있다든가 천생연분이라는 표현을 쓴다. 두 남녀가 눈이 마주쳤을 때부터 로맨스적 사랑을 느끼는 것은 상대가 선호하는 스타일의 이미지와 맞아떨어진 경우로서 아마 뇌 속의 사랑에 관여하는 유전자와 화학물질이 비슷하거나 서로 친화력이 강하다고 설명할 수 있을 것이다.

결혼으로 이루어진 성숙된 사랑은 육체적 사랑에 정신적 사랑이 결합된 깊고 넓은 사랑이다. 이때 로맨스적 사랑의 감정은 적으나 뇌 속에 충만한 엔도르핀으로 깊은 인간애와 정이 흐르며 인생에 대한 자부심이 발휘된다. 이런 시기에 이혼한다거나 한쪽이 사망하면 큰 충격과 상처를 느끼게 된다. 결혼을 떠난 로맨스적 사랑과 육체적 사랑은 PEA가 증가되어 성적 매력과 열정은 강하나 인간애의 교류는 얕고 짧다. 그래서 옛날 어른들은 결혼을 해야 한 사람의 어른으로 대접했는데, 아마 사랑의 폭과 깊이에 대한 경험이 다르다고 생각했기 때문인 것 같다. 한편 육체적 사랑이 없는 정신적 사랑, 플라토닉 러브는 잔잔히 사모하는 애틋한 사랑이며 이때는 뇌 속의 PEA 농도가 지속적으로 높아진 상태일 것이다.

불안하고 스트레스에 쌓인 사람이나 마음에 여유가 없는 사람은 사랑의 리비도가 낮고 주기보다 받기만을 원하고 육체적 사랑으로 빨리 쉽게 해결해 버리는 경향이 있고 나중에 로맨스적 사랑이 뒤따르지 못하는 경우가 대부분이다. 그러나 마음과 시간에 여유가 있는 사람은 로맨스적 사랑과 육체적 사랑을 동시에 주고받는 호혜적인 관계가 된다. 우리와 같이 스트레스가 쌓인 사회와 마음의 여유가 없는 사회는 사랑의 결핍현상이 나타나 사랑을 주기보다 받기에 급급한 사랑 이기주의에 빠질 것이다. 남녀 가운데 한쪽에 유리한 입장에서 일방적으로 육체적 사랑을 요구하는 경우가 많고 성폭력이 높으면, 동등한 입장에서 서로 로맨스적 사랑을 나눌 기회는 적어질 것이다. 동시에 이성(異性) 간의 사랑이 주가 되고 인류 보편적인 아가페적 사랑이 등한시되는 경향이 있다.

예컨대 이방인이나 외국인에게 인정어린 다정한 미소를 보여주지 못하고 친절함과 같은 인류 보편적이고 넓은 의미의 인류애가 결핍된 사회를 말한다. 그래서 우리의 얼굴은 밝지 않다. 많은 사람들은 자기만 고독하고 자기만 낭만적 사랑에 굶주리고 있다고 생각한다. 이들은 다른 사람도 자기만큼 고독하고 사랑의 결핍에 빠져있다는 사실을 망각하고 있다. 넓은 의미의 사랑도 적은데다 사랑을 밖으로 표출시키는 마음의 문을 닫아놓고 사는 것 같다. 그러므로 열린 마음과 마음의 여유는 누적된 스트레스가 적은 선진국에서 볼 수 있으며 친절한 마음을 사회 곳곳에서 느낄 수 있다. 이방인에게 미소와 친절을 습관적으로 대하는 일본인을 오해하여 실수하지 말라는 여행소감이 있는 것이 우스갯소리가 아닌 것이다. 다행히 우리는 강한 모성애와 인정이 있고 가난한 자에 자선과 성금이 흔해 훈훈한 공동체의식이 살아 있다.

우리 인간의 두뇌 속에는 적어도 지난 수천 년간 사랑을 담당하는 유전자, 화학물질, 신경 전달물질, 그리고 호르몬이 흐르고 있었다. 그러므로 사춘기가 되면 자연스럽게 육체적 사랑도 느끼고 주고받을 수 있는 존재가 된다. 낭만적이고 로맨스적 사랑도 문화의식의 발전과 더불어 진화되고 내재된 속성이 되었다.

이렇게 생각할 때 로맨스적 사랑을 배우기 위해서 여기에 관한 문학이나 예술작품에 심취한다거나 역으로 불륜과 엽기적으로 자극하는 영상물은 시간 낭비일지도 모른다. 차라리 일상생활에서 열심히 일하면서 긍정적인 인간의 미(美)도 발산하고, 일하는 과정에서 부딪치는 뭇사람들에게 인정어린 미소와 친절 그리고 삶의 발랄함을 보여주는 것이 더 값어치가 있을 것 같다. 사랑에 관한 속성이 우리의 두뇌에 이미 내재해 있기 때문에 여기에 대한 책을 많이 읽는다고 해서 그 내재된 능력이 더 발전한다거나 할 가능성은 적다. 사랑의 느낌보다 사랑의 실천에 따른 경험과 느낌이 더 소중하다는 이야기다.

마음에 여유가 있고 사랑의 다양성을 체험한 사람들은 연애 상대자에게만 사랑을 보여주는 것이 아니라 항상 폭넓은 사랑에 의미를 부여하고 사랑과 친절이 넘치게 생활한다. 일반적으로 가정에서 사랑이 부족한 사람들은 밖에 나가서도 다른 사람들에게 사랑을 베풀기가 어렵다.

육체적이며 정신적인 완전한 사랑과 그 열매는 강한 자부심과 뇌짱을 높여주고, 그 열매라는 자녀에 대한 자아와 자부심을 서로 교환하는 재미와 만족감을 선사한다. 반면에 자아와 자부심이 약한 사람도 용기를 내어 사랑과 그 열매를 얻으면 같은 효과를 얻어 강한 자부심을 얻게 된다. 그러므로 사랑의 생리학과 뇌짱의 원리는 참으로 인간적인 참되고 강한 삶의 진리인 것이다.

제7장

뇌짱으로 삽시다!

CQ=

IQ+EQ+SQ+MQ+PLQ

뇌짱으로 삽시다!

1. 우리의 잠재력을 살리자

끈기와 인내(PLQ)에 의한 뇌짱으로

우리 민족이 가지고 있는 특징 중 빼놓을 수 없는 것이 바로 끈기와 인내(PLQ)이다. 과거 900여 번의 침략을 받으면서도 끝내 굽히지 않았던 것이 우리 민족이요, 끝끝내 자주 국가의 자부심을 놓지 않았던 것도 우리 민족이다. 또 오래지 않은 일제의 식민기간을 생각해 보라. 36년간 독립 투쟁을 한 순간도 늦추지 않으며 끝끝내 독립을 탈환해 내지 않았던가. 뭐든지 한 번 시작하면 끝까지 이루어 놓는 것이 우리 민족의 특성이다.

우리 민족이 거대한 열강의 틈에서도 꿋꿋이 독립을 지키고 있는 것은 세계에서도 드문 현상이다. 그 거대한 힘을 자랑하던 만주족은 지금 나라의 존재마저 없지 않은가! 세계 곳곳에 퍼져 있는 우리 교포들만 생각해 보더라도 어느 나라에 있든 당당히 한 몫을 이루고 있지 않은가. 모두들 코리아타운을 이루며 뜨거운 민족애와 저돌력을 자랑하고 있다. 이제 다시 우리의 끈기와 인내를 뇌짱과 더불어 보여줄 때이다. 삶에 대한 끈끈한 정진력으로 말이다.

훌륭한 문화유산

삼국시대부터 시작하여 조선조에 이르기까지 우리의 문화유산은 당당히 세계 최고였다. 무엇이 세계 첫 번째이고 무엇이 어느 나라의 무엇보다 몇 년을 앞섰고 하는 등의 시기는 차치하고라도 그 질적인 면에서 우뚝 서 있다. 프랑스 국립 박물관에 있는 우리의 활자본이나 세계를 성황리에 순회하고 오는 유산들을 보더라도 우리의 문화적 능력이 얼마나 뛰어난지 알 수 있다.

예전에는 다른 나라에서 들어오는 것이라 하더라도 무조건적인 수용을 하지 않았다. 우리나라의 상황에 맞는 것인지, 맞지 않다면 어떻게 변용할 것인지 깊이 성찰하고 고려한 다음에야 들여왔다. 또 우리의 것이 아니라 하더라도 일단 우리나라에 들어오면 가장 한국적인 것으로 만들었다.

그 단적인 예로 종교를 들 수 있다. 중국에서 시작한 유교요, 인도에서 시작한 불교이지만 우리나라는 명실 공히 그 시초지보다 유교와 불교가 굳게 자리 잡은 나라라고 할 수 있다. 불교로 인해 근 오천년간의 찬란한 문화를 이룰 수 있었고 유교로 인해 동방예의지국이라는 도덕 정신을 이룩할 수 있었다.

이러한 문화의 발달은 감성을 담당하는 오른쪽 뇌짱이 세계 어느 민족보다 발달한 덕분이다. 그러나 조선 말기부터 우리 민족은 이 발달한 오른쪽 뇌짱을 그다지 신경 쓰지 않은 듯하다. 식민지며, 전쟁으로 인해 다른 급급한 문제들이 있었던 때문이기도 하지만 오히려 훌륭한 문화유산을 가꾸는 것보다 인습에 젖어 있었던 경향도 없지 않아 있다. 오죽하면 어느 중문과 교수가 '공자가 죽어야 나라가 산다'고 주장하였겠는가? 이제는 유교가 아니라 신유교 개념을 들여와야 한다. 우리의 아름다운 문화 사상을 학문적으로도 정립하여야 하고 이를 생활에 실천할 수 있어야 한다. 이것이 나라가 사는 방법이다.

세계에서 가장 뛰어난 지능

신으로부터 선택받은 유태인에는 못 미치지만 그래도 주위 강대국으로부터 황야에 버려진 우리 민족은 세계에서 가장 머리가 좋은 민족으로 손꼽힌다. 동방의 한 작은 나라가 머리가 좋은 것으로 당당히 손꼽힐 수 있다는 것은 대단한 일이다. 그 좋은 머리도 그 바탕은 고구려의 기상과 한(恨)과 질곡의 역사에서 얻는 수천 년간의 정신적 고뇌와 인내가 아닌가 한다. 이런 좋은 머리를 마음껏 발휘할 수 있는 사업이 요즘 각광받고 있는 벤처기업과 4차 산업이 아닌가 한다. 벤처기업의 특징은 개인적인 창의력을 십분 발휘할 수 있는 곳이다. 또한 투명성을 바탕으로 하는 곳이라는 점에서 공교육 강화를 통한 인성교육과 교육개혁이 절실하다. 이를 바탕으로 하면 제2의 한강의 기적도 머지않아 이룰 수 있다.

과거에는 한국인은 모래 기질, 일본인은 진흙 기질이라는 말로 그 특성을 대변하는 일이 있었다. 우리는 개개인의 머리는 좋지만 단합력이 떨어진다는 것이고, 일본인은 개개인은 그다지 뛰어나지 않지만 서로 잘 엉겨 붙어 협동한다는 이야기이다. 그러나 이렇게 생각해 볼 수 있다. 즉, 21세기에 민주주의와 개성적인 창의력을 발휘하려면 빨리빨리 대처해야 하는데 진흙은 변하는 속도가 낮기 때문에 뒤질 확률이 있지만 모래 기질은 어떤 틀만 합의한다면 빠르고 변화감 있게 대처할 수 있다. 너무 고집스럽게 대뇌가 굳어 있으면 빠른 속도로 변하는 사회에서는 대뇌의 가소성(plasticity)이 떨어져 발전의 속도가 떨어진다. 이런 면에서 우리의 장래가 더 유리하다고 본다.

엄청난 교육열

'맹모삼천지교'라는 고사를 우리나라 사람들처럼 좋아하고 또 그대로 실천에 옮기는 사람들이 또 있을까? 과거에는 자식들을 좋은 학군을 보내려 일부러 주소지를 옮겨(위장 전입) 놓기도 하고 또는 아예 이사를 가기도 했다. 그런가 하면 요즘은 오히려 내신에 불리하다 싶으면 학교를 자퇴하는 사례가 있는가 하면 혹은 수준이 낮은 학교를 가기도 한다. 도피 유학이라는 둥, 조기 교육의 열풍도 우리나라를 따를 나라는 없을 것 같다. 이러한 방법 자체는 잘못된 것이다. 또 그렇게 열심히 공부시키려는 자체가 자식의 출세를 보장받기 위한 동기 또한 그렇게 건전하다고 할 수는 없다. 그러나 좀 더 근본적인 문제로 들어가 보면 이 교육열 자체는 세계에서도 혀를 내두르는 좋은 것이다. 배워서 남 주느냐는 옛 말도 있지 않은가?

우리의 의식구조에는 쉽게 만족하지 않는 기질(PLQ)을 가지고 있다. 끊임없이 배우려 하고 좀 더 나은 교육을 받으려 하는 것이 우리 민족의 특징이다. 이러한 교육열을 바탕으로 좀 더 좋은 방향으로 나아가게만 한다면 앞에서 말했던 세계 최고의 머리와 더불어 당당히 세계를 정복할 수 있을 것이다.

그러나 교육의 방법과 내용이 문제여서 우리의 교육은 너무 단발적으로 끝나 버리는 수가 많다. 어딘가에 실용적으로 쓰겠다는 것보다, 혹은 학문적으로 업적을 이루겠다는 것보다 대학에 들어가기 위해, 좋은 직장을 얻기 위해 공부하는 예가 많다. 그렇기 때문에 대학만 들어가면 그동안 열심히 해 왔던 공부를 작파하는가 하면, 직장에 들어가서는 4년 동안 혹은 그 이상으로 해 왔던 공부가 하나도 도움이 되지 않아 재교육을 실시해야 한다고 한다. 벤처와 창의력을 선도하는 미국 칼리포니아주의 초등 교육방식인 예체능교육과 강한 자아자부심 교육을 통한 인성과 창의교육이 아마 장래 대치동 학부형의 관심사가 될 전망이다.

2. 새로운 유학정신

서양에서 기독교와 그리스 문명이 유럽 공통의 보편문화와 라틴문자를 제공했던 것처럼, 유학은 특히 중세에 동양의 보편적인 사상의 역할을 수행하고 공통문자인 한자를 보급하여, 한국, 일본을 비롯한 동양 여러 나라의 정치, 사회, 제도, 문화, 각 방면에 깊은 영향을 미쳤다.

유학(儒學)이란 본래 중국 노나라의 공자(孔子)에게서 비롯되었으며, 정교일치(政敎一致)의 속성을 지니고 있다. 교육과 종교와 정치사상이 결합된 특이한 형태인 것이다. 유학은 중국 고대에 정치적 유토피아인 태평성대를 이루었던 요(堯)왕과 순(舜)왕의 사상을 당대에 재해석하는 것으로 출발했다. 공자는 여기에다가 옛 성인(聖人)들의 도(道)를 집대성해서 역(易), 시(詩), 서(書), 예(藝), 악(樂), 춘추(春秋)의 육경(六經)을 가지고 가르침을 삼아 중국 학계의 권위를 세웠다. 후세의 학자들은 공자를 종사(宗師)로 삼고 그의 말과 행동을 기록했으며, 맹자(孟子)의 의견을 참조하여 사서(四書)와 오경(五經)을 만들어서 유학의 기본 경전으로 삼았다.

유학의 기본 사상은 천명(天命)을 근본으로 해서 인(仁)으로 일관하는 사람의 도리(人道)를 지키는 것을 가장 중요한 도(道)로 삼았다. 또 도를 실행하는 덕(德)을 존중하여 수기치인(修己治人)을 목적으로 하였다. 곧 개인이 도를 완성하는 것을 삶의 목표로 삼았으며 도의 사회적 실천으로서 덕을 중시한 것이다. 따라서 실천이 없으면 자기 완성이 이루어지지 않게 된다. 그러니 도덕(道德)이라는 말은 이미 그 자체로 한 개인에게 인생의 목표와 사회적 행동이 일치할 것을 요구하는 언행일치를 의미하게 된 것이다.

유학은 한 개인이 도를 닦아나가는 과정을 격물치지(格物致知), 성의(誠意), 정심(正心), 수신(修身), 제가(齊家), 치국(治國), 평천하(平天下)로 사회적 범주에 따라 작은 것에서부터 큰 것까지 적용할 수 있는 도(道)를 단계적으로 나누고 자세히 설명하고 있다. 이것은 도를 닦는 출발점이 자기수양에서부터 시작되지만 물리적인 외부세계, 가정, 사회, 국가로 영향력을 미치는 것을 말한다. 그래서 유학은 궁극적으로는 윤리, 교육과 사회적 실천의 방법, 그리고 정치철학의 양상을 보여주었다.

우리나라에 미친 유학의 영향을 윤리적인 차원에서부터 먼저 살펴보자. 한 개인이 자기 심성을 닦아 타인, 자기 가족, 사회와 국가, 온 세계에 이르기까지 도를 실천하는 것이 유학의 출발점이었다. 그러므로 유학은 개인의 집단적 자아와 세계관을 정립시키며, 교육과 윤리, 법제의 정비, 정치 철학에 이르는 광범위한 사회적 분야를 포괄하여 적용되는 실천철학의 성격을 띠었다. 그러다 보니 유학은 노장사상에 비해 신비적인 색채가 거의 없고 아주 합리적이고 현실적인 면모를 갖추고 있었다. 현실에 대한 실천적인 적용을 강조하다 보니 유학은 집단적 자아를 확립시키고 가치관을 제공했으며, 언행일치의 현실적인 실천을 요구하는 윤리관의 성격이 강할 수밖에 없었다.

유학사상도 여러 가지가 있지만 조선조에 풍미했던 유학사상은 그중에서도 주자학(朱子學)이다. 주자학은 송나라 여러 학자들에서 비롯되어 주자(朱子)에 이르러 대성한 유학이다. 주자학은 이기설(理氣說)과 심성론(心性論)을 근거로 하여 사물의 이치를 연구하여 지식을 얻는 격물치지(格物致知)를 중심으로 실천도덕을 주장하고, 인격도야와 학문적 성취에 힘 쓸 것을 주장했다. 따라서 조선조의 유학사상은 개인이나 사회적 윤리문제와 교육문제가 동전의 양면처럼 붙어 있었다. 흔한 말로 인간이 동물과 다른 이유는 도덕을 아는 것이며, 도덕을 가르치려면 교육을 받아야 한다는 것이 상식이었다.

고려 말부터 조선조까지 우리나라에서는 주자학이 주류를 이루었는데, 퇴계 이황의 이기이원론(理氣二元論)이나 율곡 이이의 이기일원론(理氣一元論) 등의 철학사상은 중국에서도 유명할 정도로 독자적인 사상의 체계를 이루기도 했다. 고려 말부터 조선초기까지는 훈구파라 불리는 유학자들이 주류였고, 중기부터는 사림파 사대부들이 중심을 이루었다. 훈구파는 이른바 조선의 개국공신들이 많았으며, 육예(六藝)와 정치철학을 모두 갖춘 조화로운 전인적(全人的)인 선비를 이상으로 삼았다. 그래서 그들은 거문고, 활쏘기, 붓글씨, 그림, 시, 등의 풍류를 즐기지 못하면 선비가 아닌 것으로 생각했고, 치국평천하의 실천을 위해 노력했다. 훈구파 선비들이 꿈꾼 이상적인 선비는 전문분야의 실력과 예체능 교육을 통한 인격을 고루 갖춘 전인교육의 이상형이었다. 오늘날 새로운 유학정신에서 살려야 할 교육사상이 있다면 바로 이렇게 전문영역의 실력과 전인교육을 함께 지향해야 한다는 것일 것이다.

그러나 세조 이후 등장하기 시작한 사림파는 아름다운 문장 꾸미기인 사화(詞華)에 힘쓰고 고답적이며 원론적인 철학사상으로서의 유학에 치중했다. 훈구파에 비해 사림파는 강경한 원칙주의자에 가까웠고, 사대적 성향이 짙었다. 같은 자연을 소재로 글을 지어도 훈구파는 중국과 별 상관없이 낭만적인 풍류와 마음의 여유를 읊었으며, 왕의 인덕(人德)을 근본으로 하는 왕도정치를 표방했는데, 사림파는 중국의 유명한 옛글을 인용하면서 도덕을 예찬했으며, 신하들의 세력 자체가 독주하는 왕을 제어할 수 있는 내각제 성격의 신권(臣權)정치를 표방했다.

흔히 조선조 유학의 병폐를 이야기하면서 사대주의를 들지만 엄격하게 말하면 훈구파의 초기 사대주의와 사림파의 사대주의에 차이가 있기 때문에, 그건 좀 오해의 소지가 있는 것 같다. 훈구파에게 사대주의는 모화사상과 달라 중국을 달래놓고 국내의 내실을 기하는 외교적인 중립책의 일종이었다. 그러나 나중에 훈구파가 몰락하고 사림파가 주도권을 잡으면서 조선의 모화적인 사대주의가 더 강해지고 주체성이 감소했으며, 유학사상은 현실과 거리가 멀어지면서 부정적 영향을 보이기 시작한 것으로 생각된다. 그러므로 조선조는 국가 권력을 서로 더 차지하려는 왕도정치와 신권정치의 밀고 당기는 싸움의 연속처럼 보인다.

신하들도 유학 사상과 정치 철학의 색깔에 따라 서인, 남인, 노론, 소론, 시파, 벽파 등으로 당파가 나뉘었으며, 철학적 해석의 견해 차이에 따라 시국에 대해 서로 다른 정치적 견해를 주장했다. '조선을 말아먹은 당파싸움'이라는 인상은 사실 후대에 일본의 식민지 사관에 의해 심어진 견해도 있지만, 오늘날의 정당정치와 유사하다고 볼 수 있는 게 당파라는 의견도 근래에 대두하고 있다. 숙종은 '환국(換局)'이라는 방법으로 여야를 갈아치우는 내각 물갈이를 효과적으로 했으며, 영조와 정조는 '탕평책'이라는 방법을 써서 내각의 여야 균형을 맞추기도 했다. 그러니 조선조의 정치형태는 현대 민주주의 정치에서 말하는 일종의 군주제와 내각정치의 양상을 띠고 있었던 셈이며, 당시로서는 합리적인 민주주의의 성격도 어느 정도 가지고 있었다는 견해도 있다.

공자는 정치 수준도 여러 가지여서 여기에는 인치(人治), 법치(法治), 덕치(德治)의 세 가지가 있다고 했다. 인치는 한사람에 의해 정치가 제멋대로 좌지우지되는 독재 정치 스타일이고, 법치는 법에 의해서 강제적으로 통치하는 것이며, 덕치는 구태여 강제하지 않아도 통치자의 덕에 감화 받은 국민들에 의해 자연스럽게 통치가 이루어지는 것이라고 했다. 공자가 꿈꾼 이상적인 정치는, 요순시절처럼 누가 왕인지 신경 쓸 필요가 없을 정도로 사회시스템이 편리하게 잘 돌아가도록 통치자가 봉사하는 것에서 출발하는 덕치이다. 그러니 공자님 기준으로 보자면 현대 민주주의가 꿈꾸는 법치 사회는 그것보다 수준이 낮은 게 된다. 그리고 통치자 일인에 의해서 마음대로 좌우되는 인치가 최악의 정치라고 했다. 대통령들이 명심하셔야 할 말씀이다.

오늘날 우리나라 사람들은 유학이라는 말을 들으면 조기 해외유학을 연상하든지, 아니면 케케묵은 도덕론, 시대에 안 맞는 철 지난 헌옷쯤으로 치부하는 경향이 있는데, 내가 보기에는 내 집의 보석을 못 알아보고 남의 집 은수저에 침 삼키는 것과 같아 보인다. 유학에 대한 기존의 평가 중에는 지나치게 폄하시켜 과소평가한 것도 많았다.

유학은 각 지방마다 향교를 두어 양반 자제들을 유생으로 교육했으며, 서민의 자녀들도 각 마을마다 있는 초등교육 기관인 서당에서 한자와 유학을 공부했다. 윗사람을 존중하고 예절을 지키며 충과 효의 덕목으로 사회와 가정을 대하도록 하며, 타인을 인(仁)으로 겸손하게 대하고 자신에 대해 엄격하게 절제할 것을 기본으로 가르친 것이다. 아이들이 아무리 재주가 뛰어나도 덕이 없으면 전인교육의 측면에서 좋은 점수를 받을 수가 없었다. 그러나 요즘은 전인교육은 뒷전이고 대학입시 공부에서 좋은 성적을 받으면 만사 오케이인 교육상황이니, 새로운 유학정신은 전인교육을 강화하는 것이 필요할 것이다.

선비들은 평생 공부하는 것을 즐거운 일로 생각했으며, 학문과 풍류는 조화로운 인격을 위해 필수과목이었다. 그러니 제대로 된 선비라면 평생학습을 하고, 풍류를 즐기면서 마음의 여유를 가지고 스트레스를 조절할 수 있었으며, 긍정적인 자부심을 가지고 사회와 국가를 위해 봉사를 실천할 수 있었다. 따뜻한 마음씨와 왼쪽 오른쪽 뇌짱을 다 갖추어야 바로 이상적인 선비로 대접받았던 것이다. 또한 의(義)와 불의(不義)를 판단하며 항상 목숨을 걸고 의(義)를 지키는 것이 선비의 도덕률이었다.

유학은 일반 국민의 생활에도 깊게 뿌리를 내려 조상의 제사를 모시고 충효의 윤리관으로 가정과 국가를 대하게 했다. 그 과정에서 제사 모실 장손을 중시하게 됨에 따라 혈통주의, 남아선호 사상과 남존여비 등의 부정적인 영향도 파생되었으며, 실리보다 명분과 체면을 중시하는 사고방식도 여기에서 나왔다.

게다가 후대로 가면서 지도층인 사대부가 원리원칙과 사대주의 쪽으로 기울어지면서 현실과 거리가 멀어져 기술이나 실용학문을 천시하고 탁상공론과 원리론에 그치는 일이 자주 일어났다. 그리고 실용을 소홀히 함에 따라 변화하는 시대를 따라잡지 못하고 경학(經學)을 위한 경학(經學)에 그치는 고답적인 철학 세계에 머무르게 되었다. 또 왕권과 신권의 균형이 무너지면서 정치가 파행을 겪는 일이 반복되었으며, 말기에는 부패한 신하들의 세도정치에 의해 국가적인 피해가 많았다.

유학이 굳어져 시대의 변화를 따라잡지 못한데다가 임진왜란과 병자호란 등의 전란기를 거치면서 민생이 황폐화되자 유학 내부에서 변화를 요구하는 운동이 일어났다. 지도층의 일부 유학자들 중에서 초기의 격물치지(格物致知), 이용후생(利用厚生), 실사구시(實事求是) 등 유학 본래의 실용적 사상으로 복귀하여 민생을 이롭게 하려는 시도가 생긴 것이다. 이들이 바로 실학파(實學派)라 불리는 학자들이며, 청나라와의 교류를 통해 서양의 사상을 일부 접하고, 서학(西學)이라 불리는 천주교의 영향을 받기도 하면서 실학사상을 점차 키웠다. 그들은 고답적인 철학보다 실사구시나 이용후생의 원칙에 충실하게 그동안 소홀한 대접을 받아온 실용학문과 과학기술력을 키우고자 애썼다. 그래서 경제적으로 부강한 나라를 만들어 국력을 강화시키는 것이 이들의 꿈이었다. 실학자들이 꿈꾼 국가의 미래는 시기적절한 것이었으나, 반대 세력도 만만치 않아서 결국 좌절되고 만 것이 아주 안타까운 일이다.

실학의 창시자라 할 이수광은 과학사상, 학문의 목표로 무실론(務實論), 개혁사상을 주장했고, 유몽인은 평등사상까지 주장했다. 홍대용은 현대적인 자연과학의 우주론과 만민동락의 이상사회를 주장하기도 했다. 북학파인 박지원과 박제가도 화폐유통이나 민생안정을 위한 경제론을 펼쳤으며, 실학을 집대성한 정약용은 국민을 위한 정치론, 과학기술력과 민생 안정의 경세론에 치중하였다. 그가 설계하고 기중기 등을 발명하여 축조한 수원 화성은 현재 세계문화유산에 포함되어 있으며, 그 과정을 모두 기록한 책이 아직까지 남아있어서 그 당시의 과학성을 오늘날에도 충분히 알려주고 있다. 실학은 이렇게 정치, 경제, 행정, 과학에 있어서 그 시기에 이미 근대화를 앞당겨 줄 만한 선진적인 사상을 가지고 있었다.

그러나 실학을 정책적으로 뒷받침 해주던 정조가 갑자기 세상을 떠나자 시대를 앞서나가던 선진적인 실학은 점차 부패한 외척과 신하들의 세도정치에 휘말려 쇠퇴하기 시작했다. 그리고 실학의 바탕을 이루었던 북학과 서학이 강경한 유학자들에게 조상의 제사를·폐하는 천주교로 간주되면서 탄압과 배척을 받았다. 그럼에도 불구하고 실학의 개혁사상은 명맥을 이어 오다가 구한말에 이르러 일부 개화파에게 그 영향을 미쳤다. 그러나 국내외의 어려운 사정 때문에 실질적인 개화 시기를 놓치면서 오늘날 일본과 조선의 운명이 이렇게 달라졌다. 생각할수록 안타까운 것이, 실학파들의 사상이 주류를 형성하여 후대 개화파까지 순조롭게 이어졌더라면 우리는 일본 식민지와 남북 간의 대결이라는 장기적 스트레스 없이 아시아의 선진국으로서 세계를 휘어잡았을지도 모르기 때문이다.

앞에서도 말했듯이 오늘날 유학을 고루한 도덕론으로 치부하는 경향이 있지만, 유학은 본래의 긍정적인 측면과 실학이 보여준 가능성을 함께 합쳐서 현대 사회에 맞게 변화시켜 적용이 되어야 한다. 그게 바로 새로운 유학정신이다. 한국에서의 유학은 중국의 것이 아니라 한국적인 문화유산으로서 큰 부분을 차지하고 있으며, 우리가 가지고 있는 소중한 정신적인 재산이다. 현대적으로 잘만 활용된다면 국민들에게 공통적인 구심력이 될 가치관을 제공할 것이다.

그러나 과거의 유교를 평가할 때, 조심스럽게 뇌짱이론을 적용할 필요가 있다. 우리에게 필요한 현재와 미래의 목표(뇌짱)를 잣대삼아

버릴 것은 버리고 계승할 것은 더욱 발전시키는 연구와 실천, 즉 새로운 유학정신(neo-confucianism)이 절실히 필요한 때다. 과거의 종교와 주의도 현재에 유익하지 못하면 쇠퇴하기 마련이다. 이제 실천이 따르지 않는 양반과 선비정신은 오히려 사회에 피해를 줄 수도 있다. 그래서 신세대에게 물려줄 유용한 정신문화의 요소를 가려내지 못하는 책임은 전적으로 구세대의 책임이다. 근대 중국이 쇠퇴의 길을 걸어온 이유도 너무나 폐쇄적인 유교문화를 시대에 맞게 개혁하지 못했기 때문이라는 것을 염두에 두어야 할 것이다. 예컨대 교육열과 도덕 가치론을 계승하면서도 평등과 개성시대에 걸맞은 개인의 자아와 자부심 그리고 과학기술력을 중시하는 철학으로 유교는 재무장해야 할 것이다. 과거 실학파 학자들이 원했던 것이나 퇴계선생의 성학십도(聖學十圖)를 더 연구해서 다음 세기를 위한 유교의 대혁신을 이룩해야 한다.

3. 이기주의 유전자와 1:2:3 공동체의식 운동

인간을 비롯한 모든 동물의 가장 원초적 본능은 생식욕과 자기 보존욕이다. 이것은 종족과 자신의 생존을 유지하기 위한 이기주의에 다름 아니다. 인간이 오늘날까지 지구상에 살아남을 수 있었던 원동력 또한 이러한 이기심과 이기주의이다. 그러나 인간은 뛰어난 대뇌와 자유로운 손을 이용하여 다른 동물들보다 효율적으로 자기 보존력과 이기심을 발휘할 수 있었다. 타협과 호혜의 지혜는 동족 간의 싸움에도 불구하고 인간이라는 종의 유지를 가능케 했으며 도구를 사용하는 능력을 발휘함으로써 다른 동물의 공격으로부터 손쉽게 종족을 유지할 수 있었다. 대뇌와 손은 인간의 이기주의를 맹목에서 벗어날 수 있게 한 것이다.

이미 말했듯이 모든 생명체는 이기주의 유전자를 내장하고 있다. 약육강식과 적자생존의 원리는 이러한 유전적 이기주의의 맹목성을 보여주는 것이다. 유전적 이기주의는 의식 이전의 차원에서 작동하는 셈이다. 그런데 인간만은 예외다. 인간의 대뇌는 유전자에 새겨진 본능조차 제어할 수 있는 능력을 발휘한다. 인간은 적자생존의 맹목적 이기주의로부터 상호 안정을 추구하는 선별적 이기주의로 진화했을 뿐 아니라 더 나아가 대뇌의 힘으로 이기주의를 억제하고 이타주의까지 보이는 여유를 가진다. 결국 맹목적 이기주의는 본능이고 선별적 이기주의와 이타주의는 대뇌에 생긴 후천적 산물이다.

대뇌는 쓰는 방향으로 발달하며 교육과 경험에 따라 발달한다. 엉뚱하지만 창조적인 아이디어와 상상력은 문화적 돌연변이와 희망과 목표를 향한 설계를 낳는다. 개인의 축적된 지식과 경험은 대뇌의 기억장치에 일생 동안 저장되며 이것들이 그대로 정자와 난자를 통해서 유전되지는 않더라도 사회적 지식과 문화의 일부로써 자자손손 진화되어 발전한다. 참으로 문화와 생활의식과 경험은 대뇌가 만들어낸 것으로 나중에 대뇌의 과학적 검증 능력에 따라서 부인되거나 확인된다. 그런 점에서 이타주의는 대뇌가 만들어낸 문화적 산물인 셈이다.

현재 우리 사회는 극단적인 이기주의와 사회 공동체의식의 결여로 개인뿐 아니라 사회의 발전이 늦추어지고 있다. 맹목적인 이기주의만 쫓다가는 공멸할지도 모른다는 인식이 부족하다. 이제는 참으로 선택적 이기주의를 위해 지혜를 모을 때다. 그래서 필자는 그 대안으로 1:2:3 공동체의식 운동을 제안하고자 한다.

1:2:3 공동체의식 운동의 요지는 간단하다. 내 몫을 확실히 챙길 뿐 아니라 네 몫과 우리 몫을 아울러 인정하자는 것이다. 예를 들자면, 장사하는 사람들은 이익을 남기기 위해서 노력한다. 반면에 소비자는 비교적 싸게 산다고 판단되면 상품을 살 것이다. 서로가 이익을 본다는 생각이 들었을 때 자연스레 상거래가 성립된다. 그러나 양측은 이러한 상거래가 사회와 국가 차원에서 절대적으로 필요한 상품 유통에 공헌하고 있다는 사실은 느끼지 못할 것이다. 아마 너무 지당한 말씀이기 때문일 것이다. 1:2:3 공동체의식 운동(쉽게 1, 2, 3 운동이라 부르자)은 이러한 상인과 소비자 양측 모두 자신들이 차지한 이익의 비중(몫)이 3이고 거래 상대방이 차지한 이익의 비중이 2, 사회와 국가에 공헌한 비중이 1이라는 사실을 확인하는 운동이다.

유태인은 어렸을 때부터 나의 것(몫), 너의 것(몫), 그리고 우리의 것(몫)을 잘 분별하고 챙기도록 교육시킨다고 한다. 이때 "우리(사회와 국가)의 몫: 너(상대편)의 몫: 나(자신)의 몫=1:2:3"이라는 등식을 제안해 볼 수 있을 것이다. 내 몫(3/6)을 챙기는 만큼 남의 몫(2/6)과 우리 몫(1/6)을 인정하지 않으면 타협과 협상이 늦어져 서로 손해가 나므로 서로 잔머리를 굴리지 말고 공동체의식을 동원하여 원만히 해결해야 한다.

노사분규에서도 너무 선입견에 얽매이지 말고 한숨 쉬고 심호흡하고 가슴을 열어 스트레칭하면(즉석 스트레스 해소법) 결과가 더 좋아질 것이다. 내 몫, 남의 몫, 우리 회사, 가정, 사회의 몫을 인정하지 못해 과욕으로 타협이 잘 안되거나 비리와 사기가 개입되어 있을 수도 있음으로 다시 협상하는 여유와 인내력이 필요하다.

촌지를 주고받는 학부모와 교사는 다른 선량한 교육자와 학부모 그리고 사회전체의 이익(몫)을 침해한 것이다. 건설적 투자가 사회와 국가의 이익(몫)에 도움이 되지만 한탕주의만 노리는 사람은 이를 무시하고 부동산 투기에 급급했다. 상대적 피해의식과 소외감으로 상대편에게 스트레스와 한(恨)을 안겨준다는 사실을 외면했다. 자신의 능력, 노력, 창의력으로 얻는 것에 만족하지 못하고 사회와 국가의 몫과 남의 몫을 탐내고 있는 것이다.

경제적 몫만이 아니다. 의견과 주장의 몫, 권리의 몫 그리고 의무와 책임의 몫에 대해서도 1, 2, 3 공동체의식은 필요하다. 이기주의가 판치는 사회에서는 종교인, 지식인, 정치인, 학생, 전문인, 사상가와 평론가, 그리고 근로자 모두가 자신들의 이익에 맞는 의견과 주장만을 관철시키려 한다. 이것은 우리의 국회를 보면 분명히 알 수 있다. 그러나 국회야말로 상대의 몫을 지켜주는 의견과 주장의 전당이어야 하지 않는가? 이념 논쟁을 하더라도 자신의 주장, 상대의 주장 그리고 사회와 국가의 입장에 3:2:1의 몫을 생각하면서 주장해야 한다. 의견 수렴과 공감대 형성에서도 기본적으로 1, 2, 3 개념을 생각하면서 사회와 국가(우리)의 몫, 타인과 타 집단의 몫 그리고 자신과 소속 집단의 몫에 해당되는 의견과 주장을 고려해야 한다. 민주주의와 합리주의를 추구하는 사회라면 그래야 한다.

권리의 몫에서도 마찬가지이다. 인간은 여러 가지 본능적 욕구와 욕망을 가지고 있다. 여기에서 생기는 힘이 사고력과 더불어 인류 문명을 발전시킨 추진력이 되었다. 그러나 사회 공동체를 유지하기 위해서 권리와 본능적 욕망을 제어할 책임과 의무가 따른다. 바로 여기에 권리와 이익의 주장에서도 1, 2, 3 공동체의식 개념으로 풀어나갈 여지가 있는 것이다. 개인이나 집단의 집회와 데모의 권리도 중요하지만 다른 국민층과 사회의 입장도 고려해야 할 것이다. 과거 우리의 운동권 학생들이 이런 룰을 지키면서 데모를 했더라면 그들이 그토록 옹호했던 민중들이 데모 때문에 가게 문을 열 수 없다고 학생들에게 등 돌리는 사태는 벌어지지 않았을지도 모른다.

책임과 의무의 몫에서도 무책임과 남의 탓만 하는 의식구조가 큰 사회문제 거리로 등장해 왔다. 사회와 국가를 유지하기 위해 국민에게는 납세와 국방의 의무가 있다. 앞에서도 여러 번 논했지만 수십 번 재론해도 부족함이 있는 점, 서구 선진국 성공의 바탕에는 개인에게 소중한 자유와 평등을 위한 자유로운 선택을 주는 대신 책임과 의무의 짐을 주는 사회계약이 있어 이를 학습해 왔다. 교묘하게 탈세하고 병역을 기피하는 사람은 자신의 책임과 의무의 몫(3/6)을 이행하지 않고 다른 선량한 사람과 국가에게 떠넘기는 것이다. 한 마디로 이웃이 손해보고 나라가 망해도 좋다는 무책임한 태도이다. 법과 질서를 준수하고 책임과 의무를 다할 자신의 몫(3/6)을 지키기보다 다른 상대편의 몫(2/6)과 국가의 몫(1/6)만 요구한다면 이 또한 맹목적 이기주의자가 아닐 수 없다.

의식 운동으로서 1, 2, 3 정신은 정반합의 변증법적 과정과 음과 양의 조화를 지향하는 철학적 배경을 지니고 있다. 정(正)의 단계에서 자신의 몫(3/6)을 먼저 생각한 후 반(反)의 단계에서 상대편과 사회와 국가의 몫(2/6, 1/6)을 고려하여 합(合)의 단계에서 최종적으로 결정하여 행동에 옮긴다. 양의 차원이 자신의 몫이요, 음의 차원이 상대편과 국가의 몫이요, 그리고 나중에 음과 양을 조화시키는 차원이 행동으로 나타난다.

1, 2, 3 공동체의식 운동은 또한 공동선을 추구하는 사회운동이기도 하다. 공동선 의식은 별다른 게 아니다. 사랑과 기쁨을 서로 나누면 커지고 증오와 슬픔을 나누면 적어진다는 인류의 지혜를 실천하는 것이다. 국민의 권리와 의무 그리고 국가 공동체의 국민에 대한

권리와 의무가 조화롭게 지켜질 때 큰 힘을 발휘할 수 있다. 공동체 의식은 이기주의와 이타주의 사이의 조화에서 나온다.

우리 사회에는 도덕 불감증인 사람이 많다. 부정부패와 비리가 심한 사회는 양심과 자부심 그리고 공동체의식이 약한 의식구조를 가지고 있는 사회다. 이런 상황에서 불완전하나마 1, 2, 3 운동의 개념은 우리의 의식개혁을 위한 작은 실천 방안이 될 수 있다. 뇌와 의식구조의 속성은 인식의 틀과 연계된 버릇의 계열성으로 기억되어 굳어지는 것이다. 이기주의와 이타주의는 동전의 양면이다. 그러므로 당연히 여기에 어울리는 방책을 연구하여야 한다. 여기에서 1, 2, 3 운동은 이런 부분을 충족시켜 주는 제안이라고 생각된다.

진정한 진보주의나 보수주의 지도자 뇌짱들은 모두 개인이기주의에 반하여 금전적인 또는 정신적인 손해를 보더라도 이를 능가하는 강력한 자아와 자부심으로 무장하여 생기는 금전적인 또는 정신적인 이익이 더 월등하게 성과를 내어 당당하게 사는 존경할 수 있는 인물들도 찾아볼 수 있다.

뇌짱이란 머리(대뇌)를 써서 깊고 넓게 음미하고 따지는 능력이다. 언뜻 손쉬워 보이는 1, 2, 3 공동체 운동이지만 뇌짱을 가지고 서로의 몫을 지키려면 엄청난 인내와 고통이 따를 수 있다. 그러나 이제 더 이상 머뭇거릴 때가 아니다. 이미 우리는 멍청하게 지내다가 IMF 사태와 부끄러운 세월호와 국정농단의 자화상이라는 국가적 비극과 위기를 맞았다.

이러한 중대한 사회 문제를 해결하는 데 고통이 따른다면 고통의 몫도 일반 국민, 기득권층과 지도층이 1, 2, 3 개념에 따라서 분담해야 할 것이다. 최근 노사정(勞社政) 협의회에서 재벌과 정부, 노조의 고통분담을 이야기하고 있는데, 이런 1,2,3 공동체의식 차원에서 모두가 의견을 같이 해 준다면 훨씬 결론이 쉽게 날 것이다. 이런 문제들은 사회 전체의 문제이자 나의 문제이고 또한 당신의 문제이고 우리들의 문제인 것이다.

4. 뇌물과 돈봉투? 노 쌩큐!

몇 년 전 일본 시모노세키 항구를 방문했다. 여기에서 약 30세로 보이는 한국 경제학도를 만났다. 그는 유학생이면서 시모노세키 항구에서 한국에서 오는 손님들을 안내하는 일본의 지방공무원이었다. 그의 일과가 끝난 후 우리는 서로 친해져서 이야기를 나누기 시작했다. 자연스럽게 일본, 한국 그리고 미국에 대한 이야기가 나왔다. 그는 일본 공무원들의 속사정을 잘 알고 있는 것 같았다. 그는 당시 북방외교의 성과로 한국은 제2의 경제도약을 할 것이며 통일도 자연스럽게 될 것이라고 했다. 장래의 희망과 애국심이 깃든 젊은 한국인의 패기를 느낄 수 있었다. 나중에는 술도 같이 마시면서 더 친숙해졌다.

그러나 취기가 돌면서부터 그는 한국의 공무원이나 세관원들이 '개판'이라고 속에 있는 말을 했다. 부정부패와 비리가 습관화되었다는 것이다. 그는 일본의 공무원과 비교하면서 우리 공무원들이 한심하기 짝이 없다고 한탄하는 것이었다.

요새 한국의 젊은 대학생의 한마디가 일리가 있다고 생각해 잊어지지 않는다. 일본인은 다른 아시아 국민을 욕하고, 한국인은 자기 국민이나 국가를 욕하고, 중국인은 자기 나라가 제일 잘났다고 생각한단다. 우스갯소리가 아닌 상당히 일리가 있는 소리인 것 같다. 각박한 도시를 떠난 이는 여유가 있는 상태인 등산객끼리, 해외여행객

끼리, 해외 교포끼리 허심탄회한 이야기를 나누는 경우가 많다. 사실 은퇴하고 공직을 떠나 여행하면서 친해진 분들이 술 취해 쏟아 낸 애정 어린 진실이 이 글을 쓰는 데에 도움이 되었다.

우리는 부정부패와 비리를 생각하면 먼저 돈과 뇌물이 머리에 떠오를 것이다. 그러나 거기에는 더 심층적인 의미가 있다. 사전을 보면 부정(不正)은 바르지 못함이요, 부정(不貞)은 남녀의 정조를 지키지 못함이요, 부정(不淨)은 깨끗하지 못함이다. 여기에서 부정(不正)이야말로 다른 의미들을 모두 포괄하는 단어임을 알 수 있다. 부패(腐敗)는 썩어 법과 제도의 질서가 문란하고 타락한 정신을 뜻한다. 비리(非理)는 도리와 이치에 맞지 못함이다. 그런데 우리 의식구조는 '부정부패와 비리'라는 단어도 적당히 애매하게 생각하면서 '공짜 돈'이라는 말에만 귀가 솔깃하는 느낌을 가진다. 그러나 이 단어의 속뜻을 차분하게 따져보면 양심과 뇌짱에 반하는 참으로 더러운 돈이 아닐 수 없다.

부정부패와 비리에서 생기는 돈은 공짜로 생각하여 흥청망청 쓰기 마련이다. 자신의 노력과 땀을 들여 번 돈은 소중하게 생각해 절대 흥청망청 쓸 수가 없다. 이게 의식구조의 속성이다. 인간의 세 가지 본능적 욕구에는 재산(돈)욕, 성욕 그리고 사회적 지위욕이 있다. 공짜로 번 돈은 자연히 그 나머지 두 욕구인 성욕을 돈으로, 사회 지위욕을 돈으로 얻으려는 데 들어간다.

이런 과정에서 부정부패의 결과는 당사자들에게만 한정되는 것이 아니라 사회적으로 엄청난 부정적 파급효과를 전염병 같이 퍼뜨린다. 쾌락주의, 황금만능주의, 도덕 불감증, 가치관의 혼란 등으로 양심적인 선량한 국민들을 미치게 만든다. 이런 사회적 현상이 지속되면 국민층의 의식구조는 누적된 스트레스 의식구조로 변한다. 참으로 소외감과 피해의식은 인체에 강력한 스트레스와 부정적 정서를 일으킨다. 역사적으로 부정부패가 나라를 말아먹은 이야기가 숱하다 해도 그리 놀랄 것은 없다.

재산욕은 강한 본능적 욕구인 만큼 부정부패가 발견된다면 더 이상의 질서 파괴가 생기기 전에 동등한 힘으로 강하게 처벌해야 한다. 그러므로 뇌물과 돈봉투를 뿌리 뽑으려면 첫째, 지속적이고 강한 처벌이 필수적이다. 자기들끼리 먹이의 아성을 키워 난공불락인 상위 법조계가 있다면 어려울 것이다. 역사적으로나 의식구조상으로도 이 길밖에 없다.

중국의 임어당은 수천 년의 중국 역사에서 유교와 도덕의 힘으로 법과 질서의 문란과 이기주의를 한 번도 해결한 적이 없었다고 단언했다. 조선시대에서도 청렴결백한 선비를 이상적으로 하는 유교를 국교로 삼다시피 했는데도 불구하고 부정부패는 사라지지 않았다. 왜냐하면 재산과 돈에 대한 본능적 소유욕은 그 역사와 강도에 있어서 도덕적 힘보다 수십 배에서 수천 배나 길고 강하기 때문이다.

그러므로 뇌물과 돈봉투의 근절은 말로 하는 의식개혁이나 도덕재무장 운동으로는 불가능하고 오직 강하고 김영란법과 같은 엄중한 처벌을 통한 의식개혁이 있을 뿐이다. 별 수 없다. 동시에 법과 제도를 만들고 집행하는 사람들에게 틈과 예외가 있어도 불가능함은 물론이다.

둘째는 진정하고 강한 자아와 자부심을 강화시키는 의식변화와 개혁을 통해 가능하다. 긍정적 자아실현은 냉철한 머리(대뇌)와 따뜻한 가슴을 실천하면서 적극적인 삶의 의욕을 가지고 살게 만든다. 어린 자녀의 교육도 여기에 초점이 맞추어져야 하는데도 교육개혁은 겉만 맴돌고 있는 실정이다.

또한 우리의 의식구조는 성공과 행복의 조건을 재산(돈)과 사회지위에 달려있는 것으로 생각하고 그 질보다 양에 집착하고 있다. 그러나 진정한 성공과 행복은 이것들 외에 건강(신체, 정신, 사회, 영적), 개인적 만족(부부, 자녀, 친구, 취미), 직업적 만족 그리고 사회기여에서 오는 개인적 보람 등이 포함되어 있다는 사실을 망각한다. 진정으로 가슴에 손을 대고 우리 사회의 의식구조를 반성할 때 우리들은 '한참, 잘못되어가고 있음을 깨달을 수 있게 된다. 이렇게 자발적인 선택과 책임으로 스스로 하는 뇌짱이 강력한 법치와 시너지 효과로 성공할 수 있다고 믿는다.

뇌물과 돈봉투의 근절은 부정부패와 비리의 척결에서 가장 중요하고 핵심적이고 확실한 목표일 것이다. 인류의 보편적 가치관인 양심과 진정한 자부심은 지난 수백 년간의 문화의식 속에서 진화되고 계승되어 왔고 소중함을 알고 있기 때문에 우리의 의식구조 속에서 그렇게 쉽게 지워지지 않는다. 그러므로 뇌물과 돈봉투의 근절책도 이런 막강한 힘을 이용하는 지혜가 필요하다. 그러나 오늘날도 언론계와 정치계는 스트레스가 쌓여있는지, 마음의 여유가 없는지 심층분석 없이 구호만 외치고 있는 실정이다. 역시 깊이 따지는 뇌짱이 약하다.

뇌물과 돈봉투의 근절은 첫째, 이런 부정적 관행이 대다수의 국민에게 피해의식, 소외감, 부정적 감정을 일으켜 우리의 의식구조를 누적된 스트레스 의식구조와 한(恨)과 질곡의 고통에 고착시킨다는 인식에서 출발하는 것이 필요하다. 현재 우리가 무기력해지고 근로의욕이 낮아 소극적인 삶을 사는 한 가지 원인도 여기에 있다. 이런 인식 없이 어떻게 공정한 경쟁원리로 생산성과 경쟁력을 높일 것인가? 참으로 피해의식은 뇌짱을 마비시킨다. 둘째, 뇌물과 돈봉투의 관행을 차단시키기 위해서 철저하고 확실한 처벌이 지속적으로 이루어져야 한다. 셋째, 강하고 진정하고 긍정적인 자아와 자부심을 받는 사람뿐만 아니라 주는 사람들에게도 철저하게 이해시키고 교육시켜야 한다. 그래서 양심과 진정한 자부심이 얼마나 소중한지 알도록 체질화시켜야 한다. 알고 보면 이상 세 가지 근절책도 뇌짱의 힘이 아니겠는가?

5. 테크노크라트 시대

테크노크라트(technocrat)는 기술관료이다. 1920-30년대 미국에서는 산업이 급속도로 발전했다. 여기에 힘입어 과학기술자는 정치와 경제에 막강한 영향력을 발휘했다. 기존의 경제이론을 대체하여 일종의 과학기술 만능주의라고 할 수 있는 테크노크라시(technocracy)가 등장했다. 정치계의 민주주의(democracy)와 과학기술자의 기술주의(technocracy)를 동등한 위치까지 끌어올려 기술관료가 정치와 경제의 정책 결정에 직접 관여하였다. 그러나 과학기술자 출신의 테크노크라트와 기술주의는 인문계 출신의 정부 지도자들을 경멸까지 하는 극단주의와 대공황, 루즈벨트 대통령의 뉴딜정책에 의해 그 열기가 급속히 사라졌다. 그래서 미국의 기술주의는 실패했지만 기술을 중시하는 정신은 계속되었다. 그래서 가까운 장래에 대신 매체통치(mediocracy)와 정보통신 테크노크라시 시대가 기승을 부릴지도 모를 일이다.

미국에서 기술주의의 실패는 정치와 경제의 직접 관여가 끊어진 것이지, 사실 훨씬 이전부터 영국의 산업혁명이 미국으로 이어지면서 미국의 산업화는 계속되어 왔다. 산업화의 원동력은 과학 기술자가 사업에 뛰어들어 성공하고 우대를 받으며 국민과 사회 전체가 과학과 기술을 중시하고 육성하는 데서 나온다. 더구나 서양인은 전통적으로 분석적, 이성적, 합리적 사고방식과 행동양식을 가져왔었기 때문에 국민의 의식구조에도 분석적이고 과학적인 사고력이 더욱 강화되었다. 떨어지는 폭포를 똑같이 보면서 동양인은 '비류직하 삼천척(飛流直下三千尺)'이라고 웅대한 기상을 찬미하는 아름다운 시를 읊었지만 서양인은 떨어지는 물(H_2O)의 낙차를 이용한 힘(에너지)에 주목했다.

우리 의식구조에는 산업과 기술의 발전으로 혜택을 받고 있으면서도 기술정신이나 장인(匠人)정신을 아직도 등한시하는 경향이 있다. 자기 사업으로 장사를 선택하는 사람은 많아도 기술자로서 사회에 기여하며 생산성을 높이는 사람은 아주 적다. 물론 우리의 고유한 전통 예술과 사상을 보존하고 발전시켜야 하며 전통문화를 민주적이고 합리적으로 재평가하는 일도 중요하다. 그러나 상대적으로 부족한 과거의 장인정신과 과학기술 정신에 대해 심각하게 재조명하는 것은 지금도 약하다. 전통을 중시하는데도 바람직한 것과 바람직스럽지 못한 것을 잘 가려내는 일이 중요하며 맹목적인 전통 존중이 오히려 선진 의식구조를 창출하는 데 방해가 된 것이 없는지 따져봐야 할 때가 되었다. 얼마 전 한국과학기술원장이 통일 준비위원회의 위원 149명 중 과학기술 관련자가 단 1명만이라고 불평할 정도다. 그리고 문과와 이과를 폐지하자는 주장도 폈다.

좀 어폐가 있을지도 모르지만 최근 40~50년간을 보더라도 우리 사회에서 과학기술자를 최고 신랑감으로 쳐주었던 부모도 시대도 없었다. 그만큼 우리의 의식구조가 과학기술을 중시하지 않았다는 증거인 것이다. 문(文)과 무(武)는 상대적으로 나누었어도 과학에 해당되는 공(工)은 높이 쳐주지 않았다. 조선시대에 이들은 최고 천민이었으며, 의사도 신분상으로는 일부 유의(儒醫)를 제외하면 중인에 해당되었다. 의학도 체계를 갖춘 학(學)이 아니라 일개 기술 차원의 술(術)로 대접하였다. 일본은 근대화에 서구의 공상계급과 산업혁명이 빨리 유입되어 비약적 발전을 이룩한 것을 지켜보아 왔다.

다행스런 일은 우리의 신세대들 중에 전공 여부에 상관없이 컴퓨터를 좋아하고 잘 다루는 신세대가 점점 늘고 있다는 것이다. 최근 한국에도 18세 컴퓨터 벤처사업 사장이 탄생하고 소프트웨어 불법복제 등의 비도덕적 행위가 줄어들고 기업이나 국가적으로 4차 산업을 위하여 획기적인 교육개혁이 요구되는 시기에 왔다.

국가 정책의 수립이나 그리고 법과 제도의 개혁에서도 행정관료와 지도자층에게 과학기술적인 마인드가 필요하다. 사실 우리 지도자층에는 인문계 출신이 대부분이고 기술계 출신이 적다. 그러나 정책을 세울 때는 처음부터 분석적인 사고력과 그 분야에 대한 전문지식, 장래의 가능성을 가늠할 수 있는 시야가 필요하다. 사변적인 사고력은 우수하나 전문지식이 없는 인문계 출신의 지도자들에게 전문가의 조언이 필요한 이유도 여기에 있다. 아직도 우리 지도층의 의식구조는 조선시대처럼 문약(文弱) 체질이며 자신들이 깨닫지 못하지만 장인정신을 등한시하고 있다.

행정 결정자들은 쉽게 전문가의 의견을 묵살한다. 예를 들면 미국 국회에서는 생약 연구를 위해서 열대 식물을 조사하는 예산 심의, 우주선에 대한 장래의 정책 연구, 유전공학 사업에 대한 지원책, 한반도 핵정책과 청문회, 일본에 대한 상품 판매와 외교 전략, 정보통신산업 육성책, 에너지 전략, 환경산업과 온난화 현상 청문회, 세계경제와 금융정책, 국제 경쟁력과 창의력을 위한 교육정책, 각종 국제분쟁에 대한 논의, 대중국 외교전략, 대테러 대책, 4차 산업의 선도전략 등등 미래지향적 안건들을 심도 있게 연구하고 논의한다. 그러나 우리 정치계는 과거와 현재에 매달려 아직도 미래를 보지 못하고 있다.

우리 사회에는 이기주의, 적당주의, 황금만능주의 등이 자주 거론되지만 기술주의, 기술 민족주의, 과학기술 만능주의 등의 단어들은 쉽게 들어볼 수 없는 형편이다. 축구가 발전하려면 그 사회에 축구선수와 축구팬의 저변 인구가 많아야 하듯이, 우리나라에 과학기술이 발전하려면 과학기술을 중요시하는 과학기술적 의식구조의 소유자가 많아져야 한다. 기술주의란 분석적, 논리적, 실증 과학적 사고력을 강화시키는 활동이며 왼쪽 뇌짱이 핵심인 것이다. 우리는 밀어붙이고 배짱으로 나가는 힘은 있어도 기술혁명을 밀어붙일 힘은 아직 없는 것 같다.

한국병을 치료하는 의식개혁의 목표에서도 과학기술적 마인드와 의식구조를 향상시켜야 할 지상 과제가 있다. 이제는 새바람을 일으켜야 한다. 이런 과제가 제대로만 된다면 국민 각자가 성공하고 우리 국가가 성공하는 길이 된다. 선진국을 따라가려는 노력을 소홀히 하고 전통적 고정관념에서 창의력을 높이자는 노력은 별 효과가 없을 것이다. 왜냐하면 우리 의식구조(강한 오른쪽 뇌짱)와 의식구조의 뿌리에 입각해서 선진국(강한 왼쪽 뇌짱)을 따라잡는 노력의 과정 그 자체만으로도 우리의 창의력은 저절로 나오게 되어 있기 때문이다. 우리 대통령은 경제 대통령, 교육 대통령, 그리고 기술 대통령이 되어야 할 전망이다. 동시에 한국의 스티브 잡스나 빌 게이츠들이 다수 신흥 재벌로 등장할 날을 고대해 본다. 그들은 뇌짱임에 틀림없을 것이기 때문이다.

6. 제3의 신바람

복잡한 거리를 걷노라면 팔이며 어깨를 툭툭 치고 지나가는 사람들을 흔히 본다. 대개는 미안하다는 말 한 마디 없지만 오히려 화난 표정으로 사정없이 째려보고 가는 경우도 많다. 억울함을 삭이고 내가 먼저 고개를 숙여야 한다. 좀 좋아졌다고 하지만 차를 몰고 다니는 사람들도 마찬가지다. 어깨를 부딪치는 대신(자동차끼리 어깨를 부딪쳤다가는 문제가 복잡해진다는 건 아는 사람들이다) 시도 때도 없이 경적을 울린다.

스트레스를 유발하는 요인은 이것만이 아니다. 길을 걸을 때나 버스, 지하철 안에서 만나는 엄청난 소음들. 이웃집 아주머니들의 낭자한 웃음소리, 어디선가 양껏 키워놓은 두 박자(뽕짝) 리듬, 국토 건설(주로 골목길 파헤치기) 현장에서 울리는 굴착기 소리, 시끄러운 노래방에서 스트레스 해소하는 문화, 시끄럽게 한판 하는 술 문화와 관광버스 문화 등도 그렇다. 속없는 외국인들은 이런 우리를 보고 삶에 대한 강한 열정과 활력(vitality), 그리고 높은 생활의욕을 보고 가기도 하지만 이런 신바람은 사양한다.

신바람 정신은 시끄럽고 열정적인 가무로 모든 원과 한을 해소하는 굿판의 정신과 근본에서 통한다. 굿판을 주제하는 무당은 '신'의 대리인이다. '신'이 내리지 않고는 굿판은커녕 무당도 무당이 아니다. 무당의 신바람은 신들린 활력과 가무를 통한 황홀한 몰아지경의 상태에서 나온다. 이리하여 신 내린 무당이 신나게 판을 벌이는 과정은 삶과 죽음이 하나로 어우러져 삶을 더욱 역동적이고 의욕적으로 만들어주는 과정이 되는 것이다. 그렇다면 신바람 정신은 우리가 살아가는 원동력인 셈이다.

그런데 신바람에는 종류가 있다. 지금까지 내가 말한 것은 전통적인 신바람이라 할 수 있다. 굿판에 선 무당의 의식구조와도 비슷한 이 신바람은 스트레스, 위기감, 한(恨)에 대항하는 다혈질적인 반동의 힘이며 곧 뒤따르는 승리감에서 오는 흥겨운 활력이다. 신바람이 뇌짱의 통제를 전혀 받지 못하게 되면 짭짤한 자극을 주는 대상이 없어지는 순간 급격한 무기력감에 빠지게 될 수도 있다. 독재와 권위주의에 항거하던 뜨거운 정열도 사라지고, 과소비와 부동산 투기와 요란한 졸부들의 눈먼 행진도 멈춘 지금 우리 사회 어느 곳에서도 신바람 나던 시절의 흔적을 찾을 수 없다. 이것이 첫 번째 신바람의 본질이다.

이젠 저항할 대항물인 가난과 독재도 없으니 우리는 저항할 새로운 대항물이 아직 없다고 본다. 그래서 비교적 평화롭고 저항할 대상물이 없으면 당연히 반동의 힘(제1의 신바람)이나 의욕의 힘(제2의 신바람의 가능 대항물)이 생겨나지 않아 적정한 스트레스의 정도 이하여서 삶의 스릴과 의욕과 열정이 없다. 자아의 소실이나 소진은 아닌데 약한 기력과 자아 상태일 것이다. 즉 정신적 공백상태다.

우리는 입맛이 없으면 밑반찬이나 양념을 넣어 입맛을 돋운다. 인생에 짜증이 나고 무료함을 느끼면 술, 쾌락, 도박과 마약에서 은근히 짜릿한 자극을 찾으려 하지 말고 이땐 해외나 국내, 혼자 또는 가족이나 아는 친구 몇 명이 민박하면서 배낭여행을 떠나는 것이 건전하다. 여행 도중에 조용한 침묵과 강한 자아의식(또는 자아정체성)에서 파생된 자부심(자존감과 자신감)의 제2 신바람의 시작이 나올 것이다. 이때 중요한 점은 자기와의 대화에서 자신에게만은 솔직해야 하며, 자기의 잘못을 자각하고 반성하여 이에 대한 책임을 느껴야 한다.

자존심은 칭찬받은 어린이의 내면에서 솟아오르는 것처럼 스스로 자신을 귀하고 쓸모 있는 존재라 믿는 마음이다. 자신감은 스스로의 평가를 토대로 과거의 작은 성공이라도 좋았던 때를 회상하면서 자신을 능력 있는 존재로 자각하는 마음이다. 자존심과 자신감은 온 우주와도 맞바꿀 수 없는 존재로 인간을 고양시키는 정신이자 힘이다.

동시에 이러한 자부심은 우리의 결점을 조용히 반성하는 과정에서도 생긴다. 제2의 신바람으로 무장한 사람은 섣불리 흥분하거나 쉽사리 좌절하지 않는다. 자신의 내면을 향해 침묵할 줄 알기 때문이다. 자존심과 자신감은 자아(自我, self)를 의식하고 점검하는 과정에서 되도록 객관적으로 자신의 장점과 단점을 평가하면서 파생된다.

자아를 의식하는 것은 조용한 침묵 안에서만 가능하다. 누군가 침묵은 우주이며 신의 목소리라고 한 것처럼 침묵은 자신과 대화하고 내부에 존재하는 신과 대화하는 시간이다. 이러한 시간이 반성과 성찰을 할 수 있는 마음의 여유인 것이다. 이 대화를 통해 자부심이 유발되는 것이다. 자부심에 상처를 받았을 때에도 우리는 침묵한다. 절망 뒤의 침묵은 한(恨)과 절망을 승화하는 시간이며 상처받고 잃어버린 자아를 회복하는 시간이다.

이런 과정에서 우리에게 약한 책임의식이 문제다. 자신의 책임을 남이나 사회 책임으로 돌리고 왜곡시키면 참되고 강한 자아와 자부심 즉 뇌짱과 제2의 조용한 신바람은 불가능해지고 자신의 진정한 성공과 행복은 물 건너간다. 이런 새로운 신바람은 잔존하여 있는 저력의 제1 신바람과 더불어 상승적으로 제3의 신바람이 생길 것이다. 이런 자아혁명을 추진하는 과정에서 새로운 신바람이 일어나면 전통적 신바람도 덩달아 합세하게 되는 것이다.

역사적으로 우리는 좋은 때가 별로 없었으므로 좋았을 때에 대한 관리능력이 부족하다. 그러나 시대가 변했고 삶의 의욕을 찾아 좋았을 때에도 더욱 발전시키는 제2의 신바람을 자기 내부에서 체험하는 도전이 필요하다. 앞에서 공부한 바와 같이 새로운 신바람은 자기와의 싸움에서 이기는 전략으로 인생을 성공과 행복을 이룩하기 위하여 긍정적인 의지로 삶을 강한 자아와 자부심 그리고 한국식 뇌짱으로 살자는 대안이다. 그 뇌짱은 더 좋은 대안을 만들기 위하여 변화시키는 노력도 병행하여 자기에 맞은 뇌짱을 만들 수도 있다. 시대가 변했고 우리도 발 빠르게 변해야 살아남을 수 있다는 이야기다.

7. 산은 산이요 물은 물이로다

과거에 성철 스님은 "산은 산이요 물은 물이로다"라는 법어를 남겼다. 산과 물을 제대로 보면 확실히 그 진실이 보인다. 그러나 그 진실을 보지 못하고 거짓과 위장을 보거나 그 진실과 실체를 제대로 파악하지 못하면 산과 물이 확실하게 보이지도 않고 다른 것으로 보일 수도 있다.

불교의 법어(法語)에 이런 말이 있다. "무심히 내 마음 가라앉히니 형상과 그림자 서로 따르는도다. 어두운 곳에서 밝음을 얻었으니 어찌 햇빛은 나날이 새롭기만 하는고?" 여기에서 '내 마음 가라앉힌다'는 피해의식과 상한 자존심 그리고 스트레스와 부정적 감정이 있으면 마음에 큰 동요가 일어나므로 마음의 여유와 안정이 진실을 파악하는 선결요건이라는 뜻을 내포하고 있다. '형상과 그림자'는 본질적으로 진실한 것과 겉으로 드러나는 거짓된 것을 의미한다. 또한 '어두운 곳'은 애매모호하고 불확실하며 무지한 상태를 말하며 '햇빛'이란 인간의 통찰력과 뇌짱이다. 성철 스님은 잘못되고 왜곡된 불교의 종단 중흥을 위해 노력했고 종단의 재건을 위해 "업(業) 짓는 대로 보(報)를 받음이라"를 강조한 바가 있다.

그런데 성철 스님은 먼저 자신이 '햇빛'이 되기 위해서 엄청난 정신 수양을 쌓았다. '햇빛'이 되려면 먼저 중생에서 성문(聲聞)의 경지를 거쳐야 한다. 이 성문의 경지가 바로 자아(自我, self)의식의 확립이다. 그러므로 성문의 경지, 즉 자아발견을 위해서 불교에서는 마음의 눈을 뜨고 자기(自我)를 바로 보라고 강조한다. 여기가 바로 동양과 서양의 지혜가 만나는 부분이다.

그러므로 개방화와 국제화 그리고 국가 경쟁력의 진실과 핵심 그리고 실체를 제대로 파악하지 못하면 어두운 곳에서 헤매고 그림자만 따라다니다가 세월을 허송하는 꼴이 될 것이다. 우리의 과거 5년이 바로 거품만 따라다니다가 실체를 파악하지 못해 미래를 준비하기는커녕 위기를 불러들인 허송세월의 대표적인 예가 될 것이다. 이기주의자는 돈이라는 그림자만 쫓고, 진정한 능력도 없는 지도층은 사회적 지위라는 그림자만 쫓고, 변화와 개혁을 주도한다는 사람들은 구호라는 그림자만 쫓다가 끝나버릴지도 모른다.

우리는 부처도 아니고 성철 스님도 아니다. 다만 우리 모두가 '햇빛'은 못될지언정 조금만 노력하면 성문의 경지-자아의식의 확립에 도달할 수 있다. 먼저 마음의 여유를 가지고 자신을 정리하는 시간을 만들어야 한다. 바쁘게 쏘다니고 화끈하고 짭짤한 것만 쫓으면 이런 기회는 오지 않는다. 이게 인류 보편적인 대뇌의 속성이다.

만약 사람들에게 물어본다면, 어느 누구나 지구상에서 제일 가치 있는 존재는 자기 자신이라고 할 것이다. 그리고 각자의 인체에서 제일 가치 있는 존재는 아마 '마음'이라고 할 것이다. 정서와 감정을 느끼는 가슴(심장)과 사고와 생각이 일어나는 머리(대뇌)가 마음의 산실이다. 그런데 사실 정서와 감정이 일어나는 장소도 머리(대뇌)이다. 그러므로 인체에서 제일 소중한 것들은 모두 머리에 있는 셈이다. 소중한 것들 중에서 제일 가치 있는 것은 대뇌 속의 사랑이지만 자신에 대한 자아와 자부심이 우선하고 후자를 통한 사랑도 같은 만족감을 준다고 생각한다. 자아와 자부심은 인간 존재 자체이며 생존의 당위성이 있기 때문이다. 생존의 당위성에 소유욕, 성욕 그리고 사회지위욕이 가장 말썽을 부리는 부분일 것이다. 이것들보다 자기 몸을 보존하려는 보존욕이 제일 가치 있는 것일지도 모른다.

성철 스님의 '산은 산이요, 물은 물이로다'를 다시 되새겨 보자. 인간은 모두 소우주인 대뇌를 가지고 있고 여기에 소중한 것들을 모두 수용하고 있다. 대뇌와 바깥세상을 연결시켜주는 통로 중에서는 눈과 귀의 역할이 제일 크다. 해부학적으로도 시신경과 청신경이 발달된 마음의 창이 존재한다. 그런데 외부의 정보들을 받아들이는 눈과 귀 같은 하드웨어보다는 하드웨어들을 운용하고 이런 정보들을 판단하는 대뇌라는 소프트웨어의 능력이 더 중요할 것이다. 현실적으로도 하드웨어보다 소프트웨어 값이 더 비싸다. 소프트웨어에는 컴퓨터의 작동 원리와 메커니즘이 들어있다.

성철 스님이 인생에 관해 "햇빛"을 보았다면 그의 대뇌의 소프트웨어는 비싸고 값어치 있는 것이다. 그러므로 그는 '우리도 알고 있는 것'과 '우리가 모르고 있는 것'을 모두 아는 대뇌의 능력을 가졌다. 따라서 그의 눈과 귀로는 산은 산, 물은 물로 확실히 보이지만 우리는 확실히 보이지 않을 수도 있다. 여기서 '아는 것만큼 보인다'는 말이 성립될 것이다. 성철 스님은 아마 '안다'는 의식구조의 작동원리와 메커니즘에 대해서도 알고 있었을 것이다.

우리의 의식구조는 옛날부터 대뇌의 중요성이 체질화되거나 생활화되지 못한 것 같다. 사고방식과 행동양식의 의식구조에서 [행동화⇔의식화], [체질(體質)⇔뇌질(腦質)], 그리고 [배짱⇔뇌짱]의 측면에서 보더라도 행동, 체질 그리고 배짱을 더 중요시했다. 아마 한의학이 대뇌의 중요성을 등한시했기 때문일 것이다. 그러나 우리 의식의 국제화를 위해서, 현대의 의학, 정신학, 심리학의 발전에 의해 뒷받침받아 의식화, 뇌질(기질), 그리고 뇌짱 등 대뇌의 기능과 대뇌의 작동-소프트웨어의 내부 작동 원리와 메커니즘에 대한 지식들을 쌓고 생활에 적용시켜야 할 것이다. 사실 뇌짱운동은 이런 이론과 지식에 그 기초를 두고 있다. 아는 양만큼 산은 산, 물은 물로 확실히 보이기 때문이다.

그런데 각 개인마다 아는 힘, 즉 대뇌의 능력(뇌짱)이 다르다. 우리 일상생활에서도 이런 양상을 얼마든지 찾아볼 수 있다. 예컨대 TV 수상기와 자동차를 사용하는 우리의 의식구조를 살펴보자. 이런 문명의 이기들이 가지고 있는 내부의 작동 원리와 메커니즘을 잘 알고 있으면 사용할 때나 문제가 생겼을 때 이것들에 대한 이해와 지식의 폭이 넓어 사용하는 느낌도 다르고 더 애정 어린 손길이 갈 것이다. 그러나 잘 모르면 함부로 다루기 마련이다.

우리가 매일 음식을 먹을 때도 마찬가지다. 음식 재료를 키워준 농민의 손길을 안다면, 주부의 정성스런 음식 작품을 감상하고 맛보는 진지함을 안다면, 음식 속의 각종 영양분을 잘 알고 있다면, 남은 음식찌꺼기의 운명을 생각한다면, 아는 것만큼 식사 태도도 달라질 것이다.

속세에 사는 대중들은 자신들이 쫓고 있는 게 산과 물의 그림자에 불과할 뿐이며, 실체로서의 산과 물은 따로 있는 것이라는 걸 모른다. 그림자는 자기 바깥 세계인 외부에 보이지만 실체는 자기 안에 있어서 겉으로 보이는 것이 아니기 때문이다. 그림자는 왜곡되고 포장된 자아방어기전의 무의식적인 그림자일 수도 있다. 메테를링크의 소설 『파랑새』에서 틸틸과 미틸이 바로 곁에 있는 파랑새를 알아보지 못하고 행복을 상징하는 파랑새를 찾아 멀리 여행을 가는 것처럼, 우리 대중들은 진짜 진리가 바로 자신의 내부에 있다는 사실을 보지 못하는 것이다.

아마 성철 스님은 속세에 부대끼면서 헛된 욕망을 쫓는 이런 사람들은 고정관념의 틀이 너무 굳어 있기 때문에 아무리 겸손의 미덕을 가르쳐도 쓸데없다고 생각했을지도 모른다. 그러나 정말 그렇게 생각하셨다면 이런 사람들에게 성철 스님은 차라리 '산은 산이 아니요, 물은 물이 아니로다'라고 산과 물에 대한 고정관념을 깨는 역설의 형식으로 말했어야 했다. 다시 말하면 '너희가 보고 있는 산은 진짜 산이 아니라 가짜 산이요, 너희가 보고 있는 물도 진짜가 아니라 가짜니라'는 의미가 될 것이다. 본래 성철 스님이 말씀하신 '산은 산, 물은 물'이라는 말에는 대중이 잘못 알고 있는 '그림자로서의 산과 물', 스님이 혜안으로 꿰뚫어 본 본질적인 '실체로서의 산과 물'이라는 대립적인 의미도 이중적으로 같이 들어있기 때문이다. 풀어서 말하자면 '(진짜) 산은 (밖에 있는 가짜가 아니라 너희 안에 따로 있는) 산이요, (진짜) 물은 (밖에 있는 가짜가 아니라 너희 안에 따로 있는) 물이니라'가 될 것이다.

성철 스님이 말씀하셨던 가짜 산과 진짜 산이 과연 무엇을 가리키는가는 이미 우리 시대가 증명해 준거나 마찬가지이다. 그동안 우리가 매달려왔던 허세, 왜곡된 자부심, 위장된 자아, 이기심, 불친절, 오만과 배타, 피해의식, 적당주의, 불확실성, 배짱 지상주의, 빌려온 돈으로 돈놀이하기, 서로 주고받는 누적된 스트레스 그런 게 다 가짜 산일 것이다.

진짜 산은 그럼 무엇이겠는가? 바로 자신을 똑바로 보고 냉철하게 판단하며 마음의 여유와 따뜻한 가슴으로 현실을 헤쳐 나가는 것이 아니겠는가? 그게 바로 뇌짱이며, 우리 안에 있는 대뇌에서 나오는 힘이다. 뇌짱으로 보면 투명하게 보이기 때문에 정말 '(진짜) 산은 (진짜) 산이요, (가짜) 물은 (가짜) 물이다'로 진짜와 가짜가 나뉘어 보인다. 성철 스님 말씀대로 진리는 우리 안에 있는 뇌짱에서 출발하는 것이며, 그게 바로 우리 삶을 살맛나게 해 주는 제3의 신바람이자 우리 사회를 선진국으로 끌어올려 줄 원동력이 될 것이다.

이제 나는 내 친구 녀석들이 아무리 기죽이는 말을 해도 기죽지 않고 큰소리로 떳떳하게 말할 수 있을 것이다.

"너도 뇌짱으로 살아봐라. 인생이 다르게 보이고 살맛이 날 테니까. '산은 산이고 물은 물이로다'가 진짜로 맞는 말이야."

8. 신세대 의식구조

신세대를 우선 20대의 한국인 남녀라고 상정해 보자. 구세대가 가난의 한(恨)과 어려움을 풀기 위해 도전정신을 발휘해 얻은 물질적 성공으로부터 신세대는 지금까지 혜택을 받아왔다. 이런 혜택은 구세대와 신세대가 모두 원하는 것이었고, 구세대가 자신과 자식을 위해서 열심히 일한 결과는 사실 두 세대의 공동선(共同善)을 달성했다는 의미일 것이다. 두세대가 과거에 이룩한 공동선이 이런 것이었다면 장래에 이룩할 공동선은 무엇일까? 두 세대 간의 차이점을 이야기하기 전에 공동으로 추구할 구체적인 공동선의 목표부터 이야기하려고 한다.

의식구조상으로 우리 신세대의 정의를 고등학교 졸업시기부터 6·25 사변과 이념적 갈등에 의한 상처를 피부로 느끼지 못한 나이까지로 폭넓게 상정해 보자. 다시 말하면 사회적 자아의식의 발현이 시작되고 도덕적 의식이 강화된 시기부터 현재 40대 초반까지의 나이에 해당하는 사람들을 신세대로 치자는 것이다. 통계학적으로 봐도 40대 말의 사망률이 가장 높았다는 사실만 보아도 구세대는 지금을 이루기까지 고통과 스트레스 그리고 이를 이겨내는 어려움을 겪었다.

6·25 전후에 출생한 구세대 사람들은 부모로부터 충분한 사랑과 영양을 공급받지 못했음에도 불구하고 경제 건설의 역군이 되어주었다. 구한말의 혼란, 식민지 생활, 6·25 사변의 고통, 군사문화 그리고 가치관의 혼란 등의 책임은 전적으로 구세대에 있다고도 할 수 있지만 이런 일이 일어나지 않도록 미리 예방하는 작업은 두 세대가 공동으로 풀어야 할 과제이다.

앞에서도 이야기했듯이 두 세대의 문화의식과 의식구조의 차이점을 따져보는 것도 중요하지만 먼저 공유하는 의식구조를 발견하고 공동으로 추진할 수 있는 공동선의 내용과 목표를 세우는 것이 더 급선무라고 생각된다. 왜냐하면 표면적으로 상당한 차이가 있는 것 같아도 두 세대가 공유하는 의식구조의 뿌리와 줄기는 비슷하다고 판단되기 때문이다. 바람직스럽지 못한 의식구조에서는 더욱 그렇다. 또한 공동선을 추구하면서 바람직스럽지 못한 공통적 의식구조를 개선하는 생활개혁과 의식개혁의 과정에 함께 동참할 때 서로 이해의 폭이 넓어지며 두 세대의 차이점을 수용할 가능성도 덩달아 높아지기 때문이다.

첫째, 양 세대 모두 부정적 감정과 정서를 쉽게 노출시키며 매사에 너무 조급하다는 것은 똑같다. 마음의 여유가 적어 진지한 사고와 행동이 부족한 한국인의 의식구조(국민성, 민족성)는 역사적으로 누적된 스트레스와 고통에 의해서 생겨났으며 우리의 뇌와 핏속에 맥맥이 흐르고 있는 것 같다. 이런 상황에서 구세대는 인간은 어릴 때일수록 더 감정적이고 감각적이며 나이가 들수록 조용하고 이성적이라는 사실을 이해하는 것이 중요하다.

지구촌 시대의 청소년들은 더 자유분방하고 감각적 음향에 익숙해 있다. 더구나 우리 사회의 입시압박과 진학 실패에서 오는 스트레스와 허탈감은 악을 쓰고 몸을 흔들고 전자오락기를 두드리고 싶어지게 만든다. 구세대들은 신세대들의 이런 면모에 혀를 차기보다는 당연한 사실로 어느 정도 인정해 주어야 한다. 그 옛날 메소포타미아 비문에도 요즘 신세대 행동으로 봐서는 말세라는 구세대의 한탄이 들어있다지 않는가? 요새 젊은이들이 구세대로부터 '버릇없다'는 말을 들었어도 과거에는 권위주의와 유교가 살아있던 시대이니 모른척하면 된다.

신세대들이 이해해야 할 점은 구세대 역시 스트레스가 많다는 사실이다. 기득권자들은 흥청망청하고 국민 대부분은 내부 갈등과 피해의식으로 감정과 정서가 거칠어져 있다. 경제성장을 이루기까지 생활을 책임져온 이들에게는 세파에 시달리며 얻는 스트레스가 상당한 편이다. 이런 감정이 장기적으로 계속되면 한(恨)이 생긴다. 과거 우리의 전통적 가치관을 주도했던 유교와 도덕관념도 시대에 맞게 과감히 정비하는 마음의 여유가 없었던 것이다. 그러므로 신(新) 유교에 의한 도덕 재무장이 없는 상태에선 유교를 매도하는 경향도 생겼다.

둘째, 두 세대 모두 개인 이기주의적인 성향이 강하다. 상대방이나 국가사회의 이익과 입장을 고려하는 힘이 약한 것이다. 그러므로 자신의 책임과 의무를 등한시하고 자신의 권리와 이익에만 급급한 면이 있다. 즉 사회 공동체의식이 부족하다. 두 세대가 서로의 차이점만 생각하고 대화의 기회가 부족하므로 서로 다른 장소에서 따로 따로 스트레스를 해소시키려 했다. 대화의 단절은 공동체의식을 약화시킨다. 두 세대 모두 대화와 토론의 문화와 기회가 없지 않았는가. 고스톱이나 굿판이라도 좋으니 건전하게 두 세대가 같이 어울릴 수 있는 가정과 놀이문화의 공간과 분위기를 개선하는 문화정책을 생각해야 할 것이다.

셋째, 두 세대 모두 자아의식이 부족하며, 각 개인과 국가의 현실을 직시하는 시간과 능력이 부족했다. 역시 마음의 여유가 없었던 것과 연관되는 부분이다. 강한 자아와 자부심을 깨달으려면 스트레스가 없는 상태에서 애매모호하고 적당히 넘기지 않고 확실하게 따지는 성미가 필요하다. 자아의식이 약하면 주체성과 자부심(자존심+자신감)이 약화될 뿐 아니라 자기반성과 성찰이 잘 안 된다. 그러나 이젠 두세대 모두 자아혁명 운동이 일어나야 할 때가 되었다고 생각된다. 근본적인 접근 없이 땜질만 되풀이하는 우리 의식구조의 악순환을 끊으려는 의지가 필요한 것이다.

넷째, 두 세대 모두 인간애와 인간의 존엄성을 실천하지 못하고 있다. 사랑 결핍증이 세계적 추세라고 하는데, 그건 모두 자신이 받을 사랑만 생각하고 상대편에게 사랑을 채워주는 힘이 약하기 때문이다. 이웃을 사랑하고 국가를 사랑하는 정신이 약한 것도 같은 이유다. 세계적으로 청소년들은 부유함을 좋아하고 좋은 직장을 원하는데 우리 청소년들이라고 해서 예외가 아니다. 다만 자신을 위한 돈뿐만 아니라 이웃을 위한 돈까지 벌려고 하는 적극성과 도전정신이 부족하다. 자신만을 위한 이기주의가 아니라 사회 전체를 위한 이기주의를 실천하려는 원대한 꿈이 모자란다. 이런 이유 때문에 신세대는 돈 많이 벌고 편한 직장을 선호하는 '우리 가정 제일주의'의 나약한 의식구조를 가지게 되었다. 여기에는 구세대가 자녀들에게 맹목적인 과보호와 입시지옥을 조장함으로써 이런 성향을 부추겼다는 혐의가 있다.

공통적인 장점이라면 때가 되면 할 수 있다는 삶에 대한 정열과 신바람을 낼 수 있는 잠재력이다. 또한 줄기차게 이어가는 끈기와 밀어붙임이 있다. 밀어붙이는 목표와 방향만 잘 설정하고 공감대만 만든다면 밀어붙이는 힘은 염려할 필요가 없다. 그 목표와 방향이 바로 우리 사회가 해야 될 생활개혁과 의식개혁의 목표와 방향이며, 이를 구체화시키면서 여기에 기대해 볼 만하고 예측 가능한 꿈, 희망, 청사진, 비전 같은 것은 우리 스스로 만들어야 한다. 이런 작업이야말로 두 세대가 해야 할 공동선이 아니겠는가?

두 세대가 모두 공유하는 장점은 예술과 문화에 끼와 소질이 있다는 것이다. 특이 신세대는 한류에 두각을 보인다. 근래 외래문화와 민주주의 발전으로 이 분야의 약진 잠재력이 있다. 한국식 뇌짱으로 정신적 압축성장의 잠재력이 있다. 주위 동아시아에서 특히 그렇다.

우리 신세대의 특징은 구세대보다 더 다양한 의식구조, 즉 더 개방된 의식구조를 가지고 있다. 이 부분이 우리가 기대하는 큰 자산이다. 신세대는 구세대보다 더 민주적이고 합리적이며 덜 권위주의적이다. 동시에 더 분석적이고 과학적이다. 전체적으로 신세대가 더 우수한 상태이다. 구세대의 바람직스럽지 못한 의식구조에 덜 물들고 더 어린 세대이기 때문일 것이다. 이렇게 된 것도 따져보면 구세대의 인내와 노력의 덕분이다.

상대적으로 신세대는 인내와 끈기 그리고 검소한 절제가 부족할 것이다. 그러면서도 구세대의 진정한 권위를 과소평가하는 나약한 신세대라고 판단된다. 또 강조되어야 할 점은 아직도 구세대가 모두 실증적인 것 보다 사변적인 사고방식, 직관과 감성적인 의식구조, 소극적 태도, 권위주의적 태도 그리고 적당하게 불확실성을 잘 수용하는 의식구조를 가지고 있다는 점이다. 신세대는 서양 개인주의와 실용주의의 장점을 더 빠르게 흡수하는 능력이 높아 자의식과 한국식 뇌짱의 이해가 더 높을 것이다. 그러나 우선은 우리 두 세대가 공유하는 것이 이렇게 많다는 사실을 발견하는 것이 더 중요하다.

우리는 구세대나 신세대 모두 서로 공유하는 바람직스러운 의식구조를 가지고 있는 동시에 현 사회의 바람직스럽지 못한 의식구조도 공유하는 공동운명체이다. 서로 다른 세대의 말에 귀를 기울이자. 비난과 이방인 취급은 특수한 몇몇 예를 제외하고는 백해무익하다. 열린사회와 대화 속에서 모두 살아갈 연구가 필요한 때다.

한물간 구세대이지만 그들의 주특기인 자식사랑과 내일을 짊어질 젊은이에 대한 기대는 크다. 그러면서도 젊은이들의 물질적, 정신적 과소비를 우려한다. 개성주의라고 떠들지만 사실 서양 개성주의의 꽃은 물질적, 정신적 독립심이다. 그러므로 진정한 개성주의는 강한 자아와 자부심으로 자신의 능력만으로 활동하면서도 부모가 번 돈과 유산을 탐내지 않는다. 우리 부모들이 가난에 대한 보상으로 으레 돈이나 부동산을 조건 없이 자식에게 주는 일은 자식을 버리는 일일지도 모른다. 이렇게 볼 때 불쌍한 구세대지만 영리한 신세대가 여기에 안주한다면 프로 인생과 자아실현 그리고 진전한 인생의 승리자가 되는 것이 불가능하다. 진정한 인생의 승리자는 자신에게 채울 잔이 넘쳐 어려운 이웃의 잔까지 채워주는 인생이 아니겠는가? 이제 서로 마음의 여유를 가지고 조용히 심사숙고할 시간이 필요하다.

신세대에게 근래 좋은 뉴스와 잠재능력을 발휘할 기회가 왔다고 생각한다. 세월호와 국정농단을 촛불혁명으로 성공하여 자부심과 긍지를 가져도 좋다는 의미다. 위기가 왔을 때 기회로 삼은 기민함과 영리함을 보였다. 이로서 계속 한 단계 높은 성숙함을 보이고 너무 우쭐하지 말고 발전 대안이 나오길 기대한다. 이제 야당이 된 보수파도 진짜 보수의 정립을 위해 새로운 대안이 필요하다.

저출산에 대한 수혜자가 될 수 있는 기회가 왔다는 희소식이다. 그 지긋지긋한 사교육도 감소할 것이고 정부도 그 심각성을 느껴 지원이 많아질 수밖에 없다. 4차 산업혁명이 다가와 장시간 근무 감소와 창의성 중시로 여가와 가족과 지낼 시간이 길어져 출산과 보육이 수월해지고 직업과 양육의 양립이 가능해질 것이다.

구세대가 신세대에 비해 월등한 능력은 노후대책과 주검에 대한 인식이다. 인간은 사후를 위해 신을 찾을 수 있고 자신의 업적의 기억이 자손이나 사회에 되도록 오래 남아 적어도 국가묘역이나 자손들의 사진첩에 기억되기를 원한다. 자손이 없으면 노후에 너무 고독하고 보육과 사랑의 선물을 받아야지 사랑과 헌신의 기쁨을 안다. 이런 차원에서 결혼과 출산은 축복이요 이기적인 동시에 이타적인 일이며, 인생을 승리로 이끄는 진화의 길이라고 생각한다. 영혼은 유전자로 이어지는 생물학적 불멸의 법칙이기도 하다. 이를 거부하여 무슨 영웅이고 더 고결한 존재이고 무슨 헛똑똑이라고 공동체 관계 문화와 소통의 재미를 잃은 루저(실패자)가 되겠는지 모르겠다.

고령화와 구세대를 향해 더 시간을 내어 고독을 해결해드리고 부모가 재산이 있으나 없으나 인간적으로 효도를 발휘하면 된다. 구세대는 원만하면 남은 재산을 함부로 쓰지 않는 저축과 근검의 태도가 몸에 배어 돈을 쓰지도 않고 또한 인내와 끈기가 있어 되도록 일을 하려 하니 이것도 자식에게는 좋은 소식이다. 부모는 효도만 해드리면 무덤과 자녀를 동일시하여 만족한다.

사회나 과학기술 시대의 변화 속도가 빨라졌는데 신세대는 어느 정도 외국어와 정보통신 기기를 이용할 능력을 갖추었기에 이를 극복할 수 있는 기회가 왔다는 사실이다. 대신 도전능력을 길러야 한다. 개인주의의 장점인 자유와 책임의식이 높아지고 서구의 강점인 자아와 자부심 그리고 한국식 뇌짱에 대한 이해도 빨라 신세대에 대한 기대가 크다.

9. 희망을 가지고 평생 공부하면 늙지 않는다

30여 년 전, 미국에서 놀만 카즌즈(Norman Cousins) 의 저서, 『머리 먼저(Head First)』라는 제목의 책을 읽어본 적이 있다. 그 책의 부제는 '희망의 생물학'이었다. 저자는 언론인이지만 UCLA 대학병원에서 인간학에 대한 강의를 하기도 했다. 그는 의료진과 환자 사이에 일어나는 희망, 믿음, 그리고 사랑에 대하여 관심이 많았다. 그 당시 이 대학병원에서는 소위 정신신경 면역학에 대한 연구가 활발했으며 그는 임상적인 심신(心身)의학의 효과에 대하여 연구했다.

다른 의사들은 그에게 검증되지 않은 가짜 희망을 환자에게 주지 말라고 당부했지만 그는 다음 실험의 결과를 중시했다. 411명의 암환자에게 항암요법을 쓰면 머리가 빠진다고 알려주고 거짓으로 위약을 투여했는데 그 중에서 30%의 환자가 머리가 빠지는 현상을 나타냈다는 영국의 필딩박사의 논문을 소개하면서, 예상되는 기대(정신)가 머리 빠지는 현상(신체)으로 나타날 수 있다는 점을 지적한 것이다. 그 후 계속된 연구들에 의해서 정신과 면역계, 면역계와 신체가 서로 연결되거나 밀접한 관계를 이루고 있다는 사실이 밝혀졌다. 면역기관이 기억할 수 있는 능력도 있다는 사실도 마찬가지다.

인간이란 병에 걸렸을 때뿐만이 아니라 일상생활에서도 기대와 희망을 먹고 사는 존재이다. 특히 우리는 불확실성을 잘 수용하는 의식구조를 가지고 있기 때문에 손톱만한 희망이라도 있다면 불확실한 것이라도 매달리는 경향이 있다. 마음의 여유를 가지고 스트레스와 우울감을 조절하면 생각이 깊고 넓어지면서 다른 각도에서 새롭게 보는 안목과 창조성이 나타나며 우리의 기대(목표)와 희망이 좀 더 현실성이 있는지 없는지 확실해짐을 경험한다.

희망이 필요한 건 꼭 불치병이나 절망적 상황에서만이 아니라 인생의 황혼기에 접어든 노인들에게도 마찬가지다. 특히 노인들에게 공포의 대상인 노인성 치매를 방지하기 위해서는 손과 발을 자주 쓸 뿐만 아니라 머리도 써야 효과적이라고 한다. 학력이 낮거나 공부를 하지 않는 사람에게 치매율이 더 높다는 보고도 있으며 이런 사람들에게 일단 치매가 오면 증상이 아주 심하게 나타난다고 한다.

옛날 진시황부터 꿈꿔온 것이지만 무병장수하는 길은 매일 매일 심신(心身)을 건강하게 하는 것이며, 그러려면 명랑하고 부지런하게 생활하는 것이 바로 장수의 길이라고도 한다. 노인인데도 등산도 잘하고 세상물정에 관심이 있고 뭐든지 배우고 싶어 하며 책을 가까이 하는 사람이라면 자신의 능력에 자신감을 가지며 어린애같이 호기심도 많다. 이들은 죽을 때까지 자신 있게 살 것이며 신체적으로, 정신적으로 건강하고 늙지도 않을 것이다. 평범한 노인이라 해도 구체적인 기대와 희망을 가지고 산다는 사실이 중요하다.

스스로 우러나오는 의욕과 자신감이 그 사람의 인생을 낙천적이고 긍정적이며 적극적으로 살 수 있는 힘을 부여해 준다. 자발적으로 그렇게 살기를 기대하고 희망할수록 본인의 의지도 강해질 수 있는 것이다. 그러나 대부분 우리 사회의 노인들은 한 번 정년퇴직하고 나면 인생의 종착역에 도착한 것 같은 태도를 보인다. 가족의 일에만 집착하고 자식을 다 키웠다는 것에 만족하지, 사회적인 관계나 일거리를 외면하고 자신과 사회에 대한 긍정적인 태도가 아주 부족한 것 같다. 그래서 조로증(早老症)에 걸려 책과 담을 쌓고 사회적 봉사도 등한시한다. 그러나 사실 은퇴는 직장에서 하는 것이지 직업이나 인생에서의 은퇴라는 것은 없는 법이다.

평생교육은 특히 주부나 노인들에게 그런 면에서 유효한 것이지만 우리나라의 평생교육은 백화점 부설 문화센터에서 취미나 부업교육, 아니면 대학 부설 평생교육원에서 유한계층이 심심풀이로 배우는 수준에 그치는 실정이다. 진정한 의미에서 자기개발을 위한 평생교육이 아닌 셈이다. 강의를 그저 듣는 것에 그치지 않고 배운 것을 실제로 사회에 실천하는 생활인이 되어야만 평생교육의 의미가 있기 때문이다. 의학적 보고에 따르면 은퇴한 노인들이나 주부들이 자신들이 경험했던 분야나 대학에서 전공했던 것, 혹은 그와 연관된 분야에서 평생 공부하면 치매에 덜 걸리고 늙지 않고 장수한다는 보고들이 많다.

이렇게 인생 끝까지 새로운 기대와 목표를 세워 긍정적으로 실천하는 의지와 희망이 강할수록, 동시에 날마다 머리를 쓰고 공부를 하는 사람일수록 여기에 해당하는 기능을 맡아보는 대뇌가 발전한다. 인생 마지막 날까지 육체적 건강이 허락할 때까지 행동하는 현인의

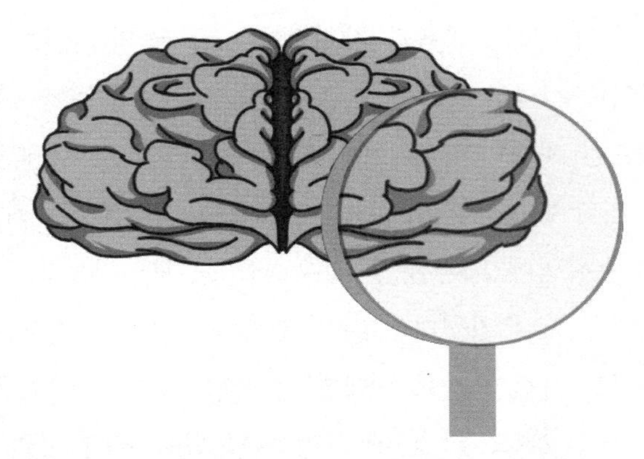

경지에 도달하려고 노력하거나 자신의 분야에서 세계적인 수준에 도달해 보려는 도전정신을 잃지 않는다. 블랙 홀(black hole) 이론의 선구자 호킹 박사도 선천적 근육병이란 악조건에도 천체물리학 연구를 계속함으로써 정신적으로 건강하며 육체적으로도 긍정적인 효과가 나타나지 않았는가.

미국에 살고 있을 때 나는 유태인 이비인후과 의사 한 사람을 알고 있었는데, 그는 93세이면서도 일주일에 3-4일은 반드시 환자를 봤다. 이 할아버지는 항상 명랑하고 대부분의 다른 노인들과 마찬가지로 노인이라거나 늙었다는 사실을 간접적으로라도 표현하면 자존심이 상해 화를 낸다. 그는 새로운 의학지식에 대해서는 메모를 하면서 새로 발견된 사실에 감탄하고 토론하기를 좋아했다. 확실히 유태인이나 서양인들 중에는 이렇게 적극적인 삶을 끝까지 계속하는 노인들이 많다.

이와 반면에 우리나라 노인들은 학자들 중에 일부를 제외하고는 환갑도 지나기 전에 지레 노인 대접을 받기를 원하는 나약한 태도를 보여주며 심리적으로 미리 늙어버리는 경향도 있다. 자식들을 키워 시집장가를 보내면 그것으로 인생의 희망을 달성한 듯 보이며 선진국의 노인들 같이 끝까지 도전하지 않고 더 높은 희망도 없이 공부도 안하며 소극적으로 삶으로써 더 빨리 늙어 가는 것 같다.

아직도 남아있는 나머지 20-30년 인생의 가능성을 쉽게 포기해 버리는 이런 노인들이야말로 조로증의 피해를 염려해야 할 것이다. 아마 누적된 스트레스나 열악한 주거환경에서 정말 고생했던 과거가 있고 노인이 되어서도 일을 계속하면 남이 천하게 생각할 거라는 소극적인 생각도 가지고 있는 듯하다. 그러나 사실 의학적으로는 적극적인 생각으로 일이나 공부를 계속할 때 더 빨리 늙지 않을 게 분명한 것 같다. 문제는 마음먹기에 달린 것이며 적극적인 사람으로 변신하며 더 높은 차원의 욕구를 달성하려는 더 높은 희망과 기대가 중요하다.

10. 김치 갈망증과 김치 유전자

급성 환장병(換腸病)

미국에서 레지던트 생활을 할 때 생긴 일이다. 숨 돌릴 시간도 없이 바쁘고 고된 생활에서 가장 소원인 것은 잠 한번 실컷 자는 일이었다. 그러던 어느 일요일, 병원에 출근할 일도 없고 당직도 아니어서 일찍 잠자리에서 일어날 필요도 없는 모처럼의 쉬는 날이었다. 그래서 오랜만에 실컷 자고 아침 11시쯤 일어났다. 그때 배고프거나 식욕을 느낀 것도 아닌데 갑자기 무의식적으로 입안에 침이 가득 고이는 것이었다. 입술 밖으로 흐르는 침에 의아스런 생각이 드는 순간 김치보시기에 담긴 빨갛고 먹음직스런 김치 그림이 비로소 머리에 떠올랐다. 그러면서 김치를 마지막으로 먹은 지가 일 년도 넘었다는 생각이 나면서 왜 이 느긋한 아침에 갑자기 김치가 내 머릿속을 점령해 버렸는지 이상야릇한 심정이 되었다.

김치 허기증과 김치를 갈망하는 욕구가 환상이 되어 눈에 어른거리며 안절부절 뱃속이 요동치고 정신이 산만해졌다. 뻔히 음료수만 들어있는 걸 알면서도 냉장고 문을 열었다 닫았다 하다가 급기야는 차를 몰고 10여마일 떨어진 한국 식료품 가게가 있는 곳으로 단숨에 달려갔다. 통김치 한 병을 사가지고 와서 밥도 없이 맨 입으로 실성한 듯 마파람에 게 눈 감추듯 허겁지겁 한꺼번에 다 먹어치웠다. 그제야 마음도 뱃속도 만족한 듯했다.

오랜만에 고향에 돌아온 듯한 행복감과 안정감 속에서 다시 잠이 들었다. 얼마나 지났는지 아랫배가 좀 이상해서 잠이 깨고는 화장실을 서너 번 드나드는 고역을 치렀다. 그러나 이 정도의 설사는 정신적으로나 육체적으로도 나에게 아무 부담감도 주지 않았다. 김치를 실컷 먹고 난 후의 만족감은 그날 하루뿐만이 아니라 적어도 수주일 동안은 나를 행복하게 만들었으니까.

내가 급성 김치 갈망증이라 이름붙인 이런 증세는 식은 땀, 현기증, 불안감, 숨이 차고 가슴이 뛰는 증세 그리고 장이 다 꿈틀거리는 전신적인 환장기(換腸氣) 증세로 나타나며 특효약은 딱 하나 밖에 없는데 물론 김치다. 일 년 이상 김치를 알아보지 못한 위장이 다량의 김치에 놀랐으니 김치 갈망증의 특효약에도 부작용은 있는 셈이다.

아무튼 한국인은 세계 어느 곳을 가든 김치에 대한 향수를 잊지 못한다. 한국인 관광객이 자주 가는 데에는 항상 한국 음식점이 있고, 김치를 파는 한국 식료품점은 필수다. 하다못해 관광객들은 볶은 고추장이나 라면이라도 김치 대용품으로 들고 가려고 한다. 유럽에서 들은 이야기인데, 비행기 멀미가 심한 한국 사람들은 한국 식당에서 김치찌개 한 그릇 먹으면 휘청거리던 몸의 중심이 잡히고 자연치료가 된다고 한다. 그러나 우리 식탁에서 김치가 이렇게 중요하다고 해도, 김치의 독특한 냄새 때문에 미국에 사는 교포들은 외국인들 앞에 나설 때나 미국인이 있는 직장에서는 김치 냄새가 나지 않도록 세심한 주의를 기울인다. 김치를 담글 때도 마늘, 파, 생강과 젓갈 등을 피하고 소금과 고춧가루로만 담근다든지 해서 김치 냄새를 조금이라도 덜 내려고 신경을 쓴다.

어느 민족이나 그들 나름대로의 독특한 음식문화와 환경 때문에 남에게 혐오감을 주는 체취와 입 냄새가 있을 수 있다. 미국인들은 육식 체질로 누린내가 나는 사람도 있다. 특히 흑인들은 그들 특유의 체취가 난다. 그래서 미국인들 중에는 방취용 화장품을 쓰는 사람들이 많다. 미국에 사는 아랍인들에게도 기분 나쁜 체취가 있다. 건조하고 물이 귀한 사막지방에서 살아왔던 그들은 목욕하는 습관이 없기 때문이다. 한국인의 김치냄새는 입 냄새에 불과하니까 잘만 관리하면 큰 문제도 없고 우리나라 사람의 체취는 대체로 양호한 편이다. 국제화 시대에 서로 다른 음식 문화는 인정하지만 혐오감을 주는 냄새는 예의가 없는 것으로 통하고 어느 나라 국민이든지 교양 있는 사람은 냄새가 적다. 그러니 우리나라 사람이 예컨대 나비넥타이까지 매고 연극과 오페라를 구경하면서 흰 양말 신고 김치냄새까지 풍긴다면 예의가 없는 게 된다. 이런 측면에서 변형된 김치를 먹는 미국 교포들은 현지의 문화와 예의에 적응하려는 노력을 보여주는 셈이다.

일반적으로 우리가 어떤 음식을 먹고 싶다고 의식하고 나면 침이 분비된다. 그러나 내가 경험한 김치 갈망증에서는 무의식적으로 침이 먼저 분비된 후에 비로소 김치를 먹고 싶다는 생각이 났다. 이런 특수한 예를 의학적으로 설명하자면 의식세계에서 일 년 이상 잊혀

있던 김치에 대한 기억이 무의식 세계에 잠재하여 굳어져 있다가 무의식적 갈망으로 나도 모르게 그 신호가 자율신경을 타고 구강의 침샘에 전달되어 침이 무의식적으로 분비된 것이다. 그러므로 김치에 대한 무의식적 욕구와 욕망이 내 통제를 받는 의식적인 생각의 표면을 뚫고 올라와 내 의식보다 먼저 신체의 변화(침의 분비)로 드러난 경우이다. 신체적인 변화를 감지하고서야 감정이 느껴진다는 이런 이론은 미국의 제임스라는 심리학자와 랑게라는 덴마크 심리학자가 처음 주장했다. 신체의 말초 반응들이 감정을 유도한다 해서 '정서의 말초설(Peripheral Theory of Emotion)'이라고 하며 제임스-랑게 이론이라고 도 부른다.

가장 한국적인 것의 세계화를 위하여

유전공학의 발전에 힘입어 오랜 습관이나 버릇 그리고 굳어진 기억현상들은 여기에 관여하는 특정한 기억 유전자와 기억 단백질이 뇌조직에 박혀있는 것으로 밝혀지고 있다. 따라서 배달민족의 기성세대는 김치를 기억하는 김치 유전자가 대뇌에 굳게 기억되어 있는 이상 오랫동안 김치를 먹지 못하면 누구나 김치 갈망증에 빠질 체질인 것이다. 김치 유전자는 당대에 후천적으로 존재한다. 그러나 김치 유전자가 자자손손 전달되지 않는다는 것은 극히 미량이어서 단지 과학적으로 증명되지 않았을 뿐인지도 모른다. 만약 그게 사실이라면 더 나아가서 아주 극히 미량의 문화적 의식구조의 유전자가 존재할 지도 모르겠다.

김치 같은 발효식품이 건강식으로도 좋다는 사실은 이미 일본뿐 아니라 국제적으로도 잘 알려졌다. 뿐만 아니라 예로부터 한국인들이 즐겨온 김치, 젓갈, 된장, 고추장, 간장 등의 '곰삭은 맛'은 서구인들에게 제6의 맛으로 평가되고 있다. 그러나 우리 음식문화의 핵심인 김치가 가지고 있는 이런 장점들에도 불구하고 너무 맵고 짜며 독한 전통 김치를 보면 매운 맛에 익숙하지 않은 외국인들은 처음부터 쉽게 맛을 보려고 하지 않는다. 그러므로 김치의 종류도 외국인들의 입맛에 다양화시키고 국제화시켜야 국제경쟁력이 생기고 상품가치가 높아진다.

김치가 우리나라가 원조임에도 불구하고 국제시장에서 일본에게 판로를 많이 빼앗기고 있다. 영어 사전에 올라간 이름이 일본식 '기무치'(kimuchi)가 아니라 한국식 '김치'(kimchi)라고 해서 안심할 일이 아니다. 미국 시장에서만 해도 일본인들은 덜 짜고 덜 매운 김치나 냄새는 없으나 마늘 맛이 나는 마늘 가루를 상품화시켜 재미를 보고 있기 때문이다. 우리 교포들도 그들의 고객이 되어가고 있다. 얼마 전에 일본의 한 초등학교에서 한국식 나물 반찬과 일본식 야채 요리를 급식시간에 학생들에게 제공하고 선호도를 조사한 적이 있었는데, 열 명 중 7, 8명이 한국식 요리 방법이 더 입에 맞는다고 선택했다. 이 사실을 듣기 좋아만 할 일이 아니고 가장 각성해야 할 일이다. 우리 전통 음식을 우리가 개발하지 못하기 때문에 일본은 전주비빔밥 체인점을 만들어 특허권을 내버렸고, 미국에서도 미국의 음료수 회사가 만든 우리 전통 식혜 캔의 명칭을 놓고 사용권 제한 소송을 낸 우리 측 식품회사가 패소한 적도 있다. 그 뿐인가, 일본의 대형 식품회사가 아예 한국 현지에서 김치공장을 차려 일본과 한국에 파는 현실이 곧 벌어질지도 모른다.

미국 내의 한국 음식점에 가면 손님들이 대부분 한국 사람들이다. 이것은 다시 말해 현지에 있는 한국음식이 국제적 입맛에 맞추어 개발되지 못했다는 증거이다. 반대로 중국인을 비롯해 일본인, 멕시코인, 기타 동남아인들 까지도 그들의 전통음식을 현지인의 입에 맞게 변형시켜 국제화시키고 있다. 중국 본토에 가서 아무리 자장면을 찾아봐도 없다. 중국요리에서 우리가 일차적으로 연상하는 자장면이나 짬뽕은 중국 사람들이 우리식으로 개발해 정착시킨 것일 뿐, 중국요리와는 아무 상관이 없기 때문이다. 중국 사람만큼 일본 사람들도 남의 장점을 가져다 상품화해서 되파는 데 선수들이다. 일본의 주부들이 관광차 한국에 와서 김치 담그는 법을 직접 배워갔던 시절은 이미 지났다. 더구나 우리의 젊은 주부들 중 절반 이상이 아예 김치 담글 줄 모르니, 이대로 가다가는 일본 주부들이 우리보다 더 나은 김치 담그기 선수들이 될지도 모른다.

지구촌 시대와 미래의 신세대를 위해서는 김치까지도 고정관념에서 과감히 탈피하는 자세가 필요하다. 가장 한국적인 것이 가장 국제적이라는 말은 큰 의미가 있다. 그렇지만 모든 것이 다 그렇지는 않다. 가장 한국적인 것을 가장 국제적인 것으로 변형시켜 키워나가는 뇌짱이 없다면 아무리 세계화를 외쳐도 말짱 도루묵이 될 것이다. 이를 선별하는 지혜와 노력이 아쉽다. 우리 농촌의 미래를 위해서, 김치 건망증이 급속도로 퍼져나갈 새로운 세대를 위해서, 그리고 우리 안의 김치 유전자의 보존을 위해서, 신세대 김치 건망증에 대처하는 연구도 필요하다. 그리고 하루 속히 외국인의 입맛에 맞는 다양한 김치와 전통 식품을 개발해서 국제 상품화시켜야 한다. 그래야 외화를 벌 수 있고 동시에 우리의 자부심도 더 커질 수 있을 것이다.

11. 인체와 인간 배우기 운동

인체에는 흐름(流)이 있다. 자연과 우주에도 흐름이 있는데 인체라고 흐름이 없을 수 없다. 인체 중에서 하층부위에는 아랫배와 생식기의 흐름이 있고, 중앙부위에 가슴과 심장의 흐름이 있으며, 상층부의 소우주인 대뇌와 신경 속에도 흐름이 있다. 다른 인체 부위에도 흐름이 있지만 이 세 가지 흐름이 제일 강하게 느껴진다. 흐름은 리듬이 있어 에너지(氣)의 리듬을 느끼곤 한다. 우리는 어머니 뱃속에서부터 어머니 심장이 뛰는 리듬과 어머니 혈관에 흐르는 주기적인 흐름소리에 익숙해 왔다. 우리 선조들은 아랫배의 흐름을 기공과 단전호흡에서 느낄 수 있었듯이 아랫배에 기(氣)가 모이고 퍼져나가는 에너지의 흐름으로 생각했다. 동시에 가슴에서 나오는 마음과 정서의 흐름 그리고 대뇌에서 나오는 생각과 사고의 흐름을 관찰하고 연구해 왔던 것이다. 이런 생체의 흐름은 역시 주기적인 생체리듬과 그 맥을 같이한다.

인체의 흐름에 대한 이런 지식들을 이번에는 우리 사회에서 일어나는 사회의 제반 흐름에 적용시켜 여러 가지 사회현상을 이해하려고 노력해 보자. 예를 들어 교통체증은 소화기관에서 음식물이 제대로 흐르지 못하는 소화장애를 연상시키는 표현이다. 국가사회의 기간 교통시설이 원활하지 못해 마비가 오면 국가 경제의 대동맥에 동맥경화증이 생긴 것으로 비유한다. 환경오염에서도 강물의 흐름이 정체되면 강물이 썩는다. 자본주의 국가에서 돈의 흐름에 장애가 생기면 돈의 효율성이 떨어져 돈이 썩게 된다. 이는 인체의 일부분에 피의 흐름이 안 되어 그 부분이 썩어가는 현상과 마찬가지일 것이다. IMF 난국도 사실은 금융과 돈의 흐름에 장애가 생겨서 온 것과 마찬가지로 세월호의 참사와 국정농단의 비극은 대뇌동맥의 혈액 흐름이 마비된 상태이다.

우리 인체에는 항상 산소와 영양분이 필요하다. 특히 대뇌는 여기에 민감하여 뇌동맥이 막히거나 터지면 뇌졸중이 생기는데 그 결과 1분이라도 산소 공급이 차단되면 그쪽 뇌조직이 손상된다. 산소는 폐를 통하여, 영양분은 위장을 통하여 결국 핏속으로 운반된다. 심장은 피를 펌프질하여 여러 기관으로 보내는 기관이다. 심장으로부터 동맥을 따라 흘러간 핏 속의 산소와 영양분이 뇌와 다른 기관에 공급되고 여기에서 생긴 이산화탄소(CO_2)와 노폐물은 정맥을 따라 폐와 신장으로 운반되어 체외로 배출된다. 그러니 원활한 피의 흐름이 건강한 신체와 정신을 만들어 준다는 것을 알 수 있다. 가슴속의 심장과 혈관 속의 피의 흐름이 유연하면 부드러운 정서와 감정 그리고 사랑을 쉽게 주고받을 수 있을 것이다.

역으로 스트레스와 부정적 감정이 있을 때는 스트레스 호르몬, 자율신경의 조절장애 그리고 대뇌의 신경물질의 변화로 심장과 뇌혈관의 흐름에 큰 장애가 생기는 것이다. 그러므로 심장과 혈관의 속성을 잘 이해한다면 인간들의 이런 문제들도 잘 이해할 수 있다. 뇌짱도 대뇌 속의 피의 흐름이 원활할 때만 가능하기 때문이다.

어떤 사회에서 가슴과 심장의 흐름에 장애가 생기면 불친절, 거친 감정의 앙금, 사랑 결핍증, 이기주의 그리고 피해를 쉽게 주고받는 의식구조(부족한 EQ+MQ)가 생겨 그 사회는 살벌해질 것이다. 반대로 마음과 정서의 흐름이 부드러운 사회는 사랑이 넘치는 사회가 되는 것이다. 인체의 상층부에 존재하는 대뇌에서는 생각과 사고의 흐름(IQ)이 그 에너지(氣)를 발산하는데, 사고의 흐름이 원활한 사회에서는 열린사회로서 사상과 문화의식의 소통이 잘되어 발전한다. 그러나 이게 잘 안 되는 사회는 폐쇄된 사회로서 융통성이 적어 굳어진다.

우리 선조들은 '혈기(血氣)가 왕성하다', '생기(生氣)가 돈다', '다혈질(多血質)이다', '혈색(血色)이 좋다', '혈안(血眼)이 되어 있다', '핏대와 핏발이 서 있다' 등 피의 흐름을 나타내는 표현들을 많이 사용해 왔다. 이런 표현들은 의학적으로 스트레스 호르몬, 그 외 각종 호르몬, 자율 신경계 그리고 뇌의 신경전달물질(neuro-transmitter)의 양적, 질적 변화를 의미한다.

스트레스와 부정적 감정에 크게 좌우되는 인체의 기능적 변화는 피의 흐름에 막대한 영향을 준다. 여기에서 조직에 물리적이고 구조적인 변화가 생긴다면 혈관이 막혀있는 동맥경화증과 비슷한 병변일 것이다. 고혈압과 저혈압 그리고 동맥경화증은 뇌동맥에서는 뇌졸중을, 관상동맥에서는 협심증과 심근경색으로, 망막동맥은 시력 장애로, 신장동맥은 신장병으로, 그리고 말초동맥은 말초 순환 장애로 나타난다. 이렇게 기능적이거나 구조적인 병변을 일으킨 혈관 질환은 피의 흐름에 큰 영향을 준다.

피의 흐름과 같이 돈의 흐름도 원활하지 못하면 경제적 손실이 클 것이다. 자본주의는 돈과 재산을 모으려는 본능적 욕망을 인정하는 체제로서 정의로운 방법과 수단을 쓴다면 최대로 돈과 재산의 흐름을 활성화시켜 경제 발전을 꾀하려고 한다. 금융실명제나 이와 관련된 제도를 실시한 것도 돈의 흐름과 피의 흐름을 우리 인체의 리듬에 맞추자는 것이었다. 지하경제와 부정부패에 연루된 돈은 흐름이 매끄럽지 못해 흥청망청하거나 경제발전에 장애를 초래한다. 하천에 고여 있는 쓰레기와 공장폐수에서 썩은 냄새가 나는 것처럼 경제 질서에 고여 있는 부정한 돈에서도 썩은 냄새가 날 것이다. 마치 피의 흐름이 맴도는 혈관에서 혈전(血栓)이 생겨 혈관을 막히게 하는 것과 마찬가지다.

인체의 흐름은 인간이 오랫동안 진화하여 온 대로 가장 민주적이고 합리적인 방식으로 운용된다고 했다. 여기서 합리적이란 이치와 순리에 맞게 객관적, 계통적, 논리적, 과학적, 민주적 판단과 평가에 따른다는 것을 의미한다. 인체가 합리적 변화와 진화로 발전되어 왔으므로 인간의 활동도 합리적으로 말하고 행동해야 하는 것이다. 따라서 인체가 민주적이고 합리적으로 운용되는 이치를 잘 이해하고 파악한다면 우리 인간의 사고방식과 행동양식을 민주적이고 합리적으로 운용하는 데 큰 도움을 받을 것이다. 돈과 재산의 흐름뿐만 아니라 인간의 본능적 사회 지위욕과 성욕의 흐름도 민주적이고 합리적으로 운용되어야 할 것이다. 아무리 복잡한 사회적 문제라 해도 우리 인체와 인간의 속성이자 본성인 민주적이고 합리적인 기능과 흐름에 반영해 본다면 쉽게 풀릴 것이기 때문이다.

감정과 정서의 흐름은 생각과 사고의 흐름과 맞물려 돌아가는 두 개의 톱니바퀴 중 하나이다. 감정과 정서 그리고 사랑의 흐름은 가슴에서 제일 크게 느껴지지만 사실은 머리(대뇌)에서 일어나는 현상이다.

우리 사회는 이제 가슴에 크게 느낄 수 있는 화끈한 욕망과 도전 정신의 열기(熱氣)도 없고 이념과 독재에 투쟁하는 열기도 없어졌다. 밀어붙이는 배짱과 화끈함도 그 대상이 점점 사라지는 시대에 살고 있다. 그러나 시대가 변해 대뇌가 풀어야 할 복잡한 사회 현상들, 즉 변동된 산업사회, 인생의 다양성, 고질적 노사 갈등, 복잡사회, 피로사회, 충동사회, 자아 소진사회, 부정사회와 폭력, 청소년 문제 등등으로 연유된 실직과 감봉, 명예퇴직, 사회 조직의 축소와 구조조정에 의한 스트레스 등이 증가할 조짐이다.

부정적인 측면이 사라지는 것은 좋지만 화끈한 것을 좋아하는 우리의 의식구조에 화끈하게 느낄 대상과 꺼리가 없어진다면 정신적 공백과 위기가 닥칠 것이다. 인체와 일상의 흐름에서 심심풀이와 일거리가 없으면 무기력해지고 나태해지는 속성이 있다. 특히 우리 의식구조의 현실과 특성에 비추어 더욱 그렇다.

우리는 현재 내일을 위한 일거리를 찾아야 할 때다. 그렇지 않으면 우리 인체에 병이 생기기 쉽다. 그러니 제3의 신바람과 뇌짱에 대한 연구도 새로운 일거리가 될 수 있을 것이고 여기에 매진하고 몰입하면 화끈한 생동감을 느끼며 살맛나는 의욕이 분출할 것이다.

이제 앞으로 대뇌의 흐름을 연구하는 과학은 더 활발해지겠지만, 문제는 우리가 뇌짱을 사용하는 수준이 얼마나 높아지겠는가 하는 것이다. 앞에서 언급한 자신의 자아 파악과 자존감 증진법도 대뇌의 민주적 흐름에 따랐다. 그 내용과 방법은 자신의 취향과 환경에 따라 다르게 개발하면 된다. 역시 대뇌의 흐름을 따지고 살펴보는 여유와 일거리를 놓지 않는다면 그것을 공부해 나가는 과정에서 우리가 뇌짱(냉철한 머리와 부드러운 가슴)이 될 것이다. 이게 다 인생 수양의 길이 아니겠는가!

▌마치며 - 완전히 늦은 출발이란 없다

우리는 참으로 부끄러운 IMF 구제금융의 암울한 터널, 또다시 부끄러운 세월호와 국정농단, 그리고 지도층의 비리의 악몽을 지나왔지만 희망의 대안과 청사진이 나와 있지 않다. 국민의 힘에 의한 새 정부의 탄생에 그치지 말고 그 후속 대안을 정부에만 바라지 말고 다시 우리의 국민이 대안을 마련해야 할 시점에 왔다고 생각한다.

냉정한 머리와 부드러운 가슴을 지피는 불씨가 없다. 자신의 주장과 이익만 아우성이지 이를 조정하고 추진하는 실체가 보이지 않는다. 마음이 불안하고 들떠있어도 자기혁신과 의식개혁은 감히 생각하거나 말할 엄두조차 내지 못하고 있다. 그렇다면 우리에게 더 이상의 미래는 없다. 아무리 엉터리 상상을 갖다 붙인다 할지라도 한번 놓친 기회는 다시는 돌아오지 않는 것이다.

적폐청산은 과거와 현재의 일로 중요하지만 동시에 장래를 위한 목표(뇌짱)와 철학이 있어야 적폐청산의 기준과 희망이 보인다. 마지막 남은 희망은 결국 국민들뿐이라고 나는 누누이 강조해 왔다. '네 잘못이다', '그들의 탓이다' 하는 것은 이제 정말로 아무 의미도 없는 핑계에 지나지 않는다.

의식개혁의 큰 물줄기는 결국 국민 한 사람, 한 사람이 행동으로 실천으로 이루는 작은 개울들이 모여 이루어질 수밖에 없다. 의식개혁의 목표는 단순한 위기의 극복이어서는 안 된다. 그 진정한 목표의 비전을 새 백년을 위한 선진 시민의식과 인류애의 함양 같은 고급스러운 가치의 자연스러운 추구이어야만 한다. 그래서 선진국이 되어 수치스런 한과 질곡의 고통, 즉 누적된 스트레스 의식구조를 종식하고 존경받는 이웃으로 미래의 대열에 동참해야 한다.

뇌짱운동은 미래지향적이고 세계를 향해 열려 있는 운동이어야 한다. 배타적이고 쇄국적이어서는 절대 안 될 것이다. 그러므로 참된 뇌짱지수(CQ)는 20%의 지능(IQ)과 80%의 감성 및 도덕지수(EQ+MQ)를 기준으로 평가되어야 한다. 여기에 우리에게 강한 삶에 대한 열기와 열정 그리고 쉽게 만족하지 않는, 그러나 공감대를 형성하도록 하여 우리의 성질(PLQ)이 긍정적으로 올라간다면 큰 힘이 될 것이다.

어둠이 깊어갈수록 새벽이 다가오고 있다는 말이 있다. 자연의 법칙은 틀림없이 그럴 것이다. 하지만 인간과 역사의 법칙은 꼭 그렇지만은 않다. 그 밤에 그저 자신을 한탄하고, 긴 한숨으로만 지키고 앉아 있다면, 그리고 마음의 여유 없이 정신이 들떠 있다면 그에게는 영원히 어두운 밤만이 반복될 것이다.

진정한 정보와 두뇌혁명을 위한 정신문화(소프트웨어)를 위한 깊은 연구와 논의를 시작하자. 사실 뇌짱의 내용에는 가닥만 있지 그 내용물은 불충분하여 더 살을 붙여야겠다. 정답이 없이 진화되어야 한다. 그래서 우리 장래의 일꾼들이 머리를 짜내서 우리에게 어울리는 쓸 만하고 다양한 정신문화의 틀을 더욱 발전시키는 계기가 되었으면 한다. 가치관의 혼란과 여유 없는 마음의 어둠속에서 마주 잡은 따뜻한 손, 서로 맞댄 머리가 바로 뇌짱운동의 출발점이고 미래이다. 그래서 찬란한 아침을 준비하자. 완전히 늦은 출발이란 없다.

참고문헌

강명구,『아무도 알려주지 않는 4차 산업혁명 이야기』, 키출판사, 2018
강신주 외,『나는 누구인가』, 21세기북스, 2014
경향신문 특별취재팀,『우리도 몰랐던 한국의 힘』, 한스미디어, 2006
구본형,『익숙한 것과의 이별』, 생각의나무, 1999
군터 뒤크, 김희상 역,『왜 우리는 집단에서 바보가 되었는가』, 비즈페이퍼, 2016
금장태,『퇴계의 삶과 철학』, 서울대학교출판부, 1998
기 소르망, 민윤기 역,『Made in USA』, 문학세계사, 2004
기시미 이치로 · 고가 후미다케, 전경아 역,『미움 받을 용기』, 인플루엔셜, 2014
김경일,『공자가 죽어야 나라가 산다』, 바다출판사, 2001
김광기 외,『대한민국은 도덕적인가』, (한국사회학회)동아시아, 2009
김문조 외,『한국인은 누구인가』, 21세기북스, 2013
김상목,『배짱기질에서 뇌짱기질로』, 하남출판사, 1992
______,『한국병 어떻게 고칠 것인가』, 범우사, 1992
김승섭,『아픔이 길이 되려면』, 동아시아, 2017
김승식,『공정한 사회란?』, 고래실, 2010
김영두,『퇴계 VS 율곡, 누가 진정한 정치가인가』, 역사의아침, 2011
김은아 · 이용남,『퇴계의 교육적 자아실현 탐구』, 교육과학사, 2012
나다니엘 브랜든, 고빛샘 역,『자존감 : 성공의 7번째 센스』, 비전과리더십, 2009
______________, 김세진 역, 자존감의 여섯기둥, 교양인, 2015
______________, 홍현숙 역,『이 세상 최고의 가치 YOU』, 스마트비즈니스, 2007
______________, 홍현숙 역,『자부심의 기적』, 새로운사람들, 2001
다니엘 튜더, 노정태 역,『기적을 이룬 나라, 기쁨을 잃은 나라』, 문학동네, 2013
다이엘 골멘, 장석훈 역,『SQ 사회지능: 성공 마인드의 혁명적 전환』, 웅진지식하우스, 2006
다케우치 미노루, 김숙이 역,『가면을 벗어던진 중국인 중국문화 이야기』, 아주좋은날, 2009
대니얼 카너먼, 이진원 역,『생각에 관한 생각』, 김영사, 2012
래리 시덴톱, 정명진 역,『개인의 탄생』, 부글북스, 2016
렁청진, 김태성 역,『유가 인간학』, 21세기북스, 2008
로버트 콜스, 정홍섭 역,『도덕지능 MQ: 성공하는 부모들의 새로운 자녀 교육법』, 해냄출판사 1997
로버트 트리버스, 이한음 역,『우리는 왜 자신을 속이도록 진화했을까?』, 살림출판사, 2013
로버트 펠드먼, 이재경 역,『우리는 10분에 세 번 거짓말을 한다』, 예담, 2010
로이 F. 바우마이스터 · 존 티어니, 이덕임 역,『의지력의 재발견』, 에코리브르, 2012
로저 본흐 외, 정수연 역,『생각의 혁명』, 에코리브르, 2002
리처드 니스벳, 이창신 역,『마인드 웨어: 생각은 어떻게 작동되는가』, 김영사, 2016
____________, 최인철 역,『생각의 지도』, 김영사, 2014

리처드 탈러 · 캐스 선스타인, 안진환 역, 『넛지』, 리더스북, 2009
마셜 골드 스미스 · 마크 라이터, 김준수 역, 『트리거』, 다산북스, 2016
마이클 샌델, 이창신 역, 『정의란 무엇인가?』, 김영사, 2010
마크 게이어 존, 김영규 역, 『당신은 세계 시민인가』, 에이지21, 2010
마크 맨슨, 한재호 역, 『신경끄기의 기술』, 갤리온, 2017
마크 뷰캐넌, 김희봉 역, 『사회적 원자』, 사이언스북스, 2017
말콤 그래드웰, 노정태 역, 『아웃라이어: 성공의 기회를 발견한 사람들』, 김영사, 2009
미나미 히로시, 서정완 역, 『일본적 자아』, 소화, 1996
__________, 이관기 역, 『일본인론 상/하』, 소화, 2003
미하엘 마리, 이수영 역, 『양의 탈을 쓴 가치』, 책으로보는세상, 2010
박준형, 『크로스 컬처』, 바이북스, 2010
보양, 한영수 역, 『추악한 중국인』, 창해, 2005
서정희 · 조윤수, 『중국사회와 서양의 물결』, 신아사, 2016
성균중국연구소, 『차이나 핸드북』, 김영사, 2014
성희엽, 『조용한 혁명: 메이지 유신과 일본의 건국』, 소명출판, 2016
송인섭, 『자아개념』, 학지사, 2013
수린, 원녕경 역, 『(하바드대 인생 명강의) 어떻게 인생을 살 것인가』, 다연, 2015
스위즈, 박지민 역, 『중국 엄청나게 가깝지만 놀라울만큼 낯선』, 애플북스, 2016
스티브 테일러, 우태영 역, 『자아폭발』, 다른세상, 2011
애덤 그랜트, 홍지수 역, 『오리지널스』, 한국경제신문사, 2016
앨런 웨이스 · 마셜 골드스미스, 김지현 역, 『라이프 스토밍』, KMAC, 2017
야스카와 쥬노스케, 이향철 역, 『마루야마 마사오가 만들어낸 '후쿠자와 유키치'라는 신화』, 역사비평사, 2015
양창순, 『나는 까칠하게 살기로 했다』, 다산북스, 2016
에드워드 윌슨, 최재천 · 장대익 역, 『통섭』, 사이언스북스, 2005
오강남, 『세계종교 둘러보기』, 현암사, 2013
오소희, 『매일 마인드맵』, 더디퍼런스, 2017
왕스 징, 신영복 · 유세종 역, 『루신전: 루쉰의 삶과 사상』, 다섯수레, 1992
왕첸, 홍성화 역, 『중국은 어떻게 서양을 읽어왔는가』, 글항아리, 2017
왕후이, 김영문 역, 『아Q 생명의 여섯 순간』, 너머북스, 2015
우치다 다쓰루, 김영옥 역, 『하류지향』, 민들레, 2013
유리 그니지 · 존 A. 리스트, 안기순 역, 『무엇이 행동하게 하는가』, 김영사, 2014
유영수, 『일본인 심리 상자』, 한스미디어, 2016
윤홍균, 『자존감 수업』, 심플라이프, 2016
이나미, 『한국 사회와 그 적들』, 추수밭, 2013
이덕일, 『내 인생의 논어 그 사람 공자』, 옥당, 2012
이도수, 『동서양문화의 만남』, 세광인쇄소, 2017
이동규, 『한국인의 경영 코드』, 21세기북스, 2012
이론 구레비치, 이현주 역, 『개인주의의 등장』, 새물결, 2002
이민태, 『한국인의 인성』, 교육과학사, 1998

이부광, 『중국, 중국인』, 동아, 1989
이시형, 『배짱으로 삽시다』, 집현전, 1997
이중톈, 박경숙 역, 『이중텐, 중국인을 말하다』, 은행나무, 2008
이현정, 『대한민국 진화론』, 동아일보사, 2007
임마누엘 페스트라이쉬, 이만열 역, 『한국인만 모르는 다른 대한민국』, 21세기북스, 2013
임웅, 『새롭지 않은 새로움에게 새로움의 길을 묻다』, 학지사, 2014
자카리 쇼어, 임옥희 역, 『생각의 함정』, 에코의서재, 2009
장대익, 『다윈의 식탁』, 바다출판사, 2014
정지은 · 김민태, 『아이의 자존감』, 지식채널, 2011
제럴드 내들러 · 쇼조 하비노, 정성호 역, 『사고의 혁명』, 동아출판사, 1992
조경란, 『20세기 중국 지식의 탄생』, 책세상, 2015
조윤경, 『창의행동력』, 북스톤, 2017
존 나이스비트 · 도리스 나이스비트, 안기순 역, 『메가트렌드 차이나』, 비즈니스북스, 2010
주영하 외, 『한국학의 즐거움』, 휴머니스트, 2011
즈키야마 다카시, 이정은 역, 『내 뇌 사용법』, 봄풀출판, 2010
지그문트 바우만, 홍지수 역, 『방황하는 개인들의 사회』, 봄아필, 2013
찰스 C 만즈, 김정민 역, 『순간적 제정신』, 한언, 2005
최상용, 『중용의 정치사상』, 까치, 2012
최준식, 『한국인에게 문화는 있는가』, 사계절, 1997
______, 『한국인을 춤추게 하라』, 사계절, 2007
최진기, 『한권으로 정리하는 4차 산업혁명』, 이지퍼블리싱, 2018
최창호, 『그래, 바로 이게 나야!』, 김영사, 1997
최태진, 『한국인의 성격 특성 요인』, 한국학술정보, 2005
캐멀 야마모토, 정영희 역, 『미국. 중국. 일본의 비즈니스 행동법칙』, 옥당, 2010
클라우스 슈밥, 김민주 · 이엽 역, 『클라우스 슈밥의 제4차 산업혁명 THE NEXT』, 새로운현재, 2018
탁석산, 『한국의 정체성』, 책세상, 2000
______, 『한국의 주체성』, 책세상, 2000
토니 부잔, 라명화 역, 『마인드 맵 북』, 평범사, 1994
토니 험프리스, 이한기 역, 『나를 찾는 셀프 심리학』, 다산초당, 2008
페터 베에리 · 파스칼 메르시어, 문항심 역, 『삶의 격』, 은행나무, 2014
포 브론슨 · 애쉴리 메리먼, 이주혜 역, 『양육쇼크』, 물푸레, 2009
폴 로버츠, 김선영 역, 『근시사회』, 민음사, 2016
폴 스미스, 김용성 역, 『스토리로 리드하라』, IGMBooks, 2013
피터 언더우드, 『퍼스트 무버』, 황금사자, 2012
필 맥그로, 장석훈 역, 『자아』, 청림출판, 2002
필립 라스킨 · 마이클 페티드 · 진징이 · 헤더 A. 윌로비 외, 안기순 · 이서연 역, 『세계가 사랑한 한국: 외국인 전문가 10인이 한국을 말한다』, 파이카, 2010
하이디 그랜트 할버슨, 이수경 역, 『아무도 나를 이해해 주지 않아』, 한국경제신문, 2017
한국과학기술단체총연합회, 『국가발전, 리더들이 토론하다1』, 한국과학기술단

체총연합회, 2015
홍순도 외,『베이징 특파원 중국문화를 말하다』, 서교출판사, 2013
황상민,『한국의 심리코드』, 추수밭, 2011

Daniel Goleman, *Emotional Intelligence*, Bantman Books, 1996. published simultaneously in the United States and Canada
De Sousa Ronald, *The Rationality of Emotion*, Mit Pr, 2007
Herbert Benson , *The relaxation nesponse*, HarperCollins, 1975
Lazarus, Richard S · Folkman Susan, *Stress, Appraisal, and Coping*, Springer Publishing, 1984
Lynn Brallier, *Transition and Transformation: Successfully Managing Stress*, national nursing review1982
Nathaniel Branden, *THE PSYCHOLOGY OF SELF-ESTEEM*, Bantam Books, 1968
Norman Cousins, *Head First: The Biology of Hope and the Healing Power of the Human Spirit*, Penguin Books, 1989
Norman Vincent Peale, *The Power of Positive Thinking*, Ballantine Books, 1996
Peter G. Hanson, *The joy of stress*, Andrews McMeel Publishing, 1985
Robert Fulghum, *All I Really Need to Know I Learned in Kindergarten*, Ballantine Books, 1986
Ronald G. Nathan · Paul J. Rosch, *The Doctor's Guide to Instant Stress Relief*, Random House Publishing Group, 1989
Stanley I Greenspan.M.D, *The growth of the mind*, Perseus Books, 1997
Suzette Haden Elgin, *Success with the gentle art of verbal self defense*, Prentice Hall, 1989

찾아보기

▌저자 소개

김상목

현재 한울내과 의원장으로 최근 마포 공덕동에서 경기도 화성시 병점 · 동탄 지역으로 이전 확장했다.
과거 한양대 내과 교수와 UCLA 임상 조교수 역임 전에는 미국 미시간 웨인 주립 대학병원에서 일반내과와 신장내과를 전공했으며, 주요 사회봉사는 과거 작고한 김영옥 대령과 더불어 LA 건강정보 센터의 창립에 주도적으로 기여했다.
저서로 『배짱 기질에서 뇌짱 기질로: 누적된 스트레스 의식 구조론』, 『한국병』 등이 있으며, 환자 진료에 도움이 되는 뇌짱에 의한 자아(긍정) 심리학을 틈틈이 공부하고 있다.